The Christian Funeral
Accompany Them with Singing

기독교 장례
찬송하며 동행하라

토마스 G. 롱 지음
황 빈 옮김

CLC

기독교문서선교회(Christian Literature Center: 약칭 **CLC**)는 1941년 영국 콜체스터에서 켄 아담스에 의해 시작되었으며 국제 본부는 미국의 필라델피아에 있습니다.

국제 CLC는 59개 나라에서 180개의 본부를 두고, 약 650여 명의 선교사들이 이동도서차량 40대를 이용하여 문서 보급에 힘쓰고 있으며 이메일 주문을 통해 130여 국으로 책을 공급하고 있습니다.

한국 CLC는 청교도적 복음주의 신학과 신앙서적을 출판하는 문서선교 기관으로서, 한 영혼이라도 구원되길 소망하면서 주님이 오시는 그날까지 최선을 다할 것입니다.

The Christian Funeral
-Accompany Them with Singing-

Written by
Thomas G. Long

Translated by
Bin Hwang

Copyright © 2009 by Thomas G. Long
Originally published in English under the title as
Accompany Them with Singing :The Christian Funeral
by John Westminster John Knox Press,
Translated and used by the permission of
Westminster John Knox Press,
100 Witherspoon Street, Louisville, Kentucky 40202-1396

All rights reserved.

Korean Edition
Copyright ⓒ 2017 by Christian Literature Center
Seoul, Korea

수고로부터 놓여 안식을 얻은 모든 성도들을 위해 … 할렐루야!

나의 주민들이여, 나는 그대들에게
어떻게 장례를 실행하는지에 대해 가르칠 것이오 …
그대들은 필요한 기본적 감각(ground sense necessary)을 가지고 있소
―윌리엄 카를로스 윌리엄스(William Carlos Williams) "Tract" 중 일부

사랑하는 이의 죽음을 맞은 그대여, 이제 울라.
마치 여행을 떠나는 이에게 작별을 고하는 것처럼
―크리소스톰(Chrysostom)

만일 죽은 자가 그리스도를 향한 믿음을 가진 자라면
그의 죽음을 위한 장례식에 참여하여 노래하며 동행하라.
경건한 자들의 죽음은 주께서 보시기에 귀중한 것이기 때문이다.
―『사도헌장』(*Apostolic Constitutions*) 6조 30항

역자 서문

황 빈 박사
강성교회 담임목사 / 백석대학교 외래교수

초상집에 가는 것이 잔칫집에 가는 것보다 나으니
모든 사람의 끝이 이와 같이 됨이라
산 자는 이것을 그의 마음에 둘지어다(전 7:2).

장례 전문가는 아니지만 뜻하지 않게 장례에 관한 책을 연거푸 번역하게 되었다. 토마스 린치와 토마스 롱의 공저인 『좋은 장례: 죽음, 슬픔, 그리고 돌봄 공동체』가 첫 번째이고, 본서 『기독교 장례: 찬송하며 동행하라』가 두 번째이다. 이번에는 공저가 아닌 토마스 롱의 단독 저술이다. 지난번 책의 두드러진 특징은 가톨릭과 개신교의 만남, 장의사와 목회자의 대화, 시인과 학자의 소통이었다면, 본서는 그에 비해 개신교적 내용이 강조되고 있다.

하지만 두 사람의 오랜 협업의 결과로 서로 어느 정도 의견일치를 보고 있는 부분이 있기 때문에 본서의 내용이 『좋은 장례: 죽음, 슬픔, 그리고 돌봄 공동체』의 내용과 판이하게 다르다고 할 수는 없을 것이다. 다만 지난번 책이 장례의 본질에 대해 깊은 사색을 유도하는 책이라면 이

번 책에서는 기독교, 특히 개신교 전통의 장례 예식에 대한 보다 실제적인 논의가 이루어지고 구체적인 지침들이 제시되고 있다. 한마디로 『좋은 장례: 죽음, 슬픔, 그리고 돌봄 공동체』를 통해 깊은 사색을 마친 독자들 마음에 자연스럽게 생긴 "So what?"의 질문, 즉 "그렇다면 이제 무엇을 어떻게 해야 할 것인가?"의 질문에 대한 답변을 본서에서 얻을 수 있을 것이다.

먼저는 나같이 부족한 자가 이렇게 귀한 두 권의 책을 연속하여 번역할 수 있는 특권을 준 기독교문서선교회 박영호 목사님께 감사를 드린다. 그리고 늘 말없이 기도하며 아직도 다듬어져야 할 것이 많은 미숙한 담임목사를 물심양면 후원해 주는 강성교회에 감사를 드린다. 끝으로 언제나 성도들의 눈높이에서 내 설교와 목회 사역에 대해 스스로 야당 역할을 자처하며 수고하는, 그러면서도 언제나 내 필요를 부족함 없이 채워주기 위해 하나님 다음으로 애쓰는 아내 박주희에게 사랑의 마음을 듬뿍 담아 감사의 마음을 전한다.

부디 본서를 읽는 모든 독자들이 '살면 충성 죽으면 영광'의 마음으로 하나님 나라를 위해 마음껏 쓰임 받다가 주께서 부르시는 그날 아무런 미련도 부끄러움도 없이 '아멘 할렐루야!'를 외치며 주님 나라에 들어가기를 간절히 축복한다.

차례

역자서문 6
들어가는 말 9

제1부 배경 21

제1장   죽음을 표시한다는 것: 인간적 예식, 기독교적 실천   22
제2장   시신을 회피하는 것과 시신을 기리는 것에 대하여   57
제3장   그리스도 안에서 죽은 자들의 미래   90
제4장   기독교 장례에 도대체 무슨 일이 일어난 것인가?   134
제5장   예배 같은 드라마(worshipful drama)로서의 장례   173

제2부 죽음에 관한 교회의 사역 223

제6장   죽음의 시간에   224
제7장   좋은 장례의 특징들   250
제8장   장례 준비하기: 실제적 문제들   287
제9장   삶과 죽음에 관한 진리 말하기: 장례식에서의 설교   369

부록: 힘든 장례들   397
색인   409

들어가는 말

　1963년 6월, 한 기독교인이 로마에서 죽어가고 있었다. 그의 세례명은 안젤로 론칼리(Angelo Roncalli)였지만 사람들에게는 교황 요한 23세로 더욱 알려졌다. 이탈리아 출신 소작 농부의 아들로 태어난 그는 수수한 사람이었고 대중들의 사랑을 많이 받았으며 드라마틱한 교회 개혁을 이루어냈다. 사람들은 그를 부를 때 사랑을 담아 "좋은 교황 요한"(Good Pope John)이라 불렀는데, 그는 이제 이 땅 위에서 마지막 몇 시간을 보내고 있는 중이었다.

　죽음을 맞이하기 며칠 전 그는 마지막 성만찬을 받았고, 조금씩 죽어가는 그의 몸 위로 기름이 부어졌다. 침대 주변에 모인 사람들에게 그는 비록 쉰 속삭임이긴 했지만 따뜻한 어조로 그가 얼마나 교회를 사랑하는지에 대해 말했다. 그리고 의식이 오가는 상황 속에서도 그는 다음과 같은 요한복음의 한 구절을 수차례나 반복하였다.

　　"우트 신트 우눔"(*Ut sint unum*, 그들로 하여금 하나가 되게 하소서).

이윽고 그에게 죽음이 가까이 임하였다는 것을 침대 곁에 둘러있던 사람들 모두가 분명히 알 수 있을 정도가 되었을 때, 교황의 주치의인 피에로 마쪼니(Piero Mazzoni) 박사는 죽어가는 교황에게 머뭇거리듯 그러나 부드럽게 말했다.

"교황님, 마지막 때가 이르면 준비할 수 있도록 미리 알려달라고 여러 차례 저에게 부탁하셨죠?"

교황의 수척한 얼굴에는 금방이라도 그를 데리고 가버릴 듯한 암의 표식들이 있었다. 하지만 그는 웃으며 말했다.

"맞아요, 의사 양반. 그러나 너무 착잡해하지 마세요. 다 이해합니다. 전 준비되었거든요."

교황의 비서관인 로리스 카포비야(Loris Capovilla)는 침대 곁에 울고 있다가 이윽고 무너져내렸다. 교황은 그에게 손을 뻗어 부드럽게 그의 머리를 쓰다듬었다.

"담대하거라 나의 아들아. 나는 주교(bishop)이니 주교답게 죽어야만 한다. 단순하게 그러나 장엄하게(with simplicity but with majesty) 말이야. 그러니 너는 내가 그렇게 죽을 수 있도록 도와야만 한다. 가서 사람들을 모아오거라."

"교황님(Santo Padre), 모두 기다리고 있습니다."[1]

비서관이 대답했다.

교황이 비서관에서 했던 말들, 그러니까 "나는 주교로서 단순하게 그

---

[1] 교황 요한 23세의 죽음에 대한 세부사항은 다음과 같은 자료들을 통해 수집되었다. Lawrence Elliott, *I Will Be Called John: A Biography of Pope John XXIII* (London: Collins, 1974), 320, 그리고 "Vatican Revolutionary," *Time*, June 7, 1963, www.time.com/time/magazine/article/0,9171,874758,00.html.

러나 장엄하게 죽어야한다. 너는 나를 도와야 한다. 가서 사람들을 모아 오라"라는 이 말들은 깊은 신앙심에서 흘러나온 말들이다. 그리고 이 말들은 죽음에 대한 심오한 기독교적 이해로부터 솟아난 말들이다. 또한 이 표현은 어떻게 죽을 것인가에 대해서 뿐 아니라 어떻게 죽음을 기릴 것인가에 대해서 알려준다. 그리고 더 나아가 누군가 죽었을 때 교회가 취해야 할 행동들과 확신들에 대해서, 그리고 '단순함'(simplicity), '장엄함'(majesty), '사람을 모아오기'(the gathering of the people) 등과 같은 기독교 장례의 몇 가지 핵심적 특징들에 대해서도 잘 알려준다.

기독교 장례에는 '단순함'이 있다. 성도들에게 있어서 꾸밈이나 겉치레라든지, 떠들썩한 분위기 속에서 거들먹거리기 위한 사치스런 지출은 필요 없기 때문이다. 믿는 자들은 "하나님께서 친히 돌보시는 양들이요, 그가 친히 구하시는 죄인들"이다.[2] 따라서 그들은 그들의 선한 목자에게로 '단순한' 평화와 확신 속에 나아가는 것이다. 물론 오늘날 북미 지역에서 행해지는 호사스런 장례 행사들은 이러한 믿는 자들의 장례가 지녀야 할 단순성과는 거리가 멀어 보이는 것도 사실이다.

한 세기 전, 가톨릭 예식을 연구하는 학자인 로버트 호브다(Robert W. Hovda)는 "교회의 장례 예식에 표현된 기독교적 삶의 양식과 실제 우리 시대의 미국인의 죽음을 둘러싼 관습과 관례와 기대 사이에 존재하는 괴리"에 대해서, 그리고 기독교인들이 행하는 장례 예식이 "기도, 존경, 정직, 단순성, 공동체 등으로 대변되는 신앙의 가치보다는 자본주의를 더 반영하게" 된 것에 대해 개탄하였다.[3] 그 결과, 비록 의도된 바는 아니었

---

2 *The Book of Common Prayer* (New York: Church Hymnal Corp., 1979), 499.
3 Robert W. Hovda, "The Amen Corner: Reclaiming for the Church the Death of a Christian, II" *Worship*, 59/3 (May 1985): 251.

겠으나, 미국인들의 장례는 하찮은 것처럼 되어버렸다고 그는 말한다.

미국인들의 장례가 하찮은 것이 되어버렸다는 것은 이제 분명하고도 확실한 것이 되어버렸다. 물론 겉모습은 그럴듯하게 치장을 하고 있을지 모른다. 예를 들자면 리무진 차량과 같은 상류 사회를 상징하는 것들, 호화스런 호텔처럼 리모델링을 한 장례식장들로 치장되어 있다. 관도 마찬가지다. 너무나 스스로를 드러내다 보니, 고인의 시신 쪽으로 우리의 관심을 주목시키기보다 오히려 그것으로부터 멀어지게 만드는 역할을 하고 마는 관들 말이다.

장례와 관련하여 새로 고안된 각종 기구들은 어떤가?

그것들은 장례에 참여하고 있는 사람들이 관을 운구하고 그것을 만지고 그것을 흙으로 덮는 등의 활동을 통해서 얻게 되는 마음의 위안을 빼앗아 가버리고 있지 않은가.[4]

단순성(simplicity)은 기독교 장례의 큰 특징이다. 그러나 역설적인 얘기가 될 수 있을지 모르겠으나, 장엄함(majesty) 역시 기독교 장례의 특징 중 하나이다. 기독교인들은 예수 그리스도께서 그들을 왕같은 제사장이요, 택한 족속이며, 하나님의 소유된 백성으로 부르셨다고 믿는다. 그렇다면 기독교인들의 장례식은 죽은 자의 신성한 가치를 반영해야 할 것이다. 기독교인들과 기독교인이 아닌 자들 사이에는 그 신분에 있어서 어떤 차이가 있음을, 그러니까 기독교인들은 선택되었고 왕의 혈통이며 다른 사람들은 그렇지 못하다는 것을 말하려는 것이 아니다. 오히려 앞에 언급한 성경 내용은 사실 그 반대 측면을 강조하고 있다. 모든 인간은 하나님의 형상대로 지음 받은 자들이다.

---

[4] Ibid.

따라서 기독교의 진리를 제대로 이해하였다면 모든 인간은 왕족, 즉 하늘의 통치자의 자녀들인 것이다. 기독교인들에게 있어서 예수는 어떤 새로운 종교나 분리된 종파의 창시자가 아니다. 오히려 그는 참으로 인간답게 산다는 것은 무엇인지, 하나님의 형상대로 산다는 것은 무엇인지를 우리에게 계시하여 보여주신 분이다. 그러므로 예수를 따른다는 것은 모든 인간들에게 주어진 왕족의 길, 즉 하나님께로 가는 "광야의 길"(사 43:19)을 따라 걷는 것을 의미한다.

기독교라고 하는 운동에 대한 가장 오래 된 묘사들 중 하나로서 사도행전 9:2에 나오는 "그 도(道)를 따르는 사람들"이라는 표현이 있다. 기독교인들에게 있어서 세례는 그 길을 따르는 일의 출발 지점이다. 우리는 예수께서 친히 걸으셨던 바로 그 길을 따라 여행하는 사람들이다. 기독교인들은 그 길이 자신들을 어디로 인도할지 알지 못한 채, 그리고 때로는 오직 한 걸음 앞만 바라보면서 믿음으로 그 길을 따라 여행한다. 그저 한 발을 다른 발 앞에 옮겨 놓는 일을 계속하면서 믿음으로 그 길의 끝을 향해 걸어가는 자들을 바라보며 어느 시인은 이렇게 노래하였다.

> 그의 경건한 자들의 죽음은 여호와께서 보시기에 귀중한 것이로다
> (시 116:15).

기독교 장례란 하나님을 향해 나아가는 성도의 장대하고 지속적인 여정을 보여주는 장엄한 이야기이다. 그렇기에 사실 모든 기독교인의 장례는 왕족의 장례이다.

이제 이 장례식에 믿음의 공동체가 있다는 얘기를 할 차례이다. 기독교인으로서 우리는 혼자 죽지 않는다. 우리의 죽음 곁에는 함께 하는 사람들이 있다. 죽어가는 교황이 "가서 사람들을 불러 모아오라"고 말한 것

에서 우리는 기독교 공동체를 향한 부르심을 본다. 양로원에서 외로이 죽음을 맞이하든, 또는 중환자실의 칠흑 같은 어두움 속에서 죽든 상관없다. 모든 믿는 자들은 교회의 기도에 둘러싸인 채 죽는다. 그리고 성도들이 죽은 자를 하나님께로 옮길 때에 그들이 부르는 찬양과 시편의 노래에 둘러싸여 옮겨진다.

   이 책의 주된 목적은 셋이다.

   첫째, 오늘날 장례를 주관하는 목회자들과 사제들에게 신뢰할만한 가이드를 제공하고자 한다.

   둘째, 기독교 장례의 역사와 신학과 구조와 내용과 실천적 양상들을 묘사하고자 한다.

   셋째, 죽음이 갖는 의미에 대해 기독교 진리와는 너무나도 다른 이해를 갖고 있는 현대 문화 속에서 장례에 관한 기독교적 이해의 긴장과 가능성을 개관하고자 한다.

   기독교 장례를 비롯하여 죽음과 관련된 믿는 자들의 예식들은, 제대로만 시행되기만 한다면, 생명과 죽음에 대해 그리스도께서 우리에게 깨닫게 하신 복음의 메시지들을 사람들에게 잘 전할 수 있는 심오한 증거가 된다.

   이러한 예식들을 잘 수행하는 것은 단순히 예의범절의 문제라든가, 민감한 목회적 돌봄의 문제, 혹은 예전적 취향과 전통에 대한 문제만이 아니다. 사실 이것은 복음의 진리를 말하는 것, 믿음을 간증하는 것, 우리가 당한 이 슬픔과 상실 앞에서 부활하신 그리스도 안에 담겨진 하나님의 언약에 대한 확신을 천명하는 것, 그리고 우리와 우리 자녀들로 하여금 죽음으로 야기된 파괴 가운데에서도 의미와 소망을 발견하게 만들어주는 것 등에 관련된 문제이다.

   이 책의 지속적인 초점은 기독교 장례에 맞추어질 것이다. 그러나 장례라는 것이 예식을 연구하는 메마른 실험실에서 이루어지는 것이 아니라 현대 사회의 소용돌이치는 흐름 속에서 이루어진다는 사실을 인지하는 것 또한 이 책은 놓치지 않을 것이다.

어떤 장례들의 경우 아예 장례(funerals)라고 부를 수 없는 경우가 있다. 죽은 자의 시신이 없는 가운데 행해지거나 심지어 죽음이 발생한 지 몇 달이 지나서야 이루어지는 추모식(memorial services)일 때가 있다. 거의 모든 장례식과 추모식에는 기독교 신앙을 가지지 않은, 또는 어떤 신앙도 가지지 않은 참석자들이 있다. 그리고 대부분의 목회자들은 교회와는 아무런 연관을 갖고 있지 않고 살았던, 또는 있다 하더라도 오래 전 과거에 관계를 갖고 살았던 이를 위한 예식을 집례하도록 요청받는 경우들이 있다.

이 외에도 살펴봐야 할 또 다른 이슈들이 나타나고 있다. 예를 들자면, 민족적, 문화적 전통의 중요성에 대한 인식의 증가, 화장의 증가, 생태환경 보호를 고려한 장례에 대한 관심 증가, 의학 발전을 위한 장기 혹은 전신 기증 등의 이슈들에 대해서도 살펴볼 필요가 있다. 이 책은 이러한 다양한 실천적, 신학적 문제들에 대해서 두루 다루고자 한다.

기독교 장례에 관한 책을 준비하는 데 나의 생각과 에너지를 쏟기 시작한 것은 이제 10여년이 훨씬 넘는 일이 되었다. 지난 시간들을 돌아보면서 나를 깜짝 놀라게 하는 것은 이 기간 동안 나의 생각에 엄청난 변화들이 있었다는 사실이다. 내 스스로의 연구결과 때문에 나는 이를테면 "개종"(converted)되다시피 했다.

나의 연구결과는 이 프로젝트를 시작할 무렵 내가 갖고 있던 태도들, 가정들, 목회적 본능 중 많은 부분에 도전을 가했다. 좀 심하게 말하자면, 이 책을 쓰다 보니 내가 처음 쓰고자 했던 책의 내용들과는 여러 측면에서 반대되는 내용들로 채워지게 되었다. 내가 이 책을 쓰기 시작할 무렵 슬픔과 상실에 관한 양서들이 꽤 있었다. 그러나 장례 그 자체에 대한 종합적 도서가 탄생한 것은 그보다 훨씬 뒤의 일이다.

따라서 내가 의도한 것은 기독교 장례에 대해 다루는 신뢰할만하고 최첨단을 달리는(state-of-the-art) 책 하나를 저술하자는 것이었다. 학계의 다양한 이견들의 간격을 좁힐 수 있고, 죽어가는 자들에 대한 돌봄이라든가 장례 예식이라든가 장례 설교라든가 슬픔의 과정이라든가 하는 일반적으로 장례와 관련된 모든 주제들에 대해 다루는 그런 책을 쓰려고 했던 것이다.

그런데 그 때 내가 예상하지 못했던 것이 있었다. 수많은 목회자 동료들과 공감하게 된 부분인데, "최첨단"을 달리는 장례라고 하는 것들은 대부분 신학적으로 빈곤한 것들이라는 점을 이해하게 된 것이다. 또한 기독교 장례의 역사와 신학과 실제 사례들에 대한 연구를 하고 보니 그 동안 내가 "좋은" 장례라고 생각했던 것들에 대한 정의 자체가 바뀌게 되었다.

예를 들어, 이 책을 쓰기 시작할 무렵, 기독교 장례에 대해 글을 쓰는 사람들 사이에 형성되어 있던 공감대에 나 역시 동의하였다. 즉 장례의 주된 목적은 슬픔을 당한 자들에게 위로를 제공하는 것이라는 생각이었다. 기독교 장례 예식에 관한 당시 인기 있던 책에 다음과 같은 문구가 나온다.

"장례 절차에 있어서 모든 예식의 순간들은 그 예식들이 슬픔을 처리하는데 얼마나 효과가 있는가에 비추어 평가되어야 한다."[5]

---

5 Herbert Anderson and Edward Foley, *Mighty Stories, Dangerous Rituals* (San Francisco: Jossey-Bass, 1998), 115. 오늘날 기독교 장례에 관한 논의들 가운데 특별히 위로의 방편으로서의 장례라고 하는 주제에 집중하고 있는 문헌들을 찾기 위해서는 다음의 자료들을 참조

나는 이러한 생각이 얼마나 크게 잘못된 것인가, 그리고 그것 때문에 오늘날 기독교 장례가 얼마나 약화되고 퇴보하게 되었는가 하는 확신을 차츰 갖게 되었다. 장례는 애곡하는 자들에게 위로를 주는 것이어야 한다는 것은 맞는 말이다. 그러나 그러한 위로의 제공은 복음의 이야기를 다시 말해주는 것(retelling of the gospel story), 의미의 회복, 죽음의 체험이란 곧 세례의 체험이라고 하는 사실에 대한 재확인, 그리고 하나님을 예배함 등의 일부분으로서 제공되어야 한다.

다니엘 칼라한(Daniel Callahan)은 말한다.

> 모든 위대한 문화에는 죽음에 대한 독특한 견해들이 있다. 보통 그러한 견해들은 대중 예식(public rituals), 관습, 오랜 시간에 걸쳐 존중되어 오고 패턴화가 된 공동체적 슬픔들과 맥을 같이 한다.[6]

수많은 다양성이 존재하지만 기독교 신앙 역시 그러한 "위대한 문화"

하라. 첫째로, Gene Fowler, *Caring through the Funeral: A Pastor's Guide* (St. Louis: Chalice Press, 2004)이 있다. 둘째로, 이쪽 분야에서 선구자적 업적을 남긴 저작물로서 엄청난 영향을 끼친 Paul E. Irion, *The Funeral and the Mourners: Pastoral Care of the Bereaved* (New York and Nashville: Abingdon Press, 1954)이 있다. 아이리언이 이해하기로 장례에는 크게 두 가지 측면이 있는데, 하나는 "하나님께 대한 예배"(divine worship)의 측면이고 또 다른 하나는 아이리언이 "인간적 기능"(personal function)이라고 명명한 측면이다. 즉 장례는 "개인으로 하여금 애도의 치유적 과정에 돌입할 수 있도록 해주며"(8) 기독교적 신앙을 그 치유의 과정을 위한 자원으로 사용하게 해준다는 것이다. 그 책에서 아이리언은 거의 전적으로 개인적 측면에 초점을 맞추는데, 이는 그가 "그 어떤 경우에도 하나님께 대한 예배라고 하는 측면의 객관적 정당성으로부터 빗나가지 않으면서도" 얼마든지 장례의 치유적 측면에 대해 공들여 연구할 수 있을 것이라고 확신하였기 때문이다(8). 장례의 치유적이며 개인적 측면에 대한 이러한 강조는 지난 반 세기 동안 장례에 관하여 출판된 실천신학적이며 목회신학적인 저작물들의 지속적인 중심 주제가 되었었다. 그런데 바로 이러한 점이 그 저작물들의 주된 장점이자 동시에 가장 치명적인 약점이기도 하다.

6 Daniel Callahan, *The Troubled Dream of Life: In Search of a Peaceful Death* (New York: Simon & Schuster/Touchstone, 1993), 15.

를 구성하는 일부이다. 그리고 오랜 시간이 흐르면서 그러한 기독교 신앙이라고 하는 문화에 포함되고 그 문화를 표현하는, 죽음에 대한 한 묶음의 견해들, 예식들, 패턴들, 관습들이 발전되어왔다.

그러나 지난 두 세기에 걸쳐 이러한 예식과 패턴과 관습들 가운데 많은 부분들이 그 근본 체계부터 뒤흔들리게 되었다. 역설적이게도 이러한 일들은 신학적으로 선한 의도와 부드러운 목회적 돌봄이라는 미명하에 일어났다. 기독교 목회자들은 장례를 좀 더 개인적(personal)이고, 죽은 이와 그의 죽음을 슬퍼하는 가족들의 염원과 생활 방식들을 좀 더 잘 표현해주는 쪽으로 만들고자 했다.

그런데 이러한 시도는 장례를 더욱 개인주의적(individualistic)이고 자기애적(narcissistic)으로 만드는 데 일조하고 말았다. 목회자들은 장례식을 좀 더 목회적으로 사려가 깊으며 슬픔을 당한 자들에게 위로를 주는 예식으로 만들고자 했지만 오히려 신학보다는 심리학에 주도권을 내어줌으로써 예식이 가지는 의미의 깊이가 얕아지게 만들고 말았다.

목회자들이 원했던 것은 장의사가 주관하는 예식의 무미건조한 겉치레를 벗어나는 것이었지만, 오히려 장례식이 영화(spiritualized)되고, 비육체화(disembodied)되게 만들어 버렸다. 목회자들은 장례라고 하는 것이 부활의 소망을 신실하게 표현하는 것이 되게 하고자 했지만, 오히려 그러한 부활에 대한 강력한 소망은 영혼과 불멸에 관한 감성적 견해들로 인해 약화되고 말았다.

장례에 관한 실천이 원래의 궤도에서 이탈하였다는 사실을 오늘날 많은 목회자들은 인식하고 있거나, 적어도 직감을 통해 느끼고 있다. 하지만 이 책임이 누구에게 있는가에 대해 알 지 못한다. 우리는 종종 비난의 화살을 장례 전문가들 혹은 장례 "산업"을 향해 돌리곤 한다. 그들이 장례를 교회로부터 빼앗아갔으며 상업화시켰다는 것이다. 물론 장례 전문가들과 교회와의 관계에 대해 검토해야 할 이슈들이 많이 있다.

그러나 기독교 장례에 가장 큰 손상을 가한 것은 상업적 장례전문가들이 아니라 신학자들이다. 이것은 받아들이기 힘들지만 분명 사실이다. 우리를 둘러싼 문화적 흐름들과 협력했고, 기독교 장례를 약화시키는 데 많은 일을 한 것은 다름 아닌 우리 목회자들과 실천신학자들이라는 것이다.

이 책의 두 번째 목적은 기독교 장례의 실천에 있어서 개혁을 요청하는 것이다. 모든 인류가 공유하는 매우 기본적 행위들이 모든 기독교 장례의 근간에 깔려 있다. 누군가 죽으면 그 시신은 반드시 수습되어야 하고 매장의 장소, 즉 이별의 장소까지 운반되어야 한다. 하지만 교회는 그 시작부터 이러한 단순한 행위들, 즉 죽은 자의 시신을 수습하고 운반하는 행위들에서 세례받은 기독교인의 삶의 상징을 식별해냈다.

우리는 여러 가지 면에서 항상 서로를 돌보고 있고 서로의 짐을 나누어지고 있으며 하나님을 향한 세례적 여정(baptismal journey)을 따라 서로를 운반하여주고 있다. 기독교인들은 삶의 시작에서, 그리고 삶의 과정 속에서, 그리고 그 삶의 끝에서 이런 일들을 한다. 기독교 장례의 목적은 죽은 자를 수습하는 의무를 이행하되 세례 이야기를 다시 이야기하는 방식으로 그 일을 해내는 데 있다.

자세히 들여다보면 우리는 오늘날 변질되어 버린 장례의 혼돈 속에서 여전히 밝게 빛나고 있는, 장례에 대한 바른 이해의 흔적들을 발견할 수 있다. 따라서 이 책이 하고자 하는 일은 그 흔적들을 잘 보는데 방해가 되는 요소들을 가능한 많이 제거하는 것을 권장하는 것이며, 그리하여 기독교 장례가 갖는 이야기의 힘이 더욱 온전히 느껴지게 만드는 것이다.

그러므로 이 책은 개혁에 대한 요청이지 최초 상태로의 회귀에 대한 요청이 아니다. 기독교 역사상 장례에 있어서 모든 것이 올바랐던, 그래서 우리가 향수를 느낄법한 "황금시대"란 존재하지 않는다. 기독교 장례의 실천은 그 시작 지점부터 사회적 맥락과 긴밀하게 연결되어 있었다. 때문에 문화의 변동에 적응하고 반응하는 것이 필요했었다.

우리는 당연히 우리의 역사로부터 배울 것이 있다. 그러나 21세기의 기독교 장례의 형태가 어떤 모습을 갖게 될는지 모르겠으나, 그것은 5세기, 16세기, 또는 19세기의 관습들을 재현하고자 하는 시도는 아니어야 한다. 대신 오히려 21세기의 기독교 장례는 우리가 현재 살아가고 있는 도시 중심적이고, 빠르게 돌아가며, 다문화 사회에서 실행가능하고 의미가 있는 형태를 가져야 한다.

그러나 기독교 장례의 실천이 새로운 문화적 현상에 적응하고 변화해야 하는 것과 동시에, 확연히 기독교적 특징을 갖는 형태와 테마와 경향성을 가져야만 한다. 기독교 장례가 그러한 형태와 테마와 경향성에 충실할 때이다.

① 인간의 영혼의 고양
② 기독교 공동체의 강화
③ 복음 선포
④ 주 안에서 죽은 자가 존경받고 기억됨
⑤ 부활의 소망의 빛이 모두가 볼 수 있도록 빛나게 됨

이것이 바로 내가 이 책을 통해 입증하고자 하는 점이다.

제1부

배경

제1장 죽음을 표시한다는 것: 인간적 예식, 기독교적 실천
제2장 시신을 회피하는 것과 시신을 기리는 것에 대하여
제3장 그리스도 안에서 죽은 자들의 미래
제4장 기독교 장례에 도대체 무슨 일이 일어난 것인가?
제5장 예배 같은 드라마(worshipful drama)로서의 장례

제1장

죽음을 표시한다는 것: 인간적 예식, 기독교적 실천

1960년대 어느 한 인류학자가 이라크 북부 지역의 동굴을 탐험하던 중 네안데르탈인의 무덤 몇 구를 발견하게 되었다. 아마도 5만 년 남짓 된 무덤이라 추정되는 이 무덤들은 여태껏 발견된 인간의 매장지들 가운데 가장 오래 된 것에 속한다. 유골 근처에서 그레이프히아신스, 접시꽃, 엉겅퀴에서 떨어져 나온 꽃가루가 발견되었는데, 이는 시신 곁에 꽃이 놓였었음을 알 수 있게 하는 간접적 증거가 된다.[1]

그곳에서 수천 마일 떨어진 모스크바 인근의 썽거(Sungir)에서는 약 3만 년 된 크로마뇽인 무덤군이 발견되었다. 이 무덤들에는 가족으로 보이는 유골들이 누워 있다. 정교하게 가공된 수백 개의 상아 구슬로 만들어진 목걸이가 남성 뼈들 주변에 늘어뜨려져 있고 그 주변에는 매머드(mammoth)의 뼈를 이용해 만든 도구들이 놓여 있다. 여성의 뼈는 남성의

---

[1] Kodo Matsunami, *International Handbook of Funeral Customs* (Westport, CT: Greenwood Press, 1998), xv.

무덤 위에 위치하고 있으며, 남성과 여성의 곁으로는 두 아이의 유골이 위치하고 있다. 그들을 서로 머리를 맞대고 묻혀 있으며 그들 주변으로는 수만 개의 상아 구슬들, 반지와 팔찌 몇 개, 한 세트의 창과 검, 여우의 이빨 등이 흩뿌려져 있다.[2]

수세기전 이 죽음의 원인이 무엇이었는지 알 수 있는 사람이 어디 있겠는가?

혹은 이러한 고대의 매장 행위에 수반된 의식은 무엇이었는지 누가 알 수 있겠는가?

하지만 이 꽃들, 이 구슬들, 이 반지들, 그리고 또 다른 유물들을 통해 우리가 분명하게 알 수 있는 것은, 인류란 이미 그들의 존재가 시작될 때부터 그들의 죽은 자들을 정성껏 대했다는 것과 죽음을 대할 때 경외심을 갖고 접근했다는 사실이다. 인간의 죽음이란 단지 하나의 사실(fact)에 불과했던 적이 한 번도 없다. 그것은 언제나 신비로운 바다였다. 그 해변에는 삶에 대한 확신에 관해 제대로 말을 못하고 더듬거리고 있는 사람들, 그 수평선 너머에 무엇이 있는지 의아해하는 사람들이 모여 서 있다.

인류는 그 태동기로부터 매장의 장소와 죽은 자의 시신을 장식해 왔다. 그 장식은 아름다움과 사랑의 상징으로서, 죽음이라는 잔인한 현실을 뒤로 물리치고, 죽음의 그림자 속에서 뭔가 의미를 찾고자 하는 갈망이 담긴 상징이다.

일부 사회학자들과 인류학자들 가운데는 종교의 기원을 이러한 고대의 죽음 관련 예식에서 찾을 수 있다고 과감하게 주장하는 사람들

---

[2] Constance Jones, *R.I.P.: The Complete Book of Death and Dying* (New York: HarperCollins, 1997), 3.

있다. 그들이 추측하기로는 우리 옛 조상들이 죽음이라는 것을 맞닥뜨려 행했던 예식들은, 그곳에서 거룩함에 대한 감각이 자라날 수 있었던 토양이 되어 주었을 것이라는 것이다.

그와는 정반대일 것이라고 주장하는 이들도 있다. 그들은 오히려 인간의 의식 속에 초월에 대한 인식이 원래부터 새겨져 있다는 쪽에 무게를 둔다. 즉 인간의 삶의 한계와 죽음의 심연 저 너머에 뭔가 있다는 생각이 옛 인류들로 하여금 꽃과 구슬로 죽은 자의 무덤을 장식하게끔 만들었다는 주장이다. 매장과 관련된 예식 속에는 보이지 않는 세계에 대한 암시가 담겨 있다는 것이다.

어느 주장이 맞는 것이라고 누군들 말할 수 있겠는가?

어느 쪽이 먼저일까?

죽음에 대한 예식인가?

종교적 경외심인가?

우리가 끝내 실마리를 풀 수 없는 것은 죽음과 거룩함은 서로 떼려야 뗄 수 없이 연결되어 있다는 사실이다. 이 두 가지 모두에 있어서 인간은 신비의 가장자리에 서 있으며, 우리가 헤아려 알 수 있는 영역 너머 저 깊은 곳을 들여다보고 있을 따름이다. 우리 삶에 죽음의 그림자가 몰려올 때 우리가 하는 것, 다시 말해 우리가 행하는 행위들과 우리가 따르는 패턴화된 예식들은, 물질적 삶의 먼지 속에 동판화 기법처럼 새겨진 신성의 감각(sense of the sacred)이라는 초상화이다.

이와 마찬가지로, 모든 것의 중심에 놓인 신비에 대해 우리가 최종적으로 믿는 바로 그것이, 슬픔과 상실을 겪는 날들 동안 우리의 몸이 움직이는 방법, 우리의 손이 하는 일들, 우리가 우리 발로 향해 가는 장소들, 그리고 우리가 우리 입으로 말하는 모든 것들을 결정한다. 죽음이라는 춤은 신성함이라는 음악에 맞춰 움직여 나간다.

1. 변화하고 있는 장례식 풍경

이 책은 기독교라고 하는 하나의 종교적 전통이 그 전통 고유의 신성에 대한 감각을 통해 죽음이라고 하는 사건을 맞이할 때 자신을 어떻게 표현하는가에 대해 말하고자 한다. 나는 삶의 거룩한 신비에 대한 기독교의 독특한 이해가 죽음을 둘러싼 그들의 관습, 실천, 의식 등의 형성과 변동에 어떻게 작용하는지 검토하려 한다.

그러나 나의 주된 관심은 인류학적 관심이 아니라 신학적이고 목회적인 관심이다. 나는 기독교 장례를 고찰하고자 한다. 기독교인들은 장례에서 무엇을 하는지, 그들이 하는 행위는 어떤 의미가 있는지, 그리고 그 장례는 어떤 식으로 작동되는지 등에 대해 알아보고자 하는 것이다.

이 책이 이루려는 목표는 다분히 실천적이다. 특히 이 책을 통해 도움을 주고자 하는 이들은 교구에 속한 성도들 가운데 상을 당하면 그들을 적절히 인도해야 할 사제들과 목회자들인데, 그들로 하여금 복음의 소망을 진정으로 담아내는 장례식을 집례할 수 있도록 돕고자 한다. 좀 더 포괄적인 목표가 있다면, 이 책은 보다 더 큰 교회를 염두에 두고 있는데, 장례식이 났을 때 모든 기독교인들이 좀 더 기독교 정신에 부합하는 장례식을 거행하는 방향으로 나아갈 수 있도록 돕고자 한다.

그러나 그렇게 하기 위해서는 무척 어려운 일들이 수반된다. 우리는 그저 상주들의 기호에 맞는 장례가 되도록 이것저것 짜맞추는 '예전 장식가'(liturgical interior decorators) 수준을 벗어나야 한다. 우리의 현재 관습 뒤편에 숨겨진 것이 무엇인지, 그 그림자 뒤에는 무엇이 감추어져 있는지 면밀히 검토하기 위해 한 발 뒤로 물러설 필요가 있다. 어떻게 우리의 장례 관습이 오늘날의 모습에 이르게 되었는지 알기 위해 그렇게 할 필요가 있다는 것이다. 도대체 무엇이 우리의 장례를 "좋은" 장례가 되게 하는지 살피기 위해 우리가 갖고 있던 기본 전제들을 다시 생각해 보아야 할 것이다.

기독교 장례에 대해 논의할 만한 시점이 무르익었다. 지난 반세기 동안 다양한 기독교 공동체에서 수많은 모범적 장례 예전들이 개발되었다. 이것들 가운데 많은 부분은 로마 가톨릭 교회에서 일어난 눈부신 예배 갱신으로부터 자극받아 일어난 것들이다. 그러한 예배 갱신은 제2바티칸 공의회(The Second Vatican Council)에 의한 개혁의 산물이며, 특히 1969년에 나온 『오르도 엑세퀴리움』(Ordo Exsequarium), 즉 『장례 예식』(The Rite of Funerals)이라는 이름의 장례 예식서의 영향을 받은 바가 크다.

이러한 새로운 예식서에는 장례의 집행과 관련하여 수 세기 동안 걸림돌이 되던 것들을 말끔히 제거하려는, 또한 세례교인의 죽음과 예수 그리스도의 부활 안에 주어진 소망 사이의 강력한 연관관계가 장례예식을 통해 더욱 밝게 빛날 수 있도록 하려는 로마 가톨릭교회의 노력이 반영되어 있다.

이러한 로마 가톨릭의 노력은 개신교회들로 하여금 장례에 대해 다시 생각하게끔 하는 자극제가 되었다. 북미의 경우만 봐도 장로교, 연합감리교(United Methodists), 캐나다교회연합(The United Church of Canada), 그리스도의제자교회(Disciples of Christ), 그리스도교회연합(The United Church of Christ), 루터교, 그리고 그 밖에도 몇 개의 교단이 더 있는데, 이들은 모두 장례 예식 개정작업을 실시했다. 그리고 이 가운데 루터교의 경우는 두 번이나 개정작업을 했다.

그들의 예식 개정 작업은 모두 가톨릭의 개정 작업과 한 가지 측면에서 같은 목표를 추구하고 있다. 즉 리처드 루터포드(Richard Rutherford)가 묘사한 대로 "한 신앙공동체가 죽음과 상실의 슬픔에 대해 바르게 표현할 수 있는 참으로 인간적이면서도 참으로 기독교적인 상징적 언어"를

만들어 내는 일. 그들은 모두 바로 그 일을 해내려 했던 것이다.³

이와 같은 새로운 장례 예식들이 무척 흥미로움에도 불구하고 이와 관련하여 가장 인상적인 사실은 이 예식들이 실제 예식에 거의 활용되지 않았다는 점이다. 역설적인 얘기지만, 장례에 대한 이와 같은 풍성한 자료들이 등장한 바로 그 시점에, 미국 기독교인들뿐만 아니라 기독교인이 아닌 나머지 모든 미국인들 역시 죽음을 기념하는 건강한 방법들에 대해 더욱 혼란과 충돌을 경험하고 있었다.

장례를 어떻게 시행할 것인가에 있어서 격변기를 맞이했고 옛 관습들은 이리저리 내팽개쳐지고 있었지만, 새로 등장한 기독교 장례 예식은 그다지 영향력을 행사하지 못하는 듯 보였다. 새로운 예식이 등장한 십여 년 뒤에 한 학자가 가톨릭에 대해 말한 게 있는데 그 말은 개신교회에도 잘 들어맞는 이야기일 것이다:

> 새로 나온 장례 예식서가 공식적으로 사용된 지 십여 년이 지났다. 하지만 미국 가톨릭 신자들의 죽음에 대한 대응 방식은 새로운 예식이 소개되기 전과 비교하여 나아진 것이 별로 없는 듯하다. 죽은 자를 위한 기도와 연결되어 있는 경건과 헌신이 이 기간 동안 퇴보하였기 때문에 적어도 미국의 일부 지역에서는 죽음을 기념하는 방식들 역시 개혁 전보다 오히려 더 퇴보한 경향이 있다.⁴

---

3 Richard Rutherford, *The Death of a Christian: The Order of Christian Funerals* (Collegeville, MN: Liturgical Press, 1990), 116.
4 Robert J. Hoeffner, "A Pastoral Evaluation of the Rite of Funerals," *Worship* 55/6 (Nov. 1981): 482.

만약 누군가 '좋은 예식서를 저술하는 것이 자동적으로 좋은 예배를 만들어내지 못한다'는 것을 입증하는 증거가 필요하다면, 기독교 장례의 현 상태는 아주 좋은 증거가 될 것이다. 예식 전문가들이 아름답고 깊이가 있는 장례 예식을 고안하기 위해 말없이 애쓰는 동안, 실제 기독교 장례는 종종 "삶의 경축"(celebrations of life)이라고 하는 모호한 방식 쪽으로 옮겨가고 있었다.

이런 방식에는 다음과 같은 순서가 포함된다.

① 누구나 나와서 말할 수 있도록 준비해 놓은 마이크 앞에서 친구나 친척들이 죽은 이에 대해 간략히 연설하는 것.
② 죽은 자의 삶의 모습이 담겨 있는 멀티미디어 자료 보여주는 것.
③ 관 위에 NASCAR(자동차경주대회인 National Association for Stock Car Auto Racing의 줄임말, 역자주) 로고를 부착해 두는 것.
④ 죽은 사람이 가장 좋아했던 대중음악을 CD플레이어로 틀어놓는 것. 나비를 풀어놓아 날아가게 하는 것.
⑤ 플라스틱으로 제작된 조각 안에 화장 유골 담는 것.
⑥ 인터넷 공간에 마련된 묘지(cyber-cemeteries) 등등.

비록 그 변화가 극히 드라마틱한 정도는 아니지만, 새로운 세대의 등장과 함께 문화 전반에 걸쳐 나타나고 있는 실험적이면서 개개인의 기호에 맞추고자 하는 변화된 성향들이 기독교 장례에도 영향을 주었다. 미셸 크로머(Michelle Cromer)는 다음과 같이 적고 있다.

> 그냥 우리 베이비붐 세대들이 알아서 하도록 놔두라. 우리는 지금 우리 부모님들의 장례를 준비할 뿐만 아니라 우리 자신의 장례까지

도 미리 계획하고 있다. 우리는 우리의 요구 사항들을 글로 적어 놓음으로써 우리가 정확히 무엇을 원하는지 누구든 분명히 알 수 있게 한다. 우리는 인구통계학적으로 볼 때 예외 없이 항상 중심무대에 있었다. 나는 이러한 사실을 우리 세대에게 경의를 표하는 영화인 "새로운 탄생"(The Big Chill)에서 처음 알게 되었다. 죽은 이가 가장 좋아했던 노래들 중 하나를 그의 친구가 연주할 것이라는 사제의 안내멘트가 있은 후 극중 인물인 캐런(Karen)은 교회의 오르간 앞에 장엄한 태도로 앉아서 어떤 노래의 전주를 치기 시작했다. 그것은 롤링 스톤즈(Rolling Stones)의 "당신이 원한다 해도 당신이 그것을 언제나 가질 수 있는 건 아니랍니다"(You Can't Always Get What You Want)였다. 1960년대에 크게 유행한 그 노래가 장례 행렬을 위한 반주곡으로 연주되고 있을 때, "그래 바로 이거야. 이렇게 하는 거지!"라고 생각한 베이비 붐 세대는 나 혼자만은 아니었다.[5]

　왁자지껄하고 생동감 넘치는 장례식이 되게 해달라는 고객의 요구에 부응하여 플로리다 주의 한 장례식장에서는 테마가 있는 장례를 위한 정교한 무대 장치를 고안하기에 이르렀다. 전통적 방식을 고수하는 장례업자들은 고사 위기에 처했다고 뉴저지의 한 장의사가 말했다. 이 장의사는 장례 관련 업종의 종사자들에 관해 이야기하면서 다음과 같이 말했다.

---

5 Michelle Cromer, *Exit Strategy: Thinking Outside the Box* (New York: Jeremy Tarcher/Penguin, 2006), xiv.

"이제 우리는 모든 장례가 천편일률적이게 할 수 없게 되었다. 우리는 이제 이벤트를 계획하는 사람들이 되어야만 한다."[6]

장례 관련 변화는 비단 문화적 현상이거나 유행의 문제만은 아니다. 우리의 신학이 우리의 장례 방식을 결정하고, 또 반대로 우리의 장례 방식이 우리의 신학을 결정한다면, 장례 방식의 변화는 우리의 신학에서도 동등한 변화가 일어나고 있음을 보여준다고 말할 수 있다. 우리의 장례 방식이 변화하고 있다. 따라서 이 말은 우리가 죽음에 대해 신학적으로 어떻게 생각하는지도 변화하고 있다는 것을 의미한다. 하지만 언뜻 봐서는 도대체 무슨 일이 일어나고 있는 것인지 측정하기 어렵다.

변화된 시대에 따라 우리가 우리의 신앙을 갱신하고 있는 것일까?

아니면 우리는 본질에서 벗어나고 있는 것일까?

오늘날 장례식들은 명랑한 분위기가 많다. 즉 많은 웃음과 축제 분위기로 채워지고 있는 것이다. 격식을 덜 갖추고 예전적인 의식이 덜 행해지며 편안하고 개인적이다.

이득일까 손해일까?

장례식에 죽은 자의 시신을 두는 것에 대한 강조가 줄어들었고, 장례보다는 "추모식"(memorial services)이 늘고 있으며, 화장을 선택하는 사람들이 늘고 있다.

합당한 일인가, 아니면 우려해야 할 일일까?

미국 장례 예식의 변화에 대한 책을 쓰기 위해 수년간 연구해 온 「타임지」 통신원 리사 다께우찌 컬런(Lisa Takeuchi Cullen)은 다음과 같은 결론을 내렸다.

---

[6] Funeral director Lou Stellato, as quoted in Lisa Takeuchi Cullen, *Remember Me: A Lively Tour of the New American Way of Death* (New York: Collins, 2006), 27.

"미국의 새로운 장례 방식은 개인적이고 영적이며 감성적이다. 또한 이타적이고 미래적이며 개인주의적이기도 하다."

그녀 자신의 말대로 이 연구를 시작할 무렵의 그녀는 "애도보다는 경축이 주가 되는 새로운 미국식 장례 방식의 열렬한 옹호자"였었다.[7] 그러나 그녀가 자신의 연구를 끝낼 무렵, 그녀 가족 가운데 두 명(할아버지와 사촌)이 죽었다. 그리고 그녀의 어머니는 암에 걸렸는데 잠시 병세가 누그러지는가 싶더니 다시 재발되어 "눈 깜짝할 새에 무시무시한 속도로" 발전되었다. 이러한 갑작스럽고도 정신을 번쩍 나게 하는 일들을 겪고 난 후, 컬런은 경축이 애도를 대체해야 한다는 그녀의 "경솔한 확신"에 대해 의문을 품게 되었다. 그래서 그녀는 이렇게 적고 있다.

"만약 어머니가 돌아가시면, 만약 나를 키워주셨던 이 여인을 잃는다면, 그 일로 경축의 잔치를 열 마음이 들까?"[8]

이것은 대단히 중대한 문제이다. 산 자를 어떻게 대하는가의 문제는 죽은 자를 어떻게 대하는가의 문제와 필연적으로 맞닿아 있는데, 우리가 사는 이 시대는 이 문제에 있어서 중대한 변화를 겪고 있다고 나는 확신한다. 이것을 좀 거칠게 표현하자면, 죽은 자의 육신을 존중할 줄 모르는 사회는 산 자의 육신도 함부로 대하며 심지어 고문까지도 하는 경향이 있다. 죽은 자들이 어디로 가는가에 대한 분명한 소망이 없는 사회는, 어떻게 하면 그들의 자녀들의 손을 잡고 그들을 소망이 가득한 미래로 인도해줄 수 있는지에 대해서도 확신을 갖지 못한다.

확신하건대 나는 죽은 이를 존중하고, 그들과 함께 소망 가운데 길을

---

[7] Ibid., 208-9.
[8] Ibid., 208.

걸어가며, 삶과 죽음의 의미를 잘 표시할 수 있는 기독교적 방식이 분명히 있다고 믿는다. 기독교란 그저 한 묶음의 사상들과 교리들이 아니다. 기독교는 삶의 방식이다. 아이를 양육하고, 지구를 보호하며, 식사 자리에 모이고, 이방인에게 호의를 표현하고, 돈을 관리하고, 죽음을 맞이하는 등 매일 매일의 문제들에 대해 기독교인들이 어떻게 대처하는가에 따라 기독교는 스스로를 잘 표현하기도 하고 부인하기도 하는 것이다.

기독교적인 삶의 방식들이 있다. 그리고 죽어가는 것, 그리고 죽은 자를 돌보는 것에 있어서도 기독교적인 방식들이 존재한다. 요컨대, 소용돌이치고 있는 그리고 불확실성 가운데 놓여 있는 미국적 장례 방식의 변화의 한 복판에서도 내가 믿는 것은, 명실상부 "기독교 장례"라 일컬을 수 있는 그 무엇인가를 정의하고 육성하고 실천하는 것은 필요한 정도를 넘어 매우 시급한 일이 되었다는 점이다.

2. 필요, 관습, 그리고 신념

기독교 장례를 천에 비유한다면, 그 천은 순전히 영적인 비단실로 짠 것은 아니다. 이렇게 장례지내는 것이 신께서 명령하신 방식이라고 하나님의 손가락이 모세의 돌판 위에 써 주시지 않았다. 예수님은 산상수훈의 설교에서 장례에 관한 가르침을 주시지 않았다. 그리고 바울도 고린도 교인들에게 장례에 대한 세부 규정들을 구태여 지시하지 않았다.

지난 기독교 역사 속에서 기독교인들은 항상 다른 모든 사회 집단들이 해오던 일과 다름없는 일들을 해 왔다. 다시 말하자면 스스로 그 일을 어떻게 처리해야 하는지 알아냈는데, 가까운 채석장에 가서 바위들을 가져다가 죽음의 의식이라고 하는 건축물을 구축해낸 것이다(삶의 주위에서 쉽게 접할 수 있는 문화적 관습적 요소들을 활용해 장례예식을 고안해 냈음을 의미하는 비유적 표현, 역자주). 누군가 죽으면 다른 모든 인간들이 그렇게 하는 것처럼 기독교인들도 주변 환경을 둘러보고 이렇게 물을 것이다.

"이제 우린 무엇을 해야 하는 거지?

뭘 하는 게 이 상황에 적당해 보일까?

우리들의 신앙은 이럴 땐 무엇을 하는 게 마땅하다고 말하고 있지?"

다시 말하자면, 기독교 장례 예식은 "필요"와 "관습"과 "신념"이 교차하는 지점에서 탄생한다는 것이다.

1) 필요

여기서 "필요"라는 말이 의미하는 것은, 죽음은 우리로 하여금 회피할 수 없는 사회적 요구와 의무들을 만들어낸다는 사실을 가리킨다. 학자들은 인간에게 있어서 보편성이 존재하는가를 놓고 격론을 벌이곤 하는데, 죽음이란 문제에 있어서만큼은 다른 의견이 많지 않은 것 같다. 모든 인간은 마침내 죽게 된다는 것은 보편적 진리이며, 모든 사회는 죽음이라고 하는 육체적 사실을 무시할 수 없는 것으로 인식한다. 조금 전까지만 해도 살아 있던 자가 영원히 숨 쉬는 것을 멈출 때, 이제 그를 위해 곧 무엇인가를 해주어야 한다고 말해주는 법이나 신조가 필요한 것은 아니다. 산 자들 가운데 죽은 자의 시신이 놓이면, 우리 인간들은 자신의 DNA 속에 새겨진 대로 다음 두 가지 사항들을 알게 된다.

첫째, 그 시신이 일종의 위협(감염? 부정? 인간적 존엄의 상실?)을 가져오며,

둘째, 우리는 그 시신을 사랑과 존경심을 갖고 잘 처리해 주어야 한다는 점이다.

이런 측면에서 볼 때, 죽음은 출생과도 같다. 장의사 토마스 린치

(Thomas Lynch)는 다음과 같이 말했다.

"삶의 한 끝단에서 공동체는 선언한다. '살아 있다. 냄새가 난다. 뭔가 해야겠군.' 그리고 삶의 다른 한 끝단에서도 비슷하게 말한다. '죽었다. 냄새가 난다. 뭔가 해야겠네.'"[9]

한 세대 전, 잉글랜드성공회에 속한 어떤 단체가 기독교 장례가 수행할 주요 과업들에 대한 리스트를 만들었다. 그 리스트 상단에 이렇게 적혀 있다.

"존중하는 자세로 시신을 처리하기."[10]

"존중"이란 단어를 사용할 때 그들은 신학적으로 들리게 하려고 썼을 것이다. 그러나 그 단어는 다분히 인간적 필요에 대한 인정이었다.

따라서 죽음이 발생했을 때 기독교인들이 해야 할 일들은 어떤 신조에 의해 강요되는 것이 아니다. 그것은 죽은 자의 시신은 가능한 빨리 "지금 이곳"에서 "저기 저곳" 어딘가로 옮겨져야 한다는 단순한 진리에 의해 강요된다.

그런 면에서 볼 때 기독교인들은 다른 부류의 사람들과 별반 다를 것이 없다. 기독교인들이 죽은 자의 시신을 잘 돌보고, 기념하고, 처리하는 일을 할 때, 그들은 오직 기독교인들만이 하는 그 무엇인가를 하고 있는 것이 아니다. 그들이 하는 일이란 것은 사실 모든 인간들이 하는 것과 똑같은 일들이다. 매우 인간적인 필요들을 수행하며, 가장 기본적인 인간적 책임을 감당하는 것이다.

---

9 Thomas Lynch, *The Undertaking: Life Studies from a Dismal Trade* (New York: W. W. Norton, 1997), 157.
10 *Alternative Services, Second Series* (London: Church of England Liturgical Commission, 1965), 105–6.

그런데 매우 흥미롭게도 바로 그것이야말로 "신학"의 문제이다. 신학자들이 우리들에게 종종 일깨우듯, 죽은 자의 시신을 돌보아야 한다는 필요는 창조의 질서에 속한 일이다.

이것은 무엇을 의미하는가?

그것은 기독교인들이 죽음과 관련하여 어떤 예식을 발전시키든 그것은 언제나 그 경험과 관계된 기본적인 인간적 요소들을 희석시키지 않아야 그 예식이 진실한 예식이 될 수 있음을 의미한다. 그 어떤 기독교 장례 예식도, 설령 그것이 매우 존귀하고 장엄한 예식으로 보인다 해도, 누군가가 정말 죽었으며 그 주변의 사람들이 그의 시신을 위해 무엇인가를 해야 한다는 사실을 은폐하는 데 초점이 맞추어진 예식이어서는 안 된다.

이 두 가지는 지금 벌어지고 있는 일에 대해 하나님 앞에서 누구도 부인할 수 없는 명백한 사실이다. 우리가 죽은 자의 시신을 돌볼 때, 우리는 경건이라는 이름의 커튼 뒤로 우리의 당황스러움을 감추려 노력하는 게 아니다. 우리는 지극히 인간적인 일을 인간적으로 해내려 노력하고 있는 것이다. '인간적이다'(being human)라는 말은 우리가 '흙에서 왔다'(being humus)는 사실을 부분적으로 고백하는 것이다. 로버트 포우그 해리슨(Robert Pogue Harrison)은 이렇게 썼다.

> 인간들은 단순히 뭔가 종결되었다는 느낌을 갖기 위해, 그리고 죽은 자와의 결별을 확인하기 위해서만 장사지내는 것이 아니다. 인간들이 이와 같은 일을 하는 것은 무엇보다도 그 위에 그들의 세상을 세웠고 그들의 역사를 이룩해 왔던 바로 그 땅을 인간화(humanize)하기 위해서이다. … "인간적이다"(to be human)라는 말은 무엇보다 "장사

지내다"(to bury)라는 것을 의미한다.[11]

2) 관습

죽은 자의 시신을 위해 무언가 해야만 한다는 단순한 '필요'가 있는가 하면, 해야만 하는 그 일을 어떻게 하는 것이 적절한 것인지를 결정하는 지역의 '관습'이 있다. 죽음이라는 사건이 발생할 때 어떤 행동을 취하도록 요구받는지, 그 한계의 설정과 가능성의 제공은 우리가 이 세상에 서 있는 지리적, 역사적, 문화적 위치와 관련이 있다. 그 위치에 따라 어떤 행동은 적당한 것처럼 보이지만, 또 어떤 행동은 그렇지 않아 보인다.

지금 필자가 생각하고 있는 것은 광범위하고 다양한 문화적 주제나, 제의 준수(ritual observance)에 있어서 종족별, 계급별 스타일이 아니다. 물론 이런 것들이 전혀 상관없는 것은 아닐 것이다. 그렇지만 여기서 논의하려는 것은 그런 것들보다는 오히려 각 공동체가 죽음에 대해 반응하는 방식들에 깊이 내재화되어 있는 매우 특별하고 구체적인 행동들에 대해서이다.

예를 들자면, 우리 가족 가운데 누군가 죽는다면 우리는 장의사에 전화하여 시신을 수습하도록 요청한다. 우리는 다른 대안에 대해 그다지 생각하지 않는다. 그냥 그렇게 하는 것이 우리 방식이다. 장례 전문가들이 와서 시신을 수습하고 나면 장례식 날이 될 때까지는 우리가 고인의 시신을 마주 대하는 일은 아마도 없을 것이다. 하지만 다른 가족들이나

---

11 Robert Pogue Harrison, *The Dominion of the Dead* (Chicago: University of Chicago Press, 2003), xi.

다른 사회 그룹들에게 우리의 그런 행동은 놀랄만한 일이고 심지어는 무례한 일로 여겨진다. 왜냐하면 장례 기간 내내 죽은 자의 시신과 함께 지내고 결코 낯선 사람의 손에 고인을 맡기지 않는 것이 그들에게는 너무나 당연한 일이기 때문이다.

만약 그런 사회적 그룹들에 속한 어떤 사람이 우리 가족의 행동들을 문제 삼고, 어떻게 사랑하는 이의 시신을 멀리 보이지 않는 곳에 내버려둘 수 있느냐고 따져 묻는다면, 아마도 우리 가족들 대부분은 뭐라 대답해야 할지 몰라 혼란스러워하다가 더듬거리며 이렇게 말할 것이다.

"잘 모르겠습니다. 그냥 그렇게 하는 것이 우리들 방식입니다."

어떤 일본계 미국인의 기독교식 장례에서 있었던 일이다. 일본인들 사이에는 기독교보다 더 오래된 관습이 있는데 헌화 예식이다. 장례 예식이 끝날 무렵, 교인들은 꽃을 들고 앞으로 줄지어 나가서 관(coffin) 위에 혹은 관 안에 그 꽃을 내려놓았다.[12] 사람들이 관 옆을 지나가면서 시신을 향해 인사하거나, 시신 곁에 서서 기도하거나, 혹은 그저 침묵하며 그 옆을 지나감으로써 고인에 대한 존경심을 표했다.[13] 어떤 사람에게는 직관적으로 존경을 표하는 행동 방식으로 여겨지는 것, 즉 죽은 자의 시신을 향해 인사하는 행위가 다른 사람에게는 이해할 수 없고 미심쩍

---

12 이 책에서는 "casket"이라는 단어보다는 "coffin"이라는 단어를 선호하여 사용할 것이다. 물론 이 두 용어 사이의 차이점은 관의 모양 때문에 생기는 것이라는 주장이 있을 수 있지만 (즉 위에서 내려다보았을 때 coffin은 육각형이고 casket은 사각형 모양), 사실 두 용어의 구별은 마케팅 때문이다. "coffin"(관)은 "죽음"이라는 부정적 어감과 연관 지어져 있는 반면, "casket"(작은 상자)나 "jewel box"(보석 상자) 등의 용어는 상업적인 측면에서 좀 더 매력적인 말이다.

13 Yasuhiko Richard Kuyama and Keith P. Inouye, "Japanese-American Worship Practices," in Kathy Black, *Worship across Cultures: A Handbook* (Nashville: Abingdon Press, 1998), 147.

은 행동으로 여겨진다. 그러나 그들은 (관습적으로) 그냥 그렇게 하는 것이다.

이 외에도 많은 예들이 있다. 앨라배마(Alabama) 주의 한 농장에서 누군가 죽으면 며칠 내로 가까운 땅에 고인의 시신을 묻는데, 그렇게 하는 것이 매우 자연스러울 뿐 아니라 그렇게 하는 것이 적절한 행동이다. 그러나 훨씬 더 북쪽 지역, 그러니까 매년 수개월 동안이나 땅이 딱딱하게 얼어붙어 있는 지역들이나, 지표 바로 아래에 지하수 층이 있는 뉴올리언스(New Orleans) 지역이나, 또는 매장지가 고갈되어 지난 한 세기 동안 땅에 시신을 매장하는 일이 금지되어 있는 맨해튼(Manhattan) 지역에서는 시신의 처리와 관련하여 매우 다른 관습이 존재한다.

매사추세츠(Massachusetts) 주에 정착했던 청교도 신자들의 경우 하관식에서 고인의 삶에 대해 약간이라도 언급하는 것은 지나치게 감정적이며, 도에 지나치며, 명예롭지 못한 것으로 간주되는 반면, 자아에 대한 그리고 인간됨에 대한 다른 이해를 갖고 살아가는 오늘날 대부분의 사람들은 고인에 대해 한 마디도 언급하지 않는 것은 냉정하고 인간적이지 못한 처사로 여겨질 것이다.

사우스캐롤라이나(South Carolina) 주의 시골 지역에서 살고 있는 흑인들의 경우 여전히 그들의 아프리카 선조들의 관습을 따라 갓난아기나 어린 자녀들을 들어 올려 죽은 친척의 관 위로 지나가게 하는 예식을 행한다. 그들은 그렇게 함으로써 아이들이 죽은 자를 두려워하지 않도록 만든다고 믿는다.[14] 이 역시 (관습적으로) 그냥 그렇게 하는 것이다.

---

14 Elaine Nichols, ed., *The Last Miles of the Way: African American Homegoing Traditions, 1890–Present* (Columbia: South Carolina State Museum, 1989), 16.

글로는 작성되어 있지 않지만 엄연히 존재하는 각 지역별 관습과 사회적 관례에 대해 연구한 데이빗 서드나우(David Sudnow)는 한 도심의 병원에서 누군가 죽었을 때 그 죽음에 관한 소문이 어떻게 퍼져나가는지에 대해, 그리고 누군가 죽었다는 소식을 전달하는 사람은 누구이며 그렇게 하지 않는 사람은 누구인지에 대해 연구하였다.

2세기 전만 해도 죽음의 소식은 교회 종을 때려서 모든 주민들에게 알려졌으나, 이제 오늘날 우리 문화의 경우 많은 사람들이 죽음의 소식은 조용히 그리고 개인적으로 전하는 것이 더 적당한 것으로 생각한다. 그의 연구 대상이 된 병원에서 서드나우가 살펴본 바에 따르면 (그 병원은 도시 사회 전체를 상징하기도 하는데) 죽은 이와 의미있는 관계를 갖고 있던 사람, 그리고 상징적으로 높은 위치에 있는 사람, 예를 들면 의사, 수간호사, 주교나 목사, 절친한 친구, 또는 친척 등에 의해서만 죽음에 대한 소식이 전해졌다.

만약 어떤 여인이 병원에 있는 남편을 방문하기 위해 오는 길에 병원 승강기에서 내려서는데 자판기 물건을 채우고 있던 어떤 남자에게서 자기 남편이 심각한 심장발작을 일으켜 죽게 되었다는 소식을 듣는다면, 이것은 사회적으로 매우 심각한 문제라는 것이다.

이와 같은 관례 때문에 어떤 병원들은 오직 환자를 담당하는 의사만 죽음을 알릴 수 있도록 하는 원칙을 세우게 되었다. 따라서 그런 병원에 근무하는 병원 관계자들은 환자 가족에게 환자가 아직 살아있다고 생각하게 할 만한 어떤 거짓말을 하지 않으면서도 그와 동시에 부주의하게 죽음의 소식을 전하는 것을 어떻게든 회피할 수 있는 정교한 기술들을

습득하도록 강하게 요청받고 있다.[15]

어떤 사회의 경우에는 죽음에 관한 지역 내의 관습들이 뒤죽박죽되어 있어서 기독교 목회자들이 어려움을 겪기도 한다. 한편으로, 장례란 지역의 모든 관습과 관례들이 방해가 되지 않도록 한쪽으로 말끔히 밀어낼 수 있는 보편적 형판(型板, template)이 아니다.

장례란 특정한 사회적 맥락 속에서 무엇이 적절하고 무엇이 적절하지 않은지에 대한 기본적인 판단을 갖고 있는 구성원들에 의해 수행된다는 것은 피할 수 없는 사실이다. 만약 절제된 감정 표현이 존경심을 나타내는 관습적 방식이라고 믿는 회중들의 공동체에서 감독교회의 주교가 『공동기도서』(The Book of Common Prayer)를 펴서 읽으며 장례 예식을 주관하고 있다면 그 예식은 정적으로 진행될 것이다.

그러나 만약 큰 소리로 울고 자신의 슬픔을 가시적으로 드러내 표현하는 것이 죽은 자를 위한 존경심의 바른 표현이라고 믿는 회중들이 모여 있는 공동체에서는 똑같은 사제가 똑같은 기도서를 펴서 낭독한다고 해도 그 사제는 예식이 이따금 잠시 중단될 수 있다는 것에 대해 미리 마음의 준비를 해 두는 편이 낫다.

또 다른 한편으로, 죽음에 관한 어떤 지역의 관습들은 복음과 양립할 수 없는 경우도 있다. 예를 들면, 남부 보르네오(Borneo)의 마안얀(Ma'anyan) 족은 몇 년에 한 번씩 죽음의 축제(death festival)를 개최하는데, 축제 때가 되면 지난 번 축제 이후로 매장된 모든 시신을 다 파내어서 화장을 치른다. 이렇게 하는 이유는 마안얀 족들은 죽은 자의 영혼이 완전

---

15 See David Sudnow, *Passing On* (Englewood Cliffs, NJ: Prentice-Hall, 1967), esp. chap. 7.

히 떠나기 전에 죽은 육신 가운데 잠시 머문다고 믿기 때문이다.[16] 시체를 다시 파내는 이와 같은 관습은 영혼과 육체에 대한 한 설화 때문에 생겼는데, 이 이야기는 인간의 육체성에 대한 복음의 가르침과는 상당히 다르다는 것을 알 수 있다. 결론적으로, 이러한 관습과 기독교 장례 예식을 하나로 묶어내는 일은 매우 어려울 것이다.

기독교 운동이 일어나던 매우 초창기 시기부터 기독교는 지역의 관습과 관련하여 알곡과 쭉정이를 가려내는 일을 해야만 했다. 예배학자 안스카 추펑코(Anscar J. Chupungco)가 지적하듯이, 기독교를 이방인에게 개방하기로 결정했던 교회의 아주 초창기 시대에는 어떤 사람을 클럽의 신규 회원으로 받아들이는 것보다 훨씬 더 복잡하고 논쟁을 일으킬만한 문제들이 있었다. 추펑코는 다음과 같이 말한다.

"그것은 이방인들의 문화와 전통에서 비롯된 요소들을 기독교 예배 의식에 대입시킬 것인가 말 것인가의 문제였다."[17]

만약 기독교 예배가 이방인들에게 의미 있는 의사소통이 되려면 그들에게 익숙한 상징, 예식, 용어들이 예배에 병합되어 들어올 필요가 있다는 것이 교회의 인식이었다. 추펑코는 이러한 상황을 아주 멋진 말로 묘사해냈다.

> 예배는 인지될 수 있도록 육화(recognizably incarnate)되어야 한다. 즉 예배는 그 예배를 드리고 있는 사람들의 문화적 환경의 형상을 취하게 된다.[18]

---

16 A. B. Hudson, "Death Ceremonies of the Padju Epat Ma'anyan Dayaks," *Sarawak Museum Journal* 13 (1966): 361–98.
17 Anscar J. Chupungco, *Worship: Beyond Inculturation* (Washington, DC: Pastoral Press, 1994), 1.
18 Ibid., 2, emphasis added.

추펑코는 이 말이 교회가 지역의 모든 관습들을 문란하게 기독교 예배 안으로 들여왔음을 뜻하는 것은 아니라고 서둘러 말했다. 사실 초대 교회는 "절충주의"(eclecticism)를 피하기 위해 혼신의 힘을 다했다고 그는 말한다. 그는 "절충주의"를 "사도들로부터 전수받은 믿음과 일치하는지 그렇지 않은지 상관없이 외래의 교리나 실천에 대한 무작위적이고, 무비판적이며, 소화되지 않은 차용"으로 정의한다. 초대교회는 절충주의를 싫어했으며 이방인들의 문화가 가진 가치를 충분히 인정하면서도 늘 비판적인 시선으로 그들의 문화를 바라보았다고 그는 말한다.

추펑코의 주장에 따르면, 바로 이러한 비판적 시각이 초대 기독교 운동이 지역의 이교적 의례와 관습을 향해 세 가지의 기본적 자세를 취하게 했다고 한다.

① 기독교는 무가치한 것으로 판단되는 이방 관습을 조용히 무시했다.
② 신앙에 위해를 가하는 것으로 판단되는 이방 관습을 비난하였다.
③ 복음의 빛 아래서 재해석될 수 있는 관습은 환영했다.

따라서 교회는 신비 종교에서 행하던 동물 희생 관습은 무가치한 것으로 여겨 조용히 무시했다. 그리고 로마의 엘리트들이 행하던 위험하고도 호화로운 성인식에 대해서는 호되게 비난했다. 그리고 로마인들은 새로 태어난 아기에게 질병과 악령을 쫓으려는 목적에서 우유와 꿀을 주었는데, 그러한 이교적 관습을 재해석하여 받아들여 교회의 세례식에서 꿀 섞은 우유 한 잔을 마시는 예식이 시행되었다.

교회가 우유와 꿀의 관습(milk-and-honey custom)을 예배의 한 부분으로 받아들인 이유는 "신앙의 선조들에게 젖과 꿀(milk and honey)이 흐르는 땅으로 인도하여 주겠다는 언약의 성취"로서 이 예식을 재해석할 수 있기 때문이었다고 추펑코는 말한다.[19] 물론 이와 같은 의미는 원래 로마인들의 관습에는 없던 의미였지만, 기독교 예배가 그 의미를 만들어 낼 수 있었다.

그렇다면 이것이 어떻게 기독교 장례에 적용될 수 있을까?

기독교 신앙은 매우, 그리고 때로는 아주 강렬하게, 반문화적(countercultural)이면서 동시에 현지토착적(proindigenization)이다. 다시 말해, 기독교 신앙은 어떤 종족과 부족과 지역적 관습도 초월하지만, 동시에 그 신앙의 내용을 가장 지역화된 언어를 통해 표현하고자 노력한다. 장례는 그 지역의 관습을 초월하는 것과 그 지역의 특성을 잘 드러낼 수 있는 요소들을 잘 병합시켜냄으로써 사람들에게 "인지될 수 있도록 육화"(recognizably incarnate)되어야 한다.

다음과 같은 사례가 그런 경우일 것이다. 미국의 어떤 지역들에서는 미국 성조기를 참전용사의 관 위에 드리우는 것이 관습이다. 이러한 관습을 따르는 사람들은 아마도 왜 그렇게 하는 것이 옳은 것인지에 대해 많은 이유들(희생의 상징, 존경심의 표현 등)을 제시하겠지만, 그것은 그렇게 하는 것이 옳다고 여기는 지역 사람들의 관습들 중 하나이다. 사람들의 행동은 그들의 생각이나 전략보다 더 깊은 곳에서 우러나온다. 그러나 이것은 그렇게 하는 것이 맞다 틀리다를 말하는 것은 아니다.

"그것은 단지 여기 이 지역에서 어떤 일을 행하는 관습적 방식인 것이다."

---

19 『사도적 전통』(The Apostolic Tradition)으로 알려진 3세기 예식서에서 가져온 "젖과 꿀이 흐르는 땅"이라는 표현은 추펑코의 책 11쪽에서 인용한 것이다.

그러나 대부분의 건전한 신학을 가진 기독교 장례 예전학자들은 한 발 물러나 각자의 관점에서 이러한 관습을 볼 때 그것이 좋은 방식이라고 여기지 않는다. 그들은 국기를 관 위에 드리우는 것이 기독교 장례에서 취할 올바른 상징이라고 생각하지 않는다. 그것은 마치 공화당을 상징하는 코끼리 그림 또는 민주당을 상징하는 당나귀 그림을 현수막으로 제작하여 관 전면에 늘어뜨리는 것과 다를 바 없다.

기독교 장례가 해야 할 일은 죽은 사람이 천국 시민이요 모든 나라 모든 족속으로부터 택함 받은 하나님의 자녀임을 선언하는 것이지, 어떤 특정 국가의 일원임을 강조하는 것이 아니다. 따라서 기독교 목회자들에게 지혜롭고 탁월한 길잡이가 되는 책의 저자들은 다음과 같이 말했다.

> 죽은 이가 어떤 사람이었는지를 특정할 수 있게 해 주는 것이라면 그것이 관 덮개이든, 꽃 장식이든, 깃발이든, 또는 기타의 다른 어떤 표지들이라도 구원이 그리스도 외에 다른 어떤 것에 의존한다고 여기게 만들 우려가 있다면 예배에 앞서 관에서 일체 제거되어야 한다.[20]

하지만 그와 같은 조언이 좋은 조언이라고 할 수 있을까?

나는 상황에 따라 다르다고 말하고 싶다. 리처드 니버(H. Richard Niebuhr)가 환기시켜 주었다.

기독교인에게 '나는 무엇을 해야 하는가?'(What should I do?)라는 윤리적 질문은 늘 다음 질문의 뒤에 따라온다.

---

20 Dennis L. Bushkofsky and Craig A. Satterlee, *The Christian Life: Baptism and Life Passages, Using Evangelical Worship*, vol. 2 (Minneapolis: Augsburg Fortress, 2008), 167–68.

'지금 어떤 일이 벌어지고 있는가?'(What is going on?)

이런 질문에 답한 후 그 다음으로 생각해야 한다.[21] 그래서 예를 들어 프레드(Fred)라고 하는 사람의 관 위에 "구원은 그리스도 외에 또 다른 어떤 것에 의존한다"라는 의미로 미국 국기가 드리워져 있는 상황이 앞에서 말한 '지금 어떤 일이 벌어지고 있는가?'(What is going on)의 질문에 해당한다면, 그때 우리가 해야 할 일은(What should I do) 관에서 그 성조기를 치우는 일이다.

그렇다면 복도를 따라 펼쳐져 있는 국가의 상징들은 기독교 장례에서 절대적으로 허용되어서는 안될 것이다. 초대교회가 이러한 상황들을 직면할 때 그러했듯이, 우리 역시 (예전학자들이 제안하듯이) 그런 관습들을 생략하거나, 또는 (적어도 장례식장에서는 그래서는 안되겠지만) 그런 관습들을 비판해야 한다. 도덕 철학자 알라스데어 맥킨타이어(Alasdair MacIntyre)는 아마도 후자의 경우를 촉구할 것이다. 왜냐하면 그는 신성한 상징과 국가적 상징, 그리고 죽음의 상징을 혼합하는 것은 매우 해로운 조합이 된다고 생각했기 때문이다. 그는 다음과 같이 쓴다.

> 어떤 형태를 취하고 있든 오늘날의 국가는 위험하고 통제 불가능한 기관이다. 국가는 한편으로는 자신을 재화와 서비스의 공급을 담당하는 공공기관이라고 말한다. 그래서 그의 고객인 국민들에게 화폐에 상응하는 가치를 제공하겠다고 항상 말한다. 하지만 단 한 번도 실제로 그런 적은 없었다. 그리고 국가는 다른 한편으로는 자신을 신

---

21 H. Richard Niebuhr, *The Responsible Self: An Essay in Christian Moral Philosophy* (New York: Harper & Row, 1963), 60, 67.

성한 가치의 보관자라고 말한다. 그래서 때때로 국가를 위해 개인의 생명을 바치라고 요청한다. 내가 다른 글에서 썼던 것처럼, 나는 이렇게 하는 것은 통신회사를 위해 목숨을 바치라고 요구하는 것과 다르지 않다고 본다.[22]

그러나 만일 여기 또 다른 일이 벌어지고 있다면(something else is going on) 어떨까?

나는 대부분의 장례식에서 관 위에 국기를 올리는 것이 그리스도만으로 구원받을 수 있다는 신념에 대한 거부이거나, 열광주의적 국가주의의 표현이라고 생각하지는 않는다. 사실 나는 사람들이 관을 통해 그 안에 들어 있는 죽은 자 자체보다는 또 다른 무엇인가를 상징하느라 참 애들을 쓴다고 생각한다.

프레드의 관 위에 놓인 국기는 아마도 프레드에 관한 그 무엇인가를 상징하고 있는 것 같다. 뭐라 정확히 명명하기는 어렵지만, 아마 프레드는 좋은 사람이었고, 훌륭한 시민이었으며, 의무에 응답해야 할 때 주저하지 않고 응답했던 사람이고, 그가 살아가는 동안 어느 시점엔가 그가 속한 작은 공동체를 넘어서는 보다 더 큰 그 무엇인가를 위해 자신을 헌신했던 순간이 있었음을 말하려는 수단으로 그의 관 위에 국기가 놓인 것일 것이다.

그렇다면 교회 입구에 들어서면서 그 관에서 국기를 떼어내는 것이 예식에 참석한 사람들에게 어떤 의미로 다가올까?

---

22 Alasdair MacIntyre, "A Partial Response to My Critics," in John Horton and Susan Mendus, eds., *After MacIntyre* (Notre Dame, IN: University of Notre Dame Press, 1994), 303.

"오직 그리스도"(Solus Christus)인가?

아니면 단지 프레드에 대한 모독인가?

그렇다면 프레드의 관 위의 국기를 어떻게 해야할까?

장례식 시작 때 그것을 떼어낼까?

아니면 그 국기 위로 기독교적 관 덮개를 얹거나, 십자가를 올리거나, 예식 중간쯤 "프레드는 베트남전에 참전한 용감한 육군 참전용사였는데, 그에 대해 우리가 알아야 할 보다 더 중요한 사실은 그가 예수 그리스도에게 속한 자이며 거룩한 성도들 중 한 명이었다는 점이다."라고 소개함으로써 그 국기에 담긴 의미를 재해석해줄 것인가?

아니면 그냥 국기를 관 위에 올려두는 관습을 있는 그대로 받아들일 것인가?

기독교 예배에서 늘 그렇듯, 이런 일들을 지혜롭게 결정하기 위해서는 목회자의 안목과 현명한 판단이 요구된다. 추펑코는 교회 최초의 예전학자들은 회중들이 당대의 문화적 환경 속에서 어떻게 살아가고 있는가에 대해 긴밀하게 인지하고 있는 목사들과 교리문답 교사들(pastors and catechists)이었다는 사실을 발견했다. 그들은 회중들의 의식(rituals), 필요, 여망에 대해 매우 잘 인지하고 있었다.

그들이 이와 같은 요소들을 예전에 포함시킴으로써 회중들은 그들의 삶의 현장 속에서 예배할 수 있었고, 예전(liturgy)은 인간의 삶으로부터 분리되지 않을 수 있었다. 그들은 목회자였기에 위대한 예전가 또한 될 수 있었다.[23]

---

23 Chupungco, *Worship: Beyond Inculturation*, 11-12.

3) 신념

교회사 전반을 모두 훑어보면 우리가 금방 깨닫게 되는 것이 있다. 그것은 지금도 그렇고 과거의 어느 시점에서도 하나의 이상적인 기독교 장례 형태란 존재하지 않았었다는 사실이다. 기독교인들은 세례, 결혼, 기도, 축제 등을 위한 수많은 방법들을 발전시켜 왔고, 이러한 사실은 죽음이라고 하는 사건을 기념하는 일에 있어서도 마찬가지이다.

기독교인들은 무덤 가에 서서 침묵과 기도로 죽은 자를 향한 존경의 마음을 표하기도 하지만 죽음을 향해 커다란 저항의 목소리로 승리의 노래를 불러 외치기도 한다. 그들은 장엄한 노래 가락에 맞춰 묘지를 향해 행진하기도 하지만 재즈 밴드가 연주하는 즐거운 리듬에 맞춰 무덤 가를 향해 춤추며 나아간다. 기독교인들은 죽은 자를 묻어주기도 하지만 화장하기도 한다.

어떤 기독교인들은 장례식이 진행되는 동안 관을 열어두지만 또 어떤 이들은 반드시 관이 닫혀 있어야 한다고 주장한다. 어떤 기독교인들은 죽은 자에게 간단한 수의를 입히지만 또 어떤 이들은 황실의 의복을 둘러 고인의 시신을 장식한다. 어떤 이들은 예식서에 적혀있는 화려한 기도문을 활용하는가 하면 또 어떤 이들은 무덤가에 서 있는 그 순간 가슴으로부터 우러나오는 몇 마디 말로 기도를 대신한다.

기독교 장례법의 다양성은 부분적으로는 역사적, 인종적, 문화적, 교단적 차이에서 기인되는 측면이 있다. 단 하나의 순수한 기독교 형태란 없기 때문에 단 하나의 순수한 기독교 장례법도 존재하지 않는다. 신자의 삶과 죽음이란 추상적이지 않다. 그들은 실제의 삶을 살아내고 있는 실제적인 사람들이며, 그들의 죽음 역시 매우 실제적이며 각자 매우 다른 죽음들이다. 젊어서 죽기도 하고 충분히 장수한 후에 죽기도 한다.

어떤 이는 용감하게 순교의 불꽃 가운데 죽지만, 또 어떤 이는 두려움에 떨며 죽는다. 그리스도인이 죽을 때 그는 경건한 죄인(saintly sinners)이며 죄 많은 성자(sinful saints)이다. 갓난 아이 때 죽기도 하고, 암으로 죽으며, 나이 들어 죽고, 스스로 목숨을 끊어 죽기도 한다. 어떤 이는 환희에 차 죽음을 맞이하고 또 어떤 이는 절망 속에 죽어간다. 어떤 사람은 하트포드(Hartford)에서 죽는가 하면 또 어떤 이는 부에노스 아이레스(Buenos Aires)에서, 카라치(Karachi)에서, 토론토(Toronto)에서, 나이로비(Nairobi)에서, 네브라스카(Nebraska)의 농촌 마을에서 죽는다.

어떤 경우는 그들이 살고 사랑하던 지역에서 죽지만 또 어떤 경우는 멀리 떨어진 곳에 나갔다가 이방인으로 죽기도 한다. 병원에서 죽는 사람도 있고, 요양병원에서, 고속도로에서, 바다에서, 그리고 일터에서 죽기도 한다. 어떤 이는 사랑하던 사람들이 둘러서서 임종을 지켜주기도 하지만 또 다른 이는 혼자 쓸쓸히 죽기도 한다.

이와 같은 개인과 장소와 상황의 차이들 때문에 이상적이면서도 확고부동한 기독교 장례법은 존재하지 않는다. 그러나 이 모든 다양성들 속에서도 기독교 장례법에 일관적으로 흐르는 하나의 요소가 있다. 그것은 바로 복음 이야기(gospel narrative)이다. 형식을 갖춘 것이든 그렇지 않든, 구교의 장례이든 개신교의 장례이든, 작은 규모의 장례이든 큰 장례이든, 도시에서 치러지는 장례이든 시골의 장례이든 관계없이 모든 기독교의 장례는 본질적으로 다음과 같은 이야기를 말해준다.

> 보아라! 이것을 깨달을 수 있겠는가?
> 진정 그대에게 볼 수 있는 눈이 있다면, 여기 이 죽은 자의 삶과 죽음
> 에서 예수의 삶과 죽음의 패턴을 발견할 수 있으리라.

신성한 복음의 이야기를 말해주면서 우리는 예수께서 세례받으신 사건을, 그리고 그가 순종의 삶을 살았던 것을, 또한 그가 죽어 장사되는 것을 본다. 그리고 우리는 부활의 영광 가운데 계신 그분을 대면하며, 또한 우리는 그가 우리를 떠나 승천하고 계시는 모습을 그의 사도들과 함께 보게 된다. 이것이 바로 신약성경이 예수에 대해 말해주는 이야기이다. 그리고 이것은 죽음을 맞이한 기독교인에 대해 기독교 장례가 말해주는 이야기이다.

믿음의 공동체는 신자들의 삶이 그리스도 자신의 삶과 죽음의 패턴을 따라 빚어진다는 사실을 기독교 장례를 통해 다시 한 번 그리고 역동적인 방식으로 인지하게 된다. 로마서에서 바울이 말한 바와 같이, 우리는 예수의 죽음 속으로 세례를 받았고, 예수의 삶 속으로 세례를 받았다.

> 무릇 그리스도 예수와 합하여 세례를 받은 우리는 그의 죽으심과 합하여 세례를 받은 줄을 알지 못하느냐 그러므로 우리가 그의 죽으심과 합하여 세례를 받음으로 그와 함께 장사되었나니 이는 아버지의 영광으로 말미암아 그리스도를 죽은 자 가운데서 살리심과 같이 우리로 또한 새 생명 가운데서 행하게 하려 함이라 만일 우리가 그의 죽으심과 같은 모양으로 연합한 자가 되었으면 또한 그의 부활과 같은 모양으로 연합한 자도 되리라(롬 6:3-5).

이것이야말로 기독교 장례의 세부 사항들에 통일성을 부여하여 주는 것이다. 모든 인간들이 그러하듯 우리들 역시 죽음에 이르면 "이곳"에서 "저곳"으로 그 죽은 육신을 옮길 필요가 있다. 그러나 "이곳"과 "저곳"이 기독교인의 삶에서 어디인가에 대한 진리를 말해주는 것은 바로 복음 이야기이다. 이 복음 이야기를 통해 "이곳"이 의미하는 것은 우리가 신앙

안에서 함께 하고 있는 이 땅에서의 삶이고, "저곳"이 의미하는 것은 우리의 자매들과 형제들이 안기게 될 하나님의 품이라는 것을 알게 된다. 예수께서 친히 우리들 앞에서 이 길을 따라 하나님께로 떠나가셨기 때문에 우리 또한 그 길을 따라 떠날 수 있다. "우리를 위하여…열어 놓으신 새로운 살 길"(히 10:20)이 있기에 우리는 한 걸음 또 한 걸음 그 길을 따라 나아갈 수 있다. 바로 이 지점에서 우리가 가진 신앙적 신념(conviction of faith)은 죽음에 대한 모든 필요(necessity)와 관습(custom)을 하나로 엮어 복음을 증거하는 장례가 되게끔 한다.

하나님의 자녀요 세례받은 성도는 지금까지도 믿음의 여정을 걸어서 왔지만, 이제 그 여행을 계속하게 될 것이다. 하나님 보시기에 귀한 이 믿음의 형제와 자매는 그 여정길의 마지막 몇 마일을 걷게 될텐데, 그리스도 안에서 그(녀)의 동반자인 우리는 이별의 장소에 이르기까지 그 여정길을 함께 걸어주는 것이다. 우리는 그 길을 따라 걸으며 노래도 하고, 기도도 하며, 다시 한번 복음 이야기를 나누고, 이별의 말도 한다. 그리고 우리는 믿음 안에서 우리의 친구였던 이 사람을 감사함으로 하나님께 돌려보낸다.

죽음에 관한 기독교 예식은 시대와 문화에 따라 다양했었다. 그러나 시간과 장소에 관계없이 기독교의 장례 예식이 항상 표현해왔던 신념이 있다면 그것은 "성도는 계속해서 여행하고 있다"는 신념이다.

전부는 아니겠지만 어떤 기독교인들은 죽은 이에게 흰 세례복을 입혀 이 여정을 가게 한다. 전부는 아니겠지만 어떤 기독교인들은 이야기도 하고 추억도 나누며 장례의 마지막 몇 시간을 죽은 자의 시신과 함께 하며 밤을 지새는데, 이것은 시신을 보호하거나 악한 세력을 물리치기 위해서라기보다는 그 여행길을 함께 가는 동료 순례자로서, 그리고 성도의 교제(communion of saints, 사도신경의 한 부분으로 암송하는 이 '성도의 교제'

는 살아 있는 성도뿐 아니라 죽은 성도들까지를 포괄하는 하나님 백성 전체를 의미하는 용어로서 본 저서의 저자는 이 개념을 책 전체에서 반복적으로 언급하고 있는 중요한 개념임 – 역자주)의 상징으로서, 그리고 가버린 것(passed away)이 아니라 지나가고 있는(passing on) 그 성도와의 사이에 맺어진 끊을 수 없는 결속의 상징으로서 그 시신 곁을 지키며 밤을 지샌다. 전부는 아니겠지만 어떤 기독교인들은 관을 열어두고 죽은 이의 얼굴을 바라본다. 아마 장례와 매장의 과정 중 여러 차례 그렇게 할 것이다.

그런데 그들이 이렇게 하는 것은 그들이 병적으로 죽음에 대해 호기심이 있어서가 아니라 자매와 형제를 향해 작별의 인사를 하기 위해서이다. 전부는 아니겠지만 어떤 기독교인들은 관을 예배당 안으로 운구해 들여와 세례의 예전을 재현하듯 예배당 이곳, 저곳에서 잠시 관을 멈춘다. 전부는 아니겠지만 어떤 기독교인들은 죽은 자가 이쪽에서 "날 빛보다 더 밝은" 강 건너편으로 여행을 떠나간다는 믿음을 표현하기 위해 행렬을 이루어 도보나 차량으로 장지까지 행진해 나간다.

전부는 아니겠지만 어떤 기독교인들은 "모든 성도들을 위해"(For All the Saints, 루터교 전통의 찬송가 – 역자주)를 부르고, 또 어떤 기독교인들은 "며칠 후 며칠 후 요단 강 건너가 만나리"를 부르며, 또 어떤 이들은 "성자들이 행진할 때"(O when the saints go marchin' in)를 부른다. 그러나 모든 기독교인들은 그들 나름의 방법으로 "안전한 처소, 거룩한 쉴 곳, 온전한 평화"를 향해 떠나는 성도의 여정길과 순례길에 기념비를 세운다.

리처드 리셔는 그의 자서전 『오픈 시크릿: 신앙과 깨달음의 회고록』 (*Open Secrets: A Spiritual Journey through a Country Church*)에서 일리노이 주 카나(Cana)에 위치한 농장 공동체에서 루터교 목회자로 섬겼던 그의 젊은 날들에 대해 이렇게 이야기한다.

> 우리는 카나에서 아이들에게 세례를 베풀었고, 결혼을 축하했으며, 죽은 이를 위해 울었고, 성찬을 나누었는데, 이 모든 일을 우리는 우리가 가진 최고의 창문 곁에서 행하였다.[24]

여기서 리셔가 말한 최고의 창문(our best window)이란 예배당 동편 벽 높은 곳에 위치한 삼위일치 교리를 묘사한 이미지가 그려져 있는 스테인드 글래스 창문을 말한다. 비록 그것은 시카고의 어느 스튜디오에서 제작되어 배달된 것이며 리셔가 묘사하듯 "교회의 상투적 문구"(ecclesiastical boilerplate)이긴 하지만, 그럼에도 불구하고 그 창문은 선명한 색채와 더불어 고전적 신학에 대한 확고한 지지 때문에 인상이 깊었다.

커다란 중앙의 삼각형에 "신"(DEUS)이라 적혀 있고, 그것은 다시 세 개의 보다 작은 삼각형들에 의해 둘려싸여 있다. 그리고 그 작은 삼각형에는 "아버지"(PATER), "아들"(FILIUS), "성령"(SPIRITUS SANCTUS)이라고 적혀 있다. 각각의 작은 삼각형들은 "신"이라고 적혀 있는 보다 큰 삼각형과 직선으로 연결되어 있는데, 그 선에는 "입니다"(EST)라고 쓰여 있다. 그리고 각각의 작은 삼각형들 끼리도 직선으로 연결되어 있는데, 그 선에는 "아닙니다"(NON EST)라고 적혀 있다.

요약하자면 그 창문은 "아버지는 신이고, 아들도 신이고, 성령도 신이지만, 아버지는 아들이 아니고, 아들은 성령이 아니다"는 식의 삼위일체의 본질을 선언하고 있는 것이다. "우리의 스테인드 글래스 창문에 그려진 기하학적 문양은 '뭐 다른 질문 있습니까?'라고 묻는 것 같았다"라

---

24 Richard Lischer, *Open Secrets: A Spiritual Journey through a Country Church* (New York: Doubleday, 2001), 81.

고 리셔는 설명한다. 이 창문과 그의 목회 사역과 그가 섬긴 회중들의 삶 사이의 관계성에 대해 생각하면서 리셔는 이렇게 말한다.

> 우리는 그 창문에 도식적으로 설명된 바로 그 하나님께서 우리의 친구들, 우리의 이웃들의 삶의 이야기들 사이에 상관관계가 있다고 믿었다. 성삼위일체의 이름을 우리 공동체 속으로 온전히 가지고 들어올 수 있다면 우리는 어떤 다른 계시나 어떤 다른 종교도 더 이상 필요하지 않을 것이다. 왜냐하면 하나님의 생명이 우리의 생명이 되어 주시기 때문이다.

달리 말하자면 그 창문은 단지 신학적 추상(theological abstraction)이 아니라, 기독교인의 삶의 지도와도 같다. 리셔는 계속해서 이렇게 말한다.

> 언젠가 어떤 항공사진가가 말했듯 하늘에서 보면 당신은 농장들 사이에 있는 초원과 들판을 가로지르는 길들을 볼 수 있다. 그것은 마치 화성 표면의 운하자국들처럼 보인다(한때 화성에 운하가 있다고 믿었던 때가 있었지만 관측기술의 발달로 사실이 아닌 것으로 드러남 – 역자주). 그것은 수 세기 동안 이웃들이 서로에게 드나들며 밟아서 생긴 것이다. 그냥 방문인 경우도 있었을 것이고, 어려움을 당한 이를 돕기 위해 들른 경우도 있었을 것이다. 이 길들은 인간들의 관계속으로 파고들어온 "아버지"와 "아들"과 "성령" 사이의 고속도로들이다. "종교"(religion)란 단어는 "인대"(ligament)라는 단어와 같은 어원에서 생겨난 말이다. 이 둘은 모두 따

로 떨어져 있는 상대방을 서로 묶어서 결속시켜주는 역할을 한다.[25]

기독교 장례는 어떤 의미에서 볼 때 그 일리노이의 작은 교회의 그 위대한 창문과도 같다. 기독교 장례는 모든 것이 혼돈스럽고 조각나버린 죽음의 현실 가운데로 모든 것을 하나로 모두어 주는 한 이야기를 빛처럼 비춘다. 그 이야기는 무엇이 진실이고 무엇이 진실이 아닌지를 밝혀준다. 우리의 마지막 적(죽음 – 역자주)이 차갑게 빤히 쳐다보는 것을 대면해야 하는 순간에도, 그 복음 이야기는 상실로 야기된 끊어진 선들 사이로 우리의 삶의 이야기와 예수의 이야기를 연결해주는 강력한 인대(ligament)를 밝히 드러내 보여준다.

애니 딜라드(Annie Dillard)는 예배를 연극에 비유한다. 이 연극은 우리가 "첫해부터 계속 연습해오고 있지만 2천 년이 지나도록 한번도 틀린 대목 없이 해내지 못했던 연극"이라는 것이다.[26]

맞는 말이다. 그러나 우리는 이 연극을 연습하면서 틀린 대목 없이 해낼 것을 기대하고 하는 것은 아니다. 그런 일은 일어나지 않을 것이다. 어쨌든 우리가 사는 이생에서는 말이다. 우리가 이 '기독교 예배'라 불리는 연극을 연습하는 목적은 다시 한 번 그 이야기 속에 참여하고자 함이요, 그 안에서 우리가 맡은 역할들에 대한 우리의 기억을 새롭게 하려는 것이다.

기독교 장례는 바로 이런 일들을 하기 위한 것이다. 우리가 사랑하는 누군가가 죽는다. 그리고 우리는 다시 한 번 우리의 오래 된 대본을 챙겨

---

25 Ibid.
26 Annie Dillard, *Teaching a Stone to Talk* (New York: HarperCollins, 1982), 32.

서 무대에 모인다. 그리고 죽음에서 생명으로 나아가는 기독교인의 삶의 위대하고 소망 넘치는 드라마를 다시 한 차례 공연한다. 우리들 중 누구도 이 일에 있어서 전문가인 사람은 없다. 우리들 가운데 몇몇은 절뚝거릴 것이고, 우리들 모두는 우리가 맡은 대사를 기억하느라 진땀을 뺄 것이며, 또 우리들 중 많은 사람들이 무대를 따라 움직이면서 눈물을 쏟을 것이다.

우리는 그냥 있는 그대로의 우리, 흠이 많은 우리이다. 우리는 앞으로도 이 일을 하면서 실수 없이 매끄럽게 해내지는 못할 것이다. 그러나 그렇게 하는 것이 우리의 목표는 아니다. 그저 우리의 목표는 이 연극이 말하고자 하는 스토리를 아는 것이고, 그 이야기를 마음속에 새기는 것이다. 거의 예외 없이 나는 주중 오후의 퇴근 시간이 되면 대학에 있는 내 연구실에서 수 마일 떨어진 내 집까지 손수 운전한다. 나는 이 일을 수도 없이 해 왔다. 나는 운전 경로를 외우고 있다. 어떤 오후에는 그날 있었던 어떤 일에 사로잡혀 있었던지라 운전하여 집에 도착했는데 도대체 내가 어떻게 어떤 길로 운전해 왔는지 기억나지도 않는다. 적어도 세부적으로는 말이다.

내가 생각하기에 나는 꽤나 주의 깊은 운전자인 것 같다. 필요한 순간마다 브레이크와 엑셀을 적절히 밟고, 항상 주의를 기울여 주변 교통 상황을 살핀다. 그런데 수 마일을 달려 운전했으면서도 그 길을 따라 달리면서 좌회전 우회전을 몇 차례 했을 텐데 전혀 기억나지 않는다. 뭐라 달리 설명할 길이 없다. 그냥 이것은 내 몸이 집으로 오는 길을 알고 있다는 뜻일 것이다.

기독교 장례에서 우리가 바라는 것이 바로 이것이다. 누군가 죽을 때마다 우리는 이 일을 계속 반복해서 하게 된다. 왜냐하면 우리가 집으로 가는 길을 우리 몸이 아는 것은 중요한 일이기 때문이다.

제2장

시신을 회피하는 것과 시신을 기리는 것에 대하여

　아침 출근길 운전 시간에 방송되는 라디오 쇼의 진행을 맡은 재치 넘치는 출연자들이 운 좋게도 더 재미난 이야기 소재를 건졌다. 신선한 흥미 거리를 찾던 중에 그들이 할인매장인 코스트코(Costco, 회원제로 운영되는 대형 창고형 할인매장 – 역자주)가 몇몇 주요 매장에서 실험적으로 관을 판매하기로 했다는 뉴스를 발견하고 그에 대해 이런저런 이야기를 했다. 중독치료 중인 인기 연애인에 대한 이야기로 히히덕거리거나 최근에 리얼리티 쇼에 출연한 어떤 얼간이에 대해 떠들어대는 등의 일반적인 얘기 소재와는 달리, 할인매장에서 관을 판매하기로 했다는 이야기는 그 반응이 뜨거웠고 출연진들은 즉각적으로 그 이야기에서 웃음거리들을 건져 냈다.
　출연진 중 한 명이 말한다.
　"휴~ 믿을 수 있나요? 이제 코스트코에 들어가면서 여러분은 이런 이야기를 할 수도 있겠네요. '48개 들이 두루마리 휴지 한 박스랑… 그러니까 … 그렇지! 관도 하나 사야겠다.'"

곧장 다른 출연진이 말한다.

"맞아요! 여러분 한 번 상상해보세요. 관을 카트에 담아 주차장으로 밀고 나오는 여러분 자신을 말이죠.

그런데 그 물건을 어떻게 집으로 가져가야 하는 거죠?

레오(Leo) 삼촌한테 전화해서 뒤에 보트를 달아 끄는 트럭(boat trailer)을 코스트코로 끌고 오시라고 말해야 하는 거겠죠?"

재미있는 농담이었다. 그리고 출연진들은 개구장이 남자아이들처럼 낄낄거렸다. 그런데 그들 중 한 명이 좀 심각한 어조로 말했다.

"전 정말 이게 대단한 것 같아요."

전혀 농담으로 하는 말이 아니었다.

> 이것이야말로 미국식 자유상업주의입니다. 시장에서의 경쟁을 통한 가격 인하 말이예요. 우리는 장례에 너무 많은 돈을 지출하는 것 같아요. 전 제 가족들에게 이렇게 말했어요. "나 죽었을 때 장례를 조촐하게 하려면 관 비용에서 아끼면 돼. 난 그런 거 필요 없어요. 이 몸이란 건 그냥 껍데기잖아. 진짜 나는 어딘가로 가버리는 거라구. 그러니까 관 때문에 돈 낭비하지 마. 그냥 소나무 관 정도면 돼. 코스트코에서 하나 사오면 되겠지."

아무리 생각해봐도 이건 그냥 교통방송, 날씨방송, 스포츠 소식 등 사이에 끼어 들어있는 잠깐 떠들어대는 재미난 농담 시간일 뿐이다. 그러나 어떤 의미에서 그것은 죽음에 대해 현재 우리 문화가 취하는 태도를 보여주는 단편과도 같은 것이며, 거기 우리들의 태도가 다 담겨져 있다. 그 농담같은 대화에는 죽음과 돈 사이의 연관관계에 대한 반추가 담겨있다. 우리는 이것을 장례업계를 향한 제시카 미트포드의(Jessica

Mitford)의 혹독한 공격 『죽음에 관한 미국적 방식』(*The American Way of Death*)에서 배웠다. 또한 그 농담 같은 대화에는 코스트코에서의 관을 판매하겠다는 생각에 대해 킥킥거리는 웃음소리가 담겨 있다.

그런데 이 웃음소리에는 죽음이라는 것이 그만큼 우리 곁에 우리가 손으로 만져볼 수 있을 만큼 매우 가깝게 존재하고 있다는 인식에서 비롯된 씁쓸함도 섞여 있다. 중산층 시민의 행복한 삶을 상징하며 진열되어 있는 냉장고와 야외가구와 DVD플레이어 사이로 죽음이란 녀석이 재투성이의 얼굴을 비죽 내밀고 있는 느낌이다. 우리 문화에서 죽음이란 것은 금기와 두려움(taboo and terror)의 혼합물이며, 사람들은 그 주제에 대해 유머를 섞어 말함으로써 애써 침착한 체 하기도 한다.

그리고 어떤 사람은 북미 문화는 죽음을 부인하는(death-denying) 문화라고 말하기도 하지만, 이것은 사실에 부합하는 정확한 말은 아니다. 미국인들에게 있어서 죽음이란 오히려 포르노에 가깝다.[1] 즉 금지되어 있지만 끊임없이 사람들을 매혹시킨다는 것이다. 생활필수품들을 파는 할인매장에 진열된 관에 대해 한바탕 웃어제끼는 것도 이런 의미에서 볼 때 전혀 이상한 현상이 아니다. 코스트코에 갔다가 관이 진열되어 있는 것을 알게 되는 것은 마치 교회 찬양대 선반을 정리하다가 성인잡지 「허슬러」(*Hustler*)를 발견하는 것과 비슷하다.

그러나 그 라디오방송에서 나왔던 그 어떤 말보다 더 귀에 꽂히는 말이 있다면 그것은 출연진들의 짓궂은 농담들이 아니라 좀 더 심각한 어조로 했던 말, 즉 몸은 "그저 껍데기"이며 "진짜 나"는 죽은 몸과는 아무

---

[1] See Geoffrey Gorer, "The Pornography of Death," in *Death, Grief and Mourning* (GardenCity, NY: Doubleday, 1965), 192–99.

관련이 없고, 그 "진짜 나"는 죽은 뒤 어딘가로 가게 된다는 등의 진술이었다. 그가 했던 말은 모두 사실이다. 몸이 껍데기라는 말은 당연히 맞는 말이다. "진짜 나"는 죽은 뒤 어딘가로 간다는 말도 당연히 맞는 말이다. 결국 썩고 말 육신, 쓸모없는 육신, 버려질 육신을 위해 관을 마련하느라 돈과 시간과 우리의 관심을 낭비하는 것은 어리석은 짓이라는 말도 당연히 맞는 말이다. 그가 사실과 동떨어진 말을 주장하고 있는 것은 아니다. 그럴 필요도 없었다. 지구 중력이나 자전과 같은 확실한 사실에 대해 말할 때 처럼, 그는 그가 하고 있는 말이 진실임을 전제하고 있었다.

그가 하고자 하는 말이 인간의 몸은 결국 죽은 뒤에 먼지로 변하므로 관을 위해 비싼 돈을 허비하는 것은 불필요한 일이며 심지어는 어리석은 일일 수 있다는 것이라면 그의 지적은 바른 것이다. 그런데 문제는 그가 하는 말이 단순히 그것만은 아니라는 점이다.

내가 믿기로는, 그가 지금 자신도 모르는 사이에 자기가 하는 말의 근거로 삼고 있는 아주 오래된 세계관에 위배되는 말을 하고 있다. 그 세계관은 아주 오래되었으며 널리 공감을 얻은 종교적 관점인데, 구체적으로 말하자면 "진짜 나"라는 것은 불멸하는 영혼이고, 영혼과 육체는 두 개의 구별되는 실체이며, "진짜 나"는 그것을 둘러싸고 있는 육체와 일시적이고도 불편한 관계를 유지한다는 인식이다. 죽음이라는 사건이 발생하면, 항상 제한적이었고 때로는 문제를 일으켜왔으며 부패할 수밖에 없는 육체의 속박으로부터 순수한 영혼은 마침내 자유를 얻게 된다. 말하자면 "껍데기"를 벗어버리는 것이다.

이 출연자가 당연히 그의 청취자들도 그가 갖고 있는 영혼과 육체에 대한 이원론적 세계관을 공유하고 있을 것이라고 전제하며 말하고 있다는 사실로부터 우리가 알 수 있는 것이 있다. 그것은 대중화된 형태의 플라톤적 이원론 사상이 현대인의 세계관 속에 얼마나 깊이 침투해 있는가

하는 점이다. 사실 농담과 웃음소리만 없을 뿐, 플라톤 자신도 이 방송 진행자와 비슷한 이야기를 했었다.

> 현세를 살면서 우리가 진리에 대한 깨달음에 가장 가깝게 접근할 수 있는 때는 우리가 육체와 가능한 가장 적은 접촉을 할 때, 그리고 우리가 육체의 본성에게 과다하게 지배받지 않을 때, 또한 신께서 기쁜 마음으로 우리를 놓아주실(release, 여기에서는 죽음을 의미 – 역자주) 그 시간까지 우리 스스로를 순결하게 지키고 있을 때라고 나는 생각한다. 따라서 우리가 육체의 어리석음을 제거하기만 한다면 우리는 순수하여 질 것이고, 순수(the pure)와 대화할 수 있으며, 분명한 빛, 즉 그것은 다름 아닌 진리의 빛인데, 그 분명한 빛을 우리 스스로 깨닫게 될 것이다.[2]

1. 육체와 영혼?

영혼과 육체를 분명하게 구분하는 것, 그리고 그러다보니 불가피하게 육체를 저평가하는 것이 서양인들의 사고방식 속에 계속 이어져 내려오고 있다. 그것은 데카르트(Descarte)가 얻은 최고의 깨달음이다.
"나는 생각한다. 고로 나는 존재한다."
이 명제는 현대 인식론의 지평을 형성하는데 매우 큰 영향을 주었다.

---

[2] 플라톤이 그의 대화편 『파이돈』(*Phaedo*)에서 소크라테스가 했던 말로 소개하고 있는 대목. *The Dialogues of Plato translated into English with Analyses and Introductions, in Five Volumes.* 3rd ed., trans. Benjamin Jowett (London: Oxford University Press, 1892), 36.

그는 "나는 관계 속으로 들어간다. 고로 나는 존재한다"라거나, "나는 먹고 걷고 일하고 사랑하고 자녀를 생산한다. 고로 나는 존재한다"가 아니라, 생각하므로 존재한다는 것이다.

요약하자면, 내가 존재한다고 하는 사실, 나의 "나 됨"(me-ness)의 본질은 탈육체화된 정신적 혹은 영적 과정인 것으로 그는 이해했다. 비슷한 맥락에서 사회학자 에밀 더크하임(Emile Durkheim)은 이렇게 말한다.

> 본질적으로 저속한 것으로 간주될 수 있는 육체를 항상 부정하려는 존귀함이 영혼의 특징이다. 그 어디든 신적인 것을 위해 마련되어 있는 감정들에게 영감을 주는 것이 바로 영혼이다. 영혼이란 신성한 존재들을 구성하는 물질들과 똑같은 물질들로 구성되어 있으며, 차이가 있다면 그 정도에 있어서의 차이이다. 이처럼 보편적이고 영구한 믿음은 결코 허상일 수 없다.[3]

일리있는 말이다. 그토록 보편적이고 영구한 믿음이라면 사실이어야만 한다(must be true. 저자는 "must"를 이탤릭체로 표기하여 강조하고 있는데, 그토록 오랫동안 보편적으로 받아들여진 믿음이라면 진리를 반영하여야 함에도 불구하고 사실은 그렇지 않다는 점을 역설적으로 표현함 - 역자주). 영혼은 신적이며, 육체는 저속하다는 생각. 이 생각은 철학적 사색에서든 일반적인 생각에서든 오랫동안 그리고 깊숙이 뿌리내리고 있다. 때문에 우리 문화 속에 살아가는 수많은 사람들이 죽은 육체는 영혼이 날아가 버리고 난

---

3 Emile Durkheim, "The Dualism of Human Nature and Its Social Conditions," in *Essays on Sociology and Philosophy*, ed. K. Wolff (New York: Harper & Row, 1960), 326.

뒤 남겨진 "그저 껍데기"라고 생각하는 것도 무리는 아니다. 이런 논리가 장례와 관련해서도 여지없이 작동한다. 만약 육체가 아닌 영혼이 "진정한 나"(real me)라면 장례식에서 나의 시신이 사람들 보는 곳에 있어야 할 필요가 없게 된다. 심지어 그런 생각을 가진 사람들 눈에 장례식에 놓인 죽은 자의 육체는 비용이 많이 소요되는 방해거리(costly distraction)이자 불편함(inconvenience)이며, 심지어 숭고한 영적 순간을 방해하는 병적이고 천박한 요소일 뿐이다.

육체는 자유를 추구하는 영혼에게 방해가 될 뿐 아니라, 시신의 육체성(fleshiness)만으로도 자유를 추구하는 현대인들은 어색함을 느낀다.

"시신은 분위기를 처지게 하죠. 특히 베이비붐 세대들에게는 더 그렇습니다."

마그 더피(Mark Duffey)가 한 말이다. 그는 전직 장의사로서 상을 당한 사람들이 새로운 스타일의 추모식을 준비할 수 있도록 돕는 장례 서비스 업체를 시작했다. 더피는 그의 말을 이렇게 이어간다.

> 만약 추모식에 시신이 있을 필요가 없다면, 우리는 우리가 하고 싶은 것을 어떤 것이든 할 수 있게 됩니다. 이제 추모식은 골프장, 술집, 아니면 그들이 가장 좋아하는 레스토랑 등 어디서든 할 수 있게 되죠. 사실 그런 곳이야말로 소비자들이 가장 가고 싶어 하는 곳이거든요.[4]

인간 존재(being)와 인간 육체(body)에 대한 기독교적 관점은 많은 부

4　John Leland, "It's My Funeral and I'll Serve Ice Cream If I Want To," *New York Times*, July 20, 2006, E-2.

분 유대교적 관점에서 영향을 받았다고 볼 수 있으며, 앞에서 말한 것과 같은 요즘 유행하고 있는 관점들과는 극명한 대조를 이루고 있고, 사실 두 가지 측면에서 반문화적(反文化的, countercultural)이다.

첫째, 기독교인들은 인간은 그저 육체적 존재일 뿐이라는 환원주의자(reductionist)들의 관점에 반대한다. 일부 철학자들과 신경물리학자들은 서양철학이 "영혼"이라고 하는 개념에 대해 그동안 행해왔던 모든 탐구는 그저 사변적인 형이상학적 헛소리일 뿐이며, 이른바 우리가 인간이라 부르는 존재는 일련의 생화학적(biochemical), 전기적(electrical) 처리 과정일 뿐이라고 믿는다. 보이는 것이 전부이고, "기계 안에 영혼"(ghost in the machine)은 없다는 것이다.

둘째, 기독교인들은 인간은 근본적으로 비물질적이며 불멸하는 영혼인데, 사용 후 버리게 될, 그리고 약간은 혐오스럽기도 한 육체에 잠시 담겨져 있다고 하는 플라톤적 관점에도 반대한다.

그 대신 기독교인들은 인간이라고 하는 존재를 어떻게 이해해야 할 것인가에 대한 가장 좋은 방법이 창세기에 기록되어 있다고 믿는다. 즉 창세기 내용에 따르면 하나님은 최초의 인간을 지으실 때 공중에 떠 있는 어떤 불멸의 영혼을 붙들어서 육체라고 하는 장소에 가두어 놓고 억지로 (에덴)동산을 일구도록 하신 것이 아니다.

창세기가 그리고 있는 그림은 훨씬 온화하다. 하나님은 먼지, 그러니까 땅에서 피어오르는 보통의 먼지를 취하시고 그 먼지 속으로 "생명의 호흡"(the breath of life)을 불어넣으신다.

하나님께서 생명을 불어넣은 먼지!

바로 이것이 살아있는 인간에 대한 성경적 이해 방식이다. 요컨대 기독교인들은 인간이라고 하는 존재가 그저 육체일 뿐이라는 관점도, 잠시 육체에 거하는 영혼이라는 관점도 모두 반대한다. 기독교인들이 말하는 인간 존재란 육체성을 가진(embodied) 존재이다. 사람들이 흔히 "영혼"과 "육체"라고 부르는 것에 대해 기독교인들은 "하나님의 호흡"과 "먼지"라고 부른다. 그리고 살아 있는 인간에게 있어서 이 둘은 서로 나뉠 수 없는 일체(inseparable unity)이다.

그러므로 기독교에는 "육체성을 가진 나"(embodied me)로부터 분리해 낼 수 있는 "진짜 나"(real me)라는 것은 존재하지 않는다. "육체성을 가진 나"는 하나님이 창조하신 피조물이다. 인간의 생명은 전적으로 하나님으로부터 온 선물이다. 하나님의 호흡이 거두어지고 난 자리에 남는 것은 육체의 속박으로부터 자유를 추구하던 불멸의 영혼(immortal soul)이 아니다. 그저 먼지(dust)가 남는다.

기독교인들도 이따금 "영혼"(soul)이라는 단어를 사용하기는 한다. 예를 들어 "배가 침몰할 때, 많은 영혼들이 바다에서 목숨을 잃었다" 또는 "내 영혼을 축복한다" 또는 앨라배마 주의 몽고메리 시에 살던 폴라드(Pollard, 미국 인권운동가 – 역자주) 여사가 버스 보이콧을 펼치며 했던 그 유명한 말, 즉 "내 발은 피곤하지만, 내 영혼은 편하다"(My feets are tired, but my soul is rested.)라는 표현에서도 영혼이란 단어가 사용되고 있다.

이런 경우에 "영혼"이란 인간 내면에 존재하는 어떤 불멸의 불꽃을 뜻하는 것이 아니라, 우리가 하나님의 임재 앞에 서 있음을 인지하고 있는 순간들을 의미한다. 신약성경에 나오는 "영혼"이란 단어의 사용에 대해 톰 라이트(N. T. Wright)는 "쓰고 버려질 육체라는 외부적 껍데기 안에 숨겨진 탈육체적(disembodied) 존재를 지칭하는 것이 아니라, 하나님의 존전에 서 있는 전인적 인격체를 의미한다"라고 말했다.[5]

---

5   N. T. Wright, *Surprised by Hope: Rethinking Heaven, the Resurrection, and the Mission of the*

한편 바르트는 이렇게 진술한다. "인간이란 그 자체로 영혼이다. 왜냐하면 그들의 영혼은 그들 육체의 영혼이기 때문이다."[6]

육체화(embodiment)에 대한 성경적 관점은 우리가 우리 자신과 다른 사람들을 일상생활에서 경험하는 방식들과 긴밀하게 연결된다.

예를 들어, 좋은 친구에 대해 생각해보자.

우리는 한 친구가 상당한 시간에 걸쳐 우리 앞에서 말하고 행했던 수천가지 일들을 통해서 이 친구가 어떤 사람인지를 알게 된다. 우리는 이 친구가 어떤 종류의 일들을 대해서 웃고 어떤 경험들 속에서 우는지 지켜본다. 그 친구는 그가 어려움에 처했을 때 또는 우리들이 어려움에 처했을 때 우리 곁을 지켜준다. 우리는 그 친구가 그의 자녀들을 돌보는 것을 지켜보고 자신의 신념을 위해서 떨쳐일어나는 것도 지켜보며, 힘든 일로 인해 스트레스를 받는 것도 지켜보고, 해변에서 하루를 보내거나 엔칠라다(enchiladas) 한 접시를 먹으며 즐거워하는 것도 지켜본다.

달리 말하자면, 우리가 한 사람을 알아간다는 것은 그의 일생 동안 펼쳐지는 소소한 육체화의 사건들을 통해서 알아가는 것이다. 본질적으로 우리의 됨됨이는 우리가 우리 몸으로 어떤 일을 하도록 선택하는가에 달려 있다. 우리가 우리 친구의 "영혼"을 안다고 말할 때, 우리는 그의 육체와는 무관한 그 무엇인가를 말하고 있는 것이 아니다.

그가 그동안 보여주었던 누적된 육체화된 행동들을 통해 발견한 그의 성품과 개성을 묘사하고 있는 것이다. 그 친구가 만약 갑자기 그동안 보여주었던 것과 달리 화를 내며 우리를 향해 분노한다면 우리는 "지

Church (New York: HarperOne, 2008), 28.
6 Karl Barth, *Church Dogmatics,* III/4 (Edinburgh: T.&T. Clark, 1960), 491.

금 이 친구, 우리가 알던 그 친구가 아닌데?"라고 말할 것이다. 이 때 이 말의 의미는 그 순간 보여지는 그의 육체화된 모습은 우리가 그전에 수 없이 많은 시간동안 경험했던 그의 모습과는 사뭇 다르다는 것을 의미 한다.

우리는 불멸의 존재가 아니기 때문에 우리 몸이 죽을 때 우리는 전적 으로 죽는 것이다. 우리는 죽지 않는 영혼이나 정신이나 그와 같은 것들 을 가지고 있지 않다. 오직 하나님만 불멸의 존재이시다(딤전 6:16). 그리 고 기독교인들이 인간의 어떤 측면에 대해 "불멸하다"고 말할 때가 있는 데 오직 그것은 파생적인 의미에서만 그렇다.

바울은 고린도 교인들에게 이렇게 말하고 있다.

> 이 죽을 것이 죽지 아니함을 입으리로다(This mortal body must put on immortality, 고전 15:53).

그러나 그는 플라톤적 이원론을 말하고 있는 것이 아니다. 그가 말하 고자 하는 것은 부활에 대한 것이다. 그는 지금 인간을 향한 하나님의 사 랑은 매우 강력하고 신실하여서 하나님은 그와 우리와의 관계를 그 어떤 것도, 심지어 죽음까지도 갈라놓도록 허용하지 않으신다는 점을 말하고 있다.

> 나팔 소리가 나매 죽은 자들이 썩지 아니할 것으로 다시 살아나고 (The trumpet will sound, and the dead will be raised imperishable, 고전 15:52).

이것은 육체를 벗어버리는 죽음 없는 영혼에 대한 이야기가 아니다.

이것은 육체성을 지닌 멸할 수밖에 없는 존재들이 하나님의 은혜와 능력으로 말미암아 새롭고 영화롭게 된 육체를 부여받게 될 것에 대한 이야기이다.

2. 인간 생명의 거룩성

기독교인들이 인간의 존재가 불멸하다고 믿지는 않지만 그들은 인간의 존재란 하나님께서 먼지에 생기를 불어 넣어 만들었기에 거룩한 존재들이라고 믿는다. 여기에는 육체의 거룩성(sacredness)도 포함된다. 세속적 세상에서 인간 생명의 거룩성이라고 하는 말은 "인간의 존엄성"(human dignity)이라는 말로 대체되어 표현된다.

지금 의학적, 법적, 윤리적 학문 연구의 분야에서는 "존엄을 유지한 채 죽어가기"(dying with dignity) 혹은 심지어 "존엄한 죽음"(dignified death)을 선택할 인간의 권리 등에 대한 토론이 활발하게 이루어지고 있다. 존엄성을 지키며 죽는 것에 대한 소망은 바람직한 것이지만, 우리는 용어를 뒤바꾸는 것에 대해 주의해야 한다.

인간 존재를 거룩한 것으로 보는 것과 인간의 생명은 존엄성을 갖는다는 것은 엄밀히 말해 똑같은 말은 아니다. 또한 존엄을 유지한 채 죽어간다는 것과 성자로서 죽어간다는 것은 같은 말이 아니다. "존엄"(dignity)이란 말은 어원적으로나 철학적으로 볼 때 "공덕"(merit)이라는 개념에 깊이 뿌리박고 있다.[7] 존엄이란 성취요, 서열(rank)이며, 따라

---

[7] See Paul Ramsey, "The Indignity of 'Death with Dignity,'" *The Hastings Center Studies* 2/2

서 그것은 상실될 수도 있는 것이다. 반면 거룩함이란 신적 선물이기 때문에 설령 질병과 죽음이라고 하는 '오랜 도둑들'(old thieves)이 우리들에게서 우리의 존엄을 빼앗아 간다고 해도 우리의 거룩함까지 빼앗을 수는 없다.[8]

셔윈 뉴랜드(Sherwin B. Nuland)는 그의 책 『우리는 어떻게 죽는가』(*How We Die*)의 앞부분에 유방암으로 고통스럽게 죽어가는 어머니를 지켜보는 경험 때문에 정서적으로 어려움을 겪고 있는 40대 여성에 대한 이야기를 하고 있다.

이 여인은 뉴랜드에게 이렇게 말한다.

"그것은 제가 기대했던 평화로운 마지막은 아니었습니다. 저는 마지막 순간은 영적일 것이라 생각했어요. 그러나 너무나 큰 고통과 너무나 많은 데메롤(Demerol, 약품의 일종 - 역자주)뿐이었어요."

그리고 그 여인은 분노하며 이렇게 덧붙였다.

"뉴랜드 박사님, 제 어머니의 죽음에 존엄이라고는 전혀 없었어요."

그때의 대화를 회상하며 뉴랜드는 다음과 같이 말했다.

> 이 여인의 모든 노력과 기대는 물거품이 되어 버렸고, 매우 지적인 이 여인은 이제 절망 속에 빠졌다. 존엄성을 가지고 죽을 수 있을 것이라는 믿음은 너무나 종종 파괴적 사건들의 연속일 뿐인 우리의 현실을 어떻게든 극복해 보려는 우리의 (그리고 사회의) 시도일 뿐이라

(May 1974).

8 See Timothy P. Jackson, "A House Divided, Again: 'Sanctity' vs. 'Dignity' in the Induced Death Debates," in *In Defense of Human Dignity*, ed. Robert Kraynak and Glenn Tinder (Notre Dame, IN: University of Notre Dame Press, 2003).

는 점을 나는 그녀에게 명확히 알려주고자 최선을 다했다. … 나는 사람들이 죽는 과정 가운데 존엄성이 지켜지는 것을 그리 자주 보지는 못했다.[9]

기독교인은 죽음을 낭만적으로 묘사하지 않는다. 그들 역시 다른 사람들처럼 죽음에 있어서 인간의 존엄성이 지켜지도록 노력하고, 자신들의 죽음 또한 존엄성을 갖기를 소망하지만, 기독교인들은 그런 생각에 전적으로 의지하지는 않는다. 죽음은 때로 존엄을 훔쳐간다. 그리고 기독교인들은 어떤 이에게 존엄성이 거의 없어질 때에도 그들을 사랑하고 돌보는 일을 멈추지 않는다.

죽음은 거짓말쟁이다. 황폐(devastation)라는 거죽 밑에 인간의 거룩성을 숨기려한다. 설령 죽음이 우리에게 미끼처럼 존엄의 관을 들고 다가선다 하여도 결국에는 항상 파괴의 검을 꺼내기 위해 그 존엄의 관을 뒤로 내던져버린다. 죽음은 차가운 것이고 그 증세가 결코 완화될 수 없는 것이다. 누군가 죽음은 "영적"인 것이라고 말한다면 그것은 플라톤적인 소원일 뿐이다.

그렇다! 어떤 죽음은 다른 죽음들에 비해 더욱 평화로울 수 있고, 덜 고통스러울 수 있으며, 심지어 축복으로 간주될 수도 있다. 그러나 죽음 그 자체는 결코 거룩하지 않다. 거룩한 분은 하나님이시며, 인간이 거룩한 이유는 하나님의 생기가 우리를 하나님의 형상대로 지으셨기 때문이다. 기독교인들은 인간이란 하나님의 형상이며 심지어 죄로 인한 흠집

---

9 Sherwin Nuland, *The Way We Die: Reflection on Life's Final Chapter* (New York: Alfred A. Knopf, 1994), xvi–xvii.

과 질병으로 인한 파괴, 그리고 죽음에 의한 최종적 파괴가 인간의 마지막 존엄의 한 조각을 죽은 황제의 의복처럼 벗겨낼 때에도 인간은 거룩하다는 것을 이해한다.

그러므로 지금 내가 여기서 주장하고자 하는 바는 죽음과 기독교적 장례라는 문제에 있어서 우리의 원천들(sources)을 바르게 유지하는 것이 매우 중요하다는 것이다. 인간의 육체의 본질에 대하여, 기독교인들은 플라톤주의를 채택하지 않으며, 심지어 윤리적으로 파생된 개념인 "존엄"이라는 개념도 취하지 않는 반면, 창조의 신학에 기반한다.

질병과 노화가 한때 건강했던 육체를 주름지게 만들고 거동이 불편해지거나 기억력과 이성적 판단이 흐려지게 하는 등 그의 존엄성을 앗아갈 때에도, 그럼에도 불구하고 우리 기독교인들은 그 부패함의 과정들 속에서 거룩함이 빛나고 있음을 볼 수 있도록, 그리고 "네 하나님 여호와가 네게 준 땅에서 네 생명이 길리라"(출 20:12)고 하셨기에 부모를 존경하도록 부름을 받은 자들이다.

죽음이 우리를 초대하여 생명력을 잃은 흙덩이와 절망을 자세히 바라보도록 할지라도, 우리는 대신 바로 이 몸을 하나님께서 이 땅의 먼지로부터 아름답고 거룩하게 빚어 만드셨음을 기억하도록 부름 받은 자들이다.

3. 육체를 존중하기

국립이디쉬도서관(National Yiddish Book Center, '이디쉬'란 독일어에서 유래된 유대인들의 독특한 언어를 의미함 – 역자주)에 근무하는 캐더린 매드슨(Catherine Madsen)은 그녀의 글 "죽은 자들을 위한 사랑의 송가"(Love

Songs to the Dead)에서 유대인들의 '타하라'(Tahara) 의식, 즉 매장을 위해 시신을 수습하는 의식에 대해 다음과 같이 묘사한다.

"그것은 거의 모욕(indignity)에 가깝다."

그 의식을 수행하는 자들을 가리켜 쉐브라 카디샤(Chevra Kadisha), 즉 "거룩한 모임"(holy society)이라고 한다. 그들은 정서적으로 감당하기 힘든 일을 자원하여 수행하는 자들의 모임이다. 이 모임의 구성원들은 죽은 자의 히브리 이름을 부르며 시신 앞으로 다가서는데 (이 때 남자를 위해서는 남자들이, 여자를 위해서는 여자들이 담당함) "그들이 그 죽은 이의 육체를 만질 때 행할지 모를 모욕스런 일들에 대해" 용서를 구하며 다가선다. 매드슨은 또 이렇게 말한다.

> 냄새가 납니다. 가끔은 피도 있습니다. 시신은 무겁고 차갑습니다. 그리고 그 시신을 수습하는 일을 하고 있노라면 거대한 닭 한 마리를 다루고 있다는 생각이 드는 작업입니다. 시신은 두 번 씻겨집니다. 첫 번째 씻는 작업은 실용적 목적을 위해서입니다(practical washing). 천을 이용하여 연약한 살갗을 따뜻한 물로 닦아내고 면봉으로 귀도 후빕니다. 머리를 반듯이 빗어주고 손톱과 발톱도 정리를 합니다. 이때까지는 아직 그 육체가 살아있다는 듯 대합니다. 마치 따뜻한 물을 느낄 수 있다는 듯. 그리고 부끄러움을 느낄 수 있다는 듯 대합니다. 따라서 씻는 부위만 제외하고는 모두 덮어 놓습니다. 그런 다음 이제 제의적 씻음(ritual washing)을 위해 시신을 덮었던 종의를 걷어냅니다. 발가벗긴 후 차가운 물을 끼얹어 시신을 씻어냅니다. 방부 처리도 하지 않습니다. 그냥 물기가 마르면 성전에서 일하는 제사장의 의복을 입힙니다. 그리고 그 옷의 후드 부분을 머리 위로 드리웁니다. 그리고 나무못을 사용하는 관 속에 들어갑니다. 쇠못은 사용하지 않습니다.

시신도 관도 모두 흙 속으로 돌아갈 수 있도록 하기 위함입니다.[10]

그런데 매드슨이 "이 어리둥절케 하는 의식 가운데 가장 어리둥절케 하는 대목"은 시신을 따뜻한 물로 씻길 때 일어난다. 시신을 씻는 이들이 노래를 부르기 시작하는 것이다. 그런데 그 노래는 아가서에 나오는 성스런 노랫말이다. 죽음의 치욕스러움이 침묵시키지 못하는 그런 노래이다.

> 머리는 순금 같고 머리털은 고불고불하고 까마귀 같이 검구나 눈은 시냇가의 비둘기 같은데 우유로 씻은 듯하고 아름답게도 박혔구나 뺨은 향기로운 꽃밭 같고 향기로운 풀언덕과도 같고 입술은 백합화 같고 몰약의 즙이 뚝뚝 떨어지는구나 손은 황옥을 물린 황금 노리개 같고 몸은 아로새긴 상아에 청옥을 입힌 듯하구나 다리는 순금 받침에 세운 화반석 기둥 같고 생김새는 레바논 같으며 백향목처럼 보기 좋고 입은 심히 달콤하니 그 전체가 사랑스럽구나 예루살렘 딸들아 이는 내 사랑하는 자요 나의 친구로다(아 5:11–16).

셔윈 뉴랜드는 이렇게 적었다.
"한 사람이 죽을 때, 그의 방은 예배당이 된다. 그리고 그곳에 들어가는 자들은 비밀스런 존경심을 가져야 한다."[11]
타하라 의식을 거행하는 자들은 인간의 거룩함이 죽음과 더불어 끝

---

[10] Catherine Madsen, "Love Songs to the Dead: The Liturgical Voice as Mentor and Reminder," *Cross Currents* 48/4 (Winter 1998/99): 458–59.
[11] Nuland, *The Way We Die*, 164.

나는 것이 아니며 존경의 마음은 침묵과 아가서의 노래를 통해 표현될 수 있다는 것을 인지하고 있다. 매드슨은 만약 이런 의식이 오늘날 고안되어 회당 혹은 교회 앞에 투표에 부쳐진다면 부결될 것이 거의 확실하다고 생각한다.

> 동성애 혹은 시체 성애라며 비웃는 소리가 있을 것이다. 몇몇 위원회를 거쳐 심각한 토론을 거칠 것이다. 그 의식에 대하여 뜨거운 토론이 있은 후 이것은 부적절한 의식이라는 쪽에 다수결이 모아진 후 조용히 폐기 처리될 것이다.

쉐브라 카디샤 의식에 자원봉사로 참여한 자들은 그 일을 하면서 "시신을 향한 부드러운 마음을 가지지 않고서는 친절하게 그 육체를 다룰 수 없다"라는 것을 배우게 되며, 자신들을 속박에서 해방시켜 "죽은 자를 대신하여 온전하게 살아가도록" 해주는 그 오랜 전통에 대해 감사하게 된다.[12]

초대교회는 죽은 자에 대한 이러한 유대적 이해방식의 유산을 받아들였고, 이를 통해 그리스도의 성육신과 부활에 대한 강한 확신을 더욱 강화시켰다. 그와 같이 함으로써 기독교인들은 (마치 희랍인들이 자신들의 완벽한 조각을 통해 그러했듯) 육체를 이상화시키지 않았고, (『스포츠 일러스트레이티드』[*Sports Illustrated*, 미국의 스포츠 잡지 이름 – 역자주]가 수영복 특별호에서 하는 것처럼) 육체를 로맨틱하게 보지도 않는다. 그들은 단지 죽은 자들의 몸이건 산 자들의 몸이건 실제의 육체를 다룸에 있어서 다른 종교를

---

12 Madsen, "Love Songs to the Dead," 460.

가진 사람들이 보기엔 어리둥절한 방식으로 다룬다.

그리스–로마 시대의 세계는 철저히 신플라톤주의가 판을 쳐서 순수 영혼과 부패한 육체 사이는 뚫을 수 없는 커다란 장벽이 가로막혀 있는 것으로 보았다. 그러나 마가렛 마일스(Margaret Miles)가 다음과 같이 지적하였다.

"하나님이신 그리스도가 자연과 육체와 물체의 세계 속으로 들어오셨다는 역사적 사실 때문에, 첫 3세기 동안의 기독교인들에게는 인간이란 어떤 존재인가에 대한 생각과 관련하여 우주적 지각변동이 일어났다."[13]

세상도 중요하고, 육체도 중요하다. 세상과 육체는 기독교 공동체에게 중요한 것이 되었는데 왜냐하면 그것들은 하나님에게 중요한 것이기 때문이다. 그 하나님은 이 세상을 너무나도 사랑하셔서 신적 존재를 인간이 되게 하시고 우리 가운데 거하게 하신 분이기 때문이다.

이로 인해 초기 기독교인들은 "이상한 집착과 활동들을 하게 되었다"라고 마일스는 말한다. 그들은 동트기 전 모여서 한 몸과 같이 되어 함께 예배한다. 그들은 한 몸과 같이 되어 찬양한다. 그리고 그들은 함께 공동의 식사를 나눈다. 이 공동의 식사는 "이것이 나의 몸이니…취하여서 먹으라"는 식의 대담하고 생생한 육체적 단어를 통해 묘사되었는다.

이 때문에 로마 사람들은 너무 놀란 나머지 그들을 사람의 살을 뜯어 먹는 사람들(cannibalism)이라고 비난했다. 로마 사람들의 눈에 더욱 이상하게 보였던 것은 기독교인들은 "산 자건 죽은 자건 간에 육체를 돌보는

---

13 Margaret R. Miles, *Bodies in Society: Essays on Christianity in Contemporary Culture* (Eugene, OR: Cascade Books, 2008), 13.

일에 기꺼이 자원한다는 점"이었다고 마일스는 지적한다. 그것도 "자신의 가족들이 아니라 주변에 가난한 사람들의 육체를 돌본다. … 그리고 그러한 아프고, 굶주리고, 늙고, 가난한 자들을 돌보려는 기독교인들의 즉각적이다 못해 본능적이기까지 한 성향들은 이웃 사람들로부터 이런저런 이야기를 하게 만들었다."[14]

그러나 육체와 관련된 그들의 행동들 가운데에서도 로마인들이 가장 이상하게 여겼던 것은 죽은 자를 매장하는 방법, 그것도 같은 기독교인들을 위해서만 아니라 가난한 자들을 위해서도 매장해 주던 바로 그 활동이다. 로마 사회에서는 가난한 사람이 죽어 아무도 어떤 조치를 취하지 않는다면 그 시체는 가난한 자들의 무덤이라 불리는 구덩이에 던져지게 된다. 로마인들 가운데 존경받을 만한 사람들은 이러한 비인간적 행태에 대해 치를 떨었고 그래서 아무도 적절한 매장 없이 아무렇게나 버려지는 일은 없어야 한다는 생각을 갖고 일종의 봉사단을 조직하기도 했다.

하지만 그들의 고상한 말과는 달리 실제로 이런 더러운 일을 맡아 할 사람은 아무도 없었다. 기독교인들을 제외하고는 말이다. 마일스에 따르면, 기독교인들은 죽은 자를 매장하는 일에 자발적으로 나설 뿐 아니라, "그들은 자신들의 믿음을 저버리라는 위협에 굴하지 않다가 처형당한 자들의 뼈를 한 데 모았고, 그 뼈를 존중하였으며, 비록 뼈이지만 그것들은 산 자의 거룩성을 가지고 있다고 여겼다."[15] 로마 사람들 가운데 배운 자들은 이러한 기독교인들의 육신에 대한 생각은 그저 무지의 소치라고 여

---

14 Ibid.
15 Ibid., 14.

겼다. 일종의 섬김의 자세로 기꺼이 죽은 자를 매장해 주는 기독교인들은 "빛으로부터 도망치는" 자들이라고 보는 로마인도 있었다. 육체는 그저 "오물로 가득 찬 가방"일 뿐이며 경멸의 대상일 뿐인 반면, 오직 정신(minds)과 영혼(souls)만이 영적이라는 계몽된 진리를 무시하는 처사라는 것이다.

달리 말하자면, 육체에 대한 기독교인들의 태도는 지금보다 더 그렇다고 할 수 없을지 모르나 고대 사회에서는 반사회적인 태도였다. 인간의 육체에 대한 기독교인들의 관점은 이웃 로마인들로부터도, 위대한 철학자들로부터도, 심지어 그들 자신에 내재되어 있는 선한 본성으로부터도 기인되지 않았다. 그것은 창조 신학과 예수 그리스도에 대한 그들의 경험으로부터 기인한 것이다. 그래서 마일스는 다음과 같이 써내려 간다.

> 내가 로마인들의 문화적 맥락 속에서 볼 때 기독교인들의 행위가 이상한 것이었음을 강조하고 있는 목적이 있다. 기독교인들의 독특한 행동에 대해 우리는 그것을 "일반적인 선함"으로 분류하고 싶은 유혹을 느끼지만, 사실 그것은 세속의 삶에서 배운 것이 아니었음을 보여주고자 함이다. 기독교인들이 산 자와 죽은 자의 육체를 그토록 보살폈던 이유는, 그리스도의 성육신(the Incarnation of Christ)하심이 인간 육체의 가치에 관한 모든 논의들을 단번에 종결시켰음을 그들이 잘 이해하였기 때문이다.[16]

---

16 Ibid.

3. 육체 없는 장례식의 참을 수 없는 가벼움

인간의 육체의 가치에 대한 문제가 단번에 그리고 영원히 정리되었다면 얼마나 좋겠는가!

그러나 불행하게도 플라톤적 이원론은 너무나도 강력한 이데올로기이다. 그래서 기독교 운동의 첫 몇 세기 동안 신플라톤주의적 태도들이 기독교 사상 속으로 조금씩 들어오기 시작했고, 오늘날까지도 그렇다. 초대교회 교인들은 아마도 오늘 우리 현대교회 교인들이 우리의 성육신적 장자의 명분(예수의 성육신으로 확인된 인간 육체의 가치 – 역자주)을 신플라톤주의자들의 팥죽 한 그릇에 쉽게 팔아 치우려한다는 것을 전혀 생각지도 못했을 것이다.

육체(시신)에 대한 반감이 오늘날 수많은 기독교식 장례에서 판을 치고 있다. 특히 교외 지역의 교육받은 백인 개신교도들은 더 그렇다. 그런 사람들에게 죽음의 고통스러움에 대한 솔직한 인정과 육체의 부활에 대한 굳은 소망은, 여기 소개하는 작자 미상의 장례식 시에 표현된 모호하고, 육체를 부인하며, 죽음을 거부하는 허튼 소리들로 말미암아 조금씩 흩어져 사라지고 있다.

> 그대여 부디 내 무덤가에 서서 울지 마시게나.
> 나는 거기 있지 않다오. 나는 자는 게 아니라오.
> 나는 불어오는 수천의 바람이 되었다오.
> 나는 눈 속에서 반짝거리는 다이아몬드가 되었다오.
> 나는 잘 익은 곡식 위를 내리쬐는 햇볕이 되었다오.
> 나는 보슬거리며 내리는 가을비가 되었다오.
> 그대가 아침에 바스락 거리는 소리에 깼을 때

나는 동그라미 그리며 재빨리 날아오르는 새가 되었다오.
그리고 나는 밤을 비추는 부드러운 별이 되었다오.
그러니 부디 내 무덤가에 서서 울지 말아 주시게나.
나는 거기 있지 않으니.
나는 죽지 않았으니.

"나는 불어오는 수천의 바람이 되었다오. … 나는 죽지 않았으니"라고 하는 시인의 주장은 "사망을 삼키고 이기리라 … 우리 주 예수 그리스도로 말미암아 우리에게 승리를 주시는 하나님께 감사하노니"라는 고린도전서 15장 54절과 57절의 고백과는 달라도 너무나 다르다.

우리가 "나는 거기 있지 않다오"라는 감상적인 생각에 이끌릴 수는 있다. 하지만 죽은 육신은 분명 거기 있다. 그리고 불행하게도 그 육신은 우리에게 당혹감을 주며 무례해 보인다. 그런 이유들로 인해 우리는 이제 역사상 유례없는 지점에 도달해 있다. 즉 죽은 자의 시신을 가지고 있지 않은 채 기독교 장례를 집례하기에 이른 것이다.

육체를 멀리하는 것은 기독교 공동체의 정신에 위배되는 것이다. 우리는 고인이 된 그리스도 안에서 형제자매들을 이제껏 육체적 방법으로 알아왔다. 사실 오직 육체적 방법으로만 알아왔다고 해야 할 것이다. 이러한 앎은 성례전적 앎(sacramental knowing)이다. 그 사람 안에 있는 하나님의 선물인 생명은 그에게 육체라는 방법을 통해 주어졌다. 우리는 그의 몸을 그의 세례 예식에서 씻어주었고, 주의 만찬의 자리에서 그의 몸을 음식으로 만족케 했고, 그와 함께 우리는 우리의 입술의 말들을 가지고 기도했다.

그리고 우리는 그리스도의 이름으로 이 세상을 섬길 때에 함께 손을 맞잡았으며, 임종을 맞아 그를 어루만지며 평화와 축복을 빌어주었다.

그리고 이제 죽은 이 성도의 시신을 운구하면서 우리는 현세에서 내세로의 전환을 경험할 것이고 또한 그 전환을 증언하게 될 것이다. 따라서 우리는 그의 육신을 다시 한 번 씻어주어야 할 필요가 있고, 기름 부어야 하되, 존경의 마음을 담아 그리할 것이고, 그의 육신을 이제 작별의 장소까지 운반해야 한다. 이렇게 하는 것은 의무 그 이상이다. 그것은 특권이고 기쁨이다.

우리는 이렇게 말하고 싶은 건지 모른다.

> 우리는 죽은 이의 육체에 초점을 맞추고 싶지 않습니다. 대신 우리는 우리 하나님만을 바라보기 원합니다. 그리고 부활에 대한 소망을 증거하기 원합니다.

그러나 우리가 그리스도 안에서 죽은 우리 친구의 육체를 보지 않으려 하는 것은, 분명 죽음의 이빨이 승리한 것 같은 상황 속에서 육체의 부활과 영생의 복된 소식을 선포해야하는 혼란스러움보다는, 우리가 플라톤 식의 신(the god of Plato)과 불멸의 순수영혼을 선호하기 시작했음을 의미하는 것이 아니면 무엇이란 말인가?

빵과 포도주라고 하는 육체적 표식이 없는 성찬식이 좀더 "영적"일 것이라고 생각하지는 않으면서도 기독교식 장례에서 죽은 자의 육체를 쫓아내버리는 데는 만반의 준비가 되어있는 목회자들이 종종 있는 것 같다. 어떤 목사가 내게 해 준 이야기인데, 그녀는 가족들만 모여 하관 예배를 먼저 드린 후 죽은 자의 육신 없이 추모 예배를 드리는 쪽을 더 선호한다고 한다. 그녀가 그렇게 하는 이유는 "매장은 성 금요일과 같고, 추모 예식은 부활의 기쁨 같기" 때문이라고 한다.

하지만 정말 우리는 죽은 자의 육체를 골고다에 남겨두고, 그 육체는 부활의 기쁨으로 초대하지 말아야 하는 걸까?

부활절이란 그저 우리의 추억이 부활되는 날이었던가?

부활절의 진정한 의미는 그 육체의 부활에 관한 것이 아니었던가?

신학자 폴 훈(Paul Hoon)은 죽음과 시신이라는 분명한 진실을 회피하려는 것은 일종의 "심리적 후퇴"(psychological regression)라고 지적했다. 그는 이렇게 쓰고 있다.

> 이러한 '후퇴'의 증상들 중에 하나는 다음과 같은 신학적 상투어들로 장례의 본질을 개념화시키는 입만 번지르르한 소리들일 것이다. 예를 들어 본다.
> "기독교인의 소망을 이야기하기,"
> "삶의 경축,"
> "그리스도의 승리를 선포하기,"
> "애통하는 자를 위로하기."
> 이런 말들이 틀린 말이라는 것은 아니다. 단지 이런 말들은 내가 보기에는 사태의 진실성을 꿰뚫어 포착하지 못한 이른바 "수사적 신학"(rhetorical theology)이며 편리한 대체품일 뿐이라는 것이다.[17]

어쩌면 이런 심리학적 후퇴 혹은 부활한 플라톤주의가 문제의 핵심은 아닐 것이다. 우리는 완벽하게 훌륭한 성육신과 부활의 교리를 가지고 있다. 그러나 우리는 이 교리를 가지고도 장례식에는 육체가 필요

---

[17] Paul Waitman Hoon, "Theology, Death, and the Funeral Liturgy," *Union Seminary Quarterly Review* 31/3 (Spring 1976): 170.

하다는 확신을 갖지 못하는 것이 문제이다. 결국 우리들은 죽은 자는 "영으로" 존재하며 장례식에 관이 있다는 것은 도움이 되기보다는 오히려 예배를 드리는데 방해요인이 될 뿐이라고 생각한다는 것이다.

하지만 우리는 우리 교회 식구들 가운데 누군가가 주일날 골프장에 가면서 "영으로는" 함께 예배할 것이라고 말한다면 별로 좋아하지 않을 것이다. 육체는 거짓말을 하지 않는다. 윤리적으로든 신학적으로든 우리는 우리가 선한 의도를 두는 곳에 존재하고 있는 것이 아니라 우리의 육체를 두는 곳에 존재한다.

우리의 보물이 있는 곳에, 우리의 소유가 있는 곳에, 우리의 몸이 있는 곳에, 우리의 마음도 함께 하고 있다. 우리는 신부가 없이도 결혼식을 치르지는 않는다. 세례 대상자가 없는데도 세례식을 행하지는 않는다.

그런데 왜 우리는 죽은 자가 없이도 장례를 치를 수 있다고 생각하는 걸까?

어쩌면 우리는 작별의 장소까지 예배를 드리며 행진하는 것보다는 우리의 장례 예식의 초점이 슬픔을 겪는 자가 그 슬픔을 극복하도록 돕는 일에 맞추어져야 한다는 확신을 갖게 된 것은 아닌지 모르겠다. 예전(liturgy)과 관련하여 목회적 돌봄의 주제를 다루는 책에 이렇게 쓰여 있다.

> 우리는 슬픔의 가능성들에 영향을 미치고 가끔은 슬픔을 방해하는 쪽으로 흘러가는 삶의 급진적 변화에 대응하여 장례식 예식 절차를 다시 생각할 필요가 있다. … 철야 문상과 하관식을 먼저 하고 추모 예식을 나중에 하는 대안적 방식의 제안은 많은 유익을 가져다 줄 수 있다. 이러한 순서를 취할 때의 목회적 차원의 이점은, 신앙의 공동체가 모두 함께 모여 경축하는 (추모) 예배를 드리기 전 비교적 빠른

시간 내에 가까운 가족과 친구들만 참여한 상태에서 모든 이야기를 마무리하는 하관 예식을 가질 수 있다는 점이다. 이러한 접근법이 좋은 이유는 추모 예식으로 모였을 때 모든 것이 마무리되었다는 의미로 이곳에 시신이 없다는 사실은 모인 자들의 슬픈 마음을 더욱 증진시킬 수 있기에 예식을 더욱 효과적으로 만들어 준다는 점이다.[18]

여기 인용한 말에 대해 여러 가지 반대할 부분이 있다. 이 인용글은 장례란 신학에 대한 것이 아니라 심리학에 대한 것이며, 복음의 대하드라마에 대한 것이 아니라 슬픔이라고 하는 보다 한정된 부분에 대한 것이고, 부활의 이야기에 대한 것이 아니라 우리 자신의 이야기에 대한 것이라는 전제를 가지고 있다.

하관의 목적은 "종결"이며 이를 위해서는 가까운 가족과 친구들이 모인 보다 개인적인 분위기가 더 좋다는 것이다. 그렇게 함으로써 추모 예배는 걸리적거리는 시신이 없이 우리의 슬픔을 증진시키는 쪽으로 하되 보다 많은 사람이 모여 진행되는 예식이 되게 해준다는 것이다.

왜 우리는 이렇게 축소된 예식을 생각하게 되었을까?

우리가 그렇게 하는 진짜 이유는, 이것은 진짜 큰일인데, 우리는 더 이상 장례식이 이제는 죽어 있는 한 육체를 가진 사람(the embodied person)에 관한 것이라고 더 이상 생각하지 않는다는 것이다. 만일 우리가 죽은 성도와 함께 삶의 마지막 여정 몇 마일을 함께 걸어주어야 한다면, 그 여정 길에는 죽은 성도가 함께 있어야 한다. 그러나 만일 죽은 자

---

[18] Herbert Anderson and Edward Foley, *Mighty Stories, Dangerous Rituals: Weaving Together the Human and the Divine* (San Francisco: Jossey-Bass, 1998), 120.

가 육체 없는 혼이 되어 구천을 떠다니고 있다면 장례식은 완전히 달라져야 할 것이다.

바뀌고 있는 장례식이 던지는 메시지는 우리가 장례식에서 하는 것은 그저 죽은 자에 대한 추억을 소환하는 것이며, 서로를 위로하는 것이고, 영감을 주는 생각을 주고받는 것이고, 효과적인 "종결"을 행하는 것이자, 우리의 슬픔을 잘 관리하는 것이라는 점이다. 따라서 이런 경우에 우리의 묵상을 방해하는 죽은 자의 육신은 그저 모두를 당황스럽게 할 뿐이므로 장례식에 두지 말아야 한다는 쪽으로 결론이 난다.

물론 실제로 기독교인들은 관이나 유골이나 시신이 없는 상황 속에서도 부활의 노래를 부를 수는 있다. 어떤 경우에는 장례식에 시신이 없을 수 있다. 왜냐하면 죽은 자의 육체가 실종되었거나 파괴되었거나 과학적 연구를 위해 기증되었을 수 있기 때문이다. 시신이 없는 경우에라도 언어와 기도와 거룩한 상상을 통해 죽은 자의 육체를 기리는 방법은 얼마든지 있다(이 문제에 대해서는 7장에서 자세히 다루게 될 것이다).

그러나 일종의 문화적, 교회적 추세가 되어가고 있는 죽은 자의 시신이 없는 장례식은 기이한 발전 양상을 보이고 있다.

왜 교인들은 이런 장례식을 선호하는 것일까?

만약 이것이 우리가 시신은 기독교 예배에 있어서 가치 없거나 중요하지 않은 것이라고 생각하기 때문이라면, 또는 우리가 육체의 물질성보다는 정신의 영혼성을 더 귀하게 생각하기 때문이라면, 우리는 성경이 말하는 인간론에 대해 충분한 주의를 기울이지 않고 있는 것이다. 우리는 또한 우리가 인간으로서 갖게 되는 마음 가장 깊은 곳으로부터의 소리에 귀기울이지 않는 것이다.

사람들은 육체란 "그저 껍데기"일 뿐이라고 말할는지 모른다. 그러나 (911 테러로 인한) 세계무역센터의 붕괴로 인해 깔린 사람, 혹은 바다에서 실종된 사람이 있다고 하자.

그렇다면 우리 사회는 시간과 돈과 에너지를 아낌없이 퍼부으면서 상상할 수 있는 모든 방법을 동원하여 시신을 수습할 것이다. 최소한 죽은 자의 아주 작은 일부라도 찾기 위해서 말이다. 조지아 주의 트리스테이트(Tri-State) 화장터의 관리자는 실제로 시체를 쓰레기처럼 취급했다. 그는 고객과 약속한 대로 시신을 화장하는 대신 창고에 땔감처럼 쌓아 놓았다. 우리 사회는 이 일로 인해 깊은 상처를 받고 개탄했다.

우리는 허세를 부리며 "죽은 자의 육체는 그저 흙더미와도 같으며 부패할 살덩어리일 뿐"이라고 말할는지 모른다. 그러나 그 화장터 관리인이 실제로 고인들의 시신을 뒤뜰에 있는 창고에 대담하게 던져버렸을 때 사람들은 뭔가 성스러운 울타리가 침범 당했으며, 뭔가 거룩한 것이 신성모독 당한 것 같은 생각에 정신이 번쩍 들었다.

제시카 미트포드(Jessica Mitford)는 시신을 보여주는 의식은 너무나도 야만적이고 보기에 썩 좋지 않다고 여겨, 장례식에 시신이 있어야 한다는 생각에 대해 반감을 표시했고 그녀의 그런 주장은 문화적 반향을 일으켰다. 그녀는 허락을 받고 런던의 한 장의사의 말을 인용했다. 죽은 육체를 본다는 것은 "유쾌한 일이 아니며 정상적인 행동도 아니다."[19]

미트포드의 책이 출판되자 장의 전문가들은 곧 대응했다. 그들은 얼굴에 두툼하게 파우더를 바르고 몸에 방부처리를 한 시신을 바라보는 것은 "종결"(closure)되었다는 느낌을 주기 때문에 치유적 측면에서 필요하고, 마지막 순간을 "아름다운 추억의 사진"처럼 만들어주기 때문에 미학적 측면에서도 바람직하다며 대중들을 설득하려 노력했다.

---

19 Jessica Mitford, *The American Way of Death* (New York: Crest Books, 1963), 173.

그러나 기독교인들은 "종결"에 조금도 관심이 없다. 물론 죽음이란 극적인 전환을 가져오는 사건인 것은 분명하다. 그리고 죽은 자와 우리 사이의 관계에 일어난 변화를 인지하는 것도 중요하다. 그러나 그리스도 안에서 죽은 자에게는 열린 미래가 있으며 성도의 교제에 "종결"이란 있을 수 없고 오히려 창조주 하나님을 향한 끝없는 찬양만이 있을 뿐이다.

초기 기독교인들이 가난한 자의 버려진 시체를 매장할 때 "아름다운 추억의 사진" 따위는 없었다. 기독교인들은 받아들이기 어려운 죽음의 진실을 직시하는 것에 대해 두려워하지 않는다.

오스카 쿨만(Oscar Cullmann)은 이렇게 말했다.

> 죽음 그 자체로는 아름답지 않다. 심지어 예수의 죽음도 그렇다. … 죽음을 아름다운 것으로 그리려는 사람은 부활을 그려낼 수 없다. 죽음의 끔찍함을 올바로 알지 못하는 사람은 '사망을 삼키고 이기리라'는 사도 바울의 승리의 찬양을 함께 부를 수 없다.[20]

그런 의미에서 이제 중요한 것은 방부액의 사용과 봉분내 방수처리 시공을 통해 "아름다운" 육체를 유지하려는 노력이나 비싼 관과 그 위에 "꽃 장식"으로 사회적 계급의 차별성을 강조하려는 헛된 노력 등이 아니다.

정말 중요한 것은 우리가 오직 육체성을 지닌 방법으로만 알고 지냈던 한 생명에 대해 하나님께 감사를 드리는 것이다. 죽은 자가 했던 행동

---

20 Oscar Cullmann, *Immortality of the Soul or Resurrection of the Dead? The Witness of the New Testament* (New York: Macmillan, 1958), 27.

들, 그가 했던 말들, 그들의 손으로 만들었던 것들, 그 발로 다녔던 장소들, 그가 다른 사람들과 직접 몸으로 나누었던 친밀함, 다른 곳이 아닌 바로 그곳(특정한 장소)에 자신의 육체를 위치시킬 것을 선택함으로써 그가 표현했던 헌신들. 이처럼 우리가 육체적 방법을 통해서만 알 수 있었던 한 인간의 삶을 허락하신 하나님에 대한 감사 말이다.

중요한 것은 죽은 자를 죽지 않은 것처럼 보이게 하려고 두텁게 바르는 화장이 아니다. 중요한 것은 그 죽은 자의 얼굴을 물끄러미 바라보면서 거기서 성도의 모습을 발견하는 것이다.

제시카 미트포드가 "아름다운 추억의 사진"의 어리석음을 조롱했지만, 사실 죽은 자의 육체에 대한 그녀의 태도는 에드워드 시대(1900년대 초의 영국 사회 – 역자주)의 잘난체하는 신사의 행색이 덧칠해진 신플라톤주의의 재탕일 뿐이다. 육체의 거룩성에 대한 기독교적인 이해를 미트포드는 전혀 이해하지 못하고 있었다. 장의사인 토마스 린치(Thomas Lynch)는 그의 책 『청부』(The Undertaking)에서 죽은 육체를 "그저 껍데기"로 치부하는 견해와 관련해 다음과 같이 말한다.

> 어떤 이가 겪는 슬픔 때문에 옆에서 어찌할 바 모르는 사람들, 그러니까 젊은 성직자, 오랜 가족 같은 친구들, 며느리들, 사위들. 이런 사람들에게 당신은 많은 이야기를 들을 수 있다.

린치는 어느 감독교회의 집사가 백혈병으로 죽은 한 소녀의 어머니에게 그런 얘기("그저 껍데기" 뿐인 육신이라는 식의 말 – 역자주)를 했을 때 곧장 소녀의 어머니의 입에서 튀어나온 말을 기억하고 있다.

이 시신이 "그저 껍데기"가 되면 말씀 드리리다. 하지만 내가 그렇게 말하기 전까지 이 아이는 내 딸이오.[21]

린치는 이어서 이렇게 말하고 있다.

죽은 자의 육체는 "그저" 어떤 것이라며 슬픔을 일찍 날려버리려는 시도는, 화학치료를 받고 나와 대머리가 되어버린 소녀에게 (위로를 한답시고) "그저" 미장원을 갔는데 머리가 예쁘게 나오지 않은 재수 없는 날(a bad hair day)이라고 말하는 것만큼이나 경박한 행동이다. 죽은 소녀가 천국에 가기 원하는 우리의 소원의 기초를 그리스도가 죽은 자들로부터 "그저" 껍데기에 불과한 육체를 일으켰다고 믿는 믿음에 둘 수는 없는 노릇이다. 차라리 예수는 우리의 죄를 사하기 위해 십자가에서 고통당하는 것 대신 낮은 자존감(low self-esteem)으로 인해 고통당하는 쪽을 선택했다고 말하지 그런가.
아니면 차라리 "그저 껍데기" 뿐인 육체가 아니라 그의 인격(personality), 또는 자신에 대한 관념(The Idea of Himself)을 다시 일으켰다고 말하는 것은 어떨까?
당신이 생각하기에는 사람들이 그런 일로 인해 달력을 바꾸었을 것 같은가?(기원전과 기원후가 예수의 생애를 기준으로 나뉘게 된 것을 가리킴 – 역자주) … 부활절은 상징이나 완곡어법 등에 관한 것이 아니라 육체와 피에 관한 것이다.[22]

---

[21] Thomas Lynch, *The Undertaking: Life Studies from a Dismal Trade* (New York: W.W. Norton, 1997), 20–21.
[22] Ibid., 21

수많은 기독교 신앙공동체의 장례 풍습에서 가장 명확하고 가장 시급하게 이루어져야 할 개혁들 가운데 하나는 죽은 자의 육체를 기리는 문제이다. 기독교인의 장례에서 죽은 이의 시신은 다시 한 번 환영받아 마땅하다. 만약 죽은 자의 시신을 도저히 장례식에 가져다 놓을 수 없는 상황이라면, 우리는 죽은 이가 지금 장례식 현장에 육체로 함께 하고 있다고 생각할 수 있게 만들어야한다. 그것을 위해 우리의 기억과 상상력을 자극시킬 수 있는 모든 언어적 은사들을 다 쏟아 부어야 한다.

그렇게 하지 않고서야 우리가 어떻게 저 편에서 기다리고 계시는 하나님의 넓은 품으로 죽은 자를 데려다주기 위해 노래 부르며 그와 함께 마지막 그 길을 함께 걸어가는 숭고한 부담을 경험할 수 있겠는가?

제3장

그리스도 안에서 죽은 자들의 미래

　인간의 생명의 숭고함과 죽은 자의 시신을 존중하는 것에 대해 우리가 지금까지 논의한 모든 것은 당연한 얘기겠지만 죽음에 대한 기독교 신학에 기반한다.
　사실 죽음처럼 심오한 신비에 대해 말함에 있어서, 그리고 매우 다양한 전통을 가진 종교가 기독교인만큼, 죽음에 대한 기독교 신학"들"이라고 복수형으로 말하는 게 더 정확할 것이다. 기독교 신앙의 관점에서 삶의 어떤 중요한 주제들에 대해 상고할 때, 한 가지 측면에서만 말하는 것은 가능하지 않다. 다양한 관점에서 살펴보는 것은 불가피할 뿐 아니라 꼭 필요한 일이다. 신약학자 노만 페린(Norman Perrin)은 어느 날 신학자 랭돈 길키(Landgon Gilkey)에게 다음과 같이 말하였다고 한다.

제3장 그리스도 안에서 죽은 자들의 미래 91

> 랭돈, 당신은 오늘 내가 제시한 바 있는 57개의 신약 기독론들
> (New Testament christologies)가운데 어떤 것을 사용하려는 건가요?[1]

여기서 우리는 죽음의 의미에 대한 기독교계의 모든 다양한 의견들을 다 검토하려고 하는 것은 아니다. 그러나 발생한 죽음 앞에서 장례식이라는 것이 어떻게 복음의 약속을 이행해내는 예식이 되는가를 이해하기 위해, 장례식의 근저에 깔린 죽음에 대한 기독교적 이해들에 대한 폭넓은 신학적 스케치 정도는 해야 할 것이다.

당연하게도, 장례식은 기독교 신학의 다양한 측면들을 표현한다. 자유주의, 복음주의, 여성신학, 해방신학 등등의 다양한 신학적 입장들 말이다. 그러나 이러한 다양한 관점들이 존재함에도 불구하고, 마치 예배라고 하는 것이 그러하듯 장례 역시 보존적 기능(conserving function)이 있다. 장례 예전(funeral liturgy)에는 복음이 가장 기본적인 형태로 담겨 있다. 그 복음은 죽음이 우리를 혼란으로 이끌어 가며 우리의 믿음을 조롱하려 할 때 우리가 긴급하게 필요한 것이다.

1. 대문자 "D"의 죽음(Death), 소문자 "d"의 죽음(death), 그리고 그리스도 안에서의 죽음

장례의 행렬은 물론 한 사람의 죽음으로 시작한다. 그래서 우리는 지

---

[1] As reported in Langdon Gilkey, *On Niebuhr: A Theological Study* (Chicago: University of Chicago Press, 2001), 224.

금 우리가 하려고 하는 신학적 여정의 시작을 기독교적 신앙 안에서 인간의 죽음이란 두 가지 기본적인 형태로 이해된다고 하는 점을 지적함으로써 시작하고자 한다. 즉 죽음을 이해하는 두 가지 방식이 있다는 것이다.

그리고 이 두 가지 이해 방식은 세 번째 이해 방식으로 연결된다. 두 가지 근본적 형태의 죽음 형태는 자연적 죽음(소문자 "d"의 죽음)과 신비한 힘으로서의 죽음(대문자 "D"의 죽음)으로 구분된다. 후자는 생명을 사랑하시는 하나님의 뜻에 반대하는 대적자이다. 복음은 여기에 한 가지 죽음을 더 추가시키는데 그것은 바로 그리스도 안에서의 죽음이다.

소문자 "d"의 죽음은 인간은 어쩔 수 없이 죽을 수 밖에 없는(mortal) 존재라는 인식과 관련이 있다. 우리에게는 길든 짧든 수명이란 것이 있다. 우리는 태어나고, 살고, 죽는다. 이런 측면의 죽음은 우리가 신이 아니요 그저 인간일 뿐이라는 점을 부각시킨다. 그리고 이것은 한편으로는 축복이기도 하다.

긍정적인 측면으로 보자면, 우리의 죽을 수밖에 없음에 대한 인식은 "우리에게 우리 날 계수함을 가르치사 지혜로운 마음을 얻게 하소서"(시 90:12)라는 가르침을 준다. 우리가 영원한 시간, 영원한 선택지, 영원한 기회들을 가지고 있지 않아서 두리번거리거나 어떤 일을 재차 할 수 없다는 사실은 우리로 하여금 선택을 신중하게 내리도록 만들어주며, 우리가 내리는 결정들은 매우 중요하다는 점을 우리에게 상기시켜준다.

따라서 이러한 제약성으로 말미암아 우리는 창조적이 되며 신앙을 갖게 된다. 또한 연약하고 자꾸만 무너지는 육체를 가지고 영원히 살아야 한다는 부담과 공포를 날려주기도 한다.

하나님께서 창세기에서 이렇게 말씀하신다.

> 나의 영이 영원히 사람과 함께 하지 아니하리니 이는 그들이 육신이
> 됨이라(창 6:3).[2]

이런 형태의 죽음은 평온함과 친절함으로 찾아오기도 하여서, 배우자의 죽음으로 깊이 슬퍼하는 미망인으로 하여금 죽음이 그 사람의 아픔과 고통을 끝내주었다고 말할 수 있게 해준다. 아마도 그녀는 이렇게 얘기할 것이다.

"내 마음은 끊어질 듯 아픕니다. 하지만 어떤 의미에서 그이의 죽음은 축복이기도 하지요."

이번에는 부정적인 측면으로 보자면, 이 소문자 "d"의 죽음은 우리가 감당할 수 없는 위협을 매일 우리에게 던진다. 내일이면 우리는 없어지고, 잊혀지고, 아무 것도 아니게 될 것이라는 위협 말이다.

> 인생은 그 날이 풀과 같으며 그 영화가 들의 꽃과 같도다 그것은 바
> 람이 지나가면 없어지나니 그 있던 자리도 다시 알지 못하거니와
> (시 103:15-16).

이런 위협은 우리가 영원하지 못한 존재라는 것에 대해 노심초사하게 만들어서 우리가 우리의 불멸하지 못함에 대해 저항하도록 종용하기도 한다. 여기에는 두 가지 방법이 있다.

---

2 See Lloyd R. Bailey Sr., *Biblical Perspectives on Death* (Philadelphia: Fortress Press, 1979), esp. 47-61.

① 우리 자신이 불멸의 신들(gods)이라는 환상을 조작해냄으로써 저항하게 한다.
② 우리 스스로를 절망 속에 밀어 넣어 우리 자신과 우리의 은사와 우리의 시간과 우리에게 주어진 그 귀한 삶을 망쳐버리게 한다.

요컨대, 우리가 영원한 존재가 아니라는 것을 아는 것은 우리를 지혜로 이끌기도 하고 죄로 충동시키기도 한다는 것이다.

대문자 "D"의 죽음은 소문자 "d"의 죽음과는 사뭇 다른 실재이다. 그것은 우리에게 친구처럼 다가오는 법이 없다. 낯설고 파괴적인 힘으로 다가온다. 또 그것은 전혀 자연적인 것도 아니다. 그것은 우리의 적이요 하나님의 적이다.

바울은 그것을 "맨 나중 원수"(the last enemy)라고 불렀다(고전 15:26). 이 파괴적 힘으로서의 죽음은 인간에게서 생명을 앗아가기 위해 저 밖에 도사리고 있는데 개인의 죽음에서 끝나지 않다. 그것은 영토를 장악하고, 권세를 소유하기 원한다. 그것이 갈망하는 것이라곤 모든 단체를 비인간화하고, 모든 관계를 무너뜨리며, 사람들을 서로 다투게 만들고, 사랑을 증오로 대치시키며, 모든 희망의 말을 변하여 신성모독이 되게 하고, 불신의 불에 기름을 끼얹고, 사람들을 깊은 절망으로 이끌며, 공동체를 이루려는 모든 노력들을 산산이 부서뜨리고, 하나님과 신앙과 생명의 선물을 조롱하는 등의 일들뿐이다.

그것은 "어두울 때 퍼지는 전염병"이요 "밝을 때 닥쳐오는 재앙"이다(시 91:6).

장례식이든 어디서든 이 둘(death and Death, 파괴적 힘으로서의 "사망"과 자연적 현상으로서의 "죽음" – 역자주) 사이의 차이점을 구별하는 것은 중요하다. 만약 우리가 맨 나중 원수인 "사망"(Death)을 향해 큰 소리를 질러 비난하기만 한다면, 우리는 "죽음"(death), 즉 생물학적 죽음이 때로는 친구와도 같이 우리에게 다가오기도 한다는 점을 불분명하게 만들 수 있다. 왜냐하면 이 후자의 죽음은 고통을 끝내주고 고통 받는 자가 끝없는 절망 속으로 떨어지는 것을 막아주기 때문이다.

또 다른 한편으로, 우리가 만약 피로 물든 긴 칼과도 같은 "사망"(Death)에 대해 잊어버리고 오직 생의 자연적 흐름의 일부로서의 "죽음"(death)에만 초점을 맞추다 보면, 우리는 결국 죽음에 관한 부드러운, 그래서 마침내는 비기독교적인 초상화만 갖게 될 것이다. 우리는 옛 뱀(old serpent, 사탄 – 역자주)의 독이빨을 간과할 수 있고, 죽음이란 것이 자연스러운 것이라는 실없는 말만 늘어놓을 수 있다. 즉 죽음을 "성장의 최종 단계"(the final stage of growth) 또는 팔 벌려 "환영"하며 맞이할 경험으로 보는 이들도 있다.[3] 이는 많은 장례식 설교에 등장하는 낸시 터너(Nancy Byrd Turner)가 쓴 다음의 시의 정서와 맞닿아 있다.

죽음이란 정원 한쪽 벽으로 난 낡은 문과도 같은 것이라오. 땅거미가

---

[3] 죽음을 "성장의 최종 단계"(the final stage of growth)로 보는 인식, 그리고 죽음의 실재에 대해 인간이 보일 수 있는 반응 중 최상의 형태는 "환영"(또는 수용, acceptance)이라고 생각하는 인식이 대중의 의식에 소개된 것은 엘리자베스 퀴블러-로스 박사의 책 때문이다. 그녀의 대표작 『죽음과 죽어감(*On Death and Dying*)』(New York: Macmillan, 1969)에서 퀴블러-로스는 죽음을 환영(수용)하는 것은 가장 마지막 그리고 가장 발전된 단계의 반응이지만, 이 단계가 가장 최상의 단계인 것은 모든 방해와 속박으로부터 자아가 마침내 자유롭게 될 수 있기 때문이라고 암시한다. 이 환영(수용)의 단계에서 자아는 "원초적 자기애"(primary narcissism)로 회귀하며, "자아의 충만케 됨"을 경험한다(119-120). 당신의 "관심의 범위"가 줄어들며, 당신은 "홀로 남겨지거나 적어도 바깥세상의 소식들이나 문제들로 인해 방해받지 않기를" 원한다(113). 이것은 그저 심리학의 옷을 입고 돌아온 플라톤주의, 즉 물질계로부터 자유로워진 자아에 대한 개념이다. 퀴블러-로스의 견해에 좀 더 동조하는 견해를 가진 저작을 찾는다면 다음을 참조하라. Bonnie J. Miller-McLemore, *Death, Sin, and the Moral Life* (Atlanta: Scholars Press, 1988). 그 가운데 특별히 93 - 99쪽을 보라.

지고 지빠귀가 울면 조용히 그 문이 열린다오.… 그것은 사람들의 마음을 힘들게 하지 않으며 그 누구도 아프게 하지 않는다오.[4]

하지만 예수님의 경우 자신의 죽음을 편안하게 "조용한 문"으로서 보지 않았고, 오히려 "매우 고민하여 죽게 되었으니"라고 하셨다(마 26:38). 그리고 그는 "심한 통곡과 눈물" 가운데 돌아가셨다(히 5:7).

죽음의 거친 모서리를 지나치게 낙천적인 시각으로 사포질해버린 또 다른 악의 없는 기독교인들의 사례가 있다. 어느 교단의 안락사에 대한 연구 문서에 나오는 내용으로, 죽음을 포용하는 듯한 순진한 표현들을 담고 있다. 한 번 살펴보자.

> 나이가 든 사람에게 죽음이란 아름다운 사건이어야 한다. 출생과 성장과 삶의 충만함에 아름다움이 있듯, 그것들과 동등하게 죽음에도 아름다움이 있어야 한다. 이것을 설명해주는 예들은 얼마든지 있다. 봄에 작은 잎이 돋아나고, 여름이 되어 잎사귀가 무성해지며, 가을이면 빛나는 색색의 잎사귀를 땅 위로 우아하게 떨구는 것보다 더 아름다운 것이 있을까?
> 이것은 인간의 경우에도 마찬가지이다.[5]

4　Nancy Byrd Turner, "Death Is a Door," in Hazel Felleman, ed., *Best Loved Poems of the American People* (New York: Doubleday, 1936), 544.

5　1972년에 연합그리스도교회(the United Church of Christ) 그리스도인사회활동위원회 (Council for Christian Social Action)에 의해 초안이 작성되었고, Paul Ramsey, "The Indignity of 'Death with Dignity,'" *The Hastings Center Studies* 2/2 (May 1974): 51에 인용되었음.

위의 내용은 자연적 죽음(death)을 달콤하게 포용하는 것과 사망(Death)의 파괴적 성격을 거의 전적으로 무시하고 있다. 위와 같은 태도에 우리는 어쩌면 놀라지 말아야 할지도 모른다. 왜냐하면 종종 교회에서 담대하고 명확한 신학을 가장 먼저 놓쳐버리곤 하기 때문이다.

평신도 신학자인 윌리엄 스트링펠로우(William Stringfellow)가 1960년대 초에 하버드대학교을 방문했을 때 그는 이 세상에 돌아다니고 있는 죽음의 "통치자들과 권세들"(powers and principalities)이라는 신학적 주제에 대해 강연하기로 되어 있었다. 같은 날 두 번의 강연이 예정되어 있었는데, 한 번은 경영학부에서 그리고 또 한 번은 신학부에서 하기로 하였다.

스트링펠로우는 경영학부에서 할 강연에서는 명백한 성경 구절의 언급이나 계시록에 나오는 용어들을 사용하지 않고 할까도 생각했지만 그냥 두 종류의 청중들에게 똑같은 강연을 하기로 결심했다. 역설적이게도 경영학부 학생들이 신학부 학생들에 비해 훨씬 더 적극적인 반응을 보였고 그가 하는 말에 귀를 쫑긋 기울였다.

경영학부 학생들은 예정된 시간보다 훨씬 더 오래 스트링펠로우를 붙들어 두고 기업체와 경영 현장에서 활동하는 죽음의 권세들의 수많은 예들을 제시했다. 반면 대부분의 신학생들은 "통치자들과 권세들"에 대한 그와 같은 이야기는 "현 시대의 실재 현실과는 별 연관성이 없는 고대적 심상(心象, imagery)"이라 말하며 하품만 했다.[6] 이로 볼 때 사망(Death)의 권세를 다시금 명확하게 인식하게 하는 데는 월가(Wall Street)에서의 짧은 경험만큼 좋은 것은 없는 것 같다.

---

6 William Stringfellow, *Free in Obedience* (New York: Seabury Press, 1964), 51–52.

인간의 삶의 경계를 표시하는 것은 죽음(mortality, small-*d* death)이다. 또한 인간의 삶은 사망(capital-*D* Death)이라는 이름을 가진 우리들의 옛 원수의 게걸스런 식욕에 의해 물어 뜯긴다. 라인홀드 니버(Reinhold Niebuhr)는 인간의 조건을 매우 잘 묘사하였다. 인간은 역사의 한 가운데 내려 앉아 최고의 삶을 살아내기 위해 관계를 형성하고, 용감하게도 자녀를 출산하여 세상으로 내보낸다. 그리고 자신의 일에 종사하고, 공동체를 형성하고, 그 공동체를 키우는데 자신의 에너지를 쏟는다.

하지만 삶이란 (그와 같은 것들이 아니라는 말은 아니지만) 그것들 이상이며 우리 자신 또한 그 이상이라고 느낀다. 삶은 그 삶의 일부분들을 모두 합한 총합 그 이상이다. 우리에게는 우리 삶의 세부사항들을 더한 것만으로는 충분히 설명할 수 없는 측면이 있다.

시애틀에 태어나고, 센트럴고등학교를 다녔고, 철물점에서 일하고, 로터리클럽에 가입하였고, 고등학교 시절 사귀던 연인과 결혼하여 세 자녀를 얻었다는 등의 세부사항들 말이다. 물론 이것이 우리의 삶이다. 하지만 그냥 그게 다는 아니다.

우리는 우리 삶의 여러 자잘한 것들을 더한 것 이상이다. 우리 인간은 우리 눈으로 저 머나먼 지평선 너머를 바라볼 수 있는 자유를 가진 피조물들이다. 인간은 우리가 서 있는 작은 땅에서 중요한 일들 뿐 아니라 그 너머에 있는 곳에서도 중요할 일들, 우리가 속한 이 작은 찰나의 순간보다 훨씬 더 오래 가는 가치를 가진 일들을 염원한다. 그래서 니버는 이렇게 말한다.

> 모든 사람은 영원과 직접적인 관계를 가지고 있다. 왜냐하면 그들은 한 개인이 살거나 죽거나 하는 과정들 가운데 어느 한 지점에 이르러 삶의 의미에 대해 분별하여 알게 되는 파편적인 이해들을 뛰어 넘는

온전한 이해를 갈망하기 때문이다.[7]

그러나 죽음은 이런 것을 용납하지 않는다. 죽음은 역사의 한 가운데 내려와 살면서 영원한 가치를 꿈꾸는 인간들을 조롱한다. 역사안에서는, 육체적 죽음(death)이 우리에게 다가와 우리를 죽이고 시간과 공간 속에서의 우리의 삶을 끝내버린다.

"바람이 불어 와서 함께 날아가 버리는 것이다."

영원에 있어서는, 권세로서의 죽음(Death)이 우리에게 다가와 우리의 소망을 비웃고 우리의 자유를 앗아가 버리며 우리를 영원하신 하나님과의 관계에서 끊어지게 만드는 죄의 노예로 전락시켜 버린다.

이에 대한 증거를 찾아내려면 우리는 쇼핑몰에 가보면 된다. 거기서 우리는 사망의 권세가 그늘진 곳에 서서 웃는 동안 우리를 배부르게 하지 못할 양식을 얻고자 끝없이 갈망하는 열렬한 소비자인 우리 자신을 보게 될 것이다. 우리에게 달리 어떻게 할 선택사항이 있는 것 같지도 않다. 신학자 아더 맥길(Arthur McGill)은 이렇게 얘기한다.

> 이기주의를 향해 공격을 퍼부어 봤자, 또는 다른 사람들을 열심히 도우라고 권면해 봤자 아무 소용없다. 인간은 자신을 위해 살 것인가 아니면 다른 사람을 위해 봉사할 것인가를 선택할 힘이 없다. 이것은 순전히 그들이 살고 있다고 생각하는 세계가 어떤 종류의 세계인가에 따라 결정된다. 즉 어떤 종류의 힘이 지배적인가에 따라 결정된다는 것이다. 문제는 자신들이 섬기고 있는 신의 수준에 달려 있는 것

---

[7] Reinhold Niebuhr, *The Nature and Destiny of Man,* vol. 2: *Human Destiny* (New York: Scribner's, 1964), 308.

이지 자신이 어떤 종류의 사람이 되고 싶은가에 달려 있지 않다. 신약성경 식의 용어로 표현하자면, 사람들은 자신을 붙들고 있는 왕이 어떤 왕이며 자신들이 속한 왕국이 어떤 왕국인지에 따라 살기도 하고 죽기도 한다.[8]

만약 맥길이 말한 대로 우리가 우리를 붙들고 있는 왕과 우리가 속한 왕국에 따라 살거나 죽는다면, 우리는 "사망"(Death)이라는 왕에게 붙들려 있고 우리는 죽는다. 우리는 걸려든 것이다. 우리는 죽음의 발톱에서 벗어날 수가 없다. 니버도 알고 있었지만 "오직 하나님만이 이 문제를 해결하실 수 있다."[9] 바울 역시 이것을 잘 알고 있었다.

> 오호라 나는 곤고한 사람이로다. 이 사망의 몸에서 누가 나를 건져 내랴?(롬 7:24)

2. 십자가와 부활: 사망을 이기신 그리스도의 승리

물론 바울은 자신이 던진 이 괴로운 외침에 대한 답을 알고 있었다. 육체적 죽음(death)과 권세로서의 사망(Death)으로부터의 해방에 관하여 우리 크리스천들이 장례식에서 외치는 복음적 선언의 기틀을 형성하는 진리에 대해 그는 알고 있었다. 그 외침은 바로 이것이다.

---

[8] Arthur C. McGill, *Suffering: A Test of Theological Method* (Philadelphia: Westminster Press, 1982), 91–92.
[9] Ibid., 295.

> 우리 주 예수 그리스도로 말미암아 하나님께 감사하리로다 … 이는 그리스도 예수 안에 있는 생명의 성령의 법이 죄와 사망의 법에서 너를 해방하였음이라(롬 7:25; 8:2).

그렇다면 이 해방은 어떻게 일어났었던 것인가?

우리는 어떻게 죄와 사망에서 해방될 수 있었는가?

이 일은 머나먼 곳에서 내려진 명령으로 된 것도 아니고, 머나먼 보좌로부터 내려진 칙령에 의한 것도 아니었다.

이 해방은 역사의 한 가운데서, 그러니까 우리가 살아가는 바로 그 역사의 한 가운데서 로마식 십자가에 처형당한 한 남자의 죽음을 통해 일어났다.

예수의 죽음은 우리에게 너무나 가까이 있어서, 그리고 우리의 경험과 너무나 비슷하여서 우리가 손을 뻗으면 닿을 수 있을 정도이다. 우리와 같은 인간이셨고, 우리들처럼 영원을 염원하는 삶을 사셨던 예수는 처형당하여 죽으셨다. 마치 우리가 죽어야 하는 존재들인 것처럼 그 분도 죽으신 것이다.

심지어 예수의 경우에도, 사망(Death)과 죽음(death)은 승리했다. 언제나 그랬듯, 비록 잔인한 죽음이긴 했지만, 그리고 그가 하나님의 귀한 아들이라는 사실에도 불구하고 예수의 죽음은 역사 가운데 일어나는 다른 죽음들과 조금도 다를 바 없는 사건이었다. 따라서 그 사건이 일어난 날 '부고'란에 실을 수 있을 정도였다. 말하자면, 그 일은 어느 금요일(a Friday)에 일어났던 일이다.

그렇지만 목격자들에 따르면 일요일 아침이 되었을때, 이 죽음을 피할 수 없었던(mortal) 한 남자의 평범한(ordinary) 끝이 참으로 비범하게(extraordinary) 변모되었다. 하나님께서 예수를 죽은 자들 가운데서 일으키신 것이다.

예수의 죽음과 부활은 너무나도 많은 의미로 가득차 있고 신비로워서 에버하르트 융겔(Eberhard Jüngel)의 말처럼 그 신비를 설명하기 위해 "신약성경마저도 우리에게 어떤 단일하고 획일적인 교리를 제시하지 못한다."[10]

'예수는 육체로서 부활했다'라는 말을 우리는 많이 들었다. 복음서 저자들은 매우 예리하게 이 점을 말하고 있다. 죽으시기 전에 제자들에게 육체로서 함께 하셨던 예수님은 그의 죽음 이후에도 계속 육체로서 제자들과 함께 하셨다. 예수의 부활은 단지 정신적인 상태나 내면적 혹은 영적 환상이 아니었던 것이다. 로완 윌리엄스(Rowan Williams)는 말한다.

> 예수는 그의 사역 기간 동안 자신의 친구들과의 대화, 신체적 접촉, 음식 나눔을 통해 공동체를 만들었고 유지해나갔다. 그리고 그의 부활 이후에도 그 공동체는 똑같은 방식으로 유지되었다. 부활 사건은 예수의 공동체를 역사로부터, 물질계로부터, 육체로부터, 혹은 언어로부터 분리시키지 않았다.[11]

그렇다고 해서 부활이라고 하는 사건은 초자연적인 마술 기교가 아니다. 죽은 몸이 예전의 살아 있을 때의 그 몸으로 휙 돌아간 것이 아니다. 복음서 저자들은 이 점에 있어서도 예리했다. 부활하신 예수님은 육

---

10 Eberhard Jüngel, *Death: The Riddle and the Mystery* (Philadelphia: Westminster Press, 1974), 98.

11 Rowan Williams, *Resurrection: Interpreting the Easter Gospel* (Cleveland: Pilgrim Press, 2002), 92–93.

체를 지니셨다. 하지만 그 몸은 그가 이전에 가졌던 몸과 똑같은 몸은 아니었다. 부활 이전과 이후의 육체에는 연속성(continuities)이 있다. 부활하신 예수님의 육체는 몇 가지 점에서 그의 부활 전 육체, 그리고 지금 우리들의 육체와 비슷하다.

첫째, 제자들은 그의 얼굴을 보고 그를 알아볼 수 있었다.

둘째, 예수님은 여느 때와 마찬가지로 제자들과 함께 음식을 드셨다.

셋째, 그는 제자들이 자신의 육체를 만져보도록 했는데, 이는 그가 그저 혼령이나 꿈이 아니라는 점을 그들이 알 수 있도록 하기 위함이었다.

그러나 부활 이전과 이후의 육체 사이에는 불연속성(discontinuities)도 있다. 그의 부활체는 그의 부활 전 육체, 그리고 우리들의 육체와는 달랐던 것이다. 예수님은 그를 알고 있었고 그를 사랑했었던 사람들과 무덤가에서 혹은 길가에서 만나 그들 곁에 서셨고 그들과 함께 동행을 하셨다.

하지만 그들은 어떤 이유에선지 예수를 알아보지 못했다. 예수는 문을 통과하여(through) 걸어 들어갔고, 어느 순간 갑자기 사라지기도 하셨다. 이것은 그저 새로운 생명을 얻은 옛 예수라고 볼 수 없는 일들이다. 예수의 부활체에 대해 신약성경이 말하는 이와 같은 기이함은 변모된 예수(transformed Jesus), 영광을 받으신 육체(glorified body)를 말하고 있다. 이는 그저 소생(resuscitation)이 아니요 부활(resurrection)이다. 철학자들에게는 거북한 주제요, 과학자들에게는 당황스러운 일이며, 영지주의자들에게는 반발심을 일으키는 주제인 예수의 육체적 부활은 중요한 주장이다.

하지만 그렇다고 조잡하게 문자적으로(literalistic) 볼 수 있는 문제는 아니다. 다시 말하자면 하나님께서, 최후의 만찬에 사용된 성배나 십자가에 남아 있는 DNA를 포함하여 예수의 몸에 있던 모든 세포와 분자들을 모아서 그것들을 재조합하는 방식으로 예수를 복원시켜서, 예루살렘 거리를 걸어 다니게 하신 것이 아니라는 것이다.

부활이 말하고자 하는 것은 하나님께서 예수님의 모든 것, 즉 예수님의 인성 전체를 일으키신 것에 대한 주장이다. 예수님, 그러니까 그가 그의 육신을 가지고 말씀하시고 행하신 것들을 통해 인식되고 경험된 바로 그 예수를 하나님께서 일으키셨다는 것이다. 그저 예수에 대한 생각, 예수의 정신 정도가 아니라, 육체를 가진 실체로서의 예수를 일으키셨다는 것이다.

육체적 부활에 대한 문자적(literalistic) 해석을 경계하면서, 라인홀드 니버는 한 때 그 자신도 예수의 육체적 부활을 의심했으나 이제는 이러한 예수의 육체적 부활이 자신의 신학의 핵심이 되었노라고 고백하였다. 그의 신학적 성장 과정 속에서 니버는 차츰 오랜 신앙고백의 내용인 "나는 몸의 부활을 믿습니다"(I believe in the resurrection of the body)라고 하는 말이 기독교 신앙에서 차지하는 필수불가결한 측면을 이해하게 된 것이다.

> 내가 기억하기로, 삶의 완성에 대한 기독교인들의 소망이 표현되어 있는 이러한 사도신경의 마지막 부분의 단어들은 내가 신학교를 졸업하던 당시의 젊은 신학도들에게 거치는 돌이 되었었다. … 우리는 그런 단순한 공식 속에 우리의 신앙을 솔직하게 표현할 수 있을 것이라 확신하지 못했었다. … 이십 년이 흐르는 동안 신학 사상에 커다란 변화가 찾아왔다. … 그리고 우리들 중 일부는 우리가 거부하여 버렸던 돌을 취하여 모퉁잇돌로 삼도록 설득되었다. 다른 말로 하면, 그토록 조롱받던 문구인 "나는 몸의 부활을 믿습니다"라고 하는 표현보다 더욱 기독교 신앙의 정수를 보여주는 대목은 사도신경의 내용 중 그 어디에도 없다.[12]

---

[12] Reinhold Niebuhr, *Beyond Tragedy: Essays on the Christian Interpretation of History* (New

초기 기독교인들이 육체로서 부활하신 예수와의 깜짝 놀랄만한 조우(encounter)의 참된 의미를 숙고하기 시작했을 때 그들이 인식하게 된 점이 있다. 그것은 바로 부활절의 의미와 관련하여 수많은 놀라운 점들이 있지만 그것들 중 가장 놀랄만한 일은 예수께서 사망(대문자 D의 Death) 그 자체를 물리치셨다는 점이다.

인간 예수께서 십자가에 달려 인간이라면 모두 어떤 식으로든 겪어야 할 바로 그런 죽음을 겪으셨을 때, 하나님도 예수와 함께 온전히 일체가 되셨다. 사람들이 알고 있던 하나님은 불멸의 하나님, 사망의 영향을 받지 않으시는 하나님, 인간의 죽을 수밖에 없는 한계성과는 무한한 거리를 갖고 계시는 하나님이셨다.

그러나 예수 안에서, 하나님은 상상할 수 없는 일을 행하셨다. 심지어 죽음에 있어서조차 사람과 똑같아 지신 것이다. 융겔은 이렇게 말했다.

> 예수의 죽음 안에서, 하나님은 죽음과의 만남도 견디셨다. 자신을 죽임당한 예수와 동일시함으로써, 하나님은 자신을 죽음의 권세에 노출시키셨다. 하나님은 자신의 신성을 부정(negation)의 권세에 노출시킨 것이다. 그리고 하나님은 모든 사람들을 위한 하나님이시기 위해 이런 일을 행하셨다.[13]

하나님 편에서 볼 때 이런 행위를 하신 동기는 사랑이었다. 순결하고 단순한 사랑. 어쩌면 순결하지만 단순하지는 않은 사랑.

York: Scribner's, 1937), 289‒91.

13 Jüngel, *Death,* 109.

"사랑을 통해 하나님은 사망의 고통을 함께 하셨다."[14]

니버가 말했듯이, 인류는 언제나 역사적으로 함께 묶여 있던 생명의 조각들과 편린들(bits and fragments)을 모으기를 갈망하였다. 그리고 그것들을 영원한 것으로 만들기를 원했다. 하지만 그 문은 언제나 사망(Death)이란 독을 품은 전갈에 의해 가로막혔다. 그러나 예수의 십자가와 부활 안에서 하나님은 그 문을 열어주셨다. 전갈에 물린 곳에 다름 아닌 하나님 자신의 생명을 불어넣어 주되 그 모든 것을 다 남김없이 불어넣어 주심으로써 이 일을 이루셨다.

> 사망아 네가 쏘는 것이 어디 있느냐?(고전 15:55)

사망이 쏘는 것은 이제 하나님의 생명 안에 놓여 있고, 예수의 십자가와 부활 안에서 극복되었다. 승리의 하나님께서 사망을 삼키셨다. 위르겐 몰트만(Jürgen Moltmann)이 이렇게 표현한 것과 같다.

"사망(Death)은 죽을 것이다. 무존재(Not-being)는 더 이상 존재하지 않는다. 지옥(Hell)은 지옥에 떨어질 것이다."[15]

예수의 부활 안에서, 모든 인류 위에 언도되었던 사형선고는 이제 대법원(highest court), 즉 하늘의 판결소에서 그 판결이 뒤집혔다. 그 결과 모든 지옥은 이제 지옥에 떨어졌다. 어느 오래 된 부활절 설교의 전율을 느끼게 하는 결론부, 아마도 요한 크리소스톰(John Chrysostom)의 설교로 추정되는 설교의 결론부는 사망(Death)과 지옥(hell)이 예수의 부활로 인

---

14 Ibid., 110.
15 Jürgen Moltmann, *The Coming of God: Christian Eschatology* (Minneapolis: Fortress Press, 1996), 84.

해 격렬한 소동에 휩쓸려 내려간 것으로 묘사하였다.

> 이제 그 누구도 죽음(death)을 두려워하지 말아야 할 것입니다.
> 왜냐하면 우리 구주의 죽음이 우리를 자유롭게 하였기 때문입니다.
> 우리 주는 사망을 견디심으로 그것을 파괴하셨습니다.
> 그는 음부(Hades)에 내려가셔서 그곳을 파괴하셨습니다.
> 이에 대해 이사야는 다음과 같이 예언하였습니다.
> 아래의 스올이 너로 말미암아 소동하여 네가 오는 것을 영접하되(사14:9)
> 지옥에 소동이 일어났습니다(was). 그것이 제거되었기(was) 때문입니다.
> 지옥에 소동이 일어났습니다(was). 그것이 조롱받고 있기(is) 때문입니다.
> 지옥에 소동이 일어나고 있습니다(is). 그것이 파괴되고 있기(is) 때문입니다.
> 지옥에 소동이 일어나고 있습니다(is). 그것이 전멸되고 있기(is) 때문입니다.
> 지옥에 소동이 일어나고 있습니다(is). 그것이 이제 포로로 잡히고 있기(is) 때문입니다.
> 지옥은 육체 하나를 취하였는데, 알고 보니 그는 하나님이셨습니다.
> 지옥은 땅을 차지했다고 생각했는데, 하늘을 만났던 것입니다.
> 지옥은 자신이 볼 수 있는 것을 취했던 것인데, 보이지 않는 것에 의해 삼킨바 되었습니다.
> 오 사망아, 너의 쏘는 것이 어디냐?
> 오 음부여, 너의 승리가 어디 있느냐?

그리스도께서 살아나셨다. 그리고 너 사망은 이제 전멸되었구나!
그리스도께서 살아나셨다. 그리고 너희 악한 자들은 내던짐을 당했구나!
그리스도께서 살아나셨다. 이제 천사들은 즐거워할지어다!
그리스도께서 살아나셨다. 이제 삶은 자유를 얻을지어다!
그리스도께서 살아나셨다. 그리고 이제 죽은 자들의 무덤은 텅 비게 될 것이다!
왜냐하면 그리스도께서 죽은 자들 가운데서 일어나셨고,
다시 사신 그가 잠자는 자들의 첫 열매가 되셨기 때문이니라.
그에게 모든 영광과 능력이 영원 영원토록 있을지어다. 아멘![16]

부활하신 예수께서 일반적인 시간(ordinary time)과 영원(eternity) 사이를 연결하는 관문이자 역사적 실재와 하나님의 통치 사이의 경계선상에서 계신다. 그의 부활의 육체가 그의 이전의 육체와 비교할 때 연속성과 불연속성 모두를 가진 채 모호한 위치에 놓인 이유가 여기 있다.

그는 역사와 시간 속에 존재하신다. 그의 몸은 그 참혹했던 죽음의 상처들을 지니셨지만 그래도 제자들 눈에 인식 가능한 친근한 형체를 가지셨다. 그러나 그는 또한 영원하신 영광 가운데 변형되셨고, 불멸의 존재이시며, 과거에 그가 지니셨던 것과는 다른, 그래서 우리가 완전히 알아채고 이해할 수 없는 존재가 되셨다.

예수는 숭앙해야 할 영웅으로서, 본받아야 할 모범으로서 죽으신 것

---

16 "An Easter Sermon from St. John Chrysostom," *Catholic Online*, http://www.catholic.org/hf/faith/story.php?id=33126.

이 아니다. 그는 하나님 아버지께 순종하는 아들로서 죽으셨다. 그리고 그는 구주로서 일어나셨다. 그가 아니라면 우리는 외롭고 치명적인 죽음과의 전투를 직면해야 한다. 그리고 그 전투의 결과는 불을 보듯 뻔하다. 무덤 외에는 달리 갈 곳이 없다.

그러나 그와 함께, 그리고 그로 인하여서, 앞으로 나아갈 길이 생겼다. 믿을 수 있는 진리가 있다. 보존될 생명이 있다. 이것이 바로 복음에 의해 부가된 죽음의 세 번째 형태(the third form of death), 즉 그리스도 안에서의 죽음(death in Christ)이다. 다시 말하면 정복된 죽음(death defeated), 그리스도 안에서 그리고 그리스도를 통하여 경험된 죽음인 것이다.

하나님께서 하나님 자신을 십자가 위에 달리신 예수와 연결하셨을 때, 하나님은 죽음의 실재에게 신적 생명을 열어주시사 그 죽음의 실재를 무찌르셨다. 우리 자신을 세례를 통해 예수와 연결할 때, 우리의 죽음은 예수의 죽음과 합하여지고, 사망을 향한 하나님의 승리와 합해진다.

> 만일 우리가 그의 죽으심과 같은 모양으로 연합한 자가 되었으면 또한 그의 부활과 같은 모양으로 연합한 자도 되리라(롬 6:5).

예수의 죽으심과 부활 안에서, 하나님은 우리의 옛 대적 사망(Death)을 무찌르셨다. 그리고 이제 우리에게 생명의 길이 열렸다. 하나님은 예수의 생각과 예수의 정신만 살리신 것이 아니라 예수의 육체까지 살리셨다. 그렇기에, 우리의 관계, 우리가 하는 말, 우리가 하는 모든 사랑의 행동들 같은 우리 삶을 채우고 있는 육체적인 것들은 중요하다.

그것도 영원토록 말이다.

우리의 삶의 헌신들과 우리가 우리의 육체로 다녔던 그 장소들은 하나님의 능력으로 말미암아 한데 모이고, 부활의 사건 안에서 하나님의 생명 그 자체로 변모된다. 그래서 니버는 다음과 같이 말했다.

> 부활의 소망은 궁극적으로 유한함(finiteness)이 불안함(anxiety)의 속박으로부터 해방될 것이며, 우리는 있는 그대로의 우리 자신을 알게 될 것임을 재확인하여준다. … 부활이라는 관념이 우리에게 넌지시 알려주는 것이 있다. 그것은 역사 가운데 다양하게 표현되었던 창조의 풍성함(the richness of creation)이 그 다양성을 모두 간직한 채 역사의 최종적인 완성 단계에 참여할 것이라는 점이다. 부활은 문명을 보존하려는 그리고 역사 속에 존재하는 선한 것을 온전히 이루려는 노력들에 지속적인 의미를 부여한다.
>
> 부활은, 그러한 노력들이 영원이라는 시간으로 들어가면 그에 상응하는 것이 없으니 무의미한 몸부림이라는 식으로 내치지 않는다.[17]

3. 장례신학

이제 우리는 죽음에 관련된 기독교 신학을 장례와 관련지어 고찰해 보려 한다. 기독교 장례에서 우리는 동시에 두 가지 이야기를 하고 있다.

첫째 이야기는 그리스도 안에서 자매 혹은 형제가 죽었으며 우리는 존경심을 갖고 그의 시신을 처리 장소까지 옮기고 있다는 것이다. 우리는 이러한 측면을 숨길 수도 없고 숨기려 시도해서도 안 된다. 누군가는 죽은 것이고, 옛 원수 죽음은 명백히 또 하나의 트로피를 요구하게 되었다.

---

17 Niebuhr, *Nature and Destiny*, vol. 2, 312.

설령 죽은 사람이 95세 된 여인으로서 잠든 상태에서 평온한 죽음을 맞이한 주일학교 교사라 할지라도 그 죽음이 달콤하거나 아름다운 것은 아니다. 사망은 다시 한 번 사랑의 매듭을 끊어버렸고, 공동체를 무너뜨렸으며, 생명을 파괴하였다. 누군가 죽었다. 그리고 그 죽은 육신에 대해 무엇인가 해야 한다. 그리고 우리는 그것을 함에 있어 보살핌과 사랑의 마음으로 한다.

둘째 이야기가 있다. 이 이야기는 부활 사건으로 인해 가능해진 이야기이며 사망이 해대는 거짓말의 본색을 들추어내는 이야기이다. 이 이야기는 하나님께서 보시기에 소중한 그의 성도가 믿는 자들의 손에 의해 죽음의 음부가 아닌 하나님의 품 안으로 옮겨지고 있다는 이야기이다.

우리는 조심스럽게 우리가 사랑했던 이의 육신을 작별의 장소로 옮긴다. 어쩌면 울면서, 그러나 또한 시편의 노래와 부활의 노래를 부르며 그 육신을 옮긴다. 그 성도의 육신은 우리가 그 사람의 삶을 통해 받았던 그 모든 기억과 감사에 대한 표식(sign)이며, 또한 죽음도 어찌할 수 없는 소망에 대한 표식이다. 왜냐하면 예수 그리스도를 다시 살리심으로 사망을 무찌르신 그 하나님께서 이 성도의 육신 또한 썩지 않고 영광스런 몸으로 다시 살리실 것이기 때문이다.

이 두 종류의 이야기가 혼재되어 있는 장례식의 현장에는 기쁨과 슬픔이 공존하고 있다.

여기서 질문이 발생한다.

언제 이 죽은 자는 그리스도 안에서 부활할 것인가?

어떤 형태로 부활할 것인가?

이는 오직 그리스도에 대한 믿음을 가진 자들에게만 일어나는 일인가, 아니면 다른 사람들에게도 일어나는 일인가?

이와 같은 어려운 질문들이 존재한다. 그리고 교회는 이에 대해 명확한 답변을 제시하는 데 언제나 어려움을 겪어 왔다. 하지만 이 질문들은 중요하고 반드시 대답해야 할 질문들이다. 그래서 우리는 우리가 할 수 있는 최선을 다해 이에 대한 답변을 해야 한다.

한 사람이 언제 새로운 삶으로의 부활을 얻는가에 대해 신약성경은 사뭇 다른 두 개의 답변을 제시한다.

첫째, 바울이 데살로니가 교인들에게 보낸 편지를 보면, 나팔 소리가 울리는 날, 즉 그리스도 안에서 죽은 자들 모두가 함께 일으킴을 받는 그 마지막 날까지 누워 기다리는 것으로 표현되어 있다.

> 주께서 호령과 천사장의 소리와 하나님의 나팔 소리로 친히 하늘로부터 강림하시리니 그리스도 안에서 죽은 자들이 먼저 일어나고 그 후에 우리 살아 남은 자들도 그들과 함께 구름 속으로 끌어 올려 공중에서 주를 영접하게 하시리니 그리하여 우리가 항상 주와 함께 있으리라(살전 4:16-17).

둘째, 바울은 빌립보 교인들을 향한 편지에서 "떠나서 그리스도와 함께 있는 것"(개인적으로 바울은 이것을 더 선호하고 있지만), 그리고 그들과 함께 어울려 지내며 더 많은 사역을 감당하는 것, 이 둘 가운데 어느 것이 더 나을지 마음을 정하기 쉽지 않다고 말하고 있다(빌 1:23).

이를 통해 보자면 바울은 이 세상을 떠나 그리스도와 곧장 함께 거하게 될 것이라 생각하고 있는 것처럼 들린다. 예수님은 나사로라는 이름을 가진 거지에 대한 이야기를 하신 적이 있다. 나사로는 죽자마자 곧장 "천사들에게 받들려 아브라함의 품에" 들어가 안긴 것으로 되어 있다(눅 16:22). 또한 주님은 십자가 상의 강도에게 "내가 진실로 네게 이르노니 오늘 네가 나와 함께 낙원에 있으리라"고 말씀하셨다(눅 23:43).

그렇다면 둘 가운데 어떤 것이 맞을까?

성도는 죽어 곧 하나님께로 가는 것일까?

아니면 죽어 일종의 대기 장소로 가서 죽은 자의 총체적 부활의 날을 기다리는 것일까?

어느 쪽으로 대답하건 문제의 요소가 있는 것처럼 보인다. 일반적으로 장례식 예전(liturgy)이 암시하는 것처럼, 만약 한 사람이 죽어 곧장 하나님 품에 안기는 것이라고 말한다면, 시간이 흐르면 차츰 먼지로 변해갈 한 사람의 시체, 혹은 그 시체를 태우고 남은 재는 과연 무엇인가 하는 생각에 이르게 된다.

그리고 이것이 사실이라면 하나님 나라는 성도가 죽을 때마다 한 사람씩 한 사람씩 그 인구가 늘어나는 것이라는 매우 개인주의적 영생관(individualistic picture of the eternal life)을 갖게 된다.

반면, 죽은 자들이 총체적 부활의 때를 기다린다는 답변은 일견 개인주의적 문제를 해결하는 듯 보인다. 죽은 자들이 모두 함께 부활을 경험하고, 사망에 대한 하나님의 궁극적 승리는 인간의 생명만이 아닌 피조물 전체에 대한 것이라는 점을 명확히 해주는 부가적 이점이 있기 때문이다. 전통적인 용어를 사용하여 말하자면, 궁극적으로 하나님은 "새 하늘과 새 땅"을 만드실 것이다. 그리고 죽은 인간은 이 광대한 새로운 창조 행위의 일부분에 지나지 않는다.

하지만 이런 방식의 대답에 담긴 문제점들이 곧장 우리 마음을 휘젓는다. 특히, 만약 죽은 자가 종말에 모두 함께 일으킴을 받는 것이라면, 우리는 그 일이 일어나기까지 죽은 자들을 우리의 신학적 상상력 속 어느 곳에 위치시켜야 할 것인가라는 딜레마에 봉착한다.

부활의 시기에 대해, 그리고 죽은 자가 어디 있게 되는가에 대해 교회는 대략 세 가지의 포괄적인 답변을 제시했다. 물론 그것들 중 어느 것도 매우 만족적인 것으로 여겨지지는 않는다.

첫째, 누군가 죽으면, 그 영혼과 몸은 곧장 분리된다는 것이다. 영혼은 하나님께로 날아오르며, 몸은 땅 속으로 들어간다는 것이다. 예를 들면, 17세기에 개혁신학 전통 하에 만들어진 "웨스트민스터신앙고백"에 죽은 자의 상태에 대한 묘사가 다음과 같이 되어 있다.

> 인간의 육신은 죽음 이후에 먼지로 돌아간다. 그리고 곧 부패가 일어난다. 그러나 그들의 영혼은 (죽지도 잠들지도 않으며) 불멸성을 갖고 있어서 그 영혼을 부여하신 하나님께로 곧장 돌아간다. 의로운 자들의 영혼은 완벽한 거룩함에 이르고, 빛과 영광 가운데 계시는 하나님의 얼굴을 뵐 수 있는 가장 높은 천국으로 영접되며, 그곳에서 자신들의 육신의 완전한 구원을 기다린다.
> 반면 악한 자들의 영혼은 고통과 완전한 어둠 속에 계속 있어야 하는 지옥이라는 곳으로 던져지는데, 여호와의 크고 두려운 심판 날까지 그곳에 가두어져 있게 된다. 영혼과 육신이 분리되어 가게 되는 장소로 성경은 이 두 장소 외에 그 어떤 곳도 말하지 않고 있다.[18]

이와 같은 진술의 장점은 분명하다. 적어도 성도의 죽음은 "예수 안에 잠든" 상태(즉 어떤 방식으로든 예수의 존전에 서겠으나 그 사실을 인지하지 못하는 상태)가 아니며, 또한 일시적으로 죽은 상태(즉 완전히 죽은 것은 맞지만 마지막 날까지 "보존"되어 있는 상태)도 아니라는 의견이 기독교인들의 운

---

18 The Westminster Confession of Faith, XXXIV.1, in *The Book of Confessions* (Louisville, KY: Presbyterian Church (U.S.A.), 1999), 159.

명에 대한 하나의 신학적 견해로 강력하게 거론되는 것이다.

그러나 인간의 영혼과 육신이 마지막 날이 이르기까지 분리된다는 이러한 견해는 위에 언급한 점을 제외한다면 그다지 칭찬할 만한 점이 많지는 않다. 우선 그러한 견해는 그 기원에 있어서 전적으로 플라톤 사상의 영향을 받은 것이며, 또한 육체와 떨어져 있는 "영혼"을 인간의 존재로서 부르는 것을 용인하는 비성경적인 개념이 되고 만다. 심지어 일반적으로 신뢰할만한 신학자로 여겨지는 스코틀랜드 신학자 존 바일리에(John Baillie)도 그런 생각에 동조한다.

> 로마 가톨릭교회와 개신교회 모두가 정통으로 인정하는 교리에 따르면 마지막 날에 이르기까지 복된 영혼과 저주받은 영혼 모두는 비신체적(disembodied) 상태로 유지된다. 물론 이미 그들의 최종 거주지가 될 곳에 이미 거주하고 있는 채로 말이다. 그러나 마지막 때가 되면 이 두 부류의 인간은 그 영혼이 자신의 옛 육신과 연합을 이루는 총괄적 부활(General Resurrection)을 맞이할 것이다.[19]

이런 견해는 이원론의 악영향을 받았을 뿐 아니라, 논리적 측면으로 볼 때도 이상하게 꼬여있다. 제임스 바르(James Barr)가 지적하듯, 이런 견해는 사람이 죽으면 불멸의 영혼이 최종 종착지점에 날아가고(그곳은 아마도 천국 또는 지옥일 것임), 심판의 날이 되면 땅에 다시 내려와 그들의 새로운 육체를 집어든 후에 다시 그들이 죽음 이후에 줄곧 있었던 지점으로 다시 돌아가게 될 것임을 암시하는 것이 되는데, 이런 주장은 만약 이

---

19 John Baillie, *And the Life Everlasting* (London: Faber & Faber, 1933), 299.

것이 진지한 신학적 논의가 아니라면 꽤나 우스꽝스럽기까지 하다. 바르는 불쾌한 듯 이렇게 말한다.

"이건 도대체가 말이 되지 않는다."[20]

둘째, 이 견해에 대해 뛰어난 신약학자 톰 라이트(N. T. Wright)가 최근 지지를 표명했다. 그의 두 권의 책『톰 라이트 죽음 이후를 말하다』(*For All the Saints?*)[21]와 『마침내 드러난 하나님 나라』(*Surprised by Hope*)[22]에서 라이트는 기독교란 온통 "천국에 가는" 개인에 관한 것이라는 개념을 깨부수고 싶어한다.

라이트의 주장에 따르면 각각의 개인이 죽음 너머 천상의 오아시스를 향한 개인적 순례를 갖는다는 생각은 신약성경이 원래 염두에 두고 있는 것이 아니라는 것이다.

대신 그는 성경은 인간의 유일한 단 한 번의 부활, 즉 미래 어느 시점에 일어날 하나님의 새로운 창조의 일부분으로 발생할 죽은 자들의 총괄적 부활에 대해 묘사하고 있다고 강력하게 주장한다.

구원이란 지상을 떠나 천상으로 가는 개인들에 관한 것이 아니라, 이 땅을 새롭게 하시려는 하나님의 의도, 그리고 우리를 이와 같은 재창조(re-creation)의 사역에 동참시키시려는 하나님의 의도에 관한 것이라고 라이트는 주장한다.

라이트에 따르면, 하나님께서 그리스도 안에서 만물을 재창조하실

---

[20] James Barr, *The Garden of Eden and the Hope of Immortality* (Minneapolis: Fortress Press, 1992), 103.

[21] N. T. Wright, *For All the Saints? Remembering the Christian Departed* (Harrisburg, PA: Morehouse Publishing, 2003).

[22] N. T. Wright, *Surprised by Hope: Rethinking Heaven, the Resurrection, and the Mission of the Church* (New York: HarperOne, 2008).

때가 오는데 그 때가 되면 총괄적 부활(general resurrection)이 있을 것이라고 한다.

하지만 그러는 동안 죽은 자들은 하나님께서 모든 만물을 새롭게 하실 때까지 어디에 있게 되는가?

이에 대해 라이트는 이렇게 말한다.

"이에 대해 내가 도달한 결론은 모든 죽음을 맞은 성도들은 사실상 같은 상태, 즉 안식의 행복(restful happiness) 상태에 있게 된다는 것이다."[23]

라이트는 이렇게 이어서 말한다.

> 오늘 네가 나와 함께 낙원에 있으리라"고 예수께서 강도에게 말씀하셨을 때 "낙원"(paradise)은 "천국"(heaven)을 의미하지는 않으며, 유대 문헌에서 낙원이 의미하는 바는 "행복 넘치는 정원(blissful garden), 휴식과 평온의 초원, 죽은 자들이 새로운 날의 여명을 기다리면서 새로움을 입는 장소이다.[24]

그러니까 죽은 자들은 행복 넘치는 휴식과 평온의 정원에서 부활의 날을 기다리고 있다는 것으로 라이트의 주장을 요약할 수 있다. 이같은 주장은 설득력이 있는 것처럼 들린다. 적어도 누군가 육체에 대해 다시 한 번 질문을 하기 전까지는 말이다. 이 질문이 나오면 논의는 좀 더 어렵게 된다.

---

23 Wright, *For All the Saints?* 36.
24 Wright, *Surprised by Hope*, 130.

죽은 자들, 그러니까 일시적으로 "휴식이 있는 행복"(restful happiness)의 단계에 있는 자들은 육체를 가지고 있는가?

이 문제에 대해 라이트는 분명한 입장을 취하지 않고 있다. 라이트는 비신체적(disembodied) 불멸의 영혼이라는 식의 플라톤적 이원론을 맹렬하게 비판하는 쪽에 속한다. 그러므로 만약 그가 이 문제에 대해 "아닙니다. 그 행복에 가득찬 죽은 자들은 일시적으로 육체를 가지지 않는 비신체적 인격체로서 장차 얻게 될 부활의 육체를 기다리고 있는 중입니다"라고 답한다면, 그가 앞문에서 부인했던 플라톤주의가 손에 단검을 들고 살며시 뒷문으로 들어오는 형국이 되고 만다.

반대로, 만일 그가 "그렇습니다. 그 행복에 가득찬 죽은 자들은 그 "휴식이 있는 행복"의 상태에서 육체성을 가지고 있습니다"라고 답한다면 이런 공격을 받게 된다.

그 육체는 어디에 존재하는가?

그리고 어떤 종류의 육체를 갖는다는 것인가?

매장하자마자 급속도로 썩어지고 마는 묘지에 놓인 그들의 옛 육체를 갖게 된다는 것인가?

이것은 무척 이상한 생각이다.

그게 아니라면 죽은 자들이 이미 영화로운 육신을 허락받았다는 것인가?

만약 그렇다면 "낙원"이라는 정원에 누워있을 필요가 뭐 있겠는가?

라이트는 이러한 "2단계 사후 미래"에 대한 근거를 초대 교부시대와 중세시대의 신학자들에게서 찾고자 했다.[25] 그러나 이 견해가 어디서 유

---

25 Ibid., 158.

래 하였든지 상관없이, 결론적으로 이런 견해는 일종의 개신교적 연옥설(사망한 성도가 이르는 중간적 상태)로 귀결된다. 가톨릭의 연옥설과 다른 것이 있다면 이 경우에는 정화의 단계는 없다는 것이다.

셋째, 이 견해는 첫 번째 견해의 변형인데, 사실상 전통적 연옥설이다. 첫 번째 견해에서와 마찬가지로, 죽은 자들의 육체는 총괄적 부활의 날까지 땅으로 간다. 그리고 영혼은 날아가는데 아직은 하나님께로 가는 것이 아니다. 그들은 아직 하나님의 존전으로 온전히 나아갈 준비가 되어 있지 않으며 그들에게 들어붙어 있는 죄악이 깨끗이 씻겨야 한다. 그래서 그들은 그 영혼에서 불순한 것들을 털어내 버리기 위해 연옥으로 간다.

종교개혁이 일어나기 직전 즈음, 연옥설은 서방교회의 교리로 굳어졌다. 대부분의 경우, 심지어 매우 신실한 교인마저도 죽을 때 부적절한 영혼의 상태로 인해 성도의 교제(the communion of the saints)에 곧바로 참여할 수 없는 것으로 여겨졌다.

이처럼 아직 온전치 못한 성도는 아닌 자들이 지상에 있는 것도, 그렇다고 낙원이나 천국에 이른 것도 아니라, 중간 지역(middle place) 혹은 "중간의 상태"(state of in-betweenness)에 있다는 것이었다. (연옥은 이 두 가지의 개념으로 묘사되었다.) 그리고 그들은 그곳에서 "연옥"(purgatory)이라는 용어가 암시하는 바대로 자신들의 죄가 정결케(purged)될 때까지 머무르게 된다.

연옥은 고난과 징벌을 수반하는 곳이다. 그래서 오래 머무르고 싶은 곳이 아니며, 자신이 사랑했던 자가 갔으면 좋겠다고 생각할 만한 장소도 아니다.

다행인 것은 그 정결케 하는 과정을 신속하게 해줄 방법이 있었다. 살아 있는 자가 죽은 자를 대신하여 미사를 드리고, 죽은 자의 이름으로 자선을 베풀며, 그들을 추모하며 금식하고, 그들을 기리는 뜻에서 선행을 하며, 그리고 가장 중요한 것으로는 그들을 위해 기도를 통해 연옥에 있는 자들을 도울 수 있었다.

이러한 모든 경건한 행동들은 연옥에 있는 자들이 그곳에서 보내야 하는 시간을 단축시켜 주거나 그 강도를 약화시켜줄 수 있는 것으로 인정되었다. 그래서 잘 알려진 바와 같이 결국에는 그 연옥설에 의한 체계는 탐욕과 부패로 이어졌다. 교회의 권위자들이 "면죄부"를 교부하는 대가로 신자들로부터 엄청난 규모의 돈을 거둬들였다. 면죄부의 핵심은 연옥에서 보내는 시간의 단축과 형벌의 감형이었다.

부패가 아니더라도 연옥 교리는 아주 성가신 사회적 부담이었다. 어떤 의미에서 연옥은 오늘날의 요양원과도 같다. 거기에 거하는 아직 완전히 떠나지 않은 사람들(note-quite-departed)은 산 자들의 도움을 필요로 했으며, 그래서 다음 세대들에게는 도덕적, 재정적 부담으로 작용하였다.[26]

결국 그 부담은 감당하기에는 너무 큰 것이 되었으며, 저항이 일어날 시간이 무르익게 되었다. 결국 그 저항을 가장 강력하게 시행한 것이 종교개혁이다. 개혁자들의 주장에 따르면 행위가 아닌 믿음으로 구원을 얻는다. 로마가톨릭에 저항하여 종교개혁이 촉발된 가장 큰 요인은 약간의

---

26 Bruce Gordon and Peter Marshall, *The Place of the Dead:Death and Remembrance in Late Medieval and Early Modern Europe* (Cambridge: Cambridge University Press, 2000), 2-6. 나탈리 지몬 데이비스(Natalie Zemon Davis)는 중세 가톨릭 사회에서, 죽은 자들은 오늘날로 말하면 젊은 세대와 구별되는 권리와 의무를 지닌 특정한 사회적 그룹(identifiable social group)인 고령 시민(senior citizens)과도 같은 일종의 "연령 그룹"(age group)으로 간주되었다. 이와 관련하여 다음을 참조하라. N. Z. Davis, "Some Tasks and Themes in the Study of Popular Religion," in Charles E. Trinkaus and Heiko A. Oberman, eds., *The Pursuit of Holiness in Late Medieval and Renaissance Religion* (Leiden: Brill, 1974), 327-28.

현금 기부가 가미된 경건한 공로 행위가 죽은 자를 연옥에서 밀어내어 천국에 가깝게 보낼 수 있다는 교리 때문이다.

종교개혁자들에게 있어서 연옥설은 그저 교회의 추문 정도가 아니라 완전히 비성경적이며 신학적으로 정당화될 수 없는 것이었다. 종교개혁이 그 저항 운동에 신학적 목소리를 실어준 셈이지만, 살아있는 자들에게 부과되는 세금으로서의 연옥 교리는 이미 패망의 길로 들어섰었던 것이다. 루터의 저항 운동이 아니었더라도 살아 있는 자들은 이미 그들 등에 죽은 자들을 업고 가는 것이 너무 힘들었던 것이다.

오늘날 중세의 연옥 교리 그대로를 주장하는 사람들은 거의 없다. 그럼에도 불구하고 여전히 연옥설이 유지되어야 한다는 일종의 의무감을 가진 다수의 현대 가톨릭 신학자들에 의해 연옥 교리는 좀 더 성경적이고 기독론적으로도 합당하게 다시 정의되고 있다.

예를 들면 이제는 교황 베네딕토 16세로 불리는 요제프 라칭거(Joseph Ratzinger)는 자신의 책 『종말론』(*Eschatology*)에서 연옥을 재규정하기를 "초세상적(supra-worldly) 집합소"라기보다는 변화의 과정을 묘사하는 것이라고 한다. 즉 그 변화의 과정은 죽은 자가 인간을 정결케 하시는 그리스도의 자비의 불꽃과 마침내 조우하게 될 때 눈 깜짝하는 사이에 일어나는 일이라는 것이다. 즉 연옥은 죽는 순간의 우리와 장차 하나님의 존전 앞에 서게 될 우리 사이에 위치한 번쩍이는 순간이 된다. 그 잠깐의 순간 동안 모든 온전치 못한 것들은 하나님의 은혜로 말미암아 불타 없어진다.[27]

---

27 Joseph Ratzinger, *Eschatology: Death, and Eternal Life,* 2nd ed. (Washington, DC: Catholic University of America Press, 1988), 230–31.

이런 견해에 따르면 연옥은 장소(place)가 아니라 시간(moment)이 되며, 지역(region)이 아니라 자비로 말미암은 변화의 경험(experience)이 되고, 꼭 정확히 일치하지는 않지만 "이 썩을 것이 반드시 썩지 아니할 것을" 입을 것이라는 바울의 진술과 가깝게 된다(고전 15:53).

죽은 자들의 장소에 관한 이런 대부분의 불상사와 혼란들은 비단 플라톤적 이원론 때문만은 아니며 성경 문자주의에도 원인이 있다. 그리고 모든 것을 "이전과 이후" 그리고 "지금과 그때"라는 식으로 역사라는 단선적 시간 흐름 속에 밀어넣어 이해하려는 고정된 생각의 틀 때문이기도 하다. 이런 시도에 대해서는 충분히 이해할만하긴 하다.

그러나 우리가 죽음과 부활에 대해 기독교적인 관점에서 말할 때 우리는 일반적인 시간이라는 틀 속에서 말하는 것이 아니다. 오히려 우리는 적어도 두 개의 시간 틀을 가지고 접근해야 한다. 하나는 일반적인 역사적 시간(ordinary historical time)이며, 다른 하나는 종말론적 시간(eschatological time)이다.

후자의 경우는 좀 더 정확히 말하자면 시간이라는 개념을 뛰어넘는 영원을 의미한다. 이에 대해 몰트만(Moltmann)이 좀 더 나은 제안을 했다. 그는 각각의 개인들이 자신의 죽음의 시간(이런 일은 시계와 달력으로 이루어진 우리들의 세상의 단선적 시간의 흐름 속에서 하나씩 하나씩 발생하는 일들인데)에 죽었다가 다시 부활하는 일과 주의 날(the Day of the Lord)에 그리스도 안에서 죽은 자들이 일으킴을 받는 총괄적 부활은 시간적인 순차성을 갖고 하나가 먼저 발생하고 다른 하나가 나중에 일어나는 일이라기보다는 동시적 사건이라고 주장했다.

하지만 어떻게 우리가 "죽는 순간 일어나는 부활"(resurrection at death)을 상상할 수 있겠는가?

또 다시 그 시작점은 반드시 종말(eschatology)이어야만 한다. "마지막 날"(the Last Day)은 그냥 달력에 있는 시간적으로 끝에 있는 날이 아니다. 그 날은 종말론적으로 "주의 날"(the Day of the Lord)이다. 그러므로 날들 중의 날(the Day of Days)이다.

만약 이 날이 죽은 자들이 부활하는 날이라면, 그 부활의 사건은 그들이 언제 죽었는지와 아무런 상관없이 모든 죽은 자들이 보기에는 동시다발적으로, 즉 "한 순간에"(in a moment), 다시 말하자면 통시적으로(diachronically) 발생하는 사건처럼 보일 것이다.

이것이 옳다면, 우리는 반대의 경우도 말할 수 있다. 즉 현재라고 하는 시간 속에 발생하는 모든 개인들의 죽음의 시간은 영원한 "주의 날" 안으로 곧장 인도된다고 말이다.[28]

여기에 몰트만이 분명하게 스케치하고 있는 신학적 가능성은 다른 관점들에 있는 문제들을 (모두 해결한다고 말할 수는 없지만) 다루고 있다. 성경은 하나님의 위대한 평화(the great Shalom of God)의 이미지, 즉 만물과 화해와 화평을 이루시는 하나님의 비전(골 1:20), 새 하늘과 새 땅에 대한 비전, 그리고 모든 인류와 연합을 이루시는 하나님의 비전(계 21:3), 고통과 죽음이 없는 세상에 대한 비전(계 21:4), "만유의 주로서 만유 안에 계시"는 하나님에 대한 비전(고전 15:28) 등을 제시한다.

우리는 어떻게 우리와 관계를 맺으시며 통치하시는 하나님의 세상을 그릴 수 있는가?

이 위대한 샬롬은 우리 미래에 이루어질 세상인가?

즉 우리가 달력을 한 장 한 장 넘길 때마다 점점 그 날에 가까워지는 그런 미래 말이다.

---

28   Moltmann, *The Coming of God*, 103.

마치 달력을 넘기면 점점 크리스마스가 다가오듯?

그게 아니면 하나님의 샬롬은 모든 역사적 시간을 초월하는 것인가?

인간의 지각(perception)이라는 것이 어떻게 작동하는가를 설명해주는 삽화 한 장을 상상해보라.

누군가 이 삽화를 이쪽 방면에서 보면 그것은 분명 양초를 그려놓은 것 같다. 그런데 그가 자신의 지각을 조정하여 그 삽화를 다른 측면에서 바라보면 그 그림은 갑자기 서로를 마주보고 있는 두 사람의 얼굴이 된다. 같은 삽화인데 다른 두 개의 지각이 발생한 것이다.

자 이제 하나님의 통치를 다른 두 관점에서 바라보라.

첫째, 역사의 중심에 서 있는 우리의 관점에서, 즉 시간의 흐름이라는 관점에서 보면 하나님의 통치는 미래에 도래하는 것이다. 하나님의 통치는 현재 착착 진행되어가고 있고, 심지어 기사와 표적의 형태로 현재라는 시간 속에 침투해 들어온다.

하지만 옛 흑인 영가가 노래하듯 "잠 깨어 일어날 위대한 아침"(Great Gettin' Up Morning), 즉 파루시아(Parousia)는 아직 오지 않았다. 시간과 역사의 흐름 속에 위치한 우리의 지점으로부터 볼 때, 죽은 자들에 대한 진리는 오직 미래 시제의 동사들로만 가장 잘 표현될 수 있다. "나팔 소리가 나매 죽은 자들이 썩지 아니할 것으로 다시 살아나고 우리도 변화"(고전 15:52)될 그런 날이 올 것이다.

둘째, 우리가 지각을 조정하고 같은 그림을 다른 각도에서 보면, 즉 하나님의 통치를 다른 구도에서 바라보면, 양초 모양은 두 사람의 얼굴 모양이 된다. 우리는 역사에 매인 피조물이다. 그래서 우리가 지금 바라보고 있는 것은 쉽사리 상상할 수 없는 것이다. 즉 지금 우리가 바라보고 있는 것은 무시간적 하나님의 통치, 모든 만유 안에 계시는 만유의 주되신 영원하신 하나님이다.

시간이라고 하는 것은 우리가 쉽사리 무시할 수 없는 이미 우리에게 주어진 실체인 것처럼 여겨진다. 그러나 이것은 진실이 아니다. 시간은 하나님이 아니다. 하나님이 시간을 창조하셨다. 하나님이 그 시간이라고 하는 것을 만드시기까지 시간이란 것은 존재하지 않았다.

> 저녁이 되고 아침이 되니 이는 첫째 날이니라(창 1:5).

시간이란 것은 하나님께서 우리에게 주신 수많은 좋은 선물들 가운데 하나이다. 하나님은 우리를 위해 시간을 만드신다(makes). 하나님은 우리를 위해 시간을 소유하신다(has).[29] 시간은 피조된 것이다. 그리고 그것은 소멸한다. 역사에 매인 우리 피조물들로서는 개인적으로 우리를 위해 허락된 시간이 멈춘다면 우리는 시간이 촉박하게 되고 마침내 죽게 된다. 만약 온 지구를 위해 허락된 시간이 멈춘다면, 세상은 시간이 촉박하게 되고 마침내 종말에 이른다.

그러나 하나님은 피조물이 아니시다. 하나님은 창조주이시다. 하나님의 삶 안에는 우리가 알고 있는 것과 같은 시간이란 존재하지 않는다. 그분에게는 시간이 촉박하지도 않고, 죽음도 끝도 없다.

우리가 어떻게 이러한 무시간적 실재에 대해 이야기할 수 있는가?

영원한 삶과 그에 대한 우리의 관련성을 어떤 언어를 차용하여 설명할 수 있는가?

사실 우리에게 그런 언어는 없다. 시간을 뛰어 넘는 그 무엇인가를

---

[29] 시간에 관한 바르트(Barth)의 강력한 논증을 보려면 다음을 읽으라. *Church Dogmatics*, III/2, 417–640.

설명하기 위해 우리가 우리 스스로를 시간의 테두리에서 끄집어내는 것은 가능하지 않은 일이다. 우리가 선택할 수 있는 최선의 단어는 "오늘(Today, 대문자 T)"이라는 단어이다. 물론 "오늘"이라는 단어 역시 시간에 매인 단어이다. 그러나 우리는 지금 월요일, 토요일, 혹은 내일 오후와 같은 맥락에서 사용하는 "오늘"(today, 소문자 t)을 말하고 있는 것이 아니다. 오늘(Today)이라는 용어는, 날들의 날(Day of Days)이라는 표현에서와 마찬가지로, 어두운 밤이 없는 그 날(the Day), "언제"라고 하는 것이 없는 그 날(the Day), 하나님의 오늘(Today), 쉼이 있는 위대한 안식일(the great Sabbath Day), 히브리서에 언급된 바로 그 오늘(Today)이다.

> 오랜 후에 다윗의 글에 다시 어느 날을 정하여 오늘이라고 미리 이같이 일렀으되(히 4:7).

그 오늘(Today)은 예수께서 강도에게 말씀하신 오늘이다.

> 오늘 네가 나와 함께 낙원에 있으리라(눅 23:43).

이러한 두 가지 관점은 요한복음 11장에 나오는 예수님과 예수님의 친구인 나사로의 누이 마르다 사이의 대화에도 나온다. 요한복음 저자는 두 종류의 시간, 즉 일반적인 시간과 영원한 시간을 겹쳐놓는다. 마치 양초와 두 얼굴을 겹쳐놓듯이. 우리는 거기서 시간과 역사에 매여 있는 마르다를 본다. 그리고 시간에 구속받지 않는, 영존하시는 예수님을 본다. 그의 오라비 나사로가 죽었고 예수가 도우러 오지 않은 것에 대해 무척 괴로워했다. 마르다의 관점에서 볼 때 그들에겐 시간이 촉박했던 것이다.

> 주께서 여기 계셨더라면 내 오라버니가 죽지 아니하였겠나이다
> (요 11:21).

시계추의 진행과 날짜의 진행으로 측정한다면, 예수님은 솔직히 늦어도 너무 늦었던 것이다.

그러나 그때 영원함이 시간성 안으로 말을 걸어온다.

"네 오라비가 다시 살아나리라."

마르다는 이 말을 듣고 시간과 역사에 속박된 지각을 가진 사람으로 응답한다.

> 마지막 날 부활 때에는 다시 살아날 줄을 내가 아나이다(요 11:24).

그러나 영원함은 "마지막 날"을 말하지 않고 오늘(Today)을 말한다.

> 나는 부활이요 생명이니(요 11:25).

예수께서 그녀에게 이렇게 말씀하신다.

다시 원래 질문인 죽은 자들의 '언제'와 '어디서'로 돌아와보자.

우리는 인간들의 죽음을 시간 속에서 순서적으로 경험한다. 어거스틴(Augustine)이 죽는다. 그리고 나서 씨에나의 캐더린(Catherine of Siena)이 죽는다. 그 후에 루터(Luther)가 죽고, 웨슬리(Wesley)가 죽고, 테레사 수녀(Mother Teresa)가 죽으며 계속 그런 식이다.

하나님은 '언제' 그들을 죽은 자 가운데서 일으켜 영광된 부활의 육체를 주실까?

즉시!

죽음(Death)은 그 죽은 자에 대해 단 1초의 승리도 주장하지 못한다. 그러나 또한 그 죽은 자들이 모든 다른 성도들과 함께 일시에 부활하게 될 것이라는 것도 사실이다.

이 말이 케익을 손에 들고 있는데 그것을 또한 동시에 먹고 있기도 한다는 식의 신학적 속임수처럼 느껴진다면, 나는, 아인슈타인(Einstein) 이래로 심지어 자연적이고 물리적 세상 속에도 시간의 유동적 속성을 감지하는 것은 가능하게 되었다고 말하고 싶다.

아인슈타인의 관점에서 바라본 우주에서는 시간이란 것이 앞으로도 그리고 뒤로도 움직일 수 있다. 시간 속에 발생하는 사건은 순차적으로 일어날 수 있고 동시에 일어날 수도 있다. 지금 나는 물리학자가 말하는 시간 개념과 시간에 대한 신학적 이해가 동일시되어야 한다고 주장하고 있는 것이 아니다. 그저 말하고자 하는 점은 이 예가 후자의 타당성을 상상하는 데 도움을 줄 것이라는 사실이다.

이제 마지막 질문이 남는다.

썩지 않을 것으로 부활을 경험하는 죽은 자들은 누구인가?

누가 사망에 대한 그리스도의 승리에 참여하는가?

기독교인들뿐인가?

그게 누구를 지칭하는지 모르겠으나 "모든 의로운 사람들"인가?

선인이든 악인이든 모든 인류인가?

그리스도의 도는 얼마나 넓은가?

예수님에게 속한 자들의 범위는 얼마나 넓은가?

"내 양이 아닌" 자들은 누구인가?(요 10:26)

하나님의 자비는 얼마나 넓은가?

이 질문은 매우 중요한 질문이자 곤혹스러운 질문인데, 이 질문 때문에 믿는 자들끼리도 논쟁을 벌여 진영이 나누어지기도 한다.

서로 상반되는 성경적 증거가 있기는 하지만 대체적으로 성경은 모든 인류의 구원을 위한 소망을 지지하는 것으로 보인다. 우리는 하나님께서 만유 안에 계시는 만유의 주(all in all) 되실 것이라는 약속을 받았으며, 다음과 같은 말씀도 들었다. "죽을 자가 죽는 것도" 기뻐하지 아니하시는 하나님(겔 18:32), "오래 참으사 아무도 멸망하지 아니하고 다 회개하기에 이르기를 원하시는" 하나님(벧후 3:9), "만물 … 이 그로 말미암아 자기와 화목하게 되기를 기뻐"하시는 하나님(골 1:20).

사람의 영원한 운명이 예수 그리스도를 자신의 마음에 영접하기로 결정하는 것에 달려있다는 개념은 너무나도 개인주의적이고, 새 창조에 관한 성경적 소망에도 역행하는 일이다.

새로운 창조를 계획하시는 하나님의 의도의 중대성을 일련의 개인적 선택이라고 하는 저울에 올려놓는 것은, 비유컨대 1944년 6월, 연합군이 대대적인 상륙작전을 펼치고 있는 노르망디 해변에 위치한 어느 허름한 집 안에 앉아 자유를 얻게 될 것인가 그렇지 않을 것인가를 스스로 결정해야 하는 것처럼 생각에 잠겨 있는 한 남자의 태도와도 같다.

더구나 그런 구원관은 하나님의 의지(God's will)을 인간의 의사 결정 처분에 맡기는 꼴이다. 몰트만은 다음과 같이 진술한다.

> 누군가가 자기 자신을 지옥에 빠뜨릴 수 있는가?
> 그리고 또 다른 누군가가 그리스도를 영접함으로 자기 자신을 구원할 수 있는가?
> 이것이 사실이라면, 하나님의 결정들은 인간의 의지에 의존하는 것이 된다. 하나님은 자기 자신들의 운명을 결정하는 인간들의 소망을 실행시켜주는 보조자가 된다. 만약 내가 내 자신을 지옥에 빠뜨릴 수 있다면 나는 내 자신의 하나님이요 심판관이 된다. 논리적으로 따져

볼 때 이것은 무신론적 태도라는 결론을 얻을 수 있다.[30]

이제 다른 한 편을 살펴보자. 달콤하고 쉬운 만인구원설(universalism)도 하나님의 자유를 침해하며 윤리적 문제에 봉착한다. (이 가설에 따르면, 인간 입장에서 모든 인간이 구원받기를 원하니까 하나님도 모든 인간을 구원하시지 않으면 안 된다고 본다.)

신학자 미로슬라프 볼프(Miroslav Volf)의 주장은 이렇다.

기독교인들은 잔혹하고 불의에 찬 세상 속에 사는 사람들에게 다른 쪽 뺨도 내밀라고, 폭력에는 비폭력으로 대응하라고 요구한다. 이러한 윤리적 요구는 논리적으로 볼 때 하나님께서 악한 자들과 잔혹한 자들을 심판하실 것이라는 약속에 기인한다.

볼프는 이어서 말한다.

> 만약 하나님께서 불의와 기만에 대해 분노하지 않으신다면, 그리고 이러한 폭력을 마침내 종식시키지 않으신다면, 그런 하나님은 우리의 경배를 받으시기에 합당하지 않다.[31]

볼프는 악한 자를 심판하시는 하나님에 대한 개념이 "많은 기독교인들에게, 특히 서방의 신학자들에게 인기가 없을 것"이라는 점을 인정한다. 그러나 그는 그의 회의적 독자들에게 처참한 전쟁터 한복판에서 심판하시지 않는 하나님에 대한 개념에 대해 벌이는 다음의 실험에 참여

---

30 Moltmann, *The Coming of God*, 109.
31 Miroslav Volf, *Exclusion and Embrace: A Theological Exploration of Identity, Otherness, and Reconciliation* (Nashville: Abingdon Press, 1996), 303.

해 보도록 초대한다.

> 하나님은 폭력에 대해 심판하실 것이라는 생각에 반대하는 경향이 있는 사람들에게 이런 상상을 하도록 제안한다. 당신이 전쟁이 벌어지고 있는 전선에서 강의를 하고 있다. … 당신의 강의를 듣는 학생들 가운데 그들의 마을이 약탈당하고, 불태워지고, 모든 것들이 파괴된 이들이 있다. 그리고 그들 중에는 자신의 딸이나 자매가 강간을 당하였으며, 아버지와 어머니의 입이 찢기는 일을 당한 사람들도 있다.
>
> 그런데 이날 당신의 강의 주제는 "폭력에 대한 기독교인의 태도"였다. 그리고 강의에서 주장하고자 하는 명제는 "우리는 복수해서는 안된다. 왜냐하면 하나님은 완전하시고 비강제적이시며 사랑이시기 때문이다"로 정했다. 강의 시작한 지 오래지 않아 당신은 듣고 있는 사람들의 마음 속에 '비폭력은 심판을 거부하시는 하나님과 상응한다'라는 명제가 조용히 자리잡고 있음을 깨닫게 될 것이다. 무고한 자들의 피로 물든, 어느 태양이 뜨겁게 내리쬐는 땅 위에서 당신의 강의가 주장하고자 하는 '복수 금지'에 관한 명제는 틀림없이 소멸되고 말 것이다. 그 주장이 소멸되고 나면, 사람들은 그에 대한 대안이 될 수 있는 다양한 생각들을 하게 될 것이 분명하다.[32]

볼프의 주장은 우리로 하여금 온화하고 따스하지만, 정의를 세우는 것과는 무관한 하나님, 무고한 양민들에 대해 폭력을 저지르는 사람들에

---

[32] Ibid., 304.

대한 어떤 분노를 품으실 수 없는 사랑의 하나님에 대한 관념들을 멀리 할 수 있도록 경고하여 준다는 점에 있어서는 옳다.

나는 이러한 볼프의 주장이 모든 피조물의 구원에 대한 우리의 소망을 방해한다고 믿지는 않는다. 그러나 우리가 이러한 주장을 내세울 때 유의할 것은 최종적인 것은 그리스도 예수 안에서 우리가 알고 있는 하나님에게 맡겨야 한다는 것이다.

오래 전에 신학교 교과 과정 중에 부여된 과제물이 있어서 나는 몇 주 동안 지방법원의 방청객이 되었던 적이 있다. 나는 매일 강도, 절도, 중독 등으로 기소된 피고인들이 법정에 들어오는 것을 지켜볼 수 있었다. 나는 그 법정에 들어가면서 이 재판들이 내가 텔레비전에서 보았던, 검사와 변호사들이 유죄인가 무죄인가를 놓고 논쟁을 벌이는 장면이 나오는 법정드라마 같을 거라고 생각했었다.

그런데 이런 내 기대가 너무 순진했었다는 것을 알아차리는 데는 오래 걸리지 않았다. 실제로는 거의 100퍼센트의 피고인들은 모두 유죄였다. 그들은 초범이 아니었고, 잡범들이었다. 대부분은 그런 잡스런 범죄를 저지르는 현장에서 체포되어 온 경우가 많았다.

이런 재판들에 있어서 진짜 문제는 유죄냐 무죄냐가 아니었다. 모두가 유죄였다.

진짜 질문은 이것이었다.

오늘 판사가 누구인가?

지방법원에는 여러 명의 판사들이 있었다. 어떤 판사는 까다롭고, 또 어떤 판사는 더 관대했다. 그래서 대부분의 피고인들에게 소망이 있다면 그들이 무죄 판결을 얻는 것이 아니라 자비로운 판사를 만나게 되는 것이었다.

나쁜 소식이 있다면 그것은 이 세상 누구나 유죄라는 것이다. 그런데 좋은 소식도 있다. "산 자와 죽은 자"를 판결하는 판사가 예수 그리스도시라는 것이다. 바울은 이렇게 묻는다.

> 누가 정죄하리요 죽으실 뿐 아니라 다시 살아나신 이는 그리스도 예수시니 그는 하나님 우편에 계신 자요 우리를 위하여 간구하시는 자시니라(롬 8:34).

니버는 이렇게 말한다.

> 그러므로 그리스도인의 소망을 표현함에 있어서 약간의 신중함을 유지하는 것은 중요하다. 믿는 자는 "장래에 어떻게 될지는 아직 나타나지 아니하였으나"(요일 3:2)라고 인정해야 한다.
> 그러나 그에 못지않게 중요한 일은 그러한 불확실성에 대한 신중함을 "그가 나타나시면 우리가 그와 같을 줄을 아는 것은 그의 참모습 그대로 볼 것이기 때문"이라고 하는 소망의 정당성과 혼동하지 않는 것이다.[33]

---

33 Niebuhr, *The Nature and Destiny of Man,* vol. 2, 298.

제4장

기독교 장례에 도대체 무슨 일이 일어난 것인가?

　엘리자베스 잔젠(Elizabeth Janzen)이 10월에 미네아폴리스(Minneapolis)의 한 양로원에서 사망하자, 직원은 즉시 세인트루이스(St. Louis)에 거주하는 가장 가까운 친족인 그녀의 딸 사라(Sarah)에게 알렸다. 사라는 한 달에 한 차례 반드시 어머니를 방문했었다. 사라는 엘리자베스가 화장되도록 했고 그 분골은 세인트루이스에 보내도록 했으며 세인트루이스의 신문에 부고를 냈다.
　11월 초에 사라는 분골을 미네소타(Minnesota)의 교외 지역에 있는 호수에 가져갔고 거기서 물 위에 뼛가루를 뿌렸다. 그곳은 엘리자베스와 그녀의 가족들이 종종 휴가를 보내던 곳이었다.
　한 주 뒤에 엘리자베스가 등록 교인이었던 미네아폴리스교회의 예배당에서 추모 예식이 열렸다. 물론 건강 때문에 몇 년 동안 출석을 하지는 못했었다.
　입구에 테이블이 있었는데 그곳에 엘리자베스의 삶의 다양한 단계들을 보여주는 몇 장의 사진들이 놓였다. 그곳에는 그녀의 성경, 그녀가 직접 만든 도자기 화분, 그리고 그녀를 기억나게 해 주는 몇 점의 물건들도 함께 놓았다. 그 예식에서 사라는 그녀의 어머니 엘리자베스가 가장 좋아하던 시 가운데 한 편을 읽었다. 엘리자베스의 여동생은 언니의 어린 시절 있었던 재미난 이야기를 말했다.

그리고 양로원에 근무하는 목회자가 시편 23편을 읽었고 엘리자베스의 삶에 대해 감사하는 짧막한 기도를 드렸다. 또한 엘리자베스는 23년간 고등학교 교사로 재직했는데 그녀가 과거에 가르쳤던 학생들 두 명이 선생님으로서의 엘리자베스를 회상하는 글을 써서 읽었다. 쥬디 콜린스(Judy Collins)가 녹음한 "나 같은 죄인 살리신"(Amazing Grace) 찬양이 연주되는 동안 예배당 안에 모인 사람들은 조용한 명상의 시간을 가진 후 조용히 흩어졌다. 이 찬양은 엘리자베스가 가장 좋아하던 찬양 중 하나였다.

사실 엘리자베스 잔젠은 가상의 인물이다. 그러나 그녀의 죽음을 애도하는 예식들은 기독교 장례 예식에서 급부상하고 있는 하나의 트렌드를 보여준다. 지난 오십 년에 걸쳐, 미국 기독교인들의 상당수가 과거에 지켜왔던 장례 관습을 버리고 전혀 새로운 추모의 방식들을 따르고 있다. 그 속도가 놀랄 만큼 빠르며 그 결과는 극적이기까지 하다. 이 새로운 방식은 아직 완전히 정형화되지는 않았다. 사실 이 새로운 예식들을 특징짓는 것은 변형(variation), 즉흥(improvisation), 개인화(personal customization)이다. 그러나 이 새로운 방식은 일반적으로 다음과 같은 특성들을 포함한다.

① 장례식 대신 시행되는 추모식(즉, 죽은 자를 추억하는 것에 초점을 맞추는 예식. 이 예식은 종종 죽음이 발생한 지 며칠 후에 치러지며 죽은 자의 시신이나 분골이 없는 상태에서 시행됨).

② 간소하고 단순하며 매우 개인화된 예식. 종종 몇 명이 나서서 이 야기를 하기도 함(주로 사제에 의해서 주도되는 일반적인 교회장례 예식과 반대됨).
③ 죽은 자의 생애에 초점이 맞춰짐(종종 사진, 또는 추억을 불러일으키는 다른 품목들의 전시가 동반됨).
④ 슬픔보다는 기쁨을 강조함. 죽음이라고 하는 어두운 현실을 바라보기보다 생명에 대한 경축(celebration of life).
⑤ 시신의 처리는 추모 예식 이전에 사적으로 진행됨. 갈수록 화장이 선호됨.

물론 이런 새로운 양식으로의 변화는 어디서나 다 일어나고 있는 것은 아니다. 현재로서는 주로 백인이면서 교외 지역에 거주하는 개신교도들 중심으로 변화가 일어나고 있다. 시골 지역에서 거주하면서 가톨릭 교구에 속해 있는 백인이 아닌 사람들 사이에서는 여전히 전통적 관습이 통용된다.

그러나 이제 이것은 약간의 시간차만 있을 뿐 곧 확산될 것으로 보인다. 새로운 트렌드는 그 모양새가 명확하다. 속도가 조금씩 다를 뿐 이와 같은 새로운 패턴으로의 변화는 모든 기독교 장례에서 뚜렷한 특징이 되고 있다.

보다 개혁적이며 교육을 많이 받은 기독교 성직자들 사이에서 이러한 변화는 더욱 각광받고 있다. 그들이 보기에 다소 문제라고 여겨지는 것도 있다. 예를 들면 아무나 나와서 자유발언을 하는 오픈 마이크(open-mike) 순서가 그럴 것이다. 또한 시와 노래 등과 같은 추모식에 포함되는 다양한 요소들에서 피치 못하게 발견되는 진부함 등도 그렇게 여길 것이다.

그럼에도 불구하고 이런 개혁적인 성직자들이 보기에 이런 요소들이 인격성이 배제되고 더 어두침침했던 과거의 장례식 요소들보다는 두 가지 이유 때문에 낫다고 여긴다.

첫째, 추모 예식의 경우 기쁨과 심지어 웃음을 강조하고, 죽은 자의 시신을 덜 강조하며, 사망한 이의 삶의 인격적 측면들을 경축하는 것은 부활에 대한 기독교적 증언과 맥락을 같이하고 있다.

둘째, 더 단순하고 덜 형식적인 예식의 진행을 통해 장례 산업 측에서 부추겨 놓은 과시적이고, 비용이 많이 들고, 부담이 되는 장례 예식으로부터 사람들을 자유롭게 해 주는 지렛대가 되어준다.

이들 성직자들이 좋은 의도에서 그렇게 했다는 데는 의심의 여지가 없다. 나아가 좀 더 바람직한 방향을 찾으려 했다는 점에서도 정당하다. 그러나 나는 여기서 장례 예식과 관련하여 새롭게 떠오르는 양식들에 대해 기본적인 신학적 질문들을 던져보려 한다.

자유와 단순성과 외관적으로 볼 때 축제적인 것들은 좋은 측면이라 하더라도, 이러한 새로운 예식들은 결국 죽음에 대한 기독교적 이해에서 벗어난 것들이 아닐 수 없다. 이런 새로운 예식들이 매력적인 이유는 외면적으로 아름답게 꾸미고, 감성적이며, 비인격적이고 종종 비용이 많이 드는 장례식, 그러니까 정통 기독교 장례 예식을 흉내내어 1950년대에 개발된 과거의 장례 예식으로부터 벗어나 안식을 제공하는 것처럼 보이기 때문이다.

현대의 기독교 장례 예식이 변화가 필요하다는 것은 확실하다. 그러나 장례식에서 어떤 것이 중요한 것인가에 대해 우리의 기억을 되살려보면 이런 변화는 혁신(innovation)이나 즉흥(improvisation)보다는 회복(recovery)과 개혁(reformation)이어야 한다는 것이 명확해진다.

이와 같은 점을 살펴보기 위해, 우리는 교회가 생기고 첫 5세기 동안에 걸쳐 점진적으로 발전되었던 기독교 장례 예식의 핵심적이고 결정적인 양식에 대해 살펴볼 필요가 있다.

1. 기독교 장례의 기원

기독교 교회는 로마가 점령하고 있던 팔레스타인 지역의 유대교 내의 한 집단으로 시작했다. 당연히 초기 기독교 장례 예식은 처음에는 유대교에서 그리고 나중에는 로마식 관습에서 차용해온 요소들로 구성되었다. 의미심장하게도 당시 1세기에는 유대교 예식이든 로마 예식이든 모두 새로운 변화의 시기에 놓여 있었다는 것이다.

첫째, 유대교의 경우, 개혁의 노력은 주로 장례식을 단순화하고 그 엄청나고 과다한 비용을 줄이려는 방향으로 이루어졌다. 흥청망청하는 축제, 장식을 한껏 한 운구, 값비싼 수의들, 이 모든 것들이 부유한 사람들을 돋보이게 하고, 가난한 자들은 부끄럽게 했으며, 그 사이에 낀 사람들의 자원을 고갈시켰다. 그래서 이런 것들은 랍비들로부터 불 같은 비판을 받기에 이른다.

둘째, 로마 사회에서의 경우, 화장 관습을 포기하는 괄목할만하고 다소 어리둥절하기까지한 변화가 일어났다. 수 세기 동안 로마 사회에서 화장은 널리 행해지는 관습이었다. 1세기가 끝나갈 무렵 타키투스(Tacitus)는 화장을 "로마누스 모스"(*Romanus mos*), 즉 로마식 관습이라고었다.[1] 그러나 기독교의 출현과 맞물리면서 로마인들은 점차 오히려 더

---

1 Tacitus, *Annals*, xvi, 6.

고대의 관습인 토지 매장 방식으로 회귀하기 시작했다. 3세기 중반 무렵 쯤에는 매장이 화장을 대신하여 로마 사회 전체의 일반적인 관습으로 자리 잡는다.[2]

이런 일이 왜 일어났을까?

다양한 이유가 거론된다. 로마인들의 이러한 변화는 본질적으로 경제적인 이유와 유행에 따른 변화로 보는 학자들이 있다. 토지 매장은 가난한 자들에게 매력적인 선택이다. 왜냐하면 화장터를 얻고 땔감을 구하는 것은 비용이 수반되는 일이었기 때문이다. 또한 새김 조각을 해 넣은 석관(石棺)이나 또 다른 형태의 과시적인 묘지 조형물은 점점 부유층 사이에 사회적 신분의 심볼로 여겨지기 시작했다.

그래서 매장은 보다 대중적인 방식이 된 것이다. 가난한 사람들에게는 비용 절감 때문에, 부유한 사람들에게는 자신의 부를 공공연히 과시할 수 있다는 이유 때문에 토지 매장이 확산되었다.

그러나 다른 학자들은 다른 이유를 제시한다. 그것은 로마인들의 종교적 감수성이 그리스의 회의론에서 벗어나 내세와 죽은 자의 운명에 대한 보다 더 심오하고 긍정적인 관심 쪽으로 옮겨가고 있었다는 것이다. 1세기 초반의 로마 무덤에 일반적으로 새겨진 비문을 보면 에피쿠로스학파와 스토아학파의 회의론적 태도에 영향을 받아 다음과 같은 문구가 많이 적혔다.

---

2 J. M. C. Toynbee, *Death and Burial in the Roman World* (Baltimore: Johns Hopkins University Press, 1971), 40; See also A. C. Rush, *Death and Burial in Christian Antiquity* (Washington, DC: Catholic University of America, 1941), 253; and A. Mau, "Bestattung," *Realencyclopädie der classischen Altertumswissenschaft*, vol. 3, ed. August Friedrich von Pauly (Stuttgart: J. B. Metzler, 1894–1963), 346–47.

"Non fui, fui, non sum, non curo."
(나는 존재하지 않았었다. 나는 존재했었다. 나는 존재하지 않는다. 그리고 이제 그게 무슨 상관인가, I was not, I was, I am not, I don't care.)

이것은 보통 짧게 생략되어 "nf f ns nc"로 표기되기도 했다.[3] 그러나 점차 신비 종교들, 신피타고라스학파의 주장들, 그리고 좀 더 후에는 기독교의 영향으로 종전에는 그늘진 세상(shadowy world)로서 묘사되던 죽음의 이미지들을 새로운 이미지, 즉 죽은 자들이 천상에서 축복받은 새로운 존재로서 살아가는 이미지로 대체하기 시작했다.[4]

이런 주장을 펼치는 학자들에 따르면, 로마인들은 매장을 "불멸의 영혼과 영속적인 인격의 성소였고 거울이었던 육체(mortal frame)를 쉬게 해주는 보다 더 점잖고 보다 더 존경을 표하는 방식"으로 보았다는 것이다.[5]

1) 유대인들의 장례

초대교회 교인들 대부분은 예수가 그랬듯 팔레스타인에 거주하는 유대인들이었다. 그리고 그들 역시 예수가 그랬듯 유대인의 관습에 따라 매장되었다. 방식은 간단했고 필요에 따라 진행되었다. 팔레스타인의 더운 기후 하에서 급속히 부패하는 시체의 특성 때문에 1세기 유대인들이

---

[3] Frederick S. Paxton, *Christianizing Death: The Creation of a Ritual Process in Early Medieval Europe* (Ithaca, NY: Cornell University Press, 1990), 20. See also *Inscriptiones latinae selectae*, ed. Herman Dessau (Berlin: Apud Weidmannos, 1892 – 1916), nos. 8162 – 66.

[4] Paxton, *Christianizing Death*, 20.

[5] Toynbee, *Death and Burial in the Roman World*, 41.

죽으면 가능한 한 신속하게 매장이 이루어졌고, 보통 죽은 날 해 저물기 전에 이루어졌다.[6] 곧바로 시체를 매장하는데 실패하는 것은 죄로 인식되었고 사회적으로 부끄러운 짓으로 생각되었다. 일반적으로 가족들 중에 큰 아들이 있다면 그가 죽은 자의 눈을 감기고, 신체에 있는 구멍들에 천을 틀어막고, 시체의 입을 다물게 하며, 끈으로 시신을 꼭 묶고, 시신을 씻기는 일을 했으며,[7] 향신료를 시체에 부었다.[8]

그런 다음 시신은 세마포 천으로 둘러싸고 운구하는 널판 또는 관 속에 위치시켰다. 조문객들이 모두 모이면 시신은 운구 요원들에 의해 들려 매장지까지 이동되었다. 이때 조문객들, 가족들, 그리고 때로는 피리 부는 자들이 고용되어 행렬을 뒤따랐다(마 9:23 참조).

곡하는 자들이 애곡을 하며 시편을 부르는 동안 행렬은 매장지까지 이동한다. 매장지는 주로 성읍 외곽에 위치하고 있는데 대부분 두세 명이 안치될 수 있는 규모의 작은 가족묘이다. 만약 가는 길 도중에 장례 행렬이 혼인 행렬과 마주치면 장례 행렬은 혼인 행렬이 가는 길 오른 편으로 양보하여 섰다. 이것은 단지 신부에게 경의를 표하기 위해서일 뿐 아니라, 죽은 자는 산 자에게 길을 터주어야 한다는 것을 상징하는 것이기도 했다.[9]

이제 장례 행렬이 묘지에 도착하면 짧막한 조사(弔詞) 낭독과 기도 순서가 진행된다. 그런 후에 시신은 묘에 안장되는데 주로 바위를 뚫어 만

6　Byron R. McCane, *Jews, Christians, and Burial in Roman Palestine* (Ann Arbor, MI: UMI Dissertation Services, 1993), 66, 68.

7　Ibid., 66.

8　Paxton, *Christianizing Death*, 21.

9　McCane, *Jews, Christians, and Burial in Roman Palestine*, 68.

든 구멍, 혹은 땅을 파서 만든 무덤, 혹은 매우 부자인 경우 석관 안에 안장된다. 그런 절차가 끝난 후 장례 행렬은 다시 상주의 집으로 돌아가서 잠시 위로의 시간을 갖는다. 이때 조문객을 위해 음식이 제공되는데 이것은 명백히 남자 조문객들만을 위해 준비되었다.[10]

우리는 이러한 유대인의 장례 양식의 사례를 신약성경에 묘사된 예수의 매장을 통해 확인할 수 있다. 일반적인 경우와 예수의 경우가 다른 점이 있다면 그것은 향료를 붓는 절차가 뒤늦게 시행되었다는 것이다. 이점은 예수의 죽음이 일반적인 경우와 달랐다는 점, 그리고 안식일이 코앞에 다가왔었다는 점에 기인한 것이다.

> [요셉]이 빌라도에게 가서 예수의 시체를 달라 하여 이를 내려 세마포로 싸고 아직 사람을 장사한 일이 없는 바위에 판 무덤에 넣어 두니 이 날은 준비일이요 안식일이 거의 되었더라 갈릴리에서 예수와 함께 온 여자들이 뒤를 따라 그 무덤과 그의 시체를 어떻게 두었는지를 보고 돌아가 향품과 향유를 준비하더라 계명을 따라 안식일에 쉬더라 안식 후 첫날 새벽에 이 여자들이 그 준비한 향품을 가지고 무덤에 가서(눅 23:52-24:1).

바이론 맥캐인(Byron McCane)에 따르면, 유대인의 매장 예식은 죽음 발생부터 매장에 이르기까지 불과 몇 시간 밖에 걸리지 않는다. 그러나 애곡하는 예식은 종료 시점까지 몇 달이나 걸린다. 그리고 그 애곡 예식

---

10 Geoffrey Rowell, *The Liturgy of Christian Burial* (London: SPCK, 1977), 4.

은 세 시기로 나뉠 수 있다.[11]

첫째, "쉬바"(shivah)로 알려진 시기는 7일간에 걸쳐 진행되는 가족들의 집중적인 애곡 시기이다. 이 시기 동안 가족들은 머리를 (천으로) 가리고, 애곡하는 예식에 참여하며, 친족이나 친구들로부터의 위로를 받고, 노동을 삼간다. 집안에 있는 소파는 거꾸로 뒤집어 놓는데 이것은 이 기간 동안 성 생활이 금지된다는 것을 상기시키기 위한 방편이었고, 가족들은 무덤까지 다니는 것 외에는 여행이 금지된다.[12]

"애곡의 삼일"로 일컬어지는 쉬바의 첫 삼일 동안, 가족 구성원들은 애곡하기 위해, 그리고 죽은 자가 정말로 죽은 것인지를 확실히 확인하기 위해 아직은 봉하지 않은 무덤을 방문한다. 중동 지역 사람들은 죽은 자의 영혼이 그 육신 주위를 삼일 동안 서성거리는데, 삼일이 지나 이제 정말로 죽음이 일어났음을 명확히 알게 해주는 변화가 얼굴에 나타난 것을 확인한 후, 모든 것을 포기하고 멀리 떠난다고 하는 생각을 가지고 있었다. 팔레스타인 유대인들 역시 그런 생각을 갖고 있었다.[13]

요한복음은 예수께서 베다니 마을에 도착했을 때 그의 친구 나사로가 "무덤에 있은 지 이미 나흘이라"(요 11:17)고 말하고 있다. 이것은 나사로가 이제는 돌이킬 수 없이 그리고 확고하게 죽은 것임을 독자들에게 알게 해주는 분명한 신호가 된다. 이런 사실은 예수께서 무덤 앞을 막고 있는 돌을 치우라고 명하셨을 때 나사로의 누이인 마르다가 "주여 죽은 지가 나흘이 되었으매 벌써 냄새가 나나이다"(요 11:39)라고 손사래를 쳤던 사실에서 다시 확인된다.

---

11 McCane, *Jews, Christians, and Burial in Roman Palestine*, 68–72.
12 Ibid., 70.
13 Paxton, *Christianizing Death*, 21.

이러한 "나흘"이라는 날짜와 관련된 두 번의 진술들은 "애곡의 삼일"을 전제하고 있는 것이며, 곧 뒤이어질 예수께서 나사로를 일으키신 사건이 진정한 기적이었음을 강조하는 역할을 한다.

둘째, "쉴로쉼"(shloshim)이라 부르는 기간은 삼십 일간 계속되는데, 좀 더 부드러운 형태의 애통함으로 구성된다. 유가족들은 계속 집안에 머물면서 애곡하며, 머리를 자르지 않고, 사회적 행사 등에 참여하지 않는다.

셋째, 쉴로쉼의 기간이 지나고 나면 유족들은 일상적인 사회관계 속으로 다시 돌아가지만, 그래도 일 년 동안은 경건한 삶과 애곡하는 행위의 일환으로 카디쉬(Kaddish)를 암송해야 한다. 카디쉬는 모든 회당 예배를 마칠 때 암송하는 오래된 기도문이다. 그 주제는 심리적 슬픔에 관해서가 아니라 외적 찬양(external praise)에 대한 것이다. 이러한 카디쉬 기도문의 암송은 삼 단계로 나뉘어진 애곡 기간의 마지막 세 번째 기간의 중요한 요소이다. 보존된 것 중 가장 오래된 카디쉬 기도문은 다음과 같은 내용이다.

> 그의 뜻을 따라 창조된 이 세계 가운데서
> 그의 위대한 이름이 높임과 거룩히 여김을 받을지어다
> 당신의 날들과 당신이 살아 있는 동안에,
> 그리고 모든 이스라엘 집들의 평생토록
> 그가 그의 나라를 다스리실지어다
> 영원부터 영원까지 그의 위대하신 이름이 찬송을 받으소서

그리고 너희는 이 말씀에 이렇게 답하라. "아멘."¹⁴

일 년 동안의 애도 기간이 끝나면 팔레스타인의 유대인들은 "오실레기움"(ossilegium), 그러니까 "두 번째 매장"이라 부르는 다소 평범하지 않은 예식을 갖는다. 고인의 유가족 중 한 사람이, 통상적으로 큰 아들이 무덤에 다시 방문하고 고인의 유해를 수집하여 그것을 바위에 구멍을 뚫어 만든 뼈단지 안에, 혹은 땅을 파서 만든 무덤 속에 재매장하는 것이다.¹⁵ 바벨론 탈무드의 한 부분인 세마홋(Semahot)을 보면 꽤 명확하고 자세한 실시 방법이 다음과 같이 기술되어 있다.

> 시체의 뼈와 힘줄은 그것들 스스로가 떨어져 나간 경우가 아니라면 절대 일부로 절단하지 않아야 한다. 랍비 아키바(Akiba)는 "살점들이 모두 부패하여 떨어져 나간 상태가 아니라면 아직은 뼈 수집을 해서는 안 된다. 일단 살점이 모두 떨어지고 나면 해골만 남아 고인의 형체는 알아볼 수 없게 된다"라고 말했다.¹⁶

고대 팔레스타인과 지역적으로 멀리 떨어지고 단절된 곳에서이긴 하지만 재매장 풍습은 수많은 문화권에서 발견된다. 그러나 1세기 유대인 사이의 "두 번째 매장"(오실레기움) 풍습은 매우 구체적인 신학적 근거에서 비롯된 것이다.

---

14 Joachim Jeremias, *New Testament Theology* (New York: Scribner's, 1971), 198–99.
15 McCane, *Jews, Christians, and Burial in Roman Palestine*, 71–72. See also Eric M. Meyers, *Jewish Ossuaries: Reburial and Rebirth* (Rome: Biblical Institute Press, 1971).
16 *Semahot*, 12.6–7.

그 시기의 유대인들은 살점이 부패하여 떨어져 나간 것은 죽은 사람이 죄와 오염으로부터 점진적으로 정화된 것을 보여주는 것이라 믿었다. 그 육신이 썩어 없어지는 것을 통해 사람들은 그 죄에서 구원받는다는 것이다. 죽은 자의 시신이 오직 뼈만 남게 되었을 때 그 사람은 부정함으로부터 정결케 되어 내세를 위한 준비가 된 것이다. 심지어 어떤 유대인들은 죽은 자로부터의 부활이 준비된 것으로까지 여겼다.[17]

죽은 자가 정죄 받은 범죄자라면 그(녀)는 가족으로부터 격리되어 매장될 것을 요구받았다. 그리고 일단 시체의 부패 과정(달리 보면 정화 과정)이 끝나고 나면 그 범죄자의 뼈는 가족묘로 이장될 수 있었다.

일 년 후에 다시 무덤을 찾아가서 조상의 뼈를 단지 안에 옮겨 담는 과정을 지켜보는 것은 존경을 표하는 행위이며, 이제는 그 조상이 죄와 오염에서 깨끗하게 되어 의인의 반열에 포함되어 있다는 확신에 대한 증언이다.

로마 점령기의 팔레스타인 지역 무덤을 발굴한 고고학 증거에 따르면 92퍼센트는 일종의 "두 번째 매장"(오실레기움)이 행해졌다.[18] 따라서 우리는 여러 측면에서 볼 때 유대 토착 매장 풍습을 따랐던 초기 기독교도들 역시 "두 번째 매장"의 풍습을 시행했을 것이라 확신할 수 있다.

초기 기독교인들의 장례는 모든 면에서 유대인의 장례 양식과 같다. 그러나 기독교인들은 점차 그들 자신의 신학에 근거하여 유대식 장례법에 반대하여 변화를 꾀하기 시작했다. 전통 유대교 장례 풍습에서 벗어나 변화하였던 가장 두드러진 예는 죽은 자의 시신의 부정함에 대한 개

---

[17] McCane, *Jews, Christians, and Burial in Roman Palestine*, 76.
[18] Ibid., 57.

념과 관련된다. 전통 유대교 교리에 따르면 죽은 자를 만지는 것은 만진 자를 부정케 한다고 여겼다. 모세 율법(Torah)은 다음과 같이 규정하고 있다.

> 사람의 시체를 만진 자는 이레 동안 부정하리니 그는 셋째 날과 일곱째 날에 잿물로 자신을 정결하게 할 것이라 그리하면 정하려니와 셋째 날과 일곱째 날에 자신을 정결하게 하지 아니하면 그냥 부정하니 누구든지 죽은 사람의 시체를 만지고 자신을 정결하게 하지 아니하는 자는 여호와의 성막을 더럽힘이라 그가 이스라엘에서 끊어질 것은 정결하게 하는 물을 그에게 뿌리지 아니하므로 깨끗하게 되지 못하고 그 부정함이 그대로 있음이니라(민 19:11-13).

죽은 자를 씻기고 운반한 사람이 그 죽은 자의 육신을 접촉하는 것은 당연하다. 따라서 그 사람을 다시 정결케 하는 데 칠일 간에 걸친 제의적 씻음과 구별의 시간이 요구되었다. 바벨론 탈무드에는 죽어가는 아버지가 침대에 누워서 아들을 향해 자신을 전통적 관습에 따라 매장하되 아들이 자신의 뼈를 만지지 않게 하라고, 그래서 오염을 회피할 것을 요구하는 다음과 같은 이야기가 나온다.

> 랍비 '사독의 아들 엘르아살'(Eleazar bar Zadok)이 말했다.
> "이처럼 그의 죽음의 시간을 맞아 아버지는 말했다. '아들아, 처음에는 나를 임시 무덤에 매장하거라. 시간이 되면 내 뼈를 모아 단지에

담되, 네 손에 직접 닿지 않게 유의하여 그리 하도록 하거라.'"[19]

이런 죽음과 오염에 대한 개념은 예수께서 말씀하신 다음 말씀의 배경이 된다.

> 화 있을진저 외식하는 서기관들과 바리새인들이여 회칠한 무덤 같으니 겉으로는 아름답게 보이나 그 안에는 죽은 사람의 뼈와 모든 더러운 것이 가득하도다(마 23:27).

팔레스타인의 유대인들 무덤에는 회칠이 되어 있다. 이는 장식을 위해서가 아니라 경고 목적이다. 무덤들은 특히 유월절 축제일이 다가오면 흰색 칠을 한다. 이는 순례자들이 죽은 자들의 장소에 들어와 부지 간에 자신을 더럽히는 일이 없도록 하기 위함이었다. 예수께서 이 말씀을 하신 것에 대한 누가의 기록은 이런 인식을 분명하게 확인시켜준다.

> 화 있을진저 너희여 너희는 평토장한 무덤 같아서 그 위를 밟는 사람이 알지 못하느니라(눅 11:44).

많은 기독교인들은 예수께서 외부적 정결에 대한 규정을 내적 정결에 대한 개념으로 대체하셨다고 믿었다.

> 무리를 다시 불러 이르시되 너희는 다 내 말을 듣고 깨달으라 무엇이

---

[19] *Semahot*, 12.5.

든지 밖에서 사람에게로 들어가는 것은 능히 사람을 더럽게 하지 못하되(막 7:14-15).

따라서 그들은 점차 그들의 장례 예식을 획기적으로 바꾸기 시작했다. 오염의 근원으로 시신을 보고 그에 대한 접촉을 회피하는 대신, 그들은 이제 죽은 자들은 만지고 쓰다듬을 만한 가치가 있는 거룩한 성도들이라고 하는 인식을 갖게 되었다.

알렉산드리아의 디오니시우스(Dionysius of Alexandria)가 3세기 중엽에 썼으며, 유세비우스(Eusebius)가 인용한 "목회 서신"에는, 기독교 공동체가 전염병에 걸려 죽은 동료 기독교인들의 시신을 어떻게 다루는지에 대한 다음과 같은 묘사가 나온다.

> 전혀 거리낌 없는 손으로 성도들의 시신을 그들 가슴까지 끌어 올리고, 죽은 자들의 눈과 입을 감겨 주며, 시신을 어깨에 메어 운반하고, 그들을 가지런히 눕혔다. 산 자들은 죽은 자들에 바싹 붙어 있었고, 그들을 안았으며, 그들을 수의로 둘러주었다.[20]

거의 늘 있는 일이지만 옛 의식에서 새로운 의식으로의 전환은 부드럽게 이루어지지 않는다. 그리고 어느 지역에서나 동일한 속도로 진행되지도 않는다. 4세기 문서인 『사도헌장』(Apostolic Constitutions)의 저자는 그리스도인들에게 죽은 자와의 접촉을 꺼리지 말라고 한다.

아래의 글에서 볼 수 있듯 장례 예식을 포함하여 유대인들의 정결 율

---

[20] Eusebius, *The History of the Church*, 7.22 (Baltimore: Penguin, 1965), 305-6.

법을 거부하도록 요구하는 신랄한 언어 이면에는 다른 그리스도인들 가운데 그런 율법의 조항들이 여전히 준수되고 있었음을 알게 해주는 측면이 있다.

> 그는 주님이시며 우주의 주님이시다. 자연적인 정결(natural purgation), 율법에 부합하는 교배(lawful mixture), 자녀 생산, 유산, 몸의 반점 등과 같은 것들을 준수하지 않고도 주님의 법을 묵상하도록 하라. 그러한 항목들에 대한 준수는 어리석은 인간들의 헛된 발명품이다. 그 안에는 어떤 의미도 없다. 인간의 매장도, 죽은 자의 뼈도, 어떤 무덤도, 어떤 특정 종류의 음식도, 밤의 오염(nocturnal pollution, 몽정 – 역자주)도 인간의 영혼을 더럽힐 수 없다. 오직 인간의 영혼을 더럽히는 것은 하나님을 향한 불경건, 죄악, 이웃을 향한 불의함뿐이다. … 그러므로 사랑하는 자들이여, 그런 율법 준수는 이교도적인 것이니 그를 회피하고 멀리하라. 우리는 죽은 자를 혐오스런 것으로 보지 않는다. 왜냐하면 우리는 그가 다시 살아날 것을 소망하는 사람들이기 때문이다.[21]

또 거기에는 이런 글도 있다.

> 그러므로 법적, 자연적 정결에 관한 그러한 준수들을 지키지 말라. 그것들이 너희를 더럽힐 것이라 생각하지 말라. 너희들은 유대인들이 행하는 구별, 끊임없는 씻음, 혹은 죽은 자의 시체를 만졌을 때 정

---

[21] *Apostolic Constitutions*, 6.27.

결하게 하는 예식 등을 따르지 말라.²²

기독교인들이 전통적 유대 예식으로부터 벗어나고 있었던 또 다른 영역은 매장 장소의 중요성과 관련된다. 재매장 풍습이 유대인들 사이에 널리 채택되었던 이유들 중 하나는 그 풍습을 통해 디아스포라 유대인들도 이스라엘에 매장될 수 있게 할 수 있다는 것 때문이었다.²³ 이것은 자신들의 조상과 같은 땅, 같은 자리에 묻히고 싶다는 보다 더 넓은 열망들과 관련되어 있다.

그러나 시간이 지나면서 그리스도인들은 점점 신자의 공동체는 지리적인 것보다는 종말론적 측면에서 보아야 한다는 것을 알게 되었다. 세상을 떠난 그리스도인들은 하늘나라의 잔치 자리를 향해 여행길을 떠난 것이지 단순히 조상들이 안식하고 있는 땅으로 향해 떠난 것이 아니라는 것을 이해하게 된 것이다.

어거스틴(Augustine)의 모친이 중병으로 죽게 되었다. 그때 그녀는 어거스틴과 그의 형제에게 자신은 자신의 고향이 아닌 자신이 죽는 땅에 묻히기 원한다고 말했다. 어거스틴은 침묵을 지켰지만 그 형제는 모친에게 반대 의견을 말했다. 이방 땅에서 묻히면 안되고 그녀의 고향, 그리고 그녀의 남편 곁에 묻혀야 한다고 주장했던 것이다. 그 다음에 일어난 일에 대해 어거스틴은 이렇게 기록하고 있다.

어머니의 눈에 걱정스런 눈빛이 돌았다. 그리고 그녀는 눈짓으로 그

22　Ibid., 6.30.
23　Meyers, *Jewish Ossuaries: Reburial and Rebirth*, 72-77.

녀의 아들을 말렸다. 그의 아들이 아직도 그런 것들을 선호하고 있었으므로 그녀는 나를 보고 말씀하셨다.

"봐라, 네 형제가 무엇을 말했는지. 그러나 나의 이 육신은 아무 곳에나 뉘어다오. 너의 마음을 불편하게 하는 것들에 신경 쓰지 말거라. 내가 너에게 이것만 요구한다. 너희들이 어디에 있든 주님의 제단 곁에 있는 나를 기억해다오."

그녀가 할 수 있는 말들에 자신의 감정을 담아 말한 후 그녀는 더욱 커져가는 통증을 감내하면서 평온한 상태를 유지하셨다.[24]

2) 로마인들의 장례

기독교가 고대 사회에서 퍼져가고 더욱 더 많은 이방인 추종자들을 받아들이기 시작하면서, 기독교 장례는 점차로 유대인들의 양식에서 벗어나 점점 더 로마인들의 장례 양식을 수정하여 받아들이기 시작했다. 로마인의 가정에서 누군가 죽으면 대부분 이런 방식이 적용되었다.[25]

죽음이 다가오면 가족 구성원들은 침대 맡에 모여 위로하고 슬픔을 표시한다. 죽음 직전의 고통이 시작되면 침대 주변에 있던 사람들은 죽어가는 이의 손과 발을 잡아당기기 시작하고, 가장 가까운 친족들은 주변에 바싹 다가와서 마지막 입맞춤을 할 준비를 한다. 그 입맞춤은 육체로부터 영혼이 떠날 때 그 영혼을 붙잡으려는 시도의 일환이다. 입맞춤을 하고 나서 죽음이 발생했다는 것이 확실해지면, 그 친족들은 죽은 자

---

24 Augustine, *Confessions*, 9.11.27.
25 Toynbee, *Death and Burial in the Roman World*, 43–55.

의 눈을 감기고, 다른 사람들은 죽은 이의 이름을 크게 부르며 (이는 슬픔으로 인한 것이기도 하고 그가 정말 죽었는지 확인하기 위한 목적도 있음) 탄식의 소리를 지르는 예식을 시작한다.

그런 후 죽은 자는 침대에서 들어 올려졌다가 바닥에 놓이는데, 그곳에서 시신을 씻기고 향유를 그 위에 바르고 튜닉(tunic)이나 토가(toga)와 같은 옷을 수의로 입힌다. 만일 죽은 사람이 유명인사라면 화관을 머리 위에 씌우기도 한다. 죽음의 나루터지기 카론(Charon, 그리스 신화에 나오는 인물 - 역자주)에게 주는 뱃삯, 즉 다음 생으로 지나가기 위한 요금으로 동전 한 닢을 죽은 자의 혀 아래에 끼워 넣는다. 그런 다음 시신을 들어 다시 침대로 옮기는데, 이 때 발은 집의 대문 쪽을 향하게 하여 둔다.

길게는 7일까지 계속되는 조문 기간 동안 시신은 이런 상태를 유지하게 된다. 사람들은 조문 기간 동안 이따금씩 죽은 자의 이름을 다시 크게 부르짖어 부르기도 한다.

부유한 사람들의 경우 이어지는 장례 절차가 꽤나 정교하게 구성되며 전문 장의사에게 일임되지만, 일반적인 서민 가정의 경우 모든 준비와 절차 진행을 자신들이 스스로 한다. 실제 장례를 치르는 날이 되면, 장례 행사는 거의 항상 밤에 이루어지는데, 적게는 네 명의 운구인원들이, 부유한 자의 장례일 경우에는 최대 여덟 명의 운구 인원들이 시신을 운반구에 담아 옮긴다. 이 때 가족과 친구들은 죽음의 색깔이 검정색 혹은 빨강색 옷을 입고 횃불을 든 채 운구 인원들 뒤를 따르며 행렬을 이룬다.

때때로 장례 행렬 가운데 한 사람이 점토로 만든 탈을 쓰기도 한다. 이는 죽은 자를 형상화한 것으로 행렬이 무덤을 향해 전진하는 동안 그 사람은 죽은 사람의 행세를 한다.

시골 지역의 경우에는 무덤들이 각자 가정의 뒤뜰에 위치하기도 한다. 하지만, 도시의 경우 적어도 각자 하나 이상의 "죽은 자의 도시"(necropolis)를 가지고 있다. 로마법에 따르면 이것은 도시 외곽에 위치하되 주로 대로변에 위치하게 하였다.

행렬이 매장지 혹은 화장지에 도착하면 시신 위에 흙을 뿌린다. 그리고 시체를 태우는 경우에는 죽은 자의 시신에서 손가락이나 작은 부분을 잘라내서 땅에 매장한다. 이런 신체 부위를 "오스 레섹툼"(os resectum)이라 불렀다.

화장은 정방형의 장작더미 위에서 실시된다. 죽은 자의 눈을 다시 뜨게 한 뒤 시신을 태우는데, 이 때 죽은 자와 함께 내세로 가는 길의 동반자가 되게 하기 위해 종종 장작더미 한쪽에서 애완동물을 함께 태우기도 한다. 다 태우고 난 뼈와 재는 친족들 손에 수거되고 포도주를 적신 후 단지에 담겨 "오스 레섹툼"과 함께 묻는다.

그러나 대부분의 로마인들은 화장보다는 매장을 선호한다. 매장할 때 (가난한 사람들의 경우) 직접 땅에 묻거나, 나무 혹은 납 재질로 만든 관에 담아서 묘실(chamber tomb)이나 땅 속에 묻는다. 이때 종종 죽은 자가 내세에서 필요할 것이라 여겨지는 물품들이 관 속에 들어간다. 예를 들어 보석, 접시, 램프, 주사위 게임이나 다른 게임도구, 화장실 용품, 그리고 아이들의 경우 장난감 등이 이에 포함된다.

시신 또는 재를 땅에 묻는 것이 마쳐지면 매장 장소를 법적인 묘지로 만드는 절차의 일환으로 현장에서 돼지를 희생 제물로 바쳤고, 사람들은 무덤가에서 장례식 음식을 먹었다.

무덤에서 돌아온 가족들은 불과 물을 사용한 정결 의식을 치렀으며 9일간의 애도 기간을 가졌다. 9일째가 되면 가족들은 다시 무덤을 방문하여 식사를 하였다. 이 때 무덤 위로 포도주를 붓고 죽은 자를 위해 음식을 남겨둔다. 이로써 공식적 애도 기간은 마쳐진다. 그러나 그 후 일 년에 걸쳐 죽은 사람의 생일 등과 같은 기념일에는 가족들이 다시 무덤에 방문한다. 그리고 음식을 나눠 먹는 한 편 언제나 죽은 자를 위해 음식을 남겨두고 온다.

이런 무덤가 식사는 때때로 포도주를 진탕 마시는 시끌벅적한 연회일 때가 많았는데, 어떤 로마인들의 경우 무덤 속으로 파이프를 연결하여 죽은 자가 포도주와 음식을 직접 공급받을 수 있도록 하기도 했다. 이런 의식들을 원활하게 수행하기 위해 부엌이 딸린 시설물이 무덤 곁에 설치되기도 했다.

초기 기독교인들, 특히 이방인 신자들은 대체로 이러한 로마식 풍습에 영향을 받았다. 하지만 기독교 신앙과 이해를 기준으로 그 방식을 수정했다. 어떤 관습은 그대로 수용하고, 다른 관습은 배격하고, 또 다른 어떤 관습은 수정하여 받아들이는 식이었다.[26] 기독교인들 역시 죽어가는 가족의 침대 맡에 모여 힘을 북돋아주거나 슬픔을 표현했다.

그러나 그들은 죽어가는 이의 영혼이 산 자에 의해 "잡힐"(caught) 수 있다고 믿지 않았다. 때문에 죽어가는 이를 위한 마지막 입맞춤과 같은 것은 일반적으로 시도하지 않았다. 어떤 경우에는 기독교인들도 마지막 입맞춤 동작을 취하기도 하였다. 하지만 그것은 영혼을 잡아두려는 시도에서가 아니라 단지 사랑의 표현으로서였다.

그리고 이러한 이해는 점차 로마 사회가 일반적으로 수용하게 되었다. 밀란 주교 암브로우스(Bishop Ambrose of Milan)는 375년에 자신의 형제가 죽어갈 때 행했던 자신의 행동에 대해 이렇게 설명한다.

---

26 로마시대 기독교인들의 죽음의 의식에 대한 묘사들은 주로 다음 자료에서 취하였음. Rush, *Death and Burial in Christian Antiquity*, 91–273.

내가 죽어가고 있는 너의 마지막 숨결을 받아들이거나 내 숨결을 너에게 불어넣어 주는 등의 행동은 어떤 유익도 없다. 하지만 나는 너의 죽음을 내가 받아들이거나, 나의 생명을 너에게 부어주어야겠다는 생각은 했다. 그 마지막 입맞춤이란 것은 그만큼 슬프지만 달콤한 서약이로구나.[27]

기독교인들은 죽은 자들이 하나님께로 여행을 떠나는 것이지 로마 신화에 나오는 죽은 자들의 땅에 가는 것이 아니라고 믿었다. 그래서 그들은 죽은 자들의 입에 동전을 넣어주는 등의 행동은 하지 않았다.

하지만 그들은 그에 상응하는 관습을 죽어가는 사람을 위해 행했다. 즉 성만찬 집행이었다. 그들의 생각은 이랬다. 성만찬의 음식은 죽은 자가 하나님께로 떠나는 여행을 위한 영양 공급이 된다. 그런 관습의 목표는 기독교인이 입에 성만찬의 음식을 물고 있는 채 죽음을 맞이하게 한다는 것이다. 죽음이 생각보다 지연될 때 성만찬은 하루에 몇 차례씩이라도 빈번하게 베풀어졌다.

이런 최후의 성만찬 음식은 "비아티쿰"(*viaticum*)이라 불렸다. 이 라틴어 단어는 죽은 자를 위한 나루터지기에게 지불된 동전을 묘사하는 바로 그 단어였다. 하나님께로 떠나는 여행을 위한 식사를 너무 중요하게 생각한 나머지 그 관습이 오용되는 사례도 있었다. 그것은 다름 아닌 이미 죽은 자를 위해서도 성만찬을 주는 것이었다. 4세기 후반 히포 공의회(the Council of Hippo)에서 이런 풍습이 정죄를 받았다. 하지만 이런 관습은 적어도 7세기까지도 광범위하게 지속되었던 것이 확실하다.

---

27 Ambrose, *De Obitu Satyri*, I, 19.

그리스도인들은 죽음이 발생했을 때 죽은 자의 눈을 감기는 것, 시체를 씻는 일, 기름을 바르는 것, 수의를 입히는 것, 시신을 펼쳐놓는 것 등에 있어서 대체로 지역 관습을 따랐다. 하지만 그들은 죽은 자의 시신 앞에서 슬피 울지는 않았다. 그들은 죽은 이에게 세마포 옷 혹은 그가 지니고 있던 최상의 의복을 입히기는 했다. 하지만 관을 씌우지는 않았다. 이것은 하나님이 믿는 자들의 면류관이 되신다는 믿음 때문이었다. 사도 바울은 이렇게 고백한다.

> 이기기를 다투는 자마다 모든 일에 절제하나니 그들은 썩을 승리자의 관을 얻고자 하되 우리는 썩지 아니할 것을 얻고자 하노라 (고전 9:25).

"솔로몬의 송시와 시편"(The Odes and Psalms of Solomon)의 저자는 이렇게 진술한다.

> 나는 나의 하나님으로 관을 썼나니, 나의 면류관은 살아있는 면류관이로다.[28]

점점 더 화려하고 값비싼 수의를 죽은 자에게 입히는 기독교인들이 차츰 늘어났다. 교부들의 문헌들 몇 권을 보면 이와 같은 풍습에 대한 신랄한 비판이 나온다.

---

28 *The Odes and Psalms of Solomon*, vol. 1, ed. J. Rendell Harris and A. Mingana (Manchester: Manchester University Press, 1916), 207. 이것은 기독교인의 저작이거나 또는 기독교인이 편집한 저작물인데, 그 연대가 2세기 초반으로 거슬러 올라간다.

매장을 언제 하는가에 대하여서 기독교인들은 지방의 풍습을 따랐다. 유대인 지역에서 죽은 자는 사망 당일 매장된다. 그러나 이방인 지역의 경우 매장이 일주일 정도 지연되기도 했다. 기독교인들은 애도의 기간을 갖고 고인의 시신을 지켰다. 이와 같은 애곡의 장소는 로마의 관습에 따라 집에서 이루어지기도 했고, 유대 풍습에 따라 무덤가에서 이루어지기도 했다. 콘스탄틴(Constantine) 대제 즉위 이후, 기독교인들은 시신 앞에서 "죽은 자를 깨우기"(waking of the dead)라 부르는 심야 문상 예배(vigil service)를 교회 건물에서 가졌다.

문상 예배와 관련하여 기독교인들이 만들어낸 가장 의미심장한 변화는 애곡의 성격과 관련이 있다. 물론 기독교인들도 죽음으로 야기된 슬픔을 경험한다. 하지만 그들은 지나칠 정도로 큰소리로 하는 로마식 슬픔 표현 방식을 자제하려했다. 대신 존경을 담은 침묵, 시편 낭독, 찬송, 그리고 부활 소망에 대한 확고한 표현 등으로 문상하였다. 바울은 이렇게 기록한다.

> 형제들아 자는 자들에 관하여는 너희가 알지 못함을 우리가 원하지 아니하노니 이는 소망 없는 다른 이와 같이 슬퍼하지 않게 하려 함이라(살전 4:13).

크리소스톰(Chrysostom)은 야이로의 딸의 침대 주변에서 슬피 애곡하는 사람들을 쫓아내셨던 예수님을 언급하면서, 자기 교회 성도들이 슬픔의 정도를 증대시키기 위해 고용된 애곡꾼을 부른 것을 책망하였다.

울어라. 그러나 마치 사랑하는 자가 여행을 떠나려 할 때 작별을 고하는 것과 같은 태도로 죽음을 맞은 이를 보내라.[29]

터툴리안(Tertullian)은 말한다.

하나님의 부르심을 받고 떠나는 사람이 마치 우리의 불쌍히 여김을 받아야 하는 것처럼 여기면서 우리 마음의 평정을 잃어버릴 때, 우리는 그리스도를 근심케 하는 것이 된다.[30]

어거스틴은 자신의 모친 모니카(Monica)의 죽음을 직면하고 느낀 슬픔의 충동을 다음과 같이 묘사하면서 초대교회 성도들의 심정을 잘 대변하고 있다.

어머니가 아픈지 9일 째, 그녀의 나이 56세, 내 나이 33세에 그녀의 종교심 깊고 거룩한 영혼이 그 육체로부터 자유를 얻었다. 나는 그녀의 눈을 감겨주었다. 거대한 슬픔이 나의 마음(heart)속으로 파고들어왔다. 그 슬픔에 나는 울컥 눈물을 쏟아내었다. 그러나 그와 동시에 나의 눈은 나의 마음(mind)속에서 솟아나는 폭력적인 명령에 순종하여 그 눈물의 샘을 온전히 마르게 하였다. 화 있을진저, 내 안에 벌어지고 있는 투쟁이여!
어머니가 마지막으로 숨을 내쉬었다. 어린 아데오다투스(Adeodatus)

---

29 Chrysostom, *Homily on John 11* (no. 42), lxxxv.
30 Tertullian, *Scorpiace*, 7.

는 시끄러운 애곡을 터뜨렸다. 우리 모두는 그를 제지했고, 그도 평정을 되찾았다. 그와 비슷한 방식으로, 내 안에 있던 아이와 같은 감정이 내 마음속의 유아적 목소리를 통해 분출구를 찾아 눈물을 터뜨리려고 하였다. 하지만 그런 감정은 제지되고 묵살되었다. 우리는 눈물을 쏟으며 탄식하거나 부르짖는 것이 장례식을 숭고하게 하는데 어울리지 않다고 생각했다. 그런 식으로 상실의 슬픔을 표현한다면 '떠난 자'(the departed)가 불행해졌다거나 또는 정말 '완전히 죽어버린 자'(altogether dead)가 된 것처럼 되어버린다. 어머니는 그녀의 죽음 속에 불행해진 것이 아니다. 완전히 죽어버린 것도 아니다. 이것에 대해 우리는 그녀와 나누었던 훌륭한 대화들, 그리고 그녀의 진솔한 믿음에 대한 진술들과 같은 분명한 증거들을 통해 확신하였다.[31]

매장을 할 때가 되면 공동체에 속한 다른 그리스도인들이 죽은 자의 시신을 따라 무덤까지 단순한 행렬을 진행한다. 초기 기독교인들은 한결 같이 화장을 거부하고 토지 매장을 실시했다. 그 이유는 화장법은 성령의 전인 육신에 대한 신성모독이자 육체의 부활을 거부하는 행위라고 여겼기 때문이다.

그리스도인들은 시신 운구를 하면서 자신들이 그 죽은 자를 최종적인 안식의 장소가 아닌 떠남의 장소, 즉 죽은 자가 하나님께로 돌아가는 여행을 시작하는 지점으로 데려가는 것으로 보았다. 『사도 헌장』에 따르면 "떠난 자(the departed)의 장례에 참석한 사람들은 떠나는 자와 함께 노래하며 동행하라"고 강권한다. 진혼곡이나 플루트 연주자들의 슬픈 애가

---

[31] Augustine, *Confessions*, 9.12.28–29.

를 사용하지 말고, 그리스도인들은 무덤가에 이르기까지 인간의 목소리만을 사용하여 시편과 찬송가를 노래하라는 것이다. 크리소스톰은 이렇게 질문한다.

> 찬송의 이유는 무엇인가?
> 그것은 우리가 하나님께서 떠나는 자에게 면류관을 씌우시고 그를 고통으로부터 자유케 하셨음에 대해, 그리고 이제 하나님께서 죽은 자에게서 모든 공포를 물리치시고 그와 함께 하고 계심에 대해 감사와 찬양을 드리고자 함이 아닌가?
> 바로 이것이 시편과 찬송가를 노래하는 이유가 아니던가?
> 이 모든 것이 기쁨의 표시이니 기록되었으되 "너희 중에 … 즐거워하는 자가 있느냐 그는 찬송할지니라"(약 5:13) 하였느니라.[32]

로마인들에게 일반적이었던 검정과 빨강으로 된 조문 복장 대신, 세례와 영생을 의미하는 복장인 흰색의 장례 복장으로 대체할 것을 기독교 지도자들은 점진적으로 성도들에게 권고했다. 로마사람들과는 달리 기독교 장례 행렬은 보통 밝은 대낮에 실시되었다. 그래서 양초와 횃불의 사용은 하지 않았다. 그 이유는 불이 화장법과 죽은 자를 위한 이방인들의 의식과 관련되기 때문이다. 4세기의 변증가였던 락탄티우스(Lactantius)는 이렇게 주장했다.

> 바른 정신을 지닌 사람이라면 누가 빛의 창조자이신 하나님에게 양

---

[32] Chrysostom, *Homilia 44*, in *Hebraeos 5*.

초와 가는 초를 바치겠는가. … 그러나 땅의 신들을 믿는 자들이라면 그들의 신이 어두움에 거하지 않도록 빛을 제공해야할 것이다.[33]

행렬이 무덤가에 이르면 죽은 자를 위한 기도가 행해진다. 가끔씩은 장례 설교나 연설이 주어지기도 했다. 그러고 나면 아주 특징적이고 독특한 행동들을 한다. 그것은 믿는 자들이 작별의 표시로 죽은 자의 이마나 볼에 입맞춤을 하는 것이다. 이것은 "평화의 입맞춤" 즉 그리스도인들의 주의 만찬에 참여하였을 때 만찬상 앞에서 용서와 화해의 표시로 행했던 바로 그 입맞춤이었다.[34]

그런 후에 마지막 작별의 인사(주로 "하나님 안에 살아가소서!" 혹은 "영원히 기뻐하소서!" 같은 표현)와 함께 시신은 땅 속으로 들어간다. 조문객들은 현장에서 아니면 집으로 돌아와서 성만찬을 상징하는 식사를 함께 하였다.

3) 기독교 장례의 핵심

그러므로 기독교인들은 첫 몇 세기에 걸쳐 지역 관습의 특징과 기독교 고유의 신학을 모두 반영하는 아주 독특한 양식의 장례 풍습을 형성하였다. 3세기가 시작하면서 터툴리안은 이미 북아프리카 지역에 기독교 매장을 위한 "전담처"(appointed office)가 있었다고 언급하였다. 4세기

---

33 Lactantius, *Divinae Institutiones*, VI. 2.5,7.
34 매장의 시점에 하는 평화의 입맞춤은 거의 모든 기독교 공동체들에 걸쳐 광범위하게 시행되었다. 교회 지도자가 이를 금지한 지역으로는 골(Gaul) 지역 뿐이었는데, 그렇게 한 배경은 이런 마지막 입맞춤의 관습이 그 지역의 이방 풍습과 너무나도 깊이 연관되어 있었기 때문이다.

말에 이르면 기독교만의 기본적이고 독특한 장례 풍습의 형태가 있었음을 알 수 있다. 간단히 말하자면 이 의식은 준비, 행렬, 매장(preparation, processional, burial) 이렇게 세 가지 움직임으로 나뉜다.

첫째, 준비 단계의 움직임에서 시신을 씻기고 향품을 바르고 세례를 뜻하는 수의를 입힌다.

둘째, 행렬의 단계에서 시신을 무덤까지 운구하는데 이때 기도와 성경봉독을 위해 교회를 들르는 일도 종종 있었다.

셋째, 매장의 단계는 무덤가에서 이루어지는데 죽은 자를 하나님께 의탁하는 순서와 시신을 매장하는 순서로 구성된다.

각각의 움직임이 거행되는 동안 교회의 일원들은 기도를 드리고, 시편을 낭송하며, 기쁨의 찬송을 불렀다. 종종 성만찬이 거행되기도 했다. 그것은 교회에서 또는 무덤가에서 실시되었다. 장례 예배는 세례의 완성이었다. 교회는 죽음을 맞은 형제자매가 그리스도의 부활을 통해 하나님과 연합을 이루는 장소로 가는 마지막 길을 동행해주었다.

전체적으로 볼 때, 초기 기독교인들의 장례는 죽은 자가 성도요 하나님의 자녀이며 그리스도의 형제자매이고 따뜻한 사랑으로 안아주고 기릴만한 가치가 있는 자라고 하는 확신 가운데 이루어졌다. 장례는 하나님을 향한 평생의 여정 길의 마지막 단계로 여겨졌다. 믿는 자들은 죽은 자를 운구할 때 노래를 불렀다. 그리고 슬프지만 소망 가운데 기뻐하며, 떠나는 자와 마지막 작별 장소까지 동행하는 것으로 보았다.

그 이후에 계속되는 세기 동안, 이런 기본적인 장례의 패턴들은 문화적, 신학적 변화의 물결에 따라 그 외형에 있어서 격동의 시기를 겪었다. 예를 들면 초기 기독교 장례식의 '기쁜 부활'의 모티프는 중세 말엽의 '진노의 날' 신학의 어두운 영향력 하에서 거의 잠식되고 말았다.

또한 훗날 미국으로 건너간 영국의 청교도들은 영국 국교의 지나친

허례허식을 본 후, 그에 대한 반발로 장례 예식을 아예 없애버리려 했다. 물론 이런 시도는 별로 성공을 거두진 못했다. 그럼에도 불구하고 기독교적 매장의 기본적인 패턴과 풍습들은 비록 많은 풍파를 겪었지만 그들의 영향력이 약해지기 시작하는 19세기 말에 이르기까지도 강력한 힘으로 지속되었다.

2. 무슨 일이 일어났는가?

전통적인 기독교 장례 풍습 발전에 대해 이 책에서 지금까지 논의한 바에 따르면 오늘날 나타나고 있는 새로운 패턴의 장례 방식들은 단지 전통적 관습들의 현대화이거나 단순한 수정 정도가 아니다. 오히려 기독교 예식에 대한 급진적이며(radical), 최종적으로는 축소적인(diminished) 대체라 볼 수 있다.

예를 들면, 시신 없이 치루는 추모 예식(memorial service)으로의 변화는 이제 기독교 장례 풍습은 더 이상 성도가 하나님과 함께 하기 위해 떠나는 여행이라는 비유적 표현이 아닌 것으로 보는 것을 의미한다. 성도는 이제 신령한 추억(spiritualized memory)으로만, 즉 조문객들의 마음속에 일어나는 실제적 연기에 대한 배경막(backdrop)으로서만 그 자리에 존재한다.

조문객들만이 진정으로 남겨진 연기자들이고, 지금 펼쳐지고 있는 의식은 진정으로 그들에 관한 것이다. 흔히 말하듯, 장례는 "산 자를 위한" 것이다. 이제 기독교 장례는 부활 승리의 노래를 부르고 최후의 대적인 사망의 면전에서 코웃음을 치면서 죽음을 맞이한 동료 성도와 함께 영원의 한편 모서리를 향해 나아가는 광대하고 우주적인 규모의 교회적 행렬이 아니다.

비록 그 안에 여전히 기독교적 용어들을 포함하고 있지만 예전에 비해 훨씬 더 작고 개인화된 심리극(psychodrama)이 되었다. 전형적인 방식의 추모 예식이 갖는 플롯 구조를 있는 그대로 따라가 보면, 죽은 자가 하나님께로 나아가는 것이 아니라, 산 자가 슬픔에서 안정을 향해 나아가는 것이다.

어떻게 교회는 장례를 "그 길의 마지막 몇 마일" 가는 길에 성도와 즐거이 동행하는 것으로 이해하던 것에서 변질되어 회상적이고, 비신체적이며, 유사 영지주의적인(quasi-gnostic) 한 관습과 의식의 혼합물이 되었을까?

장례 풍습에 있어서 드라마틱한 변화는 주로 20세기 중반에 광범위하게 이루어졌다. 하지만 그 뿌리는 19세기 후반으로 거슬러 올라갈 수 있다. 이 시점은 정확히 방부처리가 일반화되고 현대적 장의업체가 발전하게 된 시점이다. 때문에 이런 모든 잘못된 부분들에 대한 비난의 책임은 새로 출발한 장의 전문가들에게 돌아가야 한다는 사실을 피할 수 없다.

청부인(undertakers)들은 스스로를 "장례 지도사"(funeral directors)라고 불렀다. 그들은 방부처리와 관련된 기술들을 극단적으로 발전시켰다. 처음에 그들은 시신을 방부처리하기 위해 우리에게서 데려왔다. 하지만 나중에는 장례 자체를 우리에게서 가져갔다. 그리고 더 나아가서 예배를 소비자들의 눈에 잘 띄게 하려는 세속적인 전시물로 만들었다.

그렇지만 진실은 다르다.

방부처리 기술을 가지고 있는 기술자 집단이 결코 성스러운 기독교 예식의 "지도사"들이 될 수는 없다. 또한 우리에게서 장례를 빼앗아가서도 안된다.

교회와 문화 역시 장례를 그들 손에 넘겨줄 준비도 전혀 되지 않았다. 고대 로마사회를 비롯하여 거의 모든 발전된 사회에는 죽은 자의 시신을 준비하는 일을 돕는 청부인(undertakers)들이 있었다. 설령 19세기 청부인들이 기독교 장례를 공중납치(hijack)하려는 모의를 품고 있더라도, 우리의 죽음의 예식들이 건전하고 의미로 가득차 있다면 그들의 시도는 수포로 돌아갈 것이다.

만약 오늘날 기독교 장례가 빈곤하여졌다면, 우리는 장례 지도사들을 조롱하듯 쳐다볼 것이 아니라 교회 자체의 역사를 보아야 한다. 사실 오늘날 교외 지역에 거주하는 백인 개신교도들의 조상이라고 할 수 있는 19세기의 많은 교육받은 기독교인들은 종말론적 감각을 잃어버렸다. 또한 내세에 대한 확실한 믿음 역시 상실했다.

우리는 그들의 신학적, 예전적 상속자들이다. 물론 19세기 전체 기독교 사회가 어느 날 아침 일어나보니 갑자기 그들이 더 이상은 내세를 믿지 않고 있음을 발견한 것은 아니다. 다른 세상에 대한 확신의 상실은 천천히 그리고 점진적으로 진행되었었다.

남북 전쟁 이후 수십 년이 지나는 동안, 미국 기독교인들 중 많은 사람들이 천국, 지옥, 세상의 마지막, 육체의 부활, 예수의 재림 등에 대해 문자적으로 바라보는 관점이 줄어들기 시작했다. 드류 길핀 포스트(Drew Gilpin Faust)의 최근 연구에 따르면, 남북 전쟁 자체가 가져다 준 폐허, 너무나 많은 수의 죽은 이들, 어떤 의미를 거기에 부여하기에는 너무나도 많은 생명이 폭력적으로 빼앗겼다는 사실 등은 이미 자라고 있던 19세기 신앙의 위기에 가속 페달을 밟았다. 그래서 그녀는 다음과 같이 쓰고 있다.

남북 전쟁의 대량학살은 19세기에 점증하고 있던 종교적 의심을 바꾸어 신앙의 위기로 바꾸었다. 이제 많은 미국인들은 선량한 뜻을 갖고 있으며 응답해주시는 신에 대한 자신의 믿음을 재정의하거나 거절하기에 이르렀다. 그러나 남북 전쟁 동안 일어난 죽음과 황폐는 무엇인가를 알고 이해할 수 있는 존재로서의 인간 능력에 대한 심오한 의심의 씨앗 역시 심어주었다. … 남북 전쟁은 미국인들로 하여금 긴급하게 "죽음이란 무엇인가?"라는 질문을 하도록 만들었다. 또한 왜 죽음이 생겨났으며 삶이란 무엇인가에 대한 질문에 답을 찾고자 노력하면서 "우리는 과연 무엇인가를 알 수 있는 희망이 있기는 했던가?"에 대해 질문하기 시작했다. 우리는 그때부터 계속하여 이 질문에 대한 답을 찾아가고 있는 중이다.[35]

신앙 위기의 일부분은 종말론과 관련이 있다. 1840년 일부 기독교인들은 확신에 찬 태도로 예수의 재림 일자를 정확히 계산했다. 그러나 그들의 희망, 그리고 그들의 순진한 믿음은 예수가 재림하지 않음으로써 산산조각이 났다. 그 때를 일컬어 "대실망"(the Great Disappointment)이라 부른다.

재림에 대해 관심을 갖지 않는 기독교인들조차 과학의 발전, 다윈의 진화론, 유럽에서 유입된 회의론 철학자들의 영향을 받지 않을 수 없었다. 그 결과 과거의 문자주의(literalism)는 심각한 위기에 봉착하였다. 구름타고 오시는 예수님, 무덤에서 육체를 가지고 부활하는 사람들, 영

---

[35] Drew Gilpin Faust, *This Republic of Suffering: Death and the American Civil War* (New York: Alfred A. Knopf, 2008), 210.

광 가운데 도열하여 서 있는 성도들의 그림 등은 갈수록 상상할 수 없는 것이 되었고, 개연성이 떨어지는 것으로 여겨지기 시작했다.

천국이라고 하는 개념 자체가 완전히 부정된 것은 아니었다. 그 대신, 많은 부분 개정되었고 축소되었다. 사람들은 천국에 대한 상상을 다시 하게 되었다. 그래서 천국을 최상의 지구 정도로 보았다. 그리고 때로는 아예 장소 개념이 아닐 것이라 생각하였다. 그래서 지상의 즐거움이 증가된 상태로 보기도 했다.

육체의 부활에 대한 개념도 영혼의 불멸성이라고 하는 보다 더 점잖고 수용 가능한 개념에 자리를 양보하였다. 19세기 말엽의 한 성직자는 "나에게 천국은 그저 더 많은 기회를 갖게 된 나 자신을 의미할 뿐이다"라고 특징적으로 말했다.[36] 그 당시를 잘 반영하고 있는 종교적 수필에서 루시 라르콤(Luch Larcom)은 이렇게 적고 있다.

> 의심의 여지없이 지상의 존재의 한계를 뛰어넘어 우리를 놀라게 할 일이 기다리고 있다. 그러나 아마도 가장 놀랄 사람들은 진주문(the gates of pearl)을 통과하여 그들 위에 내리쬐는 그 이상한 광채를 끔찍이 두려워해 오던 겸손하고 신앙심 있으며 스스로를 희생하는 영혼들이다. 그들은 그 광채라고 하는 것이 다름 아닌 자신들이 항상 그 안에 걷던 바로 그 친숙한 햇살이었으며, 다른 게 있다면 더 선명하고 더 평화로운 것일 뿐이라는 것을 알고 놀랄 것이다. 그들은 배워야 할 새로운 언어가 있는 것도 아니며, 새로 들여야 할 습관이 있지

---

[36] As cited in James H. Moorhead, *World without End: Mainstream American Protestant Visions of the Last Things, 1880–1925* (Bloomington: Indiana University Press, 1999), 60.

도 않으며, 새롭게 알아야 할 사람도 거의 없다는 사실에 의아해 할 것이다. 그리고 그들은 자신의 부족함으로 인해 여태껏 잘 알지 못했던 지상에서의 사실들을 마침내 알게 되는데, 그것은 바로 자신들이 이제껏 이미 천국에서 살고 있었다는 사실이다.[37]

'하나님과 함께 거할 곳으로 떠나는 여행'이라고 하는 비유가 그 기초부터 깨어지기 시작했다는 것은 두말할 나위 없다. 만약 사람들이 "이미 천국에서 살고 있었다면" 결국 죽은 자가 가야할 지점도 없어지는 것이다. 다른 세상(otherworld)이라고 하는 어휘를 포기하지 않는다 하더라도 비틀즈(Beatles)의 노래가 발매되기 훨씬 전인 19세기 말엽의 주류 개신교도들은 "천국이란 게 없다면 어떨지 상상"(Imagine There's No Heaven) 했던 것이다.

19세기에 이룩한 괄목할만한 두 번째 발전은 도심지에서 약간 떨어진 교외 지역에 위치하는 공동묘지를 고안해낸 것이다. 처음에는 공동묘지는 산 자들의 주거 지역으로부터 단절되었었다. 왜냐하면 시체의 부패 과정 중에 질병을 일으키는 독소가 뿜어져 나온다고 믿었기 때문이다.

하지만 19세기 말엽에 이르면 교외 지역에 공동묘지를 두는 것은 오염을 피하기 위한 것이기보다는 미학적 관심 때문이었다. 공동묘지는 자연과 불멸과 삶의 의미 등에 대해 조용하고 평화로운 사색을 할 수 있도록 고안된 정원과도 같은 역할을 할 수 있도록 조경 작업을 통해 변화를 주었다.

수잔 화이트(Susan J. White)가 지적하듯, 도시에서 다소 떨어진 곳에

---

37 Ibid.

공동묘지를 개발하는 것의 보다 더 실용적인 효과는 기존에는 통합되었던 장례 예전을 두 개의 개별적 부분, 즉 교회에서의 장례와, 멀리 떨어진 공동묘지에서의 매장이라고 하는 두 부분으로 나누는데 있었다.[38]

이같은 거리상의 구분은 머지않아 예전적 사실에서의 분리, 그리고 신학적 상징에서의 분리가 되었다. 장례는 이제 더 이상 매장 장소로의 여행이 아니게 되었다. 장례는 이제 교회 건물 안에 제한되어 실시되는 정적인 행사가 되었다. 무덤가에서 행해지는 예전들은 이제 단지 나중에 해도 되고 안 해도 되는 선택이 되었다. 화이트가 다음과 같이 관찰하였다.

> 교회 인근에서 멀리 떨어진 곳으로 묘소가 이동한 것으로 인해 사람들은 신학적으로 그리고 공동체적으로 가지고 있던 풍성한 이미지들의 고갈과, 산 자와 죽은 자가 모두 거룩한 공동체의 일원이라는 인식의 축소를 경험하게 되었다.[39]

따라서 천국은 없어져 버리고 묘지는 멀리 떨어진 곳으로 가버리면서 죽은 자도 산 자도 가야 할 곳이 없어졌다. 그리고 '하나님께로 떠나는 여행'이라고 하는 비유도 붕괴하고 말았다.

이제 교회 앞에 과제가 놓여있다는 것은 분명하다. 그 과제는 바로 우리의 발자취를 다시 역추적하는 것이다. 그래서 기독교인들이 자신의 죽은 자들을 따뜻한 사람으로 안아주었고, 부활의 찬양을 부르며 목소리를

38　Susan J. White, *Christian Worship and Technological Change* (Nashville: Abingdon Press, 1994), 72–80.
39　Ibid., 77.

높였고, 성도를 신비의 가장자리까지 동행해주었던 그 웅대한 예전적 연극(liturgical theater)을 회복하는 것이다.

이것은 과거 장례 풍습의 다시 재현해 내는 것이거나, 화장을 거절하는 것을 말하는 것이 아니다. 그것은 성도의 교제, 육체의 부활, 죽은 신자의 영생을 향한 여정 등을 포괄하는 상징을 우리 시대에 맞게 현대적 형태로 다시 회복하는 것을 말한다.

그러나 그러는 도중에도 19세기에 뿌려진 씨앗들은 계속 잡초들을 만들어내고 있다. 천국에 대한, 그리고 그곳을 향한 성도의 여행에 대한 문자적 관점이 더 이상 우리에게 설득력을 갖지 못하고 있기 때문에, 그리고 우리는 이러한 비유들이 갖는 시적 진리와 능력을 수용할 신학적 상상력을 결여하고 있기 때문에, 이제 죽음을 맞은 그리스도인들은 갈 곳을 잃어버렸다. 그리고 그저 영적 기운(spiritual ether) 속으로, 혹은 우리의 부서지기 쉬운 기억저장장치 속으로 흩어져 분산되고 말게 되었다.

천국은 사람들의 손아귀에 붙들릴 수 있는 것으로 축소되면서, 영혼은 불멸하는 기운(immortal gas)으로 변형되었다. 시신은 그저 껍데기에 불과하게 되었고, 묘지는 보이지 않는 곳으로 옮겨졌다.

따라서 이제 당혹스러운 신체를 가진채 죽은 자들이 그들 자신의 장례식에 나타날 수 없도록 금지하는 것은 불가피한 것이 되어 버렸다. 마찬가지로 죽은 자의 조카가 "아일랜드 사람의 눈이 미소를 지을 때"(When Irish Eyes Are Smiling)를 부를 때 삶의 의미를 묵상하면서 그리고 그의 삶을 경축하는 척 하면서 가만히 앉아 있는 사람들도 이제 비난받는 것도 불가피하게 되었다.

분명 우리 문화는 마침내 이런 예전적, 영적 얄팍함에 실증을 느낄 것이다. 우리 자신과 우리가 사랑하는 자들을 위해 보다 더 깊은 것과 더 진실한 것을 갈구할 준비를 하게 될 것이다. 그럴 준비가 되었을 때, 그

깊고 진실한 것 가운데 하나님을 향해 떠나는 여정이라는 거대한 드라마가 있을 것이다. 그리고 그 드라마는 우리를 성도들의 행렬에 합류하라고 권면할 것이다.

아래의 고대 콥트(Coptic) 교회의 장례 기도에 나오는 것처럼, 우리는 그 행렬을 이루어 나아갈 때 노래를 부르면서 우리가 사랑했던 이들과 함께 영원을 향한 여행을 하게 될 것이다. 그리고 확고한 소망의 말들을 하면서 저 건너 머나먼 해안선을 향해 외칠 것이다.

> 어둠의 그늘들은 빛으로 가득하게 하소서.
> 빛의 천사들은 그의 앞으로 걸어가게 하소서.
> 의의 문은 그의 앞에 열리게 하소서.
> 천상의 찬양대에 그를 합류시키소서.
> 기쁨의 낙원으로 그를 데려 오소서.
> 생명의 나무 열매로 그를 먹게 하소서.
> 당신의 왕국에서 우리 조상 아브라함, 이삭, 야곱의 품에 안겨
> 그를 편히 쉬게 하소서.

제5장

예배 같은 드라마
(worshipful drama)로서의 장례

기독교 장례를 이해함에 있어 유념해야 할 중심 사상은 이것이다.
"장례는 본질적으로 한 편의 종교 드라마이다. 거기에는 대본이 있다. 플롯 구조가 있다. 배우들이 있다. 그 드라마가 펼쳐질 무대가 있다."

이것을 기억하면, 장례식의 다른 많은 부분들도 제자리를 잡는다. 장례식을 계획하고 진행하는 것은 단지 적절한 성경 구절을 선택하고, 알맞은 음악을 선정하며, 맞아 떨어지는 설교를 작성하는 것 이상의 일이다.

그것은 연극 한 편을 연출해 내는 일과 비슷하다. (장례식이라고 하는 종교 드라마에 참여하는) 배우들이 각자 자기 역할을 잘 알고 있는지 확인하고, 장례식에서 할 대사와 액션들은 그 예식이 사람들에게 들려주어야 할 이야기를 잘 살리고 있는지 확인하는 것이다.

이와 같이 주장하는 것과 관련하여 특별히 획기적인 것이 있는 것은 아니다. 결국 장례란 예배 행위이며, 기독교 예배란 근본적으로 일종의 드라마이며, 하나님의 백성들이 복음 이야기를 재현해내는 예전적 연극(liturgical theater)이다.

진정으로 모든 기독교 예식은 기독교인의 삶의 전반에 걸쳐 있으며, 교회가 자신의 믿음을 표출해내는 방식이자 믿음이 궁극적으로 추구하는 것을 담아내는 방식이다. 교회가 복음을 수행하는 이유는 자신이 이미 복음을 완전히 통달했기(master) 때문이 아니라, 복음이란 과연 무엇인가를 이해하기 위해서라고 생각하는 신학자 샤넌 크래이고-스넬(Shannon Craigo-Snell)은 다음과 같이 말한다.

> 극장에서와 마찬가지로 교회에서도 해석은 결코 개인적이거나 순전히 정신적인 문제만은 아니다. 해석은 전 인격적인(마음과 육체, 목소리와 영혼) 동시에 전 공동체적이다. 기독교 공동체는 자신들이 해야 할 행동(연기)을 자기와 성경의 관계에서 찾아낸다. 그들은 함께 소리치고 함께 춤추며, 함께 행복을 느끼고 함께 애곡하기도 한다. 그들은 또한 함께 빵을 굽고 요리를 만들고 찬양을 부르며 서로를 위로하고, 함께 수프 가게를 열어 노숙자들을 위한 기금 마련을 하기도 한다. 기독교적 해석이 정말로 연극 공연의 해석과 유사하다면 위에 열거된 이러한 행동들은 그저 해석에서 비롯된 이해의 결과물만은 아니다. 그런 행동들 자체가 해석 과정의 일부이다. 우리는 해석하고, 이해하고, 그러고 나서 우리의 이해에 근거하여 행동하는 것이 아니다. 오히려 우리의 행동은 우리의 해석의 일부분이요, 이해의 한 부분을 구성한다.

교회 안에서 발견된 예식과 공동체에 대한 강조는 이해와 행동 사이의 관계가 쌍방향적이라는 사실을 보여준다. 우리는 아이들에게 "예수 사랑하심은"이라는 노래를 부르도록 가르치는데, 그들이 이 진리를 이미 잘 알고 있으니 그것을 확증하라는 뜻에서 부르게 하는 것이 아니다. 오히려 그 노래를 부름으로써 아이들이 그 진리를 깨닫도록 해주는 것이다. 우리가 고개를 숙이고 무릎을 꿇고 손을 높이 들고 목소리를 높일 때 그것은 이미 획득된 이해를 표현하기 위함이라기보다는 오히려 하나님 말씀의 실재와 의미(reality and meaning)를 더욱 온전히 깨닫기 위함이다.[1]

복음의 이야기(gospel story)가 드라마의 형태로 재현되는 것이 예배라고 할 수 있다. 장례식에서 드려지는 예배의 경우 모든 초점은 죽음이라고 하는 사건을 중심으로 맞춰지게 된다. 그렇다면 장례식에서의 중심 주제는 복음의 이야기가 되고, 이번에 죽음을 맞은 그 사람의 인생 이야기는 복음의 이야기라고 하는 보다 더 큰 주제의 한 부분을 흘러가는 모티프가 된다.

아마 좀 더 정확한 표현은, 장례식이란 이 두 가지 이야기가 뒤얽혀 있는 것이라고 하는 게 맞을 것이다. 장례식에 참여한 믿는 자들은 복음의 약속들과 삶과 죽음에 관한 기독교의 믿음에 대한 확신들을 실행하기 위해 모인 사람들이다. 그리고 그 약속들과 확신들은 이제 막 죽은 이의 삶이라고 하는 프리즘을 통해 굴절되어 표현된다.

"장례는 복음의 예전적 드라마(gospel liturgical drama)이다"라고 말하는 것은 단순한 것처럼 보이고 사실이기도 하지만, 사실 이것은 수많은 현대적 장례 관습들로 인해 무뎌지고 어두워져 버린 측면이 있다. 장례는

---

[1] Shannon Craigo-Snell, "Command Performance: Rethinking Performance Interpretation in the Context of Divine Discourse," *Modern Theology* 16/4 (Oct. 2000): 481–82.

복음을 극적으로 재현하는 것이라는 점이 분명할 때, 그렇다면 장례는 '무엇이 아닌가'에 대한 밝은 빛을 비춰준다.

대중적인 오해에도 불구하고, 장례는 기본적으로 사람들이 모여 죽은 이의 유산을 되돌아보는 조용한 묵상의 시간이 아니다. 슬픔을 달래기 위한 종교적 제의도 아니다. 슬퍼하고 있는 유가족을 돕기 위한 공동체의 지지 표명도 아니다. 심지어 "삶의 경축"(celebration of life)도 아니다. 사실 좋은 장례란 이 모든 것을 행하는 장례일 것이다. 즉 슬픔에 싸인 자들을 위로하고, 죽은 자를 기억하고 기리며, 공동체의 관심을 표현하고, 조금 전 사망한 사람이 생애 가운데 누렸던 모든 기쁨과 모든 은혜들에 대해 감사하는 것이 좋은 장례이다. 그러나 이런 것들은 좋은 장례의 결과물들 중 일부분이 될 수는 있지만, 좋은 장례의 의미와 목적이라고 할 수는 없다.

1. 드라마로서의 장례: 세 가지 핵심적 통찰들

우리가 장례를 한 편의 종교적 드라마라고 하는 관점을 굳게 지킨다면 장례를 이해하고 준비하는 데 필요한 세 가지 핵심적 통찰들이 발견된다.

> 1) 장례에 사용되는 언어들(words)을 통해 복음이 선포되는 것이 사실인 것만큼이나, 장례 행위(actions)들을 통해서도 복음이 선포된다는 것 역시 사실이다. 세례를 발단으로 하여 시작된 드라마의 한 막(an act of drama)으로서 장례 전반은 복음을 선포한다.

제5장 예배 같은 드라마(worshipful drama)로서의 장례   177

한 명의 그리스도인이 죽을 때, 교회는 복음의 빛 아래에서 이 죽음의 의미가 무엇인가에 관한 이야기를 연기하려고 모인다. 그러나 그 이야기는 한 사람의 죽음보다 훨씬 전에 시작되었다. 그 이야기는 세례에서 시작된 것이다. 장례라고 하는 것이 세례라고 하는 기초석 위에 지어지는 건축물과 같기 때문에, 우리가 장례를 세례의 맥락 하에서 보지 않고서는 장례의 극적인 측면의 전모를 다 이해할 수 없다. 그래서 우리는 세례에서부터 시작해야 한다.

흑인들로 구성된 성바울침례교회(St. Paul's Baptist Church) 회중들은 매년 며칠간의 뜨거운 기도회와 활기 넘치는 부흥회를 가진다 그후 루이지애나 주 우아치타 강(Ouachita River)의 제방에 모여 새롭게 기독교 신앙을 받아들인 사람들에게 세례식을 거행한다. 그 교회의 오래된 구성원들은 강의 그 특정 지점을 가리켜 "오래 된 무덤 터"(old burying ground)라고 부른다. 왜냐하면 사도 바울이 세례에 대해 이렇게 말했기 때문이다.

> 그러므로 우리가 그의 죽으심과 합하여 세례를 받음으로 그와 함께 장사되었나니 이는 아버지의 영광으로 말미암아 그리스도를 죽은 자 가운데서 살리심과 같이 우리로 또한 새 생명 가운데서 행하게 하려 함이라(롬 6:4).

우아치타 강의 흐르는 물줄기에 죄인을 던지는 것은 상징적으로 그리스도와 함께 죽고, 깨끗하게 씻음 받아, 새로운 삶의 방식으로 일으킴 받는 것이 된다.

성바울침례교회의 교인들이 세례를 위해 모이는 날 그 우아치타 강은 물론 그냥 우아치타 강일수도 있지만 세례라고 하는 드라마 가운데에서 볼 때 그것은 단지 강 이상이 된다. 그것은 홍해이다. 하나님의 자녀인 이스라엘이 자유를 찾아 약속의 땅을 향해 가는 도중에 가로 질러 가는 홍해 말이다. 세례식이 있는 날, 우아치타는 예수께서 세례 받으시던 요단강이 되기도 하고, "하나님과 및 어린 양의 보좌로부터" 흘러나오는 "수정 같이 맑은 생명수의 강"(계 22:1)이 되기도 한다. 세례가 있는 날 성 바울침례교회의 목사는 골반 정도 높이까지 올라오는 강물 속에 들어가 이렇게 말한다.

> 우리는 바다로 굽이쳐 흘러가는 이 오래 된 강에 모여 있습니다. 우리는 다시 이곳에 돌아왔습니다. 동네에서는 이런 저런 일들이 있었습니다. 은행이 문을 닫았고, 쇼핑센터가 폐점했지만 이 오래 된 강은 계속 흐르고 있습니다. 우리는 다시 이곳에 돌아와 주님께 말할 것이라 생각했었지요. 그래서 우리는 지금 이 오래 된 강으로 말미암아 하나님께 감사를 드립니다.

세례 대상자는 "교회의 어머니들"로 불리는 나이든 여성도들이 만들어준 면으로 짠 가운을 입은 채 강둑 한 편에 서서 기다리고 있다. 목사가 손짓을 하자, 집사들이 세례 대상자들의 손을 잡고 한 명씩 한 명씩 강 아래로 데려온다. 이때 회중들은 "나를 강으로 데려가주오. 나를 강으로 데려가주오. 나를 강으로 데려가주오. 세례 받는 그곳으로"와 같은 오래 된 찬송가나 영가를 부른다.

세례를 받은 사람이 강에서 나오면 그들은 임시로 설치해 놓은 탈의실에 들어간다. 그리고 나올 때 눈부시게 하얀 "주일 옷"(Sunday Clothes)을 입고 나온다. 그리고 그들은 강으로 돌아가 다른 세례자가 세례를 받을 동안 찬양을 하고 기도를 드린다. 그런 후에 모든 회중들은 다시 교회 건물로 돌아가 새로운 성도들을 "교회의 교제 안으로 맞아들이는"(fellowshipped into the church) 축제 예식을 갖는다.[2]

성바울침례교회의 세례자들은 그저 세례에 대한 그들의 확신에 대해 말하는 것에서 멈추지 않는다는 것에 주목하라.

그들은 그날 그 강에서 기독교 공동체 연극이라 부를 수 있는 한 편의 드라마를 연기하였다. 세례는 그리스도와 함께 죽고 다시 일으킴을 받는 것이다. 세례는 죄 씻음을 받는 것이다. 세례는 그리스도 안에서 한 형제요 자매로서 믿음의 공동체 안으로 환영을 받는 일이다. 세례는 거룩한 소명에 반응하여 믿음의 여정을 시작하는 것이다. 이런 모든 세례에 대한 주장들이 그 세례 예식의 드라마 속에서 실행되었다.

이것은 세례가 어디서 혹은 언제 시행되든 다 마찬가지다. 우아치타 강의 개펄에 모여 있는 침례교인들이든, 위스콘신 주의 촛불을 켠 어느 교회 연못 주변에 모인 루터교 신자들이든, 텍사스 주에 있는 어느 대성당 세례성사에 참석한 가톨릭교도들이든, 그 세부적인 부분들은 모두 다르겠지만 본질적으로 그 세례의 드라마는 모두 같다.

그리스도인들은 세례를 위한 물(강, 호수, 수영장, 연못 등) 속에서 옛 사람에 대하여 "죽고" 이제 새로운 생명의 여정을 시작하기 위해 그 물 속에서 걸어 나온다. 기독교 운동의 가장 오래 된 명칭 가운데 하나가 "그 도"(the Way, 행 9:2)이다. 그 이유는 믿음이란 일련의 생각이나 지적 신뢰가 아니라, 생명의 길을 따라 걷는 여행으로 이해되기 때문이다.

예수께서 요단강 세례의 물속에서 걸어 나와 십자가로 향한 그 길을

---

[2] 이와 같은 루이지애나 주 먼로(Monroe) 시의 성바울침례교회의 침례 관습은 Annie Staten과 Susan Roach의 "Take Me to the Water: African American River Baptism,"에 묘사되어 있는데, 이 글은 원래 1996년 루이지애나 민속 페스티벌(Louisiana Folklife Festival) 소책자에 포함되어 있었으며, 지금은 다음의 웹사이트에서 확인할 수 있다. www.louisianafolklife.org/LT/Articles_Essays/creole_art_river_baptism.html.

걸어가신 것처럼, 그리스도인들 역시 세례의 물을 통과하여 예수께서 걸어가신 그 길을 따라 여행을 시작한다. 그리스도인들은 이 길을 홀로 걷지 않고, 세례의 드라마가 잘 설명해주듯, 성도들과 함께 동행하며 그 길을 걷는다. 세례받는 자들은 가시적으로 그리고 음성적으로 그 세례의 길을 따라 자신들을 위해 기도와 노래로 맞아주고 있는 믿음의 동반자들에 의해 둘러싸여 있다.

세례의 여정을 위한 기도에 대해 감독교회의 『공동기도서』(Book of Common Prayer)는 그 길에 대해 이렇게 지적한다.

"당신의 사랑을 증언하기 위해 그들을 세상 속에 보내소서."

그런 후 그 종착점을 이렇게 언급한다.

"그들을 당신의 화평과 영광의 충만함 속으로 데려오소서."[3]

장로교회의 『공동예배서』(Book of Common Worship)에 나오는 단어들을 통해 교회는 이렇게 약속한다.

"그들을 말씀과 행실로써 가르치고 양육하며 그들로 하여금 그리스도를 알고 따르도록 격려한다."[4]

기독교 장례는 세례 예배의 연속이며 마무리이다. 만약 세례가 그리스도인의 생애 가운데 처음에 시행되는 예배적 드라마(worshipful drama)의 한 형태라고 한다면, 삶의 끝에 펼쳐지는 장례 역시 똑같이 극적이며, 세례와 대칭을 이루는 예배적 공연이다. 세례적 노정을 따라 여행하던 그리스도인이 죽음을 맞을 때, 그 여정의 첫 지점에서 그를 인도하기 위해 함께 했던 믿음의 동반자들은 그를 마지막 지점까지 데려다 주는 일

3　*The Book of Common Prayer* (New York: Church Hymnal Corp., 1979), 306.
4　*The Book of Common Worship* (Louisville, KY: Westminster John Knox Press, 1993), 406.

에도 함께 해야 한다.

"그리스도와 함께 세례를 통해 죽임을 당함으로" 새롭게 그리스도인이 된 사람들은 "삶의 새로움 속으로 들어가기 위해" 그 물에서 건짐을 받아 올라오는 것이다. 장례식에서, 순례의 길을 걸어오던 바로 그 그리스도인들은 새로운 생명으로 그들이 다시 일으킴을 받으리라는 확신 속에 그리스도와 함께 다시 한 번 죽음 속으로 묻힌다.

세례식에서 그 그리스도인을 새 생명의 길로 인도하여 들이는 환영의 노래를 불렀던 자들은, 이제 그 주변에 둘러 모여서 죽음 가운데 있는 그를 하나님께로 인도하여 들이는 노래를 부르게 된다. 그들이 마치 세례의 물로 새로 그리스도인 된 자를 씻었듯이, 이제 그들은 사랑의 마음으로 죽은 자의 육신을 씻어준다.

그들이 새로 세례를 받게 된 그리스도인들을 그리스도의 의복을 입혀 가꾸어주었듯이, 이제 그들은 하나님을 만나기 합당한 옷으로 그 죽은 자에게 옷을 입히고, 그 옷에 세례의 상징을 달아주듯, 죽은 자의 관 위에 장식을 달아준다. 교회가 이제껏 그 세례 받은 형제자매와 함께 믿음의 길을 걸어왔던 것처럼, 이제 교회는 그에게 작별을 고할 그 장소까지 마지막 몇 마일을 그와 함께 걷는다.

그렇다면, 장례는 그저 누군가의 죽음에 맞춰 한 영감을 주는 말 몇 마디의 합계가 아니다. 오히려 장례란 교회가 믿음의 관점에서 볼 때 반드시 일어나야 한다고 생각하는 바로 그 행동들을 실행해내는 극적인 사건(dramatic event)이다.

이런 의미에서, 기독교 장례는 일종의 연극 상영 극장이다. 그러나 그것은 근현대적인 대중적 극장이 아닌, 고대의 종교 드라마의 형태와 유사성이 많다. 철학자 마르타 누스바움(Martha Nussbaum)은 언젠가 고대 그리스의 드라마와 현대 브로드웨이 스타일의 극장을 대조한 적이 있다.

누스바움에 따르면, 오늘날에는 연극을 관람하는 관중들은 어두운 극장의 "눈부신 고립의 환영 속에" 조용히 앉아서 "인공적 조명이 내리쬐어, 분리된 판타지와 신비의 세계인 듯 보이는" 무대 위에서 배우가 연기를 펼치는 것을 지켜본다.

고대 그리스의 연극은 그렇지 않았다. 그리스의 연극은 "엄숙한 시민/종교적 제의 도중에 펼쳐지며, 참관하고 있는 사람들은 이 연극이 지금 공동체가 추구하는 가치에 대해 면밀히 검토되고 있으며 그 내용을 소통하고 있는 중이라는 것을 인식하고 있었다." 또한 그 연극은 밝은 대낮에 공연되어졌고 "둥글게 둘러앉아" 즉 공동체의 한 가운데에서 관람하도록 되어 있었다. 사람들은 무대 건너편에 앉아 있는 이웃과 동료 시민들의 얼굴을 볼 수도 있었다. 누스바움은 이렇게 말한다.

"이런 행사에 반응하는 것은 삶의 한 방식을 인정하고 참여하는 것이다."

다른 예술 형태와 마찬가지로 그리스의 드라마이다.

"실제적이면서도 미학적인 관심사로 여겨졌다. 즉 그것은 좋은 삶에 대해서, 그리고 공동체적 자기 이해에 대해서 관심을 기울였다. 이런 방식으로 반응을 하는 것은 이미 더 위대한 이해로 나아가는 것이었다."[5]

그와 마찬가지로, 장례식에 모인 회중들은 교회 앞이나 장례식장의 예배실과 같은 "무대 위에서" 펼쳐지는 이미 제작된 연극을 그저 관람하기 위해 모인 것이 아니다. 사실 장례식에 모인 회중은 전혀 "관중"이 아니다. 그들은 배우이다. 그들 스스로 무대 위에 서 있다. 정확한 타이밍

---

5 Martha Nussbaum, *Love's Knowledge: Essays on Philosophy and Literature* (Oxford and New York: Oxford University Press, 1990), 15–16.

에 움직이고 동작을 해야 하는 배우들이다. 이 위대한 죽음과 삶의 드라마 안에서 노래하며, 말하며, 그리고 자기들이 맡은 대사 부분을 기도로 표현하는 배우들이다. 크레이고-스넬은 이렇게 주장한다.

> 모든 그리스도인들은 배우들이다. 그리고 모든 기독교인의 삶은 대본/성경에 따라 요구된 사건들을 만들어내고 표현해내기 위해 시도하는 공연과도 같다. 주일 아침 예배실 뒤쪽에 앉아 있는 성도나 단상 앞에 서 있는 성직자나 할 것없이 모두 배우들이다.[6]

심지어 교회의 일원은 아니지만 이 예식에 참석하고 있는 이웃들, 친구들, 가족들은 모두 하나님의 너그러우심으로 환대받으며, 이 드라마 안에서 강력한 역할들을 맡도록 초대된다.

2) 장례는 한 편의 드라마이다

따라서 장례에서 다른 어떤 이야기가 아닌 반드시 복음의 대본(gospel script), 즉 기독교적 이야기가 공연에 올려져야 한다는 것은 매우 중요하다.

우리는 지금껏 기독교 장례(의 용어들, 동작들, 움직임들)는 일종의 드라마적 사건으로 이해되어야 한다는 주장을 제기해왔다. 이런 주장을 펼친 주된 목적은 널리 퍼져 있는 하나의 전제, 즉 장례란 부드럽고 영감을 주는 위로의 말을 듣기 위해 함께 모여 있는, 그저 조용하고 심지어 수동

---

[6] Craigo-Snell, "Command Performance," 430.

적이기까지 한 사람들의 모임이라는 전제에 반대하기 위해서이다. 다른 계층의 사람들도 이러한 전제를 주장하기는 하지만, 주로 잘 교육받고 (경제적으로 성공하여) 교외 지역에 거주하는 백인들이 이와 같은 전제를 집요하게 주장하였다.

하지만 다른 각도에서 보면 장례의 드라마적 특징은 불가피한 것이다. 우리가 그 말에 찬성하든 그렇지 않든, 장례는 드라마이다. 그리고 심지어 "드라마적이지 않으려는" 시도가 있다하더라도 그 자체로 드라마적 형태가 된다.

예를 들어, 다소 슬프고, 매우 검소한 추모식을 생각해보자.

이런 검소한 추모식에 대해 제시카 미트포드(Jessica Mitford)는 장례와 장례업체 전반을 향해 던진 독설과 같은 그녀의 책, 『죽음에 관한 미국적 방식』(*The American Way of Death*)에서 바람직하다고 생각했다. 이 검소한 장례식의 주인공은 지방 판사였다. 예식은 어느 유니테리언교회(Unitarian, 삼위일체를 인정하지 않는 종파 – 역자주)에서 거행되었다. 그 교회는 꽃 장식과 "가게에서 구입한 단출한 화환" 하나를 제외하면 "전혀 장식물이 설치되지 않은" 그래서 상징물이 아예 없다고 할 수 있는 환경이었다.

오르간 반주가 있은 후, 제복을 갖춰 입은 주립법원 판사, 랍비, 회중교회 목사, 유니테리언교회 목사 등 네 명의 남자들이 연단으로 걸어 나왔다. 그리고 작고한 판사의 삶과 성품에 대한 "따뜻하고 생생한" 발언들을 해주었다. 그리고 그것으로 끝이었다.

> 마지막 발언자가 결론을 맺자, 네 사람은 모두 기립하여 연단 밑으로 내려왔는데, 그것이 일종의 추모식의 끝을 알리는 신호와도 같은 역할을 했다. 시신을 들여다볼 수 있게 준비해 놓은 관도 없었으므로,

예식에 참석한 우리들은 곧장 로비로 빠져나왔다.[7]

이런 추모식은 드라마적이지 않은(non-dramatic) 것처럼 보인다. 심지어는 의도적으로 반드라마적(anti-dramatic)인 것처럼까지 보인다. 하지만 이 역시 일종의 드라마라는 사실이라는 것은 피할 수 없다. 참석자들은 아마도 자신들이 죽은 자에게 "적절한 예를 갖추고" 있는 것이며 적절하고 근엄한 추모 예식에 참석한 것이라고 생각할는지 모른다.

그러나 이 예식을 드라마로 보자면 많은 사실들을 알 수 있으며 그것을 찾아내는 것은 어렵지 않다. 예를 들자면, "오르간 반주"를 선택한 것은 중립적 요소라고 할 수 없고 주일 예배 예식에서 차용해 온 것이며, 일종의 예배와 유사한 의식이 시작될 것을 알리는 역할을 하고 있다.

(성경 봉독 순서도 없고, 신에 대한 어떤 형태의 찬양이나 기도도 없으므로) 이 추모식은 거의 세속적인 것 같으나, 꽃장식과 화환이 놓여 있고 오르간 음악이 흐름으로써 흐릿하나마 성스러운 예식과 같은 느낌을 자아낸다. 세속적 예식이지만 예배당에서 벌어지고 있기 때문에 모든 느낌은 사뭇 "교회스럽고," 종교적 예식의 은은한 향기가 풍기고 있다.

죽은 자는 어디 있는가?

그의 육신은 관에 들어간 채 조문객들 시야에서 사라지고 없다. 이 예식에서 그는 완전히 영적 존재요 언어를 통해 되살아나는 "따뜻하고 생생한" 추억이 된다. 이 드라마의 절정의 순간은 사제의 복장을 입고 섬기는 (심지어 판사도 제복을 입었음) 네 명의 남자들이 죽은 자를 위한 헌정의

---

[7] Jessica Mitford, *The American Way of Death* (New York: Crest Books, 1963), 214. 미트포드가 이 추모식에 직접 참여했던 것은 아니고 남편이 했다. 따라서 여기 나오는 묘사는 그녀 남편의 묘사이다.

발언을 이어갈 때이다.

이 예식의 시간을 위한 성스러운 본문이 있다. 그것은 (성경은 아니지만) 죽은 자의 생애를 담은 전기문이다. "인간적이고 헌신적이며 거의 성자와도 같았던"(이 표현은 다시 미트포드의 말을 직접 인용한 것임) 한 남자에 대한 기억을 불러일으키는 감성적인 언어들을 통해 이 네 명의 사제와도 같은 역할을 하고 있는 인물들은 죽은 사람의 영적 실재를 불러내고 있는 것이다.

우리가 보고 있는 드라마는 축소주의자(minimalist)의 공연이다. 누군가 죽었다. 그리고 그를 사랑하고 존경했던 사람들이 모였다. 그들 앞에서 일종의 사제들이 죽은 이를 생각나게 하는 강력한 단어들을 쏟아냈다. 아마도 거기 참석한 누구도 이렇게 생각하지 않았을지 모르겠다. 그러나, 이런 소규모의 드라마는 사실 세속화된 형태의 교령회(交靈會, séance)와도 같다. 죽은 자는 어디에도 없는데, 사실은 그의 시신을 주위에 두지 않고 있는 것 자체가 이 드라마의 핵심이다. 그들이 필요로 하는 것은 그의 영혼이며, 그 네 명의 "사제"들은 긍정적인 추억을 통해 그의 영혼을 불러내고 있는 것이다.

그렇지만 이 드라마는 어디를 향해 달려가고 있는가?

이 연극의 플롯 구조의 결말은 어디로 가는가?

전통적인 기독교 장례의 경우 세례의 여정을 재현하는 것이 목적이지만, 이 예식의 경우 목적지 없는 순례(a pilgrimage to nowhere)를 표방하고 있다. 그 드라마가 끝났다는 유일한 신호는 그 발언자들이 갑자기 연단을 떠났다는 사실이다. 무덤가에 모여서 미쁘신 하나님의 손에 죽은 자를 돌려보내 드리는 것으로 예식을 끝내는 대신, 이 예식은 "로비로 쏟아져 나오는" 것으로 일단락되었다.

몇 년 전, 메이저리그 야구 시즌 도중 한창 전성기를 달리고 있던 한

제5장 예배 같은 드라마(worshipful drama)로서의 장례

유명 선수가 사고로 죽었다. 전날까지 생명으로 가득했던 한 활기 넘치는 젊은 스포츠 영웅이 그 다음날 예기치 않은 죽음을 맞았다. 이로 인해 그의 가족과 그의 팀과 그 팀이 속한 도시에는 큰 상실을 안겨주었다. 다음 날 그의 팀은 홈에서 경기를 치르게 되었는데, 모두 한 마음으로 무엇인가를 해야 하며, 일종의 예식이 거행되어야 한다는 것을 알았다.

하지만 어떤 예식이어야 하는가?

경기 당일, 국가가 연주되고 난 후 장내 아나운서는 모두가 침묵 가운데 자리에서 일어나 주기를 요청했다. 관중들이 일어났을 때 죽은 선수의 팀 동료들이 유니폼 한 쪽 팔 위에 검정색 완장을 차고 투수 마운드 위로 뛰어나와 슬픈 마음으로 서로를 얼싸안았다.

그것은 참 적절한 행동인 것으로 보였다. 그리고 잠시 동안 경기장에 있는 이들이나 관중석에 있는 이들 모두 그 감동의 순간에 잠겼다. 그러나 그 상황은 조금은 어색하게 마무리되었다.

선수들이 얼싸안고 나서 그 다음으로 무엇을 했겠는가?

그들이 글러브를 두들기며 각자 포지션으로 걸어 들어가는 것은 자비롭지 못한 것으로 보일 수 있다. 그렇다고 그들이 영원히 끌어안고만 있을 수는 없는 노릇이다. 마침내 하나씩 하나씩 포옹을 끝내고 천천히 그리고 조금은 불편한 마음으로 그 자리를 벗어났다.

미트포드가 묘사한 추모 예식에서와 마찬가지로 이 야구장에서의 예식 또한 가야할 지향점이 없다. 이는 참석자들에게 확신이나 영리함이 부족해서가 아니라, 이 예식이 근거하고 있는 이야기가 종착역이 없는(no destination) 죽은 자의 이야기이기 때문이다.

기독교 신앙에서는 죽은 자가 가야할 곳이 있다. 이것이 복음의 진리이다. 모든 장례는 이런 식이든 저런 식이든 일종의 드라마라는 사실을 우리가 인지할 때, 이제 물어야 할 중요한 질문은 바로 이것이다.

"이 드라마는 좋은 드라마인가, 나쁜 드라마인가?"

혹은 이 말을 신학적으로 표현하자면, "그 드라마는 삶과 죽음에 관한 진리를 서술했는가, 그렇지 못했는가?"

기독교 장례의 경우 그 질문은 더욱 예리해진다.

"그 드라마는 복음 진리를 서술했는가, 아니면 혹시 엉뚱한 이야기를 전달했는가?"

여기에 다시 한 번 우리가 기독교 장례라 부를 수 있는 예배적 드라마의 기본 플롯을 소개한다. 하나님의 자녀요, 세례 받은 기독교인이며, 예수 그리스도의 제자이고, 성도인 한 사람이 죽음을 맞는다. 그가 속한 공동체는 매장(화장, 시신 기증 등)을 위해 정성껏 사랑을 담아 시신을 준비한다.

시간이 되면 그 동안 이 성도와 함께 믿음의 길을 함께 걸어오던 사람들이 모여 이제 그의 시신을 작별의 장소로 옮긴다. 그 장소로 이동하면서 예배를 드린다. 그 여정은 죽음이라고 하는 사실 때문에도 필요하고 또한 이제 완성을 향해 치달아가는 세례의 여정에 대한 상징이 되기도 한다.

작별의 장소에 이르면 눈물과 감사로써 그들은 이제 그들이 사랑했던 자를 하나님의 손에 보낸다.

이 드라마에서 어떤 진리가 이야기되고 있는가?

죽은 자는 성도이다. 그 시신은 존귀히 여겨진다. 하나님은 이 죽음의 순간에도 신뢰할 수 있는 분이시다. 세례의 여정은 하나님의 품으로, 그리고 성도의 교제 속으로 이어진다. 그리고 죽음은 죽은 이와의 관계를 파괴시키지는(destroy) 않으나 변화시킨다(change).

이런 기본적인 드라마의 플롯을 공연하는 다양한 다른 방법들이 존재한다. 어떤 기독교인들은 시신을 자신들 손으로 직접 준비한다. 그러나 다른 기독교인들의 경우에는 이 성스런 직무를 장의사에게 일임하기도 한다. 어떤 이들은 관을 교회에서부터 장지까지 운구한다. 하지만, 또 어떤 이들은 관을 영구차에 싣고 수 마일 떨어진 공동묘지로 이동한다. 어떤 교인들은 공식적인 장례 예배를 위해 교회를 들른다. 하지만, 또 어떤 사라들은 곧장 장지로 간다. 그러나 이 드라마의 기본적인 모양은 항상 일관성을 유지한다.

우리가 죽음과 관련해 펼쳐진 이러한 복음의 드라마의 가치를 굳건히 붙잡지 않으면 기독교 장례는 부서지기 쉽다. 그리고 그 대본을 왜곡하게 만들고 장례식에서 복음의 이야기가 아닌 엉뚱한 이야기를 공연하게 하는 문화적 압박이 언제나 있다.

예를 들어, 여기에 제시된 전형적인 장례에 대한 필자의 묘사를 보자. 여기 나온 묘사는 오늘날 기독교 장례의 보편적인 양상을 반영하고 있는데, 이 장례는 '드라마'라는 측면에서 잘못된 쪽으로 나간 장례이다.

> 장례가 열린 것은 화요일 오후 2시, 장소는 지역 장례식장의 한 예배실이다. 건축학적으로 말하자면 그 예배실은 장점과 단점이 모두 있다. 좋은 측면을 말하자면, 장의자, 설교 강대상, 꽃, 고딕 양식의 창문에 그려진 스테인드글라스 등이 있어서 그 예배실은 교회 (혹은 회당) 느낌이 난다. 나쁜 점이 있다면, 그 예배실은 장례식장의 다양한 고객들의 필요를 만족시켜야 하기에, 특정 신앙과 전통이라고 연결 지을 수 있는 상징, 다른 말로 하면 어느 특정한 성스런 이야기를 식별해 낼 수 있는 상징이 없다는 점이다. 그 예배실은 분명히 "종교적"이긴 하다. 양초는 있지만 십자가나, 세례 욕조, 성경, 제단, 성만찬상 등은 그곳에 없다. 창문에 멋진 도상들이 그려져 있지만 어느 것 하나 식별 가능한 것은 아니고, 그저 멋지게 도안된 문양들이다.

시간이 되어 목재 차단막에 가려져 잘 보이지 않는 곳에 자리 잡은 오르간 연주자가 찬송가 메들리를 은은하게 연주하기 시작하고, 몇십 명 정도의 사람들, 즉 죽은 사람의 이웃들, 교회 동료들, 친구들 등이 장례식에 참석하기 위해 모여든다. 장례식장 안내자들이 나와서 이들을 맞으며 인쇄 된 순서지를 건네면서 예배실 쪽으로 안내한다. 2시 정각이 되자 장례식 직원들이 유가족을 예배실 중앙 통로 쪽으로 안내하여 들어왔고 회중석 가운데 별도로 예배된 위치에 앉게 한다.

가족이 자리에 앉자 예배실 앞쪽 좌편 문이 열리고, 두 명의 장의사가 수레 위에 관을 싣고 들어와 예배실 앞 중앙부, 그러니까 강대상 바로 아래에 위치시킨 후 조심스런 태도로 한 사람은 예배실 왼쪽으로 또 다른 한 사람은 예배실 오른쪽으로 이동하여 선다.

이때, 목사는 강단에 나가서 성경 구절을 얼마간 읽고 짤막한 기도를 한다. 독창자는 "내게 강 같은 평화"를 노래한다. 곧이어 가족 두 명과 가까운 친구 한 명 등 총 세 명의 발언자들이 나와 고인에 대한 감동적이고 재미난 추억을 이야기한다. 이 발언들이 끝나자 목사는 시편 23편과 요한복음 10:11-18을 본문으로 짧은 설교를 전한다. 그 설교에서 목사는 청중들에게 하나님은 우리를 "사망의 음침한 골짜기"에서 인도해주시며 그리스도는 우리의 "선한 목자"이시고 고인은 이제 하나님의 양 떼들 가운데 들어갔음을 확신시킨다. 목사는 이 설교에서 고인의 성품과 특징을 엿보게 하는 두세 가지 일화를 소개하고 "하나님은 우리의 슬픔 가운데 우리와 함께 하시며, 고인이 된 쌤(Sam) 또한 지금 우리와 함께 하고 있다. 우리는 언제나 쌤에 대해 우리가 가지고 있는 추억들을 간직할 것이며, 그는 영원히 우리에게서 잊히지 않을 것이다"라는 말로 설교를 마친다.

목사는 다시 한 번 기도하는데, 이번에는 고인의 인격적 특징들 몇 가지를 언급하고 그것에 대해 감사하는, 아까보다 좀 더 긴 기도를 올린다. 그런 후에 회중들은 "저 장미꽃 위에 이슬"(In the Garden)이라는 찬송을 부른다. 목사가 축도하자 오르간 연주자의 "내 기도하는 그 시간"(Sweet Hour of Prayer) 연주에 맞춰 조금 전까지 예배실 양쪽에 나누어 서 있던 장의사 직원들이 관 곁으로 다가가 양쪽을 붙잡고 영구차가 대기하고 있는 쪽으로 관을 밀고 나간다. 또 다른 장례식장 직원이 가족들을 자리에서 일으켜 측면 문쪽으로 안내한다. 그들은 대기 중인 차량에 탑승하고 운구차와 차량들이 간단한 하관 예배를 위해 묘지까지 행렬을 이루어 떠난다. 참석한 사람들 중 남은 사람들은 예배실 중앙문으로 나와 주차장으로 향한다. 대부분 이쯤에서 떠나지만 몇몇 사람들은 묘지를 향해 떠났던 차량 행렬 뒤에 따라붙는다.

지금까지 묘사한 장례가 기독교 장례가 아니라고 말한다면 이는 너무 야박하고 결국에는 맞지 않는 말이 될 것이다. 이 장례는 기독교 장례가 맞다. 하지만 이 장례식에서는 기독교 장례의 본질적 드라마의 많은 부분이 어수선하게 되어버렸고, 모호해졌으며, 어느 정도는 훼손되었다.

그 결과 여기 담긴 이야기는 애매모호하게 되었고, 장례식을 통해 전달할 수 있는 복음의 능력이 어디론가 휩쓸려 나가버렸다. 나는 이 장례식에 대한 비판적 분석을 하기 원한다. 그렇지만 그것을 하기 앞서 일찌감치 덧붙이고 싶은 말이 있다.

내 의도는 과거 혹은 미래의 어떤 장례식이 올바르지 않다는 것을 선언하고자 함이 아니라는 점이다. 내 자신의 가족들도 앞에 언급한 예와 같은 장례절차를 통해 사랑하는 가족을 장사지냈었다. 제 아무리 훌륭한 예전도 완악한 마음을 가진 사람들에게 예배를 강요할 수는 없고, 아무리 서투른 예전이라도 감사하는 마음으로 하나님을 찬양하고 하나님의 임재라고 하는 은혜로운 신비 앞에 엎드려 경배하고자 하는 것을 막을 수는 없다.

그러므로 나는 앞에서 예로 제시한 장례를 현미경 아래에 들이대고자 한다. 이는 그것을 무효화시키기 위해서가 아니라, 오히려 우리의 분별력을 더욱 정밀하게 만들고, 장례를 시행함에 있어 더욱 신실한 마음으로 그 예식을 수행하기 위해서이다.

나는 이 장례의 네 가지 측면, 즉 그 예식이 시행된 장소, 참석자들, 사용된 언어들과 동작들, 그리고 예식에 드러난 신학 등을 분석하고자 한다.

⑴ 장소

이 장례식은 장례식장 내의 예배실에서 열렸다. 장례식장의 일반적인 건축 양식과 내부 장식의 특성상 어쩔 수 없이 애매모호한 장소일 수밖에 없다. 물론 기독교인들은 운동경기장에서나 영화관이나 초원 위에서나 대성당 등 어디서나 예배할 수 있다. 그리고 그렇게 하는 것이 필요하다면 교회는 장례식장의 시설을 이용하여서도 신실한 마음으로 죽은 자를 추모할 수 있다.

장례식은 어디서 거행되어야 할까?

교회에서?

장례식장에서?

공동묘지 예배실에서?

공공 예배실에서?

강당에서?

아니면 무덤가에서?

각각의 장소에 대해 합당한 변호를 할 수 있을 것이다. 그러나 우리가 기독교 장례가 본질상 가만히 앉아서 하는 것이 아니라 행진을 하는 것임을 기억할 때 장소에 대한 논의는 새로운 각도에서 다시 이루어질 것이다.

현재 우리들의 장례 관습에서 이렇게 하는 것을 찾아보기 힘들기는 하다. 하지만 기독교 장례가 펼쳐져야 할 곳은 실내 공간 안에서가 아니라 길 위에서, 즉 순례자의 길 위에서이다. 장례는 단지 한 장소에서 일어나는 것이 아니라 한 지점에서 다른 지점으로 이동하면서 일어난다.

그리스도인 하나가 죽으면 공동체는 활동을 시작한다. 시신을 수습하고, 씻기고, 옷을 입히고, 매장을 위한 준비를 한다. 시간이 되면 친구들과 동료 교인들은 죽은 자를 매장 장소로 옮긴다. 옮기면서 예배를 드린다. 죽음의 장소에서 시작하여 작별의 장소로 나아가는 이 지속적인 움직임은 세례부터 무덤까지의 그리스도인의 삶의 위대한 호(弧, arc)의 마지막 부분이다.

교회의 형제자매들과 함께 그 길을 따라 이제껏 함께 해 왔던 것들을 이제 죽음의 때에도 계속해서 하는 것이다. 시신의 수습, 이동하면서 드리는 예배, 무덤가에서의 작별 등 이 모든 것들이 기독교의 장례를 구성한다.

물론, 대부분의 사람들이 "장례식"이라고 부르는 것은 건물 내부에서 이루어진다. 사람들은 교회 또는 예배 처소에 가서, 자리에 앉아, 예배에 참여한다. 그러나 이것은 실내에서 이루어질 때 가장 잘 수행될 수 있는 예배의 행위들을 위하여 길을 가던 도중에 잠시 장례 행렬이 멈춰서는 순간, 그러니까 전체 장례라고 하는 드라마의 한 부분으로 이해하는 것이 가장 좋다.

1662년의 성공회 『공동 기도서』(*Book of Common Prayer*)를 보면, 사제를 위한 다음과 같은 지침이 나온다.

"사제와 집사는 교회 뜰로 들어서는 입구에서 시신을 맞이하고, 교회 안에로 들어올 때나 무덤을 향해 나갈 때 항상 그 앞에 앞장서며, '나는 부활이요 생명이니'라고 말하거나 노래해야 한다."

한 번 이 장면을 머릿속으로 그려볼까?

저쪽 길에서 한 무리의 사람들이 다가온다. 가족들, 친구들, 이웃들, 교구민들. 그들이 죽은 자의 시신을 관에 담아 운반하여 다가오고 있다. 여기 오기 전에 죽은 자의 집에서는 어떤 일이 있었겠는가?

아마도 사람들은 그 시신을 침대 위 혹은 가족들 식탁 위에 반듯하게 올려놓고, 사랑스런 손길로 그를 씻기고 옷을 입혔을 것이다. 이제 사람들은 죽은 자를 집에서 교회로 데려오고 있다. 그 행렬이 교회 뜰 입구 쪽을 향한다. 그곳에서 사제들이 제복을 갖춰 입은 채 기다리고 있다. 그리고 순례자들이 도착하면 사제는 행렬에 합류하고 교회 건물 안쪽으로 혹은 묘지 쪽으로 향하여 나아간다. 그러면서 복음의 약속들을 노래하기 시작한다.

행렬이 교회로 들어가는 것이라면, 계속 묘지를 향해 나아가기 전 잠시 성경 말씀 몇 구절을 낭독하기 위해 잠시 멈추는 것일 뿐이다. 이 순간에 있어서 중요한 것은 움직임이다. 이것은 지금 어디론가를 향해 나아가고 있는 사건이다. 단지 죽은 자의 시신이 어딘가에 묻혀져야 하기 때문만이 아니다. 믿음 안에서 하나님의 귀한 성도가 "계속해서 순례를 하고 있다"는 하나의 표징으로서 움직이는 사건이라는 것이다. 믿음의 순례를 지금껏 해오다가 이제 지상에서의 마지막 길에 도달한 세례 받은 신자가 이제 하나님께로 계속해서 나아가는 중인 것이다.

오늘날 이러한 행렬의 움직임은 몇 가지 이유 때문에 퇴색되고 있다.

첫째, 죽음에 대한 많은 것들이 이제 가정과 사랑하는 자들의 손에서 벗어나 전문가들의 손에 넘겨지고 말았다. 사람들은 이제 대부분 기관(병원, 양로원, 호스피스 시설 등)에서 죽음을 맞이한다. 그래서 시신은 죽음을 맞은 침대에서 곧바로 시체보관소로, 그리고 다시 장례식장으로 인계된다. 그곳에서는 가족 구성원들이 아닌 장의사들이 매장을 위한 준비를 한다. 그리하여 집에서 교회, 교회에서 무덤으로 나아가는 연속적인 동선이 사라지게 된 것이다.

둘째, 한 때 매장지는 가족들의 농장이나 교회 뒤뜰, 또는 마을의 중심부에 있어서 걸어서 갈만한 거리였었다. 그러나 점차 공동묘지들은 교회나 마을에서 먼 곳으로 옮겨졌다. 이러한 트렌드는 15세기 후반 유럽에서 일어난 일이다. 그 당시 교회의 매장 공간은 심각한 포화상태가 되었다. 또한 공공 위생에 위협이 되는 것으로 인식되었다.[8] 신대륙(New World, 미국 - 역자주)에서는 시골 지역에 공원과 같이 가꾸어 놓은 공동묘지의 개발이 19세기 낭만주의적 "교외 지역 공동묘지" 운동의 트렌드가 되었다.[9]

앞 장에서 살펴보았듯, 묘지를 먼 곳에 둔 결과로 장례 예식은 점차 두 개의 별도의 예식으로 나뉘어졌다. 하나는 교회에서, 그리고 또 다른 하나는 무덤가에서 행해지는 예식 말이다. 이러한 파편화의 한 예로서 화이트(White)는 다양한 시기에 발간된 『공동기도서』(Book of Prayer)에 나타난 하나의 통합된 예식에서 두 개의 예식으로의 진화를 추적하여 장례

---

8 Craig M. Koslofsky, *The Reformation of the Dead: Death and Ritual in Early Modern Germany, 1450–1700* (New York: St. Martin's Press, 2000), 2 - 3.
9 See, for example, David Charles Sloane, *The Last Great Necessity: Cemeteries in American History* (Baltimore: Johns Hopkins University Press, 1991), esp. 44 - 64.

와 관련해 공동기도서에 일어난 일이 또한 감리교, 가톨릭, 그리고 대부분의 다른 교단의 기도서들에서도 나타난다는 것을 지적한다.

『공동기도서』 1662년 판에 나오는 지침에서 보이듯, 예배는 길에서 시작되고 무덤에 도착하기까지 그침 없이 연속적으로 이루어졌다. 그러나 1928년 판에 이르면 하나의 통합된 장례예식이 아니라 두 부분, 즉 "교회에서의 예식"(The Service in the Church)과 "매장"(The Burial)으로 나뉜 장례 예식이 발견된다. 그런데 최신판 『공동기도서』를 보면 이 구분은 더욱 분명해진다. "죽은 자의 매장"(The Burial of the Dead)과 "의탁"(The Committal) 등의 더 세분화된 이름을 사용하여 이 둘이 서로 별개의 예식임을 암시하고 있다.[10]

이처럼 분리되면서 이 두 부분의 예식(주로 교회 건물 내에서 행해지는 기도와 교훈의 예식, 그리고 무덤에서 행해지는 의탁의 말씀)은 장례라는 전체 드라마 내에서 연속되는 행위들이라는 원래의 특성을 잃은 채, 사람들의 뜻에 따라 체스판 위에서 이리 저리 움직일 수 있는 체스 말들이 되었다. 장례는 교회 내에서의 예식만 포함하고 매장 예식은 포함하지 않을 수는 없으며, 그 역도 마찬가지다.

그런데 이상하게 보일지 모르지만 두 예식은 반대의 순서로 진행될 수는 있다. 요즘에는 가까운 가족들끼리 조용히 매장 예식을 먼저 치른 후에 보다 더 대중적인 "추모 예식"을 교회에서 시신이 없는 채로 갖는 경우가 늘고 있다.

이렇게 하는 데에는 다 이유가 있는데 목회적이고 심리학적 이유 때

---

10 Susan J. White, *Christian Worship and Technological Change* (Nashville: Abingdon Press, 1994), 75–78.

문이다. 그러니까 "자, 먼저 슬픈 부분은 먼저 털어내 버리고, 그런 다음 시신이 없는 상태에서 부활의 축제를 벌이자"라는 취지이다. 그러나 논리적으로 볼 때 이런 식의 장례는 마치 비공개의 장소에서 신랑, 신부가 성혼 선언을 하고 난 뒤에 교회로 가서 혼인 서약을 하는 것과 비슷한 것이 된다.

물론 과거 시대로 돌아가려는 게 아니다. 예외는 여전히 존재하지만, 오늘날 대부분의 장례가 수세기 전 시골 마을에서 펼쳐진 장례식이나 뉴올리언스 지역의 재즈 장례식(jazz funerals) 같지는 않다. 사람들은 집에서 교회로, 그리고 무덤으로 걸어가지 않는다.

그리고 장례 예식에서 일어나는 대부분의 일은 공동묘지로 가는 길 위의 행렬 안에서가 아니라 건물 내부에서 일어난다. 그러나 만일 우리가 행진하는 일의 상징 속에 내포되어 있는 가치를 인식한다면, 우리는 행진의 힘을 건물 중심적 예식에도 통합시킬 수 있는 좋은 방법들을 발견할 수 있다. (이에 대해서는 나중에 다른 장에서 더 자세히 설명할 예정임.)

원래의 질문을 돌아가서, 만약 대부분의 장례식이 건물 안에서 실시된다면 어떤 건물이 제일 나을까?

신학적으로 볼 때, 교회 건축물이 가장 좋다고 말할 수 있다. 공동체가 매주 모여 예배 행위를 수행하는 바로 그 건물이야말로 공동체가 죽음의 시간에 그 특별한 목적을 위한 예배로 활용해야 할 최적의 장소인 것이다. 공동체가 새로운 교인에게 세례를 베풀었던 곳이 바로 교회 건물 내부이다. 그리고 공동체가 그에게 작별을 고하는 최고의 장소도 그 교회 건물 내부인 것이다.

때때로 이런 식으로 말하면서 교회에서의 장례식에 반대하는 유가족들이 있을 수 있다.

> 우리는 엘리자베스의 장례를 교회에서 치르고 싶지 않아요. 그렇게 되면 우리는 이제 다시는 슬픔에 잠기지 않고는 이 교회에서 예배를 드릴 수 없게 될 거니까요. 지금부터 우리가 이 교회 안에서 생각할 수 있는 거라곤 그 장례식과 그녀의 죽음과 우리의 슬픔뿐일 겁니다.

이런 거부감은 충분히 공감할 만한 거부감이다. 하지만 우리는 최소한 다음의 두 가지 이유들 때문에 그러나 정중한 태도로 이런 거부감에 대해 도전해 주고 반대해야 한다.

첫째, 아주 예외적인 병리학적 케이스를 제외하면 이처럼 유가족이 교회에 올 때마다 죽음의 트라우마와 장례식의 슬픔을 계속해서 느낄 것이라는 것은 사실이 아니다. 극심한 슬픔의 경험이라 할지라도 그들이 두려워하는 것처럼 그렇게 오래 지속되지 않는다.

둘째, 이것이 더 중요한데, 예배당에서 이루어지는 다른 모든 일들과 장례식을 연계하는 것은 극복해야 할 문제라기보다는 오히려 혜택이다. 매 주일마다 하나님의 언약의 말씀이 선포되어지는 장소인 예배당이야말로 죽음의 시간을 맞아 그 말씀을 다시 듣는 최적의 장소라 할 수 있다.

대부분의 교회 건물은 건축물과 추억을 통해, 장례식의 가장 본질적인 사명들 중 하나인 복음을 이야기하는 것을 시작한다. 나무와 돌로 만들어진 교회 건물은 정기적 예배와 그 건물 양식과의 관계를 통해 복음을 선포한다.

그 교회 건물이 제단 위에 초가 켜져 있어서 실내가 어둑어둑한 고딕 양식의 건물이든, 유리에 아무 장식도 넣지 않아 깨끗하게 되어 있으며 건물 벽체를 하얗게 칠해 놓은 청교도들의 예배처소이든, 아니면 회중석이 무대를 중심으로 둥글게 배치되어 있고 빔 프로젝터가 설치된 현대식 예배당이든 상관없이, 그 건물은 거기 속한 신앙 공동체 구성원들에게 이렇게 말하고 있다.

> 이곳은 십자가의 자리요, 기도를 위한 쉼터이며, 주님의 길을 따라 걷는 자들의 축제의 장소입니다. 이 예배의 장소는 우리가 하나님께 어떻게 나아가는지에 대한 증거가 됩니다.

축제의 시간이든 평범한 시간이든, 우리의 출생과 우리의 결혼, 우리의 나이 들어감, 우리의 죽음 등으로 표시된 모든 시간들은 예배의 장소에서 기도를 통해 하나님께 바쳐진다. 복음에 대한 매주일의 설교와 장례를 맞아 선포하는 "사망을 삼키고 이기리라"(고전 15:54)는 선포 사이에는 깊은 연관성이 있다. 주의 만찬과 하늘나라 잔칫상에 둘러앉은 성도들의 만찬 사이에는 심오한 연관성이 있다.

장례식에서, 즉 상실과 슬픔의 한 복판에서, 이곳이 바로 즐거운 부활의 소식을 축하하는 장소라는 것을 기억하는 중요한 일이다. 죽음을 직면하여 두려워하고 있을 때 나팔 소리가 울려 퍼지는 부활의 아침을 맞아 "두려워 말라"는 부활의 메시지를 듣는 것은 참으로 좋은 일이다.

장의사인 토마스 린치(Thomas Lynch)가 그의 책 『청부』(*The Undertaking*)에서 다음과 같이 말한다.

> 내가 운영하는 장례식장에서 열리는 장례식들에는 근본적으로 결핍되어 있는 것이 있는데, 한 가족의 삶 안에서 발생한 죽음에 연결된 결혼, 그 결혼에 연결된 아이의 탄생 등이다. 우리 장례식장에서는 결혼식도 세례식도 없는데, 나에게 비용을 지불하는 고객들은 아마도 우리의 삶과 죽음 사이의 명백한 관계들을 보지 못하는 듯하다.

출생과 죽음과 같이 우리 삶에 단 한 번 일어나는 일이든지, 아마도 결혼의 경우처럼 두 차례 벌어지는 일들을 기리기 위해 실시하는 예식들은 똑같은 감정적 메시지를 전달한다. 그것은 바로 상실과 획득, 사랑과 슬픔과 같은 모든 것이 송두리째 바뀌어 버렸다는 메시지 말이다.[11]

기독교 장례를 교회에서 치르는 것이 바람직함에도 불구하고 때로는 실무적인 문제들로 인해 방해를 받기도 한다. 아마도 교회는 예상되는 참석자 수에 비해 너무 크거나 너무 작을 수 있다. 그리고 장애인들이 접근하기 어려운 건물들도 있다. 아니면 장례식이 멀리 떨어진 도시에서 치러져야 할 필요가 있는 경우도 있다.

만약 장례가 교회 아닌, 예를 들어 장례식장이나 공공 강당과 같은 다른 건물에서 치러져야 한다면, 그 공간이 기독교 예배의 장소로 보일 수 있도록 최선의 노력을 경주하여야 한다. 십자가, 성경, 현수막, 혹은 그 밖의 기독교 상징물로 만들어진 예술품 등이 보이는 곳에 진열되게 할 수 있다.

물론 또 다른 선택으로, 전혀 교회 건물을 거치지 않고, 옛 기도서들이 제안하듯이 참석자들이 곧장 무덤가로 가는 방법도 있다. 이런 경우에, 공동묘지는 그 자체로 성소가 된다. 종종 그곳에는 기독교 상징물들로 가득 차 있다. 그리고 무덤을 향한 예배자들의 행렬 자체가 그리스도인의 삶의 여정을 증거한다.

---

11 Thomas Lynch, *The Undertaking: Life Studies from a Dismal Trade* (New York: W. W. Norton, 1997), 37.

(2) 참석자들

앞에서 예로 언급한 장례식은 참석자들이 적었다. 그런데 이런 현상은 이제 특별한 것이 아니다. 주목할 만한 예외적 사례들도 있지만, 북미 지역의 경우, 유가족들이 친구 등으로 구성된 조문객들을 허용하는 장례식에 있어서 점점 조문객들의 수가 줄어드는 경향을 보이고 있다. 그런데 역설적이게도 심야 조문, 시신 참관(viewings of the body) 등을 방문하는 조문객들의 수는 여전히 예전의 수준을 유지하고 있다.[12]

이런 현상에 대해 수많은 설명이 가능하다. 많은 관찰자들은 주된 요인을 현대 사회의 노동 패턴의 변화로 보고 있다. 여기 예로 제시된 장례식에서와 마찬가지로 장례식은 주로 주중에 실시된다. 이제 더 이상 누군가의 죽음을 알리는 동네교회의 종소리가 울려 퍼질 때, 유가족들을 돌보기 위해 그리고 장례식을 준비하기 위해 그 소리를 들은 모든 이들이 농장에서 하던 일을 멈추던 그런 시대는 지나버렸다.

고용주들은 자신의 노동자들이 (친족의 장례인 경우를 제외하고는) 장례식에 참석하기 위해 업무를 멈추는 것에 거부감을 갖고 있다. 그리고 직장에 오가는 생활 패턴, 그리고 또 다른 삶의 의무들 때문에 주중에 시간을 내어 장례식에 참여하는 것은 무척 힘든 일이 되었다.

이런 문제들을 해결하고자 하는 노력의 일환으로, 어떤 교회들은 유가족들에게 장례를 저녁 시간 혹은 주말에 치르도록 권유하기도 한다. 어떤 공동체에서 장례식 참석자들을 늘리는데 효과적인 것으로 입증된

---

12 Paul E. Irion, *The Funeral: Vestige or Value* (Nashville: Abingdon Press, 1966), 18 – 19. 목회신학 교수이자 미국 장례 동향 연구자인 이리언(Irion)은 1960년대 중반에 장례식 참석자의 감소 현상에 대해 언급한 바 있다. 그가 연구한 바에 따르면, 이러한 변화의 결과로 장례식은 공적인 예식에서 사적인 예식이 되어가고 있으며, 보다 광범위한 인종적 사회적 공동체의 행사에서 가족의 행사로 변화해가고 있다.

방식 가운데 하나가 있다. 유가족들이 친구들을 영접할 때 조문과 시신 참관 등의 순서를 늦은 오후 또는 이른 저녁에 교회에서 갖고 나서 곧바로 장례를 진행하는 것이다.

그러나 이러한 방식에 있어서 한 가지 문제점은 매장이 다음 날로 미루어질 수 밖에 없다는 것이다. 일반적으로 밤중에 매장 예식을 한다는 것은 적합하지 않으며, 많은 묘지들이 이를 규정상 허용하지 않고 있기 때문이다. 저녁에 장례식에 참여했던 사람들이 다음날 진행되는 매장예식에는 일반적으로 다시 참석하지 않는다는 사실을 고려할 때 이러한 장례와 매장 사이의 시간적 간격은 장례식의 예전적 흐름을 깨드린다.

그러나 참석자 감소의 문제는 전적으로 스케줄 때문만은 아니다. 그것은 장례 자체에 대해 사회적 종교적 중요성이 줄어들고 있다는 표지이기도 하다. 많은 사람들이 오늘날 장례식 가는 것을 회피하고 있다. 그들이 그곳에 가기 위해 시간을 비우기가 힘들다는 것이 그런 회피의 주된 이유는 아니다. 솔직히 말해 그들이 거기 참석한들 뭐가 좋은지를 알 수 없기 때문에 참석하지 않는 것이다.

오늘날 문화적 상황을 고려하면, 우리는 그들을 비난할 수 없다. 우리가 보듯이 우리 사회의 인식은 장례라고 하는 것은 주로 유가족들을 위로하고 그들의 슬픔을 관리하는 데 초점이 맞춰져 있다고 이해하는 쪽으로 변화하고 있다. 이런 인식의 변화는 누군가가 어떤 장례식에 참석할 이유로 두 가지 분명한 이유만을 남겨두었다.

① 위로를 받기 위해서
② 위로를 주기 위해서.

첫 번째 이유(위로 받기)에 대해서 살펴보자면, 지역의 상인은 죽은 사람을 고객으로 섬겨 왔고, 치과의사는 죽은 자를 환자로서 대접했었으며, 교회의 동료 신자들은 죽은 자와 회중석 의자 몇 칸을 사이에 두고 매주 함께 예배를 드렸다. 하지만 파편화된 현대 도시 사회의 특성을 고려해 볼 때 이들 중 누구도, 200년 전 작은 마을에서라면 동네 사람들이 이웃의 죽음 때문에 느꼈을 절절한 상실의 감정, 그리고 그들이 유가족의 찢어지는 슬픔의 감정을 공감했던 것처럼 그렇게 느끼는 현대인들은 아마 아무도 없을 것이다.

죽음의 소식이 닥쳐왔을 때 느끼는 슬픔의 감정은 시간의 흐름과 함께 사그라질 것이다. 결국 그저 약간의 슬픔뿐인 그런 슬픔을 위로하기 위한 장례식은 별로 필요하지 않은 것이다.

그러나 설령 지역 상인이, 치과의사가, 그리고 동료 교인들이 장례를 통한 위로를 필요하지 않는다 하더라도, 아마 여전히 그들은 슬픔에 잠긴 유가족들을 돕고 지지하고자 하는 마음은 있을 것이다. 그러나 이 경우에도 장례식에 참석하여 유가족들과는 조금 떨어져 회중석 한쪽에 앉아 찬양을 부르고, 기도하며, 죽은 이에 대한 추억의 발언들을 듣고 있는 것이 어떻게 유가족들에게 도움이 될 것인가에 대해서는 명확해 보이지 않는다.

유가족들과 개인적인 접촉을 할 수 있고 직접적으로 동정과 격려의 말을 건넬 수 있는 심야 조문에 참석하는 것은 유가족들에 실질적인 도움을 줄 것이라는 점은 확실해 보인다.

장례가 근본적으로 종교적 슬픔 치유법으로 정의될 때, 사람들이 동정심을 유가족에게 더욱 쉽게 표현할 수 있는 보다 더 친근한 환경을 선호하기 때문에 오히려 장례식 자체에는 잘 참석하지 않게 되는 것은 하나도 이상한 일이 아니다.

우리가 장례를 슬픔 치유의 일환으로 생각하는 정도에 따라서는 장레식 참석 패턴의 변화를 환영하고 심지어 격려할 수도 있다.

만약 장례식이 주로 가족, 가까운 친구, 슬픔에 잠긴 다른 사람들을 위한 더 소규모의 이벤트이며, 비공개적인 예식이 된다면 우리가 잃을 수 있는 게 무엇일까?

공동체의 도움을 쉽게 전달할 수 있는 심야 조문에 더 많은 관심을 표명할 수 있다. 이미 1950년대에 어느 비평가는 공개적 장례는 사회적 유용성을 잃어버렸다는 데 동의하면서 다음과 같이 진술했다.

> 미국의 장례는 시대착오적인 것 같다. 현대적 필요에 대응하기보다 오히려 옛 관습들을 정교하게 하려한다. … 인류학자들은 고대 사회에서 제의가 갖는 긍정적 기능들을 인정하지만, 장례라고 하는 제의가 오늘날 현대 산업화 사회에서도 과거와 비슷한 기능들을 하고 있는지 확인하기 위한 본격적인 과학적 노력이 기울여진 적이 없다.[13]

그러나 내가 이제껏 주장해왔다시피, 슬픔의 때에 위로라고 하는 것은 아무리 그것이 중요하다 하더라도 기독교 장례의 결과이지 주된 목표는 아니다. 기독교 장례는 의미에 관한 것이지, 치유에 관한 것이 아니다. 기독교 장례는 죽은 자와 그가 속한 공동체와 성도의 교제(the communion of the saints)와 그리고 온 인류를 위해 삶과 죽음의 의미를 드러내어 보여주며, 무대 위에서 복음을 드라마처럼 펼쳐 보여준다.

죽음은 마지막 말을 하며, 마지막 웃음을 짓는 승리자인 것처럼 보

---

13 LeRoy Bowman, *The American Funeral: A Study in Guilt, Extravagance, and Sublimity* (Washington, DC: Public Affairs Press, 1959), vii.

인다. 그러나 실제로는 죽음은 최후의 승자가 아니라는 것을 조문객들은 확신할 필요가 있고, 교회는 기억해야 할 필요가 있으며, 세상은 들을 필요가 있다.

기독교 장례는 또 다른 대안적 이야기를 들려주는데, 그 대안적 이야기란 살아계신 하나님, 우리가 그리스도 예수 안에서 알고 있는 바로 그 하나님에게 최종 결정권이 있다는 이야기이다. 장례식에 참여한 상인, 치과의사, 동료 구역 식구 등이 장례식에서 필요한 이유는 그들이 위로를 주고 받기 때문이 아니다. (물론 그런 일은 일어나지만) 오히려 그들이 이 드라마에서 중요한 역할 갖고 있기 때문이다.

그들은 죽음이 발생했을 때, 복음 이야기를 몸으로 보여주기 위해 "무대 위에" 오를 필요가 있다. 이 드라마를 상연하는 것은, 복음의 약속을 부인하는 사망이라는 마지막 대적의 이빨 가운데에서 복음의 약속을 다시 요구하는 것이다. 이러한 드라마를 계속 반복하여 연습하는 것은 상인과 치과의사를 포함하여 모든 기독교인들을 위한 핵심적인 자원이 된다. 여기서 핵심적 자원이란 그들 자신의 기독교인의 삶을 살아가는 데 필요한, 그리고 그리스도인으로서 자신의 죽음을 직면하는 준비를 하는데 필요한 자원을 말한다.

(3) 언어들과 동작들

드라마로서의 장례는 그저 오르간 서주, 솔리스트의 노래, 성경 강해, 기도 등의 요소들이 무작위로 조합된 것이 아니다. 오히려 드라마로서의 장례는 서로 연결관계를 갖는 언어들과 동작들의 앙상블이다. 예배적 드라마의 요소들 사이의 상호작용 때문에 각각의 동작와 대화들은 두 개의 주된 의미 계층을 갖는다.

첫째, 각 요소는 그것 자체로 어떤 의미를 갖는다.

둘째, 그리고 이것이 더 중요한데, 각 요소는 예식 전체의 총체성과의 관계 속에서 어떤 의미를 갖는다.

예를 들어 심각한 우울 증세를 몇 주 동안 겪어 왔던 청소년이 결국 자살을 선택한 매우 참담하고 감정을 복받치게 하는 장례식에서 목회자가 시편 22:1-2를 선택하여 읽었다고 하자.

> 내 하나님이여 내 하나님이여 어찌 나를 버리셨나이까 어찌 나를 멀리 하여 돕지 아니하시오며 내 신음 소리를 듣지 아니하시나이까 내 하나님이여 내가 낮에도 부르짖고 밤에도 잠잠하지 아니하오나 응답하지 아니하시나이다(시 22:1-2).

어떤 상황 속에 이 본문을 선택하여 언급하느냐에 따라 그 본문은 아주 중대한 차이를 만들어 낼 것이다. 이 강렬한 탄식시가 장례의 시작 부분에 사용될 때 그 본문이 의미하는 바는 똑같은 말씀이 무덤가에서 드리는 예식에서 최종적 진술로 언급될 때 의미하는 바와 다를 것이다.

장례의 시작 부분에 "버림"이라는 언어를 사용하는 것은 죽은 자가 느꼈을 고통과 아마도 조문객들이 장례식을 올 때 들었던 고통의 감정을 인정하는 것이 된다. 그러나 이러한 절망의 언어들을 가지고 장례식을 마무리한다면 복음이 약속하고 있는 소망을 훼손하는 것이 되고 만다.

예식과 직접 관련이 없는 예를 들어 보겠다.

당신이 동화 신데렐라를 연극 공연을 통해 관람하고 있다고 상상해 보라.

연극의 시작부에서 우리는 신데렐라가 부인을 잃은 그녀의 아버지가 다른 여자와 결혼했는데 그 계모는 자신의 두 허영심 많은 딸들보다 신데렐라가 훨씬 더 고결하고 아름답기 때문에 그녀를 질투하고 있다는 사실을 알게 된다.

연극이 시작되면 매정한 계모가 신데렐라에게 접시 닦는 일과 마루를 청소하는 일을 강요하고 자신의 두 딸을 섬기는 종처럼 부리는 장면을 본다.

첫 번째 의미의 계층에서, 이 초반의 장면은 있는 그대로이다. 보이는 그대로, 연극에서 이 순간은 신데렐라를 무고한 희생자로 묘사하며, 그 장면을 보고 있는 관객들에게 신데렐라를 불쌍히 여기고 공감대를 형성하게 만든다.

그러나 두 번째 의미의 계층에서, 초반부의 이러한 장면은 그저 전반적 플롯의 작동을 움직이는 하나의 기어(gear) 장치가 되며, 연극의 주된 긴장감을 형성한다. 그 긴장감은 바로 우리가 겉으로 보고 있는 그대로의 신데렐라, 즉 누더기 옷을 걸치고 있고 천한 계집 종 같은 신데렐라와, 그녀 안에 존재하는 선함과 아름다움을 갖춘 여인으로서의 신데렐라 사이의 대조이다.

그러나 물론 이러한 긴장감은 신데렐라가 마법을 사용하는 여인의 도움을 받아 누더기 옷이 아름다운 드레스가 되고, 궁중 연회에 참석하며, 멋진 왕자에게 발견되어, 결국 그의 부인이 되어 그 후로도 오랫동안 행복하게 살게 될 때 해소된다.

장례도 하나의 총체를 창조하기 위해 함께 작동하는 각각의 요소들 즉 몇 개의 장면들로 구성되어 있다. 앞에서 예로 언급한 장례식의 경우, 공동체가 모이는 것, 관을 어디에 어떤 방식으로 위치시키는가, 솔로 성악가의 노래, 성경봉독, 헌정하는 진술들, 설교, 기도 등이 이러한 요소들 내지 장면들에 해당한다. 이들 각각의 요소들은 그 자체로 내재적 의미와 가치를 갖고 있다.

그러나 우리는 그것들이 형성해내는 보다 더 큰 플롯 구조에 대해 논의할 필요가 있다. 달리 말하자면, 우리가 이 장례식의 각 요소들을 모두 하나로 조합했을 때, 그것들이 전체로서 어떤 이야기를 말하고 있는가에 대해 논의가 이루어져야 한다는 것이다.

솔직히 말해 한 걸음 뒤로 물러나 비판적 시각으로 이 장례식의 전반적인 드라마 구조를 들여다보면 스토리라인이 진흙탕이 되어버린다. 예를 들어 이 장례식의 주요 움직임은 대부분 장례식장 직원들에 의해 인도된다는 것을 알 수 있다. 그들은 예식 전반에 걸쳐 모습을 드러내며 예식의 동선을 만들어내고 있다. 한 측면에서 보면 이것은 문제가 없고 이해할 만하며 도움이 되는 것이다. 결국 장의사들은 노련한 사제보다도 더 이러한 일에 많은 경험을 가지고 있는 것이 사실이며 그들은 장례식이 물 흐르듯 진행되게 하는 능력이 있다.

그러나 보다 더 깊은 측면에서 보면 이 예식에서 장례식장 직원들의 역할은 한 가지 우려를 자아낸다. 우리는 8장에 가서 이들 장의사들의 구체적 역할에 대해 이야기하겠지만, 관을 보호하는 경비병들이라고 할 정도의 장례 전문가들의 강력하고 능동적인 드러남은 장례란 교회의 예배이기보다 장례식장이 주관하는 행사라는 인상을 만들어내고 있다는 것을 이 지점에서 언급하는 것은 중요하다.

이제 다른 회중들과 유가족들이 분리되어 앉아 있다는 사실에 주목해 보자. 그들은 각각 다른 시간에 입장하고, 별도로 구분된 좌석에 앉으며, 다른 루트로 퇴장한다.

왜 그렇게 하는 걸까?

그들에게 특별한 영예를 주기 위해?

슬픔에 잠긴 그들에게 프라이버시를 보장하기 위해?

그 동기가 무엇이든 간에, 유감스럽게도 그들을 따로 떼어놓은 것은, 이 슬픔에 잠긴 가족들은 믿음의 공동체의 일부이고(또 일부여야 하고), 그들이 사랑했던 사람과 마지막 여행길을 떠날 때 믿음의 동지들이 함께 하고 있고 교회의 기도가 그들을 감싸고 있다는 기독교적 확신에 역행하는 드라마적 동작들이다.

자 그럼 관을 한쪽 측면 문에서 굴려 들어와서 교회 중앙으로 위치시켰다가 반대쪽 그러니까 영구차가 대기 중인 다른 쪽 측면 문으로 밀고 간 것에 대해서는 무슨 말을 할 수 있는가?

장례식이라는 드라마 내에서 이 동작의 의미는 아무래도 혼란스럽다. 죽음은 우리와 죽은 자와의 관계를 변화시키기는 했지만 파괴시킨 것은 아니다. 그리고 기독교 장례에서 죽은 자는 여전히 신앙 공동체의 일원이다. 교회는 죽은 자와 함께 순례의 길을 걸어왔고 함께 예배를 드렸다.

이런 점을 장례에서 가장 잘 표현하는 방법은 다른 모든 예배자들이 그러하듯 중앙 출입문을 통해 교회에 들어오는 것이다. 그런 후 관은 복도를 따라 이동하다가 예배의 장소, 즉 동편 벽에 있는 강대상과 제단과 만찬상을 향하여 위치하면 된다.

그러나 앞에 예로 든 장례에서 사람들은 이미 자리를 잡고 있었고, 관은 신비한 방식으로 (마치 "여러분 여기 쟈니[Johnny]가 나옵니다" 하는 식으로) 측면에서 튀어 나왔다. 그런 다음 새가 방앗간을 가로질러 날아가듯 관은 예배실을 가로질러 반대편 문으로 사라졌다. 이 경우에 죽은 이의 육신은 영예를 받고 감사함 가운데 작별의 장소까지 운반되었다기보다는 마치 연극의 소품처럼 취급되었다.

(4) 신학

너무나 많은 오늘날의 장례식들의 경우와 마찬가지로 앞에 언급한 장례식은 신학적으로 뒤죽박죽인 상태이다. 오늘날 두 가지 신학적 이해가 장례의 본질을 놓고 경쟁 구도를 이루며 싸우고 있다. 더 분명하게 말하자면 이렇다.

첫째, 복음적 이해이다. 죽은 자는 육체를 지닌 사람으로서, 하나님을 향해 "여행 중인" 성도이며, 모든 것을 새롭게 하시리라는 하나님의 언약과 육체의 부활의 소망을 향해 계속해서 나아가는 세례적 여행을 하고 있다는 것이다.

둘째, 죽음에 대한 "영적인" 이해, 더 나아가서 영지주의적 이해가 있다. 육신은 "그저 껍데기"이며, 죽은 자의 불멸의 영혼은 이제 자유롭게 놓인바 되어, 영감과 능동적인 기억을 통해 소환할 수 있도록 우리들 가운데 존재하는 영적인 존재가 되었다는 것이다. 이런 관점에서 본다면 육신은 이제 아무런 소용이 없어져서 처리되는 것이고, "진정한 인간"은 비육체적 영혼이다. 그러므로 여행을 하는 것은 죽은 자 쪽이 아니라, 그의 죽음을 애통해 하고 있는 자들, 즉 슬픔에서 안정으로의 내면적 여행을 하고 있는 자들이다.

복음적 관점에서 치러지는 장례는 죽은 자는 그저 정적인 시신이거나 기체 상태이거나 비육체적인 영혼이 아니라, 성도의 교제를 향해 나아가는 육체를 가진, 하나님의 자녀라는 종말론적 소망 위에 근거한다. 그러므로 장례라는 드라마에서 전체 회중들은 죽은 자와 함께 마지막까지 함께 여행하며, 그리고 그 드라마의 동작을 완성하면서, 죽은 자를 따라 교회에서 묘지 또는 화장터로 나아간다.

이와는 대조적으로, 죽음에 대한 보다 더 영적인 이해에 기초하여 진행되는 장례식의 경우, 회중들은 가만히 앉아 죽은 자의 삶을 추억하며 몸은 죽었지만 영은 계속 살아있다는 주장을 믿으며 위로를 얻는다. 많은 현대 장례들은 이 두 가지의 신학 사이에서 엉거주춤 절뚝거리고 있다. 그래서 공식적으로는 첫째인 복음적 관점을 강조하면서도, 때때로 집례하는 사제나 다른 참석자들이 둘째의 영적 관점을 표현하는 즉흥적 진술을 내뱉기도 한다.

앞에서 가상적 예로 언급한 장례는 이 두 신학적 관점 가운데 어느 한 쪽으로 확고하게 결정하지 못한 것으로 보인다. 한편에서는 죽은 자의 육신이 장례식에 나와 있다. 그러나 위에서 보았던 것처럼, 그 육신이 보여주는 상징적 역할은 불명확하다.

여러 면에서, 관에 담겨진 시체는 이상하게 갑작스레 등장했다. 사제의 설교도 죽음에 대한 복음적 관점과 영적 관점 사이에서 이리저리 오갔다. 한 편으로는 하나님은 "사망의 음침한 골짜기"를 따라 우리를 돌보시는 분이다. 그러나 다른 한 편에서, 사제가 죽은 자가 "우리와 함께" 있다고 선언했을 때, 이는 저쪽에 있는 관 속의 육체적 존재자로서가 아닌 영적 존재로 함께 한다는 것을 의미한다고 누군가 의문을 제기할 수 있다.

흔히 장례식에서 자주 들을 수 있는 말이긴 하지만, 사제가 죽은 이는 "절대 잊혀지지 않을 것"이라고 말한 것 역시 애매모호한 말이다. 아마도 그가 의도한 것은, 그가 비록 죽어 없어져 버렸지만 그의 삶과 선한 행실에 대한 추억이 우리와 함께 항상 함께 할 것이기 때문에 모든 것이 다 상실되어 버린 것은 아니라는 것을 암시함으로써 듣는 이들에게 위로를 전하려 함이었을 것이다.

이것이 그가 의도한 바라면, 그의 말들은 사실이 아닌 것이 되는 불이익을 갖는다. 공동묘지를 가 보면 그 누구도 기억해 주지 않는 사람들의 묘로 가득하다. 만약 우리 산 자들이 죽은 그들에 관한 기억을 유지하기에 죽은 자들이 가치를 갖는 것이라면, 우리는 너무 비참하다. 시편 기자는 다음과 같이 바르게 말하였다.

> 인생은 그 날이 풀과 같으며 그 영화가 들의 꽃과 같도다 그것은 바
> 람이 지나가면 없어지나니 그 있던 자리도 다시 알지 못하거니와
> (시 103:15-16).

복음은 죽은 자들에 대한 추억의 불꽃을 유지하는 부담을 산 자들에게 지우지 않는다. 오히려, 복음은 죽은 자들이 이제 새로운 삶으로 부활하며, 하나님의 존전에 서 있는 성도들의 거대한 합창대에 들어가 함께 노래한다고 말한다. 오직 이런 방식으로만, 그리고 오직 하나님의 생명 안에서만 죽은 자들은 "잊혀지 않을 것이다."

3) 성스런 의식인 기독교 장례

장례는 삶과 죽음에 대한 복음적 비전을 확증하고 더 깊게 하는 능력을 갖고 있다. 그러나 참석자들이 의식을 갖고 그 예식의 영역 안으로 늘어갈 능력이 있는가에 많은 것이 달려 있다.

몇 년 전, "제의를 통한 치유"라는 주제로 어느 장의사협회에서 캠페인을 벌였었다. 그 캠페인의 중심주장은 인간이란 본질적으로 제의적 피조물(ritual creatures)이며, 죽음의 상처가 발생했을 때 우리는 상실을 추모하고 종결감과 치유를 제공하는 예식 행사가 필요하다는 것이다. 제의란 일반적으로 인류학자나 과학자들의 관심 대상이다.

그런데 왜 직업적인 장의사들이 그것에 관심을 갖는 것일까?

그 주된 이유는 그들 주변에서 일어나는 일들, 즉 장례와 추모 예식을 축소하려는 문화적 경향을 보면서 우려를 느끼기 때문이다. 많은 사람들이 장례에 관한 교회의 예전이 형식적이고 무거운 것을 보면서 인내심을 잃었다. 그 결과 더 단순하고 더 축제적이고 더 개인화된 행사를 원하고

있다. 사실 놀라운 수의 사람들이 가족을 잃었을 때 어떤 예식이나 추모 행사도 굳이 시행하지 않기로 결정하고 있다.

죽음에 관한 제의를 축소하거나 아예 시행하지 않으려는 경향이 장례업계에 좋지 않은 일이라는 것은 당연하다. 그리고 이런 상황에 반전을 꾀하는 그들의 노력도 비난받을 수 만은 없는 일이다. 하지만 자기 사업에 재정적인 안정을 꾀하려는 것만이 "제의를 통한 치유" 캠페인의 유일한 동기는 아니다.

최고의 장의사들은 자신들이 이 일에 관한 한 전문적으로 돕는 사람들이라고 생각하며 일종의 공공의 목회자라고 여긴다. 그래서 그들은 그들 고객과 사회의 건강성에 대해 관심을 갖는다. 그래서 그들은 죽음과 관련된 제의들(죽은 자를 돌보는 일, 함께 모여 거행하는 장례식, 죽은 자의 남긴 자리를 표시하는 것과 관련한 장례식 후의 제반 사항들)은 매우 중요한 의미를 가지며 치유를 위한 강력한 도구가 될 수 있다는 것을 경험적으로 알고 있다. 죽은 자의 남긴 자리를 잘 표시하는 일에 실패하는 사회는 빈곤한 사회라는 것을 그들은 바르게 인식했던 것이다.

그러나 "제의를 통한 치유" 캠페인이 갖는 중대한 문제는, 그들에게는 무례한 말처럼 들리겠지만, "제의를 통한 치류"라는 그 말은 사실이 아니라는 점이다. 제의적 행동 그 자체에는 어떤 치유의 능력도 없다. 하루에 세 번씩 "호키 포키"(Hocky Pokey) 춤을 추는 것도 결국은 일종의 제의이지만 그것이 치유적 제의라고 볼 수는 없다. 어떤 제의의 실행도 그것 자체로는 회복의 힘을 발휘하지 않는다.

장의사들은 우리의 폭넓은 사회, 다문화적이고 다원주의적인 사회의 구성원들을 섬기는 있기 때문에 어떤 특정하고 종파적인 방식의 장례 제의를 표방할 수 없다. 그러나 "제의를 통한 치유"라는 공허한 구호는, 1950년대에 "나는 우리 정부가 아주 깊은 종교적 믿음 위에 기초하지 않는다면 말이 안 된다고 생각하지만, 그 종교가 구체적으로 무엇인지에 대해서는 관심이 없다"라는 유명한 말을 남긴 아이젠하워(Eisenhower) 대통령의 시민 종교(civil religion)에 대한 발언만큼이나 무의미한 메시지이다.[14]

"제의를 통한 치유"라는 메시지는 완전히 틀린 주장은 아니다. 우리의 제의적 삶에는 중요한 무엇인가가 작동되고 있다. 그러나 그 '중요한 무엇인가'가 무엇이며 장례에서 중요한 것은 무엇인지를 이해하기 위해 우리는 제의의 본질과 그것이 어떻게 작동하고 있는지 더 자세히 들여다볼 필요가 있다.

물론 학자들은 이 문제에 대해 뜨거운 토론을 벌이고 있으나, 장례에 대해 생각하려는 우리의 목적을 위해서는, 사회적 퍼포먼스이며, 행동의 순서가 정해져 있는 의식이며, 형식에 있어서 패턴화된 의식(rites)으로서의 제의에 대해 생각하는 것이 가장 도움이 될 것이다. 이러한 제의를 통해 공동체는 중요한 사건들을 기억하고, 대안적 세상을 상상하고, 자신들의 추억과 세상을 새로운 환경 속에 적응시킨다. 장례식에서 중요한 역할을 수행하는 제의적 기능들에 대해 알아보자.

(1) 제의는 순서가 정해져 있는 사건(ordered events)이다. 그리고 그것은 종종 질서가 변하여 혼돈이 된 격변과 무질서의 시대에 수행된다.

결혼식을 예로 들어보자.

우리는 흔히 결혼식을 즐거운 행사로 생각하지만 사실 이 예식은 불확실과 심지어 위험으로 가득 찬 사회적 상황에 가면을 씌운다. 어떤 의

---

14 Dwight D. Eisenhower, as quoted in the *New York Times*, Dec. 23, 1952, 16.

미에서 볼 때 두 사람이 새로운 가족을 형성하기 위해 각자의 기원이 되었던 가족으로부터 스스로를 비틀어서 떼어내는 것이다. 부모, 형제, 신랑, 신부 등 관련된 모든 사람들은 사회적 역할과 관계를 변화시키는 어려운 일을 요구받고 있는 것이며, 그들에게 던져진 그 날의 질문은, "어떻게 하면 여기에서 저기로 건너갈 수 있을까"이다.

그 깨어진 틈 사이로 결혼 예식이라는 질서 정연한 과정들이 들어선다. 잘 알려진 '제의'라는 길을 따라 사람들은 하나의 사회적 지위에서 새로운 사회적 지위로 걸어 나간다. 이것은 마치 사회가 이렇게 말하는 것과 같다.

> 좋습니다. 이곳은 누구나 항해해 나가기 힘든 위험한 물입니다. 그렇지만 두려워할 건 없습니다. 우리가 이 호수를 전에도 건너본 적이 있으니까 말입니다. 자 오래된 연극 하나를 한다고 생각합시다. 오랜 시간을 통해 습득한 지혜로 가득한 한 편의 드라마를 실행하는 것이라고 말입니다. 그 드라마 속에서 가족들은 그들의 자녀들에게 이렇게 말합니다. '좋아. 넌 이제 너의 아버지와 어머니를 떠나 너 자신과 그리고 또 다른 사람이 하나가 되도 좋다는 허락을 내게서 받은 거야.' 그러면 한 남자와 한 여자는 무슨 일이 닥쳐와도 함께 할 것이며 서로를 돌보겠다고 선서를 합니다.

이제 변화된 역할과 불확실한 결과라고 하는 폭풍의 물속에서, 사람들은 결혼식이라는 배 안으로 들어간다. 그 배에 들어갈 때 사람들은 부모, 신랑, 신부라는 배역을 할당받고 이 제의적 과정(ritual process)에 들어간다. 그리고 그들은 시부모, 장인장모, 남편, 아내가 되어 안전하게 저 건너편으로 나온다.

복잡한 삶의 문제에 질서를 부여하는 능력 때문에, 제의는 사회적 의무(social mandate)로서의 특성을 부여받는다. 다른 말로 하자면, 제의란 우리가 어떤 상황을 맞아 "선택하는" 어떤 것이 아니라, "해야 하는" 어떤 것으로 느껴진다는 것이다.

1600년대에 뉴잉글랜드(New England, 미국 동부 지역 - 역자주)에 거주하는 원주민들에게 복음을 전하는 일을 했던 청교도 토마스 셰퍼드(Thomas Shepard)는 그의 일기에 감동적인 장면을 기록했다. 원주민 중 하나가 죽었고, 그는 청교도 신앙이 가르치는 대로 어떤 의식도 거행하지 않은 채 땅에 묻혔다.

그러나 그들이 무덤가에 섰을 때, 이러한 제의 없는(ritual-less) 순간이 불충분하고 불만족스럽게 보였다. 그 상황에서는 무엇인가가 더 시행되어야 하지 않는가라는 요청이 느껴졌다. 그래서 원주민들은 백인 선교사들로부터 물러나서 그 주변에 있던 나무 아래로 모였다. 그들은 그들 중에서 "매우 희망적인 인디언"이라는 뜻을 가진 투타스왐페(Tutaswampe)를 선출하여 그에게 기도를 하게 하였고, 그는 그렇게 했다.[15] 제의란 용어에 대해 '변화의 시기에 사람들이 해야만 하는 것으로 느끼는 일'이라고 하는 실용적 정의가 있다는 것은 조금도 이상한 일이 아니다.

(2) 제의는 평범한 시간을 비범한 시간으로 만들어 주며, 그렇게 함으로써 일상적 삶의 비범한 특성을 드러내 보여준다.

제의라는 것이 없다면, 삶은 황폐하고 중단 없는 일상의 연속이요,

---

15 David E. Stannard, *The Puritan Way of Death: A Study in Religion, Culture, and Social Change* (Oxford: Oxford University Press, 1977), 109.

"하나의 힘든 일 뒤에 이어지는 또 하나의 힘든 일"로 보일 수 있다. 그런데 제의는 특별한 시간과 절기를 중대한 순간으로, 전환점으로, 그리고 비범하고 심지어는 성스러운 시간으로 격상시켜준다.[16] 생일, 세례, 졸업, 결혼, 개업, 그리고 다른 제의적 상황들은 일상의 삶의 단편들을 모아 엮어서 그것들을 비범함의 타피스트리(tapestry)로 만들어낸다.

시간에 틀을 만들어주는 이러한 제의의 가치는 평범한 시간과 비범한 시간 사이를 차단하는데 있는 것이 아니라, 제의라는 분명한 빛 아래에서 볼 수 있는 진실들이, 평범한 삶의 경험이라고 하는 그늘 속에서도 여전히 진실임을 알게 해주는 데 있다.

예를 들자면 세례라고 하는 예식은 일평생 한 번만 경험하는 것이지만, 모든 통과해야 할 순간들에 빛을 비춘다. 『대요리문답』에서 마틴 루터(Martin Luther)가 말하듯, "기독교인의 삶은 매일의 세례라고 할 수 있다." 루터가 결론 내린 것처럼, 인생이 힘들 때 기독교인들은 스스로에게 "나는 세례를 받았어. 나를 세례를 받았어"라고 되뇌어야 한다.

(3) 제의는 중대한 이야기를 재연해낸다

그리고 이러한 재연은 과거, 현재, 미래를 포함한다. 이러한 재연된 이야기들은 강력한 과거 사건들로 형성되기 때문에, 그 사건들을 재연함으로써 그 사건들이 가장 깊이 기억된다. 사람들을 이 제의적 재연에 참여하도록 초대함으로써, 이러한 사건들은 현재 속으로 들어오게 되고, 참여자들에게는 삶의 가능성으로 활용될 수 있다. 제의 가운데에서 대안

---

16 See Paul Connerton, *How Societies Remember* (Cambridge and New York: Cambridge University Press, 1989), 65–71.

적 실재를 살아봄으로써, 참여자들은 미래를 향한 새로운 삶의 방식을 제공받게 된다.

내가 알고 있는 어떤 부부는 50주년을 맞아 그들의 결혼 서약을 갱신하기로 결정했다. 그들은 기념 파티를 위해 친구들을 집으로 초대했다. 그리고 그들은 축제가 한창일 때 참석자 모두를 응접실로 모았다. 그들이 벽난로 앞에 나란히 섰을 때, 목사는 그들이 반세기 전에 서약했던 것과 똑같은 내용으로 서약을 하도록 그 예식을 인도하였다.

물론 이러한 예식의 갱신은 과거의 시간, 그러니까 50년 전 그 두 사람의 결혼식으로 시간을 돌아가게 한다는 것은 분명하다. 그러나 지금 이 예식으로 인해 소환된 것은 비단 그들의 50년 전 결혼식만은 아니다. 이러한 갱신 예식의 DNA 속에, 그리고 일반적인 결혼 예식 안에는 인류라고 하는 종의 짝짓기와 동거의 역사가 담겨있다. 더 나아가서 기독교인들의 결혼식 예식에는 하나님과 하나님의 백성 사이에 특정한 언약의 기억들과 "이러므로 남자가 부모를 떠나 그의 아내와 합하여 둘이 한 몸을 이룰지로다"(창 2:24)라는 선언이 담겨있다.

갱신 예식에 이 부부가 참여함으로써 그들의 과거 사건이 이제 현재 속으로 강력하게 들어온다. 그들은 그저 사진첩을 꺼내놓고 그들의 결혼식 날을 회상할 수도 있었을 것이다. 하지만, 이제 목회자와 친구들 앞에 서서 그들의 목소리와 육체를 이 예식의 행위 속에 위치시킴으로써 과거의 사건을 만질 수 있는 구체적인 현재의 사건으로 만들었다.

그리고 그렇게 함으로써 그들은 노년이라고 하는 그들의 불확실한 시간들을 함께 항해할 때 유용한 자원으로 사용될 수 있는 남편과 아내로서의 정체성을 강화시켰다. 신학자 톰 드라이버(Tom Driver)가 예식에 대해 이렇게 말했다.

> 예식은 주로 상황을 바꾸도록 고안된 도구들이다. 예식은 책보다는 세탁기에 가깝다. 어떤 책이 세탁에 대한 책일 수는 있다. 그러나 세탁기는 더러운 옷들을 받아들인 후 모든 것이 제대로 작동한다면 그 더러운 옷들을 깨끗하게 만든다.[17]

2. 제의로서의 장례

제의에 대한 지금까지의 고찰을 종합하고 그것을 장례식에 적용하면, 우리는 장례라고 하는 것이 그저 죽은 자에 대한 고상한 언어와 좋은 기억으로 이루어진 예식 그 이상임을 알게 된다. 장례식에서 기독교 공동체는 과거를 재연한다.

그런데 어떤 과거를 말하는가?

하나님의 백성들이 노예의 속박에서 벗어나 홍해를 거쳐 약속의 땅에 마련된 자유로 나아가던 출애굽의 과거이다. 예수께서 세례받던 과거이다. 예수의 죽음과 장례의 순간이다. 죽은 이의 세례가 이루어지던 과거이다. 이 모든 과거의 결정적인 사건들이 장례 예식 속으로 모여든다. 이러한 과거의 사건들을 재연하면서, 장례는 죽음으로 촉발된 혼돈과 격변에 질서와 의미를 부여한다. 죽음은 세상이 무너지는 것처럼, 삶이 무의 속으로 녹아내리는 것처럼 느껴지고 보이게 하지만, 장례 예식이라는 렌즈를 통해 보면 우리는 무엇이 진리인지 볼 수 있게 된다. 즉 죽음이란

---

[17] Tom F. Driver, *The Magic of Ritual: Our Need for Liberating Rites That Transform Our Lives and Our Communities* (San Francisco: HarperSanFrancisco, 1991), 93.

험난한 파도를 지나 약속의 땅으로 들어가는 것을 의미하며 예수께서 걸으셨던 바로 그 길, 즉 죽음에서 부활의 삶으로 연결되는 그 길을 따라 걷는 것을 의미한다.

하지만 설사 어느 면으로 보나 바르고 진실하며 신실한 장례 예식일지라도 그저 장례 예식을 실행하는 것 자체가 참여자들로 하여금 변화시키고, 의미를 부여하고, 믿음을 강화시키는 그 예식의 능력을 경험할 것이라고 보장하지는 않는다. 그들 자신의 주장에 도취한 일부의 제의 전문가들은 부당한 열심을 내어 제의에는 거의 마법 같은 능력이 있다고 선언한다.

예를 들어 윌리엄 하르만(William Harman)은 심지어 종교적 제의 뒤에 숨어 있는 성스런 이야기와 신화를 전혀 모르는 사람들에게조차도 "그 제의에 관련된 신화를 잘 알고 있다고 주장하는 사람들만큼이나 그 예식이 의미 있는 것으로 다가온다. 일단 작동되고 나면 제의는 그것 자체의 생명력을 갖는다"라고 주장한다.[18]

물론 하르만의 말에도 일리는 있다. 사람들이 자신의 신학을 정확히 안 다음에야 비로소 그 신학적 이해를 예식 속에 담아내는 것은 아니다. 예식을 실행하는 것은 마치 춤을 추는 것과 같다. 의미와 리듬이 스텝 안에 담겨 있다. 만약 발을 바라보지 않는다면 춤을 출 수 없게 된다. 그러나 중요한 문제가 있는데, 그것은 바로 예식이라고 하는 것이 커다란 문서와 같다는 것이다. 예식에는 의미가 담겨 있다. 그러나 하나의 의미가 아니다. 그 예식이라는 문서를 읽으면서 많은 해석이 가능하다. 사람들

---

[18] William Harman, *The Sacred Marriage of a Hindu Goddess* (Bloomington: University of Indiana Press, 1989), 68.

이 그 (예식이라는) 문서를 어떻게 읽을 것인가는 대부분 참여자들에 달려 있다.

예전학자 로렌스 호프만(Lawrence Hoffman)은 크리스마스 예식에 참여하는 기독교인들이 항상 "문서를 바르게 읽는 것"은 아니라고 진실에 가깝게 주장했다.

> 크리스마스 미사를 마치고 교회를 떠나 세상으로 나가는 그리스도인들이 그 세상 속에서 기독교적 언약의 실재가 그들에게 요구하는 대로 소망 넘치고 자비로운 그리스도인이 되어 살아간다면 더할 나위 없이 좋을 것이다. 그들 가운데 가장 못된 성품을 가진 스크루지(Scrooge)마저도 빛을 볼 수 있다면 좋겠다. 그러나 종종 사람들은 그 날의 참된 의미를 살리지 못한다.[19]

다른 말로 하자면, 호프만은 크리스마스 미사라고 하는 예식은 참석자들을 위해 자비의 세상을 열수 있는 가능성을 가지고 있지만, 대부분의 참석자들은 그들의 경험을 다른 식으로 해독한다. 즉 그들은 이방인들과는 반대되는 신자들 가운데 있으며, "그들 자신과 같은 사람들"과 함께 따뜻한 경험들을 하는 것으로 그 날의 의미를 해석한다.

우리는 지금 예식을 탄생시킨 성스런 이야기의 힘과 그 예식에 참석한 사람들의 현재적 상황들, 태도들, 적성들을 한 데 모음으로써, 장례 예식과 같은 중재 역할(mediating role)을 하는 제의의 모습을 다루고 있다.

---

[19] Lawrence A. Hoffman, "How Ritual Means: Ritual Circumcision in Rabbinic Culture and Today," *Studia Liturgica* 23 (1993): 82.

만약 기독교 장례가 해낼 수 있는 변화를 완수해 내려면 두 가지 조건이 성립되어야 한다.

① 장례식을 떠받치고 있는 복음의 이야기에 충실한 장례식이어야 한다
② 예식 참여자들이 반드시 그 예식을 실행할 준비가 되어 있어야 한다.

후자의 경우 교육이 수반되는데, 이것은 그저 학교에서 배울 수 있는 그런 것 이상이다. 우리가 계속 주장해 왔듯, 장례는 드라마이며, 참석자들은 그들에게 맡겨진 배역을 연습하고 그 역할을 연구할 때 자기 이웃을 가장 잘 섬길 수 있고, 자신의 믿음에 자양분을 공급할 수 있으며, 이 세상 속에 복음을 실행해 낼 수 있다.

복음의 이야기와 하나님의 백성들을 장례 드라마라는 만남의 장소에 한 데 모으는 것은 수많은 실용적 선택과 결정들을 수반하는 것으로 보인다. 이제 이러한 실제적인 것들을 다음 장들에서 논의해보자.

제2부

죽음에 관한 교회의 사역
(The Church's Ministry in Death)

제6장 죽음의 시간에
제7장 좋은 장례의 특징들
제8장 장례 준비하기: 실제적 문제들
제9장 삶과 죽음에 관한 진리 말하기: 장례식에서의 설교

제6장

죽음의 시간에

1. 사이의 시간

삶(life)이 있다. 그리고 죽음(death)이 있다. 그러나 또한 죽어감(dying)의 시간이란 것도 있다. 어떤 이가 곧 죽을 것이 확실해져서 주위 사람들의 생각과 동작들이 그것을 중심으로 정리되게 하는 자석 기둥과 같은 '사이의 시간'(in-between season)이 있다.

우리가 "제 여동생이 죽어가고(dying) 있어요"라고 말할 때 그 말은 그녀의 생명이 꺼져 가고 있다는 것을, 시간이 부족하다는 것을, 그리고 그녀의 죽음의 순간이 다가오고 있다는 것을 의미한다. "그 사람의 몸이 말을 듣지 않고 있고, 끝이 보인다"라는 말을 의사가 하든 가족이 하든, 그 진술은 기대와 의무의 변경을 신호로 알리는 선언적 특성이 있다.

죽어가는 사람을 둘러싼 사회적 관계의 물결이 미묘하게 그 방향을 바꾼다. 바람의 방향도 변하기 시작한다. 아마도 처음에는 천천히 바뀐다. 그러나 죽어가는 사람의 주변에 있는 모든 사람들은 하늘과 바다의 징조를 인식하고, 항해 도구를 조정하며, 항구 쪽으로 방향을 틀고, 이제 마지막을 대비한다.

물론 때로 죽음이란 급박하게 그리고 예기치 못하게 찾아온다. 그래서 죽어감이라고 하는 '사이의 시간'이 없는 경우도 있다. 그러나 대부분은 적어도 한 시간, 또는 하루, 아니면 아직 죽은 것은 아니지만 그렇다고 그림자가 드리우지 않은 삶도 아닌 일 년의 시간 등이 주어진다. 죽어감이라고 하는 변화의 시간, 즉 삶의 여정은 계속되고 있지만 시계 바늘은 끝을 향해 가고 있는 시간이 주어진다. 집에서 죽어가는 사람, 병원에서, 혹은 호스피스 시설에서 죽어가는(dying) 사람들. 그들은 기다리고(waiting) 있는 사람들이다.

톨스토이(Tolstoy)의 작품 『이반 일리치의 죽음』(The Death of Ivan Illych)에서 작품 속 화자(話者)는 아픈 사람을 돌보는 것에서 죽음, 즉 부재(absence)를 준비하는 것으로의 변화에 대해 말한다.

> 그게 어떻게 일어난 것인지 말하는 것은 불가능하다. 왜냐하면 거의 알 수 없을 정도로 점진적으로 일어난 일이기 때문이다. 그러나 이반 일리치가 아픈 지 3개월째 되었을 때, 그가 다른 사람을 위해 가졌던 유일한 관심은 그가 곧 그의 자리를 비움으로써, 어쨌든 자신의 있음(presence)이 만들어 낸 속박에서 살아 있는 자들을 자유롭게 하며, 자기 스스로를 자신의 고통으로부터 자유롭게 할 수 있을 것인가 뿐이었다는 것을 그의 아내, 딸, 아들, 친구들, 종들, 의사들, 그리고 무엇보다 자기 자신이 알고 있었다.[1]

---

1 Leo Tolstoy, *The Death of Ivan Illych*, trans. Lynn Solotaroff (New York: Bantam Books, 1981), 99.

죽어감의 시간이 이반 일리치에게 다가왔을 때, 그의 주변 사람들은 죽음을, 그리고 죽어가는 사람의 있음(presence)으로부터의 공허하고 지친 자유를 준비했다.

이와 대조적으로, 기독교 신앙은 이 '사이의 시간'을 체념하듯 바라보지도, 그저 누군가 죽기 전까지 흘러가는 시간으로도 보지 않고, 죽어가는 이와 교제할 수 있는, 의미와 기회로 가득 찬 시기로 본다.

2. 죽음을 위한 예행 연습

대부분의 우리는 우리 스스로를 죽어가고 있는 사람으로 생각하지는 않는다. 우리는 "살아 있음"과 죽어감의 경험 사이를 확연하게 구분하는 경향이 있다. 그래서 그 결과로 우리는 죽음에 대해 거의 전혀 준비하지 못하고 있다. 사람들은 자신이 죽어가고 있다고, 즉 자신들이 "시한부" 삶을 살고 있는 자들과 그렇지 않은 자들을 구분해주는 보이지 않는 선을 넘어섰다고 스스로 느끼거나 혹은 그렇다는 진단을 들었을 때, 종종 소스라치는, 그리고 매우 새로운 감정과 질문들이 마음속에 떠오른다.

"두려워요."

"제 가족들은 어떻게 되는 거죠?"

"나는 없어지고 싶지 않아요."

"제 앞에 어떤 일들이 기다리고 있을지 모르겠습니다. 저는 별로 좋은 사람이 아니었어요. 사람으로서 제 구실을 못하고 살아왔습니다."[2]

---

2   See Robin Marantz Henig, "Will We Ever Arrive at the Good Death?" *The New York Times Magazine*, August 7, 2005.

기독교 신앙은 죽어감(dying)과 살아감(living) 사이의 경계를 흐리는 경향이 있다. 복음의 유리한 지점에서 보면, 우리는 모두 죽어가고 있는 것이고, 그 남겨진 날이 줄어들고 있는 사람, 그리고 그 이상하고 낯선 영역에 처해 있는 사람을 바라볼 때 공포심을 가지고 보지 않는다. 오히려 우리는 우리와 함께 했던 경험을 간직한 형제와 자매를 사랑과 이해심으로 바라본다.

역설적이게도 교회는 죽음이라는 사건이 삶의 끝에서 뿐 아니라 삶의 시작에서도 발생하는 것으로 상상한다. 세례를 통해 그리스도인이 되기로 한 자는 그리스도와 함께 죽는다. 그리고 이 세례를 통한 죽음의 사건은 소망의 표식이 된다. 우리는 이미 죽었다. 우리는 인간에게 일어날 수 있는 최악을 이미 경험한 것이고, 그리스도와 함께 죽은 것이기 때문에 우리는 그리스도와 함께 다시 살아날 것이라는 약속에도 참여하고 있다.

그런데 그리스도인의 믿음의 여정의 맨 처음 출발점에 죽음의 상징을 위치시켜두는 것은 또한 현실주의의 상징이기도 하다. 그 죽음의 상징인 세례는 우리가 영원한 존재들이 아니며 불멸의 존재도 아니라는 사실을 일깨워준다. 그리고 우리는 먼지로 만들어졌기에 먼지로 돌아갈 것이라는 우리의 현실을 일깨워준다.

우리는 죄와 죽음이 여전히 자기들의 권세를 휘두르는 세상 속에 살면서 믿음으로 걸어가고 있다. 그리고 실로 이 세상 속에 살면서 우리가 그리스도를 위해 살려고 하면 할수록 사망의 권세는 더욱 공격적이 된다. 그래서 바울은 이렇게 말한다.

> 우리 살아 있는 자가 항상 예수를 위하여 죽음에 넘겨짐은 예수의 생명이 또한 우리 죽을 육체에 나타나게 하려 함이라(고후 4:11).

신학적으로 볼 때 우리 모든 그리스도인의 삶은 사이의 시간, 즉 죽어 감의 시간에 놓여 있다. 의사가 "이제 시간이 얼마 남지 않았습니다 죽음이 임박했어요"라고 말할 때 이것은 부인할 수 없이 드라마틱한 순간이다.

하지만 이것은 우리에게 이미 사실이었던 것을 다시 한 번 강조하는 것일 뿐이기도 하다. 우리는 매일 죽음의 그늘 아래 있다. 이 말은 세네카(Seneca)가 "우리는 매일 죽는다"라고 말한 것 그 이상이다. 이것을 현대의 평상 언어로 표현하자면 이렇다.

"너도 알고 있겠지만, 이제 우리가 더 젊어질 수는 없는 거 아니겠어?"

그러나 '우리가 매일 죽음의 그늘 아래 있다'는 말은 이런 표현들 이상을 의미한다. 그리스도인은 날마다 이런 저런 모양으로 사망과 전투를 벌인다는 뜻이다. 따라서 그리스도인들의 일상적 삶의 고투 속에 필요로 하는 것들은 그들이 죽음의 침대 위에서 필요하게 될 것들과 똑같은 도움의 자원들(resources of support)이다.

엘리자베스 퀴블러-로스(Elisabeth Kübler-Ross)가 자신의 유명한 책 『죽음과 죽어감』(*On Death and Dying*)을 썼을 때,[3] 죽어가는 자들이 특징적으로 겪는 다섯 단계의 감정적 과정을 묘사했다.

① 부정
② 분노
③ 타협
④ 우울
⑤ 수용

---

[3] Elisabeth Kübler-Ross, *On Death and Dying* (New York: Macmillan, 1969).

이 다섯 단계는 일반인들의 지식 어록이 되었고 많은 사람들이 외울 수 있을 정도가 되었다. 훗날 퀴블러-로스가 이 단계들은 고정된 것이 아니고 순차적인 것도 아니라는 것을 강조했다. 하지만, "일반적"인 사람들은 자신이 죽어가고 있다는 것을 알게 되었을 때 죽음을 부정하다가 점점 "평화와 존엄을 가지고 수용하는" 쪽으로 단계적으로 옮겨간다는 인상을 불식시키는데 그녀의 책『죽음과 죽어감』은 아무런 일도 하지 못했다.[4]

퀴블러-로스가 한 일 가운데 많은 부분을 비판할 수 있겠으나, 두 가지가 특별히 주목을 끈다.

첫째, 죽음의 수용이 마지막 단계로(그리고 아마도 가장 높은 단계로) 명명되었다는 사실은 죽어가는 사람들 안에 내재되어 있는 도덕적 감각에 기인하기 보다는 퀴블러-로스가 은연중에 가지고 있던 플라톤주의에 기인한다.

그렇다. 그리스도인들은 자신이 죽게 될 것을 안다. 그리고 그 사실을 솔직하게 인정한다. 그렇다고 해서 사망의 권세를 포용하고, 환영하고, 받아들인다는 뜻은 전혀 아니다. 한 사람의 삶과 그가 소중하게 생각하던 모든 것을 파괴하는 권세로서의 죽음은 우리의 코웃음을 받아 마땅한 대상일 뿐이다.

매리 루 와이즈맨(Mary Lou Wiseman)은 그녀의 책『집중 치료』(*Intensive Care*)에서 근이영양증(筋異營養症, muscular dystrophy)으로 죽어가고 있던 그녀의 열다섯 살 아들 피터(Peter)의 마지막 날을 회상한다. 매리 루는 그녀와 그녀의 남편 래리(Larry)가 피터의 침대 곁에 있을 때 "너무나 멀게

---

[4] Ibid., 114.

느껴지는" 목소리로, 피터가 그의 아버지를 부르는 소리를 들었다.

"아빠, '임퓨던트'(impudent)라는 말이 무슨 뜻이에요?"

당황하고 놀라서 나는 래리를 쳐다보았다. 래리는 눈에 눈물이 흐르는 채로 사실대로 말해주었다.

"임퓨던트? 그것은 용감하다는 뜻이야. 부끄러움 없이 용감한!"

"그래요? 그럼 저는 부끄러움 없이 용감한 자리에 서게 해주세요."[5]

내가 생각하기엔 그리스도인이란 평생을 사망의 권세에 대항하여 '부끄러움 없이 용감한' 자리에 서기 위해 준비하는 사람들이다.

둘째, 죽음이 임박한 것을 알게 된 사람은 급속도로 감정적, 윤리적 발전을 경험한다고 하는 그녀의 생각은 치유 문화의 허구일 뿐이다. 사실 사람은 그가 살아왔던 모습 그대로 죽음을 맞는다.[6] 어떤 이가 평생을 분노하면서 살았다면, 우리는 그의 생애 끝자락에서 분노를 보게 될 것이다. 죽음의 문턱에서 가족, 의료진, 그리고 하나님과 타협하려 노력하는 사람은 아마도 그전에도 타협하는 삶을 살았을 것이다. 죽음의 순간에도 세상을 축복하는 사람은 그것을 생의 마지막 몇 시간 동안 배운 것이 아니다. 그의 평생에 사람들을 축복하는 삶으로 살아왔던 것이다. 한 랍비는 이렇게 말했다.

> 유대인은 자신이 그렇게 살아왔듯, 죽을 때에도 그의 입술에 하나님의 이름을 부르며 죽어야 할 것이다.[7]

---

5   Mary Lou Wiseman, *Intensive Care: A Family Love Story* (New York: Random House, 1982), 305.

6   See Kenneth L. Vaux and Sara A. Vaux, *Dying Well* (Nashville: Abingdon Press, 1996), esp. 9–10.

7   Rabbi Byron Sherwin, quoted in ibid., 125.

그러므로 그리스도인다운 죽음으로 죽음을 맞이하기 위한 최상의 준비는 그리스도인다운 삶을 살아내는 것이다. 우리들의 역사를 보면 그리스도인들이 위와 같은 진리를 명백하게 하려고 노력했던 때가 있음을 알 수 있다. 즉 그들은 삶의 마지막 순간에 필요하게 될 신앙의 자원들을, 살아가는 동안에 잘 정리하여 준비할 수 있도록 서로를 도왔던 것이다.

내가 지금 특별히 염두에 두고 있는 것은 "아르스 모리엔디" (*Ars Moriendi*, the art of dying well, 잘 죽는 기술)의 전통이다. 이것은 15세기 무렵 그리스도인들로 하여금 죽음의 경험을 "예행 연습"(dress rehearse)하게 하는 매우 실질적인 경건 훈련들로 구성되어 있던 전통이다.[8]

혼자 외로이 죽어가고 있는 신실한 그리스도인에게 접근하여 모든 확신과 믿음을 파괴하려는 사탄에 대한 묘사는 "아르스 모리엔디" 문학의 전형적인 부분이다. 다음은 사탄이 마치 지옥에서 온 목회상담자처럼 말하고 있는 대화의 한 부분이다.

> **사탄**: 너 지금 두렵지, 그렇지 않니?
>
> **죽어가는 자**: 그래 난 지금 두렵다. 그러나 나는 나의 두려움을 잠재우실 나의 구원자를 신뢰한다.
>
> **사탄**: 오 정말이야?
> 넌 지금 예수가 너에게 상급을 내려줄 거라 생각하고 있는 거지, 그렇지 않아?
> 하지만 넌 아무런 의가 없는 사람이잖아.

---

8 Carlos M. N. Eire, "*Ars Moriendi*," in Gordon S. Wakefield, ed., *The Westminster Dictionary of Christian Spirituality* (Philadelphia: Westminster Press, 1983), 21–22.

죽어가는 자: 그리스도가 나의 의가 되셔.

사탄: 아 그래?

그리스도가 너의 의라구?

넌 그리스도께서 너를 베드로나 바울과 같은 사도들 사이에 너를 끼워줄 거라고 생각하는 거야?

넌 계속해서 죄 짓고 또 거듭 죄 지은 사람이잖아?

죽어가는 자: 아니야. 나는 베드로와 바울 사이에 들어갈 수는 없겠지. 대신 나는 십자가 한 편에 있던 강도의 반열에 들어가려 할 뿐이야. 그 강도는 "오늘 네가 나와 낙원에 있으리라"는 말씀을 들었거든.

사탄: 어떻게 너는 이렇게 확신에 차 있는 거지?

넌 아무런 좋은 일도 한 적이 없잖아.

죽어가는 자: 나는 하나님의 용서와 자비를 얻었어.

사탄: 수많은 마귀들이 군침을 흘리면서 너의 영혼을 기다리고 있어.

죽어가는 자: 우리 주님께서 너의 폭압을 깨부수지 않으셨다면 나는 소망이 없고 두려움에 떨었겠지.

사탄: 너의 하나님은 불공평해! 도대체 어떤 하나님이기에 너 같은 사람을 의의 왕국으로 들여보내 주신다는 거지?

죽어가는 자: 하나님은 언약에 신실하신 하나님이지. 그게 바로 공평과 정의야. 그리고 나는 그의 자비하심에 의지할 거야.[9]

---

9 An adaptation of Desiderius Erasmus, "Preparing for Death," in John W. O'Malley, ed., *Spiritualia and Pastoralia*, vol. 70 of *Collected Works of Erasmus* (Toronto: University of Toronto Press, 1998), 400.

죽음을 직면하고 있는 인간에게 찾아드는 거의 모든 두려움, 불안, 의심의 마음들이 유혹자 사탄의 입에서 나오는 말들에 나타나 있다. 그리고 죽어가는 사람의 믿음의 반응들이 교리문답의 형식을 빌어 표현되어 있다. '아르스 모리엔디' 문학은 죽어가는 사람에게만 읽힌 것이 아니라 한창 살아있는 사람들에게도 낭송되었다.

이것은 그리스도인으로서 '죽어감'에 대한 최종 리허설(dress rehearsal)이다. 죽음의 침대에 누워 죽어가는 사람이라면 누구나 느낄 두려움, 불안, 초라함 등을 느낄 때, 그는 이미 이런 경험을 전에 해 본 셈이 된다. 죽음에 직면한 그리스도인은 그 죽음이라는 경험을 묘사할 언어를 소유하게 될 것이고, 그 죽음의 한 복판에서 신실함을 잃지 않고 말할 언어를 가지게 될 것이다.

아르스 모리엔디를 통한 경건 활동은 다음과 같은 기독교 가치를 세우고 형성하는 데 도움이 된다. 즉 죽음의 공포스러운 이빨 앞에서 신앙을 지키기, 절망에 직면하고도 소망을 품기, 고통스러운 투쟁 한 가운데서 인내하기, 그리고 이 세상에 결사적으로 매달리지 않으면서도 하나님 주신 이 땅에서 삶과 생명을 즐기기 등.

아래의 인용에서 보이듯, 마틴 루터는 일종의 아르스 모리엔디를 실천함으로써, 악마와 죽음과의 궁극적인 투쟁을 위해 날마다 자신을 준비시켰다. 그리고 삶의 한복판에 서서 "악마로 하여금 자신이 알곡 없는 곡식 단을 털고 있음을 깨닫게 함으로써 악마를 놀릴 수 있도록" 자신을 구비시켰다.

> 악마여, 그대는 무엇을 위해 싸우고 있나?
> 그대가 애쓰는 일은 선한 '공로'를 찾는 것이며, 하나님 앞에서 나의 '거룩성'을 따져보아 흠을 잡고자 하는 것인가?

그래 한 번 잘 해보시게나. 나는 그 둘 다 가지지 못했으니! 나에게 있는 능력은 내 자신의 것이 아니지. 내 주님이 나의 힘이다. … 나는 내 안에 죄도 거룩함도 알지 못한다. 나는 아무 것도 알지 못한다. 내 안에 있는 하나님의 능력 외에는 나는 아무 것도 알지 못한다.[10]

오늘날 그리스도인들이 오래된 아르스 모리엔디 경건 훈련에 매료될 것 같지는 않지만, 죽음에 관한 침묵을 깨뜨리기 위해서라도 그 전통의 핵심만은 되살려질 필요가 절실하다. 죽음에 대한 미국인들의 태도에 대해 로빈 마란츠 헤니그(Robin Marantz Henig)는 「뉴욕타임즈」(*New York Times*)에 낸 기고문에 다음과 같이 적고 있다.

> 우리들 대부분은 우리가 죽을 때 늙고 병들어 있을 것이고, 우리의 사랑하던 사람들에게 우리를 가장 두렵게 만드는 '죽어감'이란 무엇인지 그리고 대략적으로나마 우리는 어떻게 죽기를 소망하는지를 말할 시간을 갖게 될 것이다. 문제가 하나 있는데, 그것은 우리들 대부분이 말하지 않을 거라는 점이다. 침묵은 죽음에 대한 우리의 엇갈리는 반대감정병존(ambivalence)의 또 다른 예이다. 우리는 죽음을 수용하는 것에 대해서는 많은 이야기를 하는데 그 죽음을 정면으로 바라보는 것은 꺼려한다.[11]

어떻게 하면 우리가 이 침묵을 깨뜨릴 수 있을까?

---

10 Martin Luther, *Confitemini, Psalm 118:1,* as quoted in Eberhard Jüngel, *Death: The Riddle and the Mystery* (Philadelphia: Westminster Press, 1974), 132.

11 Robin Marantz Henig, "Will We Ever Arrive at the Good Death?"

어떻게 하면 우리가 잘 죽어가는 기술을 그리스도인들에게 장려할 수 있을까?

죽음에 대한 설교, 죽음에 대한 교회학교 수업, 죽음에 대한 교회 내 독서토론회.

이런 것들은 믿음의 삶이라는 맥락 속으로 죽음의 현실을 가져오는 데 도움이 되는 방법들이다. 그러나 아마도 '아르스 모리엔디' 유산을 회복하는 가장 강력한 방법은 죽음 직전에 와 있는 신실한 그리스도인들이 자신의 지혜를 공동체의 다른 이들과 나눌 수 있도록 허용하는 것이다.

뉴욕시의 목사인 존 왈톤(Jon Walton)은 원인 불명의 지독한 위통으로 입원한 나이 든 여성도를 심방하면서 경험한 내용을 설교를 통해 소개하면서 죽음에 대한 지혜를 성도들과 나눴다. 왈톤 목사는 이 깊은 믿음의 여인에게 시편을 읽어 주면 좋아할 것이라는 조언을 듣고 기도서를 챙겨 병원을 향했다. 그녀의 방에 들어서니 그녀는 자신을 보고 기뻐하는 것 같았다. 물론 그녀의 목소리는 약해져 있었지만. 둘은 잠시 대화를 나눴고, 왈톤 목사는 친숙한 시편을 읽어 내려갔다.

> 하나님은 우리의 피난처시요 힘이시니 환난 중에 만날 큰 도움이시라 (시 46:1).
> 내가 산을 향하여 눈을 들리라 나의 도움이 어디서 올까(시 121:1).
> 여호와는 나의 목자시니 내게 부족함이 없으리로다(시 23:1).

왈톤은 그 다음 무슨 일이 일어났는지 그의 회중들에게 다음과 같이 묘사하였다.

그녀는 눈을 감고 그 언어들이 그녀의 영혼 속 친숙한 자리로 스며들도록 하였습니다. 내가 낭송을 다 마치자 그녀는 나에게 조금 전 의사가 왔다 갔다고 말했고, 어떤 진단이 내려졌는지 설명해주었습니다. 의사는 "림프종인데 좀 많이 진전되었다"라고 말했다고 합니다. 그러나 그녀는 너무 쇠약해져 있어서 어떤 수술도 할 수 없다는 사실에 차라리 안도했으며, 그녀가 받고 있는 훌륭한 돌봄에 감사하였습니다.

청결한 침대보, 그녀를 돌보는 간호사들, 제공되는 음식, 그리고 아들과 목사의 방문 등. 그녀는 곧 집으로 돌아가기를 바라며 그곳에서 마지막 날들을 보내길 원한다고 말했습니다.

그녀는 웃으며 계속 말했습니다.

"목사님이 좀 더 일찍 오셨더라면 좋을 뻔 했어요. 의사가 잘 생긴 인턴 세 명을 데리고 저를 보러 왔더군요. 인턴들이 제게 자기들 이름을 말했고, 그들에게 한 번씩 저를 점검하게 하고 난 후 의사가 저에게 말하더군요. '이 젊은이들에게 의사라면 알아야 할 것들을 말씀해 주시겠어요? 특히 제가 지금 당신께 말했던 것을 당신은 믿음의 빛 아래서 어떻게 생각하시는지에 대해서도요.'"

그녀는 말했습니다.

"뭐라 말해야 할지 모르겠더군요. 그건 중요한 일인 것 같았어요. 저는 여기 이 침대에 있었고 그 젊은이들의 기억에 남을 무언가를 말해야만 했지요. 저는 제게 무슨 할 말이 있다고 생각하지 않았어요. 그래서 저는 그냥 '무슨 일이 생기든 저는 하나님의 손에 있을 것을 믿어요. 그리고 그 믿음이 저에게 소망을 준답니다. 그 어떤 일이 벌어진다 해도 전 괜찮을 거예요.'"

그리고 그녀는 나를 보며 말했습니다.

"목사님이 그때 여기 함께 계셨더라면 얼마나 좋았겠어요. 목사님은 제가 했던 것보다 훨씬 더 잘 말씀하실 수 있었을 텐데요."
그 말을 듣고 나는 그녀를 보며 이렇게 말했습니다.
"아니 그렇지 않아요. 저는 당신이 말씀하신 것보다 조금도 더 잘 말할 수는 없을 거예요."[12]

세례의 여정을 잘 지나왔고, 그리스도인의 삶을 어떻게 하면 잘 살 수 있는지를 배운 그리스도인들은 잘 죽어가는 기술을 위한 최상의 인도자들이다. 신학자 더클라스 존 홀(Douglas John Hall)은 70대가 되어 매일 자신의 죽을 수밖에 없음(mortality)을 직면하면서 잘 죽어가는 지혜에 대해 이렇게 썼다.

> 나는 얼마 전 70대에 들어섰다. 흔히들 말하는 성경적 나이(biblical age)가 된 것이다. … 현재 나는 21세의 나이 때 차지할 수 없었던 위치에 올라있다. 즉 이제 나는 산 자들의 땅에서 (좀 더 구체적으로는 내 자신의 삶 속에서) 주님의 선하심을 보았다고 강한 확신을 가지고 말할 수 있다. … (작고 문제가 많긴 하지만) 이렇게 놀라운 몸을 입고 나는 살아가며 존재하고 있고, (약간 쑤시긴 하지만) 이 손을 가지고 피아노를 연주하거나 컴퓨터 모니터 상에 작고 노란 말을 쓴다. 그리고 내 정신 속에는 나만의 독특한 추억들로 차 있다. … 이 모든 것들이 바로 나이다. … 이제 이것들은 끝이 나야만 한다. 그리고 머지않

---

12 Jon M. Walton, "Thanks at All Times," a sermon preached at First Presbyterian Church, New York, NY, November 23, 2008.

아 있을 … 부활은 하나님의 은총에 대한 궁극적인 선언이다. 부활은 자연스러운 것은 아니다. … 부활은 저절로 이루어지는 것도 아니다. 그것은 오직 하나님의 신실하심, 그의 오래 참으심, 그리고 그의 사랑에 전적으로 의존한다.

그리고 바로 그 이유 때문에, 오직 그 이유 때문에, 나는 웬만하면 밤에 잠들 수 있다. … 내가 나 자신의 "존재하지 않음"(not being)을 생각할 때마다 내가 확실히 자신할 수 있는 유일한 것은, 하나님이 계실 것(God will be)이기 때문이다.[13]

3. 동정심으로 옷을 입으라

성경에 있는 야고보서를 보면 아프고 죽어가는 사람들을 위해 교회가 어떻게 돌봐야 하는지에 대한 매우 독특한 조언이 나온다.

> 너희 중에 병든 자가 있느냐 그는 교회의 장로들을 청할 것이요 그들은 주의 이름으로 기름을 바르며 그를 위하여 기도할지니라(약 5:14).

슬프게도, 단 한 절의 말씀에 담긴 이 기독교의 진리에는 오늘날 그리스도인들이 가장 하지 않을 것 같은 대부분의 동정심의 행위들이 담겨 있다. 우선, 야고보 사도는 그리스도인들이 아프고 죽어가는 사람들에게

---

13 Douglas John Hall, *Why Christian? For Those on the Edge of Faith* (Minneapolis: Augsburg Fortress, 1998), 173–74.

찾아가야 하며 그들과 함께 있어주어야 한다고 지적한다.

그러나 오늘날 누군가 죽어가고 있다는 소식이 전해지면 공동체에 속한 사람들에게 이것은 그 사람에게서 멀리 떨어져야 하는 신호로, 죽어가는 사람에게서 다른 살아있는 사람들을 보호하기 위해 방역을 위한 차단선을 그어야 하는 신호로 여겨진다.

왜 그런가?

윤리학자인 윌리엄 매이(William F. May)는 그리스도인들이 죽어가는 사람과 함께 있기를 꺼려하는 한 요인은 죽어가는 사람이 우리가 주지 않아도 될 무엇인가를 요구할 것이라는 두려움 때문이라고 확신한다. 그들은 죽음을 직면하고 있기 때문에, 그들과 함께 있음으로 해서 자신이 그 병자의 방에서 "하나님을 만드는자"(God-producer), "그리스도를 제공하는 자"(Christ-dispenser), 혹은 "종교적 마법사"(religious magician)가 되어야 하는 것은 아닌가 하는 부담을 느낀다는 것이다.

물론 우리는 이 세 가지 중 어느 것도 아니다. 그렇기에, 우리는 "우리의 자신의 부족함을 회피하기 위해 죽어가는 사람에게서 멀리하려 하는" 경향이 강하게 있다는 것이다.[14]

윌리엄 매이에 따르면, 우리를 죽어가는 자들로부터 멀리 떼어놓는 그와 같은 '나는 부적절한 사람'이라는 느낌은 잘못된 신학의 결과물이다. 우리는 죽어가는 자가 누워 있는 그 방을 죽음의 성전(a temple of death)이요 하나님의 현존이 없는 곳으로 생각한다. 그러나 부활이란 그리스도께서 죽음의 영토를 정벌하시고 그 영지를 되찾아오는 것을 의미한다.

"그 병든 자의 방 안에서 그리스도를 생산해 낼 필요는 없습니다. 왜

---

14 William F. May, "The Sacral Power of Death in Contemporary Experience," in Stephen E. Lammers and Allen Verhey, *On Moral Medicine: Theological Perspectives in Medical Ethics* (Grand Rapids: Eerdmans, 1987), 181.

냐하면 그는 이미 그곳에 계시기 때문이죠."

윌리엄 매이는 말한다.

내가 생각하기에, 우리가 죽어가는 자와 함께 하기를 꺼려하는 것에 대한 매이의 신학적 설명은 실제적인 타당성이 있는 것 같다. 현대 의학이 발달한 오늘날을 사는 우리는 죽음이 엄습하면 영웅적 중재 행위를 요구받는다고 생각하도록 유혹받는다. 그래서 우리가 죽어가는 사람을 그리스도의 이름으로 방문한다면 우리는 그 죽음의 순간에만 필요한 일종의 이국적 형태의 사역을 실행할 준비가 되어 있어야 하는 것으로 생각하게끔 된다는 것이다.

진리에서 조금이라도 더 벗어나는 일은 없어야한다. 그리스도인이라면 우리가 항상 죽음을 직면하며 살아가고 있으므로 죽어가는 자를 위해 필요한 사역이란 교회가 일상적으로 시행하는 사역들과 정확히 동일한 것이라는 점을 알고 있다.

무언가 다른 점이 있다면, 그것은 시간이 얼마 남지 않았기 때문에 우리가 좀 더 집중적인 태도로 그 사역을 수행한다는 점이다.

죽어가는 자가 필요로 하는 것은 무엇인가?

야고보 사도가 말하고 있듯, 그들이 진정으로 필요한 것은 공동체가 와서 그의 곁에 둘러 모여 기도해 주는 일이다. 그들이 필요한 것은 와서 성경을 읽어주고 그를 위해 그리고 그와 함께 찬송하는 것이다. 내가 속한 예배 공동체에서는 가끔 모든 찬양대원들이 죽어가는 자의 병실에 찾아가 찬양을 부른다. 찬양대원들은 그 경험을 통해서 언제나 자신의 신앙이 고취되는 것을 느낀다고 이야기한다. 찬양대원들이 병든 자와 함께 찬양을 부를 때 그들은 사역을 하고 있는 것이다. 하지만, 그 사역은 자신들에게도 영향을 미쳐서 찬양대나 죽어가는 자나 할 것 없이 모두 그리스도의 현존하심을 더욱 새롭게 발견하게 된다.

이제 야고보 사도가 말한 다음 요소, 즉 병자에게 기름을 바르는 것에 대해 살펴보자.

이것은 사실 야고보가 속한 공동체 회중들에게는 그다지 특별한 행위는 아니었다. 기름은 성령의 상징이며, 야고보의 교회 성도들은 모두 세례를 받을 때 기름부음을 받았을 것이다. 병들었을 때 기름부음을 받는 것은 그로 하여금 자신의 세례를 기억하게 해 줄 것이며, 자신은 온전히 하나님께 속한 자라는 것을 생각나게 해 준다.

당연한 얘기겠지만 기름을 바른다는 것은 병든 자의 육체를 만진다는 것을 의미한다. 의사인 루이스 토마스(Lewis Thomas)는 의학에 관한 그의 책 『가장 젊은 과학』(*The Youngest Science*)에서 젊은 의사들은 종종 두 가지가 부족하다고 말한다.

첫째, 그들은 한 번도 제대로 아파본적이 없다는 것, 따라서 아프다는 게 어떤 느낌인지 알지 못한다는 것이다.

둘째, 그래서 그들이 모든 치료는 만짐(touch)에서 시작한다는 것을 모른다는 것이다. 그는 이렇게 적고 있다.

> 내가 생각하기론 의사들에게 가장 효과적인 행위는 바로 만짐입니다. 일반적으로 사람들은 다른 사람의 손에 의해 다루어지는(handled) 것을 좋아하지 않을 것입니다만, 거의 절대로 아픈 사람들은 그렇지 않습니다. 그들은 만져지는 것을 필요해 합니다. 매우 아플 때 서운한 것 중 하나는 사람들과의 접촉이 부족하다는 점입니다. 보통의 사람들은 심지어 친구들과 가족들도 많이 아픈 사람에게서 멀리 떨어져 있고자 하는 경향이 있습니다. 병자를 방해할까봐, 혹시 병이 전염될까봐, 또는 그저 운이 없어지게 될까봐 병자 만지는 것을 가급적 안하려 합니다. 의료라는 업종에서 의사들의 가장 오래 된 기

술은 그의 손을 환자에게 갖다 대는 것입니다.[15]

이 책의 앞부분에서 우리는 죽은 자의 육체를 기꺼이 그리고 극진히 만지는 것이 초대교회 성도들과 그 주변 사람들을 구분해 주는 중요한 특징임을 살펴보았다.

"(초대교회 성도들은) 기꺼이 자신의 손으로 죽은 성도의 시신을 가슴 높이까지 들어올렸다."

그들은 죽은 성도의 시신을 거룩한 것으로 보았기 때문에, 그들은 만짐의 축복(the blessing of touch)을 산 자에게나 죽은 자에게 기꺼이 제공했던 것이다.

이제는 고인이 된 신학자 존 카르모디(John Carmody)는 그의 감동적인 자서전 『암과 신앙 – 시한부 질병을 안고 살아가는 것에 대한 묵상』(Cancer and Faith: Reflections on Living with a Terminal Illness)에서 이 병실 저 병실을 다니며 목회적 돌봄을 행하는 한 사제에 대한 얘기를 했다. 그가 암 병동에 있는 카르모디에게 다가와 묻기를 기름부음 받기를 원하느냐고 물었다고 한다.

> 별 생각 없이 나는 '좋아요'라고 대답했습니다. 그는 심각하게 아픈 사람에게 하나님의 도우심을 구하고, 영육간의 강건함과 하나님의 도와주심을 바라는 교회의 오래 된 의식을 약식으로 변형하여 시행했습니다. 그 의식은 대수롭지 않게 그리고 거의 부끄러운 마음으로 시작되었지만, 그 기름부음의 예식은 내가 병원에 있던 한 달 동안 있었던

---

15 Lewis Thomas, *The Youngest Science: Notes of a Medicine Watcher* (New York: Penguin Books, 1995), 56.

> 가장 감동적인 순간이었음이 분명했습니다. 사실, 그 예식은 내 전 생
> 애를 통해 가장 감동적인 종교적 체험들 중 하나가 되었습니다.[16]

내가 아는 목회자 한 명은 병원에서 죽어가고 있는 교인 한 명을 심방하고 있었다. 심방이 끝날 무렵, 그녀는 놀랄만한 요청을 했다.

"제가 야고보서를 읽고 있는데요, 다음에 오실 때 교회 직분자들과 함께 오셔서 저를 위해 기도해 주시고 기름을 발라 주시면 좋겠습니다."

그 목회자는 전에 한 번도 그런 일을 해본 적이 없었기에 망설였다. 그래서 그는 이렇게 답했다

"미안하지만 안 됩니다. 제가 당신을 위해 기도는 해드릴게요. 그러나 저는 목회 사역을 하는 것이지 마술을 하는 것은 아니랍니다."

그 교인은 화가 나서 말했다.

"자 보십시오. 저는 죽어가고 있어요. 아마 저에게는 한 달도 안 남았을 겁니다. 전 제가 죽게 될 것을 알고 있습니다."

"그럼 당신은 왜 기름부음 받기를 원하시는 겁니까?"

"그건 그리스도 예수께서 저를 받아주실 것이라는 표적(sign)이 될 것입니다. 나는 죽게 되겠지요. 그러나 사망은 저를 취할 수 없습니다. 저는 다른 분에게 속해 있으니까요."

기름부음을 하는 행위는 아마도 특정한 기독교 교파의 전통과 관련된 행위일 것이다. 그러나 죽어가는 자을 다정하게 그리고 기꺼이 어루만지는 것, 그리고 그를 위해 기도해 주는 것은 모든 그리스도인들이 공

---

[16] John Carmody, *Cancer and Faith: Reflections on Living with a Terminal Illness* (Mystic, CT: Twenty-third Publications, 1994), 54.

유하는 일이다.

    내 친구에게 직접 있었던 일이다. 그는 차갑고 정서적으로 가까이 다가갈 수 없었던 아버지와 관계가 몹시 좋지 않았다. 내 친구는 그의 어머니에게는 끔찍한 사랑을 받았는데, 그럴수록 그의 아버지는 내 친구를 미워했다. 부자간의 거리는 50년 동안 조금도 좁혀지지 않았다.

    그러나 그의 나이 든 아버지가 죽게 되어 재택 호스피스 서비스를 받기 위해 병원을 나와 집으로 오게 되었다. 내 친구는 그때 생전 처음으로 적대적이지 않은 방식으로 아버지 앞에 나아가 그를 돌볼 수 있게 되었다.

    약하디 약해진 아버지가 그의 아들에게 자신을 면도해 달라고 요청한 그 시간을, 내 친구는 지금도 그의 인생에서 가장 놀라운 날로 꼽는다. 내 친구는 그의 아버지를 만질 수 있었고, 따뜻한 비누 거품을 발랐으며, 그의 얼굴을 어루만질 수 있었다. 죽어가고 있는 아버지는 자신이 한 번도 그랬던 적이 없었던 그런 방식으로 자신을 그의 아들에게 열어주었던 것이다.

    야고보 사도는 이렇게 적는다.

> 너희 중에 병든 자가 있느냐 그는 교회의 장로들을 청할 것이요 그들은 주의 이름으로 기름을 바르며 그를 위하여 기도할지니라(약 5:14).

    아마도 야고보 사도는 자신이 말한 '기름'이 '면도 거품'이 될 수도 있다는 것을 한 번도 생각해보지 못했다. 그러나 우리는 그렇게 할 수 있다. 캘리포니아 연합감리교단 목사인 존 파네스틸(John Fanestil)이 뉴잉글랜드 지역에 여행을 갔다. 그는 뉴햄프셔(New Hampshire) 주에 있는 하노버(Hanover) 시의 한 바(bar)에 들러 맥주를 시켰다. 그 바에 있던 한 남자와의 대화에서 파네스틸은 그가 죽음과 죽어감에 대해 관심이 있다는 것을 상대에게 알렸다. 그러자 그 상대편 남자는 밧세바 월래스(Bathsheba Wallace)에 대해 들어보았느냐고 물었다. 파네스틸은 다음과 같이 기록하고 있다.

> 1752년부터 1831년까지 살았던 월래스는 하노버 시에서 가까운 이스트 떼트포드(East Thetford)의 역사에서 전설적인 인물이라고 합니다. 그녀의 하는 일은 산파(midwife)였습니다. 그녀는 42년에 걸쳐 1,666명의 아이들이 태어나는 것을 도왔다지요. 그녀가 죽어가고 있을 때, 이스트 떼트포드의 사람들은 가게와 학교 문을 닫고 아이들과 함께 와서 성경을 읽고 찬양하고 기도함으로 그녀를 보내기 위해 그녀의 침대 곁으로 둘러 모였답니다. 그녀는 대부분 그녀가 이 세상으로 인도했던(출산을 도왔던) 사람들로 구성된 수많은 무리들에 둘러싸여 죽음을 맞이한 거죠.
>
> 저는 이 이야기를 사랑합니다. 왜냐하면 이 이야기는 태어남과 죽어감은 서로 연결되어 있다는 것을 우리의 조상들이 직관적으로 알고 있었다는 것을 보여주기 때문입니다. 우리들 중 그 누구도 태어날 때 혼자였던 사람은 없습니다. 마찬가지로 우리는 죽을 때도 혼자가 아닙니다. 아무리 절박한 상황이라고 할지라도 하나님의 영은 항상 현존하고 계십니다. 밧세바 월래스의 이야기가 아름답게 묘사하고 있는 것처럼, 그리고 모든 목회자들이 알고 있는 것처럼, 하나님의 임재는 모든 사도들이 십자가 발 아래에 모여 있을 때 가장 강력하게 느껴졌습니다.[17]

---

[17] John Fanestil, "Graveside Hope: A Passion for Funeral Ministry," *Christian Century*,

4. 죽어감과 죽음의 제의들

죽어감의 시간에 일어나는 다소 덜 형식적인 사역에 덧붙여, 성도의 사망을 기리는 공식적인 제의를 중요하게 생각하는 신앙 전통들도 있다. 여기에는 두 종류의 예식이 일반적이다.

첫째, 죽어가고 있는 사람을 위한 예배이다.

둘째, 실제로 사망이 발생한 이후의 예배이다.

전자의 경우를 먼저 보자면, 감독교회(Episcopal Church)는 "죽음의 때의 사역"(Ministration at the Time of Death)을 실시한다. 이것은 죽어가고 있는 사람을 위해 그의 앞에서 시행하는 것이다. 이 의식은 죽어가는 사람을 위한 기도로 시작하는 단순한 기도 예식이다.

> 전능하신 하나님, 여기 큰 아픔으로 누워있는 당신의 이 종을 보옵소서. 그리고 당신의 아들 우리의 주 예수 그리스도의 부활로 우리에게 주어진 영생의 약속으로 그를 위로하여 주옵소서. 아멘.[18]

그 사람이 죽고 나면, 가족과 친구들이 탄원 기도(litany, 사제와 성도가 서로 화답하며 드리는 탄원의 기도 – 역자주)를 위해 모인다. 이 예식은 죽은 자를 의탁하며 이렇게 끝난다.

사제: 오 자비로우신 구세주여. 당신의 종 ○○○을 당신의 손에 의

March 6, 2007, 25.

18 *The Book of Common Prayer* (New York: Church Hymnal Corp., 1979), 462.

탁 드리옵나이다. 우리 모두는 겸손히 당신께 간구하오니, 당신의 울타리 안의 양으로, 당신이 먹이시는 떼 안의 어린 양으로, 당신이 직접 구원하신 죄인들 가운데 하나로 받아주옵소서. 부디 당신의 자비의 품 안으로, 영원한 평화의 축복된 안식으로, 그리고 빛 가운데 거하는 성도들의 영광스러운 무리 가운데로 받아주옵소서. 아멘.

회중: 그의 영과 이미 떠난 모든 이들의 영들은 하나님의 자비하심을 통하여 편안히 안식하소서. 아멘.[19]

두 번째 예는 로마 가톨릭의 "죽은 이를 위한 기도"(Vigil for the Deceased)이다. 이 기도예식은 죽은 자의 집에서, 그리고 장례식장에서, 또는 그의 시신이 어디에 있든지 간에 널리 보편적으로 사용되는 예식이다. 이 예식은 기도와 성경 봉독, 그리고 말씀 선포에 강조점을 두고 있다. 시작하는 기도는 다음과 같다.

주 우리의 하나님이시여
우리의 형제/자매인 ○○○의 죽음은
우리 인간의 한계와
지상에서 우리의 삶의 짧음을 상기시키나이다
그러나 당신의 사랑을 믿는 우리에게
죽음은 끝이 아니고
그것은 우리의 삶 속에 당신이 단련해 두신

---

[19] Ibid., 465.

결속을 깨드릴 수 없나이다
우리는 당신 아들의 사도들이 가졌던 믿음과
하나님의 자녀들의 소망을 함께 나누어 가졌사옵나이다
우리가 ㅇㅇㅇ와 그를 사랑하는 자들을 위해 기도할 때
이 시험과 고통의 시간 위로
비추소서 그리스도의 부활의 빛을
그리스도 우리 주를 통하여 비나이다. 아멘.[20]

이 기도가 끝나면 성경 봉독이 있다. 봉독하는 성경 구절로는 교독문 형식의 시편이 있고, 또 누가복음에서 뽑은 다소 유별난 본문도 있다.

너희도 아는 바니 집 주인이 만일 도둑이 어느 때에 이를 줄 알았더라면 그 집을 뚫지 못하게 하였으리라 그러므로 너희도 준비하고 있으라 생각하지 않은 때에 인자가 오리라 하시니라(눅 12:39-40).

그 다음은 짧은 설교, 중보 기도, 주기도문, 마침기도, 축도 등의 순서가 뒤따른다.

장례식이 있는 날 우리가 우리 마음속에 '성도는 하나님과 함께 하기 위해 여행을 떠나는 것이다'라는 중심 모티프만 잘 유념하고 있으면, 장례식 이외의 보다 더 간단한 예식을 위한 최고의 방침들을 생각할 수 있다. 즉 육체적이든 상징적이든 우리 삶에 중요한 움직임이 있을 때 그 순간은 기도와 탄식과 감사와 찬양의 시간이 될 수 있다.

---

[20] *Order of Christian Funerals* (New York: Catholic Book Publishing Co., 1989), 28.

장례식장에서 가족들이 모였을 때, 손님과 친구들이 조문을 하러 방문했을 때, 입관 예식을 할 때, 그리고 교회에 관이 도착했을 때 등등 드리는 간략한 예배 예식을, 우리는 다양한 전통들 가운데에서 발견한다.

죽어감과 죽음의 모든 움직임을 기리기 위한 예전적 의식들을 모든 신앙 전통에서 다 확립해 놓은 것은 아니다. 그럼에도 불구하고, 신앙 공동체가 나서고, 성도의 죽음을 극복해내는 데 방해와 위협이 되는 것들을 모두 한 쪽으로 치우고, 기도를 위한 공간을 만들어내는 일은 중요하다. 존 파네스틸이 조언한다.

> 누군가 나에게 죽어가는 친구를 방문할 때 무엇을 해야 하느냐고 묻는다면, '성경책과 찬송가를 가지고 가세요.…그리고 텔레비전을 끄십시오.' 나는 이렇게 단순한 지침들을 알려줍니다.[21]

---

21 Fanestil, "Graveside Hope," 25.

제7장

좋은 장례의 특징들

　장례에 관한 목회자 세미나에서 쉬는 시간 동안 한 목회자가 손에 커피가 든 머그잔을 들고 나에게 다가왔다. 우리는 몇 분에 걸쳐 가족에 대해, 그리고 둘 다 알고 있는 지인에 대한 담소를 나누었다. 또 그는 그의 회중과 그의 목회 사역에 대한 이야기로 이어갔다. "전 모든 것을 다 잘하지는 못하는 것 같아요. 그런데 한 가지 말할 수 있는 건 …" 하며 잠시 뜸을 들이더니 "전 장례 진행은 잘 합니다(I do a *good* funeral)"라고 말했다.
　목회자들에게 그런 비슷한 말을 듣는 것이 처음이 아니었고, 마지막도 아닐 것이다. 많은 목회자들은 자신들이 장례를 위해 최선의 노력을 기울인다고 믿는다. 그리고 그렇게 믿는 것이 정당할 것이다. 사망은 분명 죽은 자에게 침묵을 가져다주며, 죽은 자들 주변에 있는 사람들의 목소리도 가라앉게 만든다.
　그런데 필요한 지혜를 가진, 위로와 소망의 오랜 언어들을 알고 있는, 개인적 회상의 말들과 사랑을 가지고 있는 목회자가 그곳에 있다. 심지어 교회에 대해 냉랭하며 교회의 예배에 무관심하던 사람들조차도 상실의 순간을 맞아 차분한 손과 좋은 말들에 굶주려서 목회자가 장례식에서 말하고 행하는 것들을 모두다 감사해한다.

결혼식의 경우, 목회자들은 몹시 흥분되어있는 신랑 신부와 그들의 "결혼 진행자들"(wedding handlers)에게 무시받는다. 그들은 종종 목회자들을 소품 취급한다. 특히 「신부 잡지」(*Brides Magazine*)에 실린 감상적이고 동화 같은 대본에 따라 진행되는 결혼식에서 "종교적 반짝이"(ecclesiastical bling) 정도로 취급된다.

그러나 죽음이라고 하는 황폐함은 그렇게 쉽게 다뤄지지 않는다. 사람들은 검은 옷을 입고 죽음이 가져온 공포와 신비에 할 말을 잃고 서 있다. 목회자가 사역을 할 수 있도록 자리를 내어주는 것은 아마도 바로 이러한 그들의 말없는 상태일 것이다. 좀 이상해 보일지 모르겠으나 많은 목회자들이 결혼식보다는 장례식을 집례하는 경우가 더 많다는 것은 사실이다. 약간 마음이 상한 상태에서라면, 결혼식에서 자신들이 맡아 하는 일은 로봇에게 사제복을 입혀 놓고 시켜도 할 수 있는 일인 것 같다는 생각이 들 것이다.

반면 장례식에서 그들이 사제로서의 행위를 사람들에게 제공하여 줄 때 거의 언제나 환영할 만한, 도움이 되는, 그리고 의미심장한 것으로 받아들여진다. 따라서 많은 목회자들이 적어도 자신에게만은 "나는 장례 진행은 잘 합니다"라고 말할 수 있다는 것은 이상한 일이 아니다.

그러나 "좋은" 장례란 무엇인가?

목회자가 좋은 말을 해 준 장례식?

물론 목회자가 강력하고 위로가 되는 말을 장례식에서 하면 그것은 가치 있는 공헌이지만, 5장에서 논의했듯이, 기독교 장례란 죽은 자를 추모하는 사람들이 모여 영감을 주는 말들을 듣기 위해 모이는 시간이어야만 한다는 개념은 (그 영감을 주는 말들이 상실과 의미에 대해 내면적으로 묵상하게 해주는 것이긴 하지만) 기독교 장례의 장르를 변질시키는 것이며 그 목적을 퇴색시키는 것이다.

기독교 장례식은 그냥 단순히 명상이 아니다. 그것은 드라마적인 동작이다. 기독교 장례는 이 삶과 죽음과 관련하여 삶과 죽음에 대한 복음의 약속을 하나님의 사람들이 행동으로 펼쳐 보이는 신성한 공동체 연극이자, 공공의 퍼포먼스이다. 아무리 지혜롭고 목회적 민감함을 가지고 있어도 목회자 혼자서는 "좋은" 장례를 만들 수 없다. 좋은 장례란 하나님의 사람들이 함께 해야 하는 그 무엇이다. 그것은 목회적 독백이 아니며, 앙상블을 이루어 해내는 퍼포먼스인 것이다.

장례란 교회와 그에 속한 이들에 의해 상연되는 예배적 드라마라는 주장은 어떤 장례가 "좋은" 장례인가 그렇지 않은가를 판가름할 시금석을 제공하기 시작한다. 만약 장례가 연예 프로그램 같은 가벼운 극(light theater)이라면, 예를 들어 뮤지컬 "캣츠"(Cats)같은 정도라면 우리는 그 장례를 기술적 완성도나 관객의 반응으로 평가할 수 있다.

이를테면 노래 음정이 맞았나, 배우가 완벽한 타이밍에 연기를 펼쳤나, 대사를 잘 하였나, 관객들이 그 극을 즐겼나, 관객들이 감동받았나, 극이 관중들의 영혼을 고양시켰나, 관객들이 적절한 타이밍에 웃고 울었나 등을 통해 평가할 수 있을 것이다.

그러나 사실 장례는 가벼운 극이 아니다. 장례는 브로드웨이 쇼라기보다는 고대의 윤리극(morality play)에 가깝다. 장례는 흥미를 위한 것도 아니고 단지 영감을 주려는 것도 아니다. 오히려 우리를 인간으로 만들어 주는 것들에 대한 깊은 사색이다. 그리고 장례는 공동체를 위해(for) 상연되는 것일 뿐만 아니라, 공동체에 의해(by) 상연되는 것이다. 장례에 나와 있는 모든 사람들이 수행해야 할 역할들이 있고, 장례의 목적은 관중을 고무하기 위한 것이 아니라 배역을 맡은 자들을 변화시키는 것에 있다.

로버트 드니로(Robert De Niro), 마틴 쉰(Martin Sheen), 말론 브란도(Marlon Brando) 같은 연기자들의 스승이었던 스텔라 애들러(Stella Adler)는 종종 그녀의 학생들에게 "극장"이라는 단어는 항상 연예나 현실도피를 의미하지는 않는다는 것을 상기시켰다. 이 말은 "보는 장소"라는 뜻을 가진 그리스어에서 파생되었고, 극장은 "삶과 사회적 상황에 관한 진실을 보기 위해 오는 장소"라고 그녀는 말한다.[1] 극장은 진실에 관한 곳이기 때문에 배우가 명심해야 할 불가침의 규정이 있다면서 애들러는 다음과 같이 주장한다.

"삶의 네가 아니다. 삶은 네 밖에 있다. 그것이 네 밖에 있다면, 너는 그것을 향해 나아가야 한다."[2]

바로 여기에 장례식을 위한 좋은 지혜가 있다.

첫째, 장례식은 일종의 "보는 장소"이다. 그래서 좋은 장례의 첫째 특징은 그것이 얼마나 잘 사람들로 하여금 보아야 할 가치가 있는 진리를 보게 하는가에 달려 있다.

둘째, 그것이 얼마나 강력하게 배우로 하여금 극중의 역할에 몰입하여 그 안에서 변화되고 자신에 갇혀 있던 상태를 뛰어 넘고, 자기 바깥에 존재하는 보다 더 큰 진실, 구원에 관한 진실로 나아가도록 만드는가에 있다. 우리가 장례식에서 발견하는 유혹이 있는데, 그것은 개인적 슬픔과 고통스런 상실이라는 블랙홀 속으로 복음이 흡수되어버린다는 것이다. 왜냐하면 이러한 현실이 너무 다급하고 가혹하기 때문이다. 그러나 좋은 장례는 그 반대로 작동된다. 즉 개인적 슬픔과 상실을 온전히 복

---

1 Stella Adler, *The Art of Acting,* ed. and compiled Howard Kissel (New York: Applause Books, 2000), 30.
2 Ibid., 24.

음 안으로 끌어들여서 슬픔이 변하여 위로가 되고 변화가 되게 한다.

애들러의 주장에 따르면, 위대한 연극은 "거의 언제나 최고의 배우들의 경험보다 더 크다."[3] 배우들이 자신의 육체를 드라마가 제시하는 외부적 진리에 던지면, 내면의 삶은 그 뒤를 따른다.

"몸이 진짜일 때 영혼은 반응한다. 몸이 거짓말을 할 때 영혼은 깜짝 놀란다."[4]

자 그렇다면 좋은 장례의 척도는 무엇인가?

이 드라마가 상연된 위대한 무대 위의 사람들이 얼마나 잘 그들이 열연했던 진리를 바라보고, 기억하고, 신뢰하고, 사랑하고, 끌어안고, 그 진리에 소망을 두는가에 달려 있다.

1. 네 가지 필요 요소들

우리가 기독교 장례라 부르는 드라마를 무대에 올려 그것을 잘 연출해내기 위해서, 다시 말하자면 좋은 장례를 수행하기 위해서, 적어도 네 가지 요소가 필수적이다.

첫째, 우리는 거룩한 사람(holy person)이 필요하다. 즉 성도로 불리는 죽은 자가 필요하다.

둘째, 우리는 거룩한 장소(holy place)가 필요하다. 우리가 살아가고 기동하고 존재하는 신성한 장소가 있어야 한다.

---

3 Ibid., 65.
4 Ibid., 104.

셋째, 우리는 거룩한 사람들(holy people)이 필요하다. 신적 사명을 가지고 살아가는 믿음의 공동체를 말한다.

넷째, 우리는 거룩한 대본(holy script)이 필요하다. 그 믿음의 공동체가 펼칠 삶과 죽음에 관한 복음 진리의 이야기가 있어야 하는 것이다. 불행하게도 이러한 중요한 것들이 우리 문화에서는 대부분 위험에 처해 있다.

1) 거룩한 사람

오늘날의 장례에서는 베일에 가려지게 되었지만 죽은 자는 기독교 장례에서 중심인물이다. 이 사람이 죽었기에 우리는 예배로 모인 것이다. 이 사람은 세례식을 통해 시작된 믿음의 여정을 걸어 왔고 이제는 새롭고 다른 방식으로 하나님을 향한 여정을 떠나고 있다. 좋은 장례는 죽은 자가 하나님의 형상을 따라 지음 받은 성도(saint)라는 사실과 그를 통해 굴절되어 비추어진 하나님의 은혜를 보게 하는 프리즘이라는 사실을 명확히 하는 장례이다.

죽은 자가 '성자'(saint)라고?

아시시의 프란시스(Francis of Assisi)나 아빌라의 테레사(Teresa Avila) 정도라면 우리가 성자라고 불러 줄 수 있겠지만, 두 번 이혼한 경력이 있고 한 달에 한두 번 예배에 출석했으며 결국 지속적으로 재발된 유방암 때문에 사망한 미혼모의 경우, 평생 알콜 중독에 시달리다 간경화로 사망한 은퇴한 자동차 정비공의 경우, 그리고 자기 자녀들로부터 버림받아 살다가 82세의 나이로 사망한 남자의 경우를 생각하면 문제는 훨씬 복잡해진다.

이런 사람들을 위한 장례식도 '성자'를 위한 예식이라고 할 수 있는가?

답은 '그렇다'이다. 우선 우리가 기억해야 할 사실은 심지어 많은 그리스도인들이 "공식적으로" 성자라고 부르는 사람들의 경우도 윤리적 현미경 아래에 놓이면 스스로가 얼마나 흠이 많은 사람인가를 자인할 수밖에 없다는 점이다. 일부에서 비판적으로 지적하는 바와 같이, 실제로 기독교 기념일에 이름이 올라간 성자들의 경우에도 그의 과거 삶에 대한 충분한 조사가 이루어지지 않았다.

심지어 테레사 수녀는 캘커타(Calcutta)의 불쌍한 사람들을 희생적으로 돌본 사실 때문에 반세기 동안 세상을 감동시켰지만 그녀에게도 깊은 아픔의 기억들이 있다. 1977년 그녀가 사망한 후에 세상에 나온 그녀의 편지들은 그녀가 거의 모든 헌신의 기간 동안 하나님의 사랑과 심지어 그의 존재마저도 의심하던 영혼의 깊은 밤을 겪었었다는 것을 말해주고 있다. 성자들에 대한 책을 저술한 제임스 마틴(James Martin)은 "나는 성자의 삶에서 이렇게 강렬한 영적 암흑을 겪은 성자를 본 적이 없습니다" 라고 말했다.[5]

신약 성경에서 "성자"란 단어는 아주 특별한 거룩함으로 그의 생애가 빛났던 일부의 사람들에게만 적용되는 말은 아니다. 이 단어는 평범하고 다양한 종류의 그리스도인을 묘사하는 데 쓰인다. 세례는 그리스도의 이름으로 모험으로 가득 찬 윤리적 여행을 시작하는 신호이지만, 모든 그리스도인들은 이 제자의 길을 가는 동안 좌충우돌하면서 여행한다. "종교는 목발이다"라고 한 당시 미네소타 주지사 제시 벤츄라(Jesse Ventura)의 말에 대해 텔레비전 인터뷰에서 질문을 받은 전도자 빌리 그래함

---

5 David Van Biema, "Mother Teresa's Crisis of Faith," *Time*, August 23, 2007, available at http://www.time.com/time/world/article/0,8599,1655415-1,00.html.

(Billy Graham) 목사는 "그럴지도 모르죠. 그렇지만 우리 중 절뚝거리지 않는 사람이 누가 있죠?"라고 했다.

우리 주변 사람들을 성자로 보는 것은 사랑으로 말미암은 도덕적 상상 행위이다. 리처드 내쉬(Richard Nash)의 연극 "레인메이커"(*The Rainmaker*)에 스타벅(Starbuck)이라는 인물이 등장한다. 그는 여기저기 다니며 가뭄이 심한 지역에 비를 내리게 해주겠다는 실현 불가능할 것 같은 약속을 하고 다니는 홍보 일을 했다. 그는 비가 부족하여 절박한 상황에 처한 서부의 한 마을에 도착했다. 거기서 그는 리지(Lizzie)와 사랑에 빠지기 시작했다. 그녀는 이제 그녀의 최고 전성기가 지나가버렸고 그녀의 가족도 이제 그녀는 사랑을 찾지 못할 것이라 절망하기 시작했던 참이다.

평소에는 거들먹거리던 스타벅은 진실을 말해야 하는 순간이 되자 현실은 늘 비전과 동떨어져있다며 자신의 실망감을 리지에게 고백한다. 이 세상은 이루어질 것이라 상상할 수 있는 데까지 나아가지 못하고 있는데 도대체 왜 그런지 모르겠다고 화가 난 듯 그는 손가락으로 이마를 두드리면서 그녀에게 말했다.

그러자 어쩌면 자신의 광적이고 급하며 자기만의 세상에 갇힌 삶이 그로 하여금 세상을 있는 그대로 보며 그 세상을 사랑하는 것을 방해하고 있는 것 아니냐고 리지가 대답한다. 그녀는 어느 날 그녀가 부엌에서 접시를 닦고 있는데 맞은 편 방에서 그녀의 아버지가 아들들과 포커 게임을 하고 있는 것을 보게 되었다고 스타벅에게 말한다. 그녀는 아버지를 자세히 보기 시작했다는 것이다. 다음은 그녀의 말이다.

> 처음에 저는 그냥 평범한 중년의 남성을 보았어요. 쳐다보아도 별 흥미로울 게 없는 중년의 남성이지요. 그런데 일 분 일 분이 지나면서 저는 여태껏 본 적이 없는 아주 작은 것들을 그에게서 볼 수 있었답

니다. 좋은 것들 그리고 나쁜 것들도요. 전에는 한 번도 알아차리지 못한 습관들이 있었습니다. 전에는 별로 신경쓰지 않았던 말하는 습관도 있더군요. 그러다가 갑자기 나는 그가 진정 누구인지 알게 되었고 그를 너무나도 사랑하게 되어서 울 뻔 했어요. 그리고 저는 그의 진짜 모습을 볼 수 있는 시간을 가졌던 걸 하나님께 감사드렸어요.[6]

그리스도인들이 다른 사람을 바라보고 충분히 자세히 그를 들여다봄으로써 그의 참된 모습을 보게 될 때, 그들은 그 사람에게서 찾아볼 수 있는 사랑스런 점들을 찾는 것 그 이상일 것이다. 그들은 그 사람을 보면서, 그리고 자기 자신을 보면서 예수 그리스도의 빛 아래에서 본다.

우리가 아무리 문제가 많은 사람이라 할지라도 믿음을 가진 우리 모두는 예수 그리스도에게 속해 있다. 우리가 서로를 성자로 바라보는 것은 결국 우리의 미덕이 아닌 그리스도의 미덕 때문이다. 사도 바울이 사람을 볼 때 더 이상 "인간적 관점에서" 바라보지 않아야 한다고 말했을 때 이야기하고자 했던 바가 바로 이것이다.

이유는 무엇인가?

우리가 사람을 볼 때 그저 우리 눈에 보이는 대로가 아닌 그리스도의 사랑의 빛 아래 비추인 모습을 보아야 하기 때문이다.

> 그런즉 누구든지 그리스도 안에 있으면 새로운 피조물이라 이전 것은 지나갔으니 보라 새 것이 되었도다(고후 5:17).

6　N. Richard Nash, *The Rainmaker: A Romantic Comedy in Three Acts* (New York: Samuel French, 1954), 89.

장례식에서 우리가 겨냥해야 할 것은 이제는 고인이 된 형제와 자매의 진정한 모습을 보는 일, 즉 그(녀)가 그리스도 안에서 획득한 참된 정체성을 경축하는 일이다. 우리는 이미 이런 일을 세례식에서 했었다. 세상이 아무리 이 사람의 참된 정체성을 왜곡하려고 해도, 그리고 이 사람이 제 아무리 자신의 참된 정체성을 잊어버린 채 낭비하며 살았을 지라도, 이 사람은 (세례식을 통해) 하나님의 아들과 딸이며 하늘의 자녀인 것이다. 우리는 이와 똑같은 일을 장례식에서 한다. 죽은 자는 본질적인 면에서 볼 때 "이혼남(녀)"도 "알콜 중독자"도 "부자"도 "가난한 자"도 "은행 사장"도 "에이즈 환자"도 "골프를 즐기는 사람"도 "참전용사"도 "비서"도 "다운증후군 어린이"도 "알츠하이머 환자"도 또는 그들에게 붙여졌을 법한 그 어떤 딱지도 아니다. 이 사람들은 예수 그리스도에 의해 거룩하게 된, 살아계신 하나님의 성자들이다.

우리도 그렇고 그들도 그렇다. 미혼모도, 자동차 정비공도, 그 자녀들과의 관계를 회복할 수 없는 남자도 마찬가지다. 우리는 모두 망가진 인간들이며 흠이 많은 사람들이지만 새롭게 창조된 사람들이며 그리스도의 길을 따라 함께 여행하는 동료 성자들이다.

2) 거룩한 장소

몇몇 옛 랍비들에 따르면 이스라엘의 땅은 시간의 여명에 하나님께서 조성하신 첫 번째 땅의 조각이라고 한다. 하나님의 약속의 땅에 대한 그들의 사랑, 그들의 존경은 너무나 깊고 심오하여 그들은 이스라엘을 가리켜 창조의 기초석, 모든 기쁨의 좌석, 모든 지혜의 집, 모든 세상의 음악이 흘러나오는 장소 등으로 묘사하였다. 그 땅의 먼지조차도 사람들을 거룩함으로 이끌 수 있다는 것이다.

그들은 심지어 흩어진 디아스포라 유대인들이 머나먼 타국의 땅에서 묻히면 그들의 시신이 땅 아래로 연결된 터널을 통해 이스라엘로 돌아와 그들의 마지막 안식의 장소가 그 거룩한 땅이 된다는 이야기도 한다.[7]

월터 브루그만(Walter Brueggemann)은 그의 주요 저서인 『땅: 성서의 신앙에서 선물, 약속, 도전으로서의 장소』(The Land)에서 "땅"이라는 상징이 성경에서 두 가지 방식으로 기능했다고 말한다.[8]

첫째, 땅은 이스라엘의 토양, 즉 실제 하나님 약속해 주신 땅, 실제로 돌보고 경작하고 보호해야 할 땅이다. 이 땅에서 이스라엘의 거룩한 기억은 형성되며, 하나님에 대한 그들의 순종의 삶이 그곳에서 이루어진다. 미래의 세대들이 부모들에게 갸웃거리며 혹은 회의적인 시선으로 쳐다보거나, 도대체 왜 유대교의 율법과 계명들에 얽매이느냐고 묻는다면, 부모 세대들은 그들을 나무라는 대신 그들에게 이야기, 즉 그들의 땅에 대한 이야기를 들려준다.

"우리는 한때 애굽에서 종살이했단다."

이렇게 시작하는 이야기 말이다.

> 우리 조상들에게 맹세하신 땅을 우리에게 주어 들어가게 하시려고 (신 6:23).

하나님은 우리를 강한 팔로 그곳에서 꺼내어 구원했다는 이야기이다. 그 계명들은 "항상 복을 누리게 하기 위하심"(신 6:24)이다.

---

7 Jonathan Z. Smith, "Earth and Gods," *Journal of Religion* 49/2 (April 1969): 113.
8 Walter Brueggemann, *The Land: Place as Gift, Promise, and Challenge in Biblical Faith*, rev. ed. (Minneapolis: Fortress Press, 2002), 2.

그러나 성경에 나오는 땅은 그저 이스라엘이라고 하는 실제 영토만이 아니다.

둘째, 땅은 하나님의 약속의 종말론적 상징이다. 즉 새로운 일을 하시며 창조를 새롭게 하신다는 약속이다. 여기서 말하는 그 땅은 소망의 장소이다. 하나님의 백성들이 그곳을 향해 여행하는 자리이다. 정의가 이루어지는 곳이다. 인간의 생명이 소성케 되고, 온전케 되며, 안전하여지고, 자유로워지는 곳이다.

예를 들어, 하나님의 백성들이 자신들의 본토를 빼앗기고 포로로 잡혀갔을 때 그들의 공포를 잠잠케 하고 그들에게 소망을 준 것은 그 땅을 새롭게 하며, 물기 없는 땅에 비를 뿌려주시고, 타들어가는 백성들의 심령에 성령을 부어주시리라는 하나님의 약속이다.

> 나의 종 야곱, 내가 택한 여수룬아 두려워하지 말라 나는 목마른 자에게 물을 주며 마른 땅에 시내가 흐르게 하며 나의 영을 네 자손에게, 나의 복을 네 후손에게 부어 주리니 그들이 풀 가운데에서 솟아나기를 시냇가의 버들 같이 할 것이라(사 44:2-4).

즉 성경의 땅 이야기, 즉 실제 지상의 땅이라는 개념뿐 아니라 종말론적 의미의 땅에 대해서 계속 이야기하는 것이 바로 기독교 장례이다.

장례는 우리 삶의 자리에 대해 말한다. 어떤 특정한 장소와 시간에서 살고, 사랑하고, 선택하고, 관계를 형성하고, 노동을 통해 소비하고, 기쁨과 아픔을 느끼고, 또 이런 저런 모습으로 삶의 자리를 보살피고 경작했던 어떤 한 사람에 대한 이야기를 한다.

그러나 장례는 또한 약속의 땅을 이야기한다. 우리가 향해 가고 있는 그 땅, 생명의 강이 흐르며 주림과 목마름이 없는 그 땅에 대한 이야기 말이다. 장례는 우리 앞서 많은 사람들이 건너갔던 저 건너편 땅에 대해, 그리고 이제 우리들 가운데 한 명이 그 길의 마지막 몇 마일을 걸어서 가려는 그 땅에 대해 이야기한다.

장례식에서 땅에 관한 성경적 상징을 늘 새롭게 유지하는 것은 적어도 네 가지 이유 때문에 중요하다.

(1) 땅에 관한 상징을 사용하는 것은 장례라는 드라마에 공간적 특징을 부여함으로써 장례는 그저 가만히 있으면서 상념에 잠기는 곳이라는 개념을 극복하도록 해 준다. 땅에 대해 말함으로써 장례란 어딘가를 향해 가는 것이고, 우리는 어딘가로 가고 있으며, 죽은 자도 어딘가로 가고 있음을 명확히 하여준다. 이러한 드라마틱한 움직임에 대해서는 5장과 6장에서 충분히 논의하였다.

(2) 장례에서 "그 땅"의 상징을 강조함으로써 기독교 공동체의 현재적 윤리 생활을 활발하게 할 수 있는 잠재력이 있다. 장례식에서 우리는 찬송가 가사에도 나오듯 "더할 수 없는 기쁨을 가져다주는 평화의 도시"(city of peace that brings joy evermore)로 여행하는 동료 성자에게 마지막 인사를 한다.

그러나 나머지 우리들은 평화와 기쁨으로 가득하지 않은 도시로, 마을로, 공동체로 돌아와야 한다. 성경은 우리가 여행할 그 천상의 땅은 오늘날 우리의 발로 밟고 살아가고 있는 이 땅위에 윤리적으로 굳게 기초를 두고 있다고 확고하게 증언해준다. 우리 앞에 기다리고 있는 그 땅에서 우리에게 약속된 정의와 평화와 복락은 우리가 지금 살아가고 있는 땅에서 요구받고 있는 우리의 사명을 형성한다.

장례식에서 우리는 우리의 친구를 "모든 성도들이 함께 들어가는 하늘 본향"에 의탁하지만, 우리는 그와 동시에 "우리는 아직 이 여행길을 믿음으로 걸어가고 있으니 성령께서 우리를 인도하사 당신의 빛과 생명

을 증언하게 하소서"라고 기도한다.⁹

우리가 장례식에서 하나님께서 인간들 가운데 거하시는 곳, 그리고 "다시는 사망이 없고 애통하는 것이나 곡하는 것이나 아픈 것이 다시 있지 아니하리니 처음 것들이 다 지나갔음이러라"로 묘사되는 "새 하늘과 새 땅"이라는 이미지로 우리의 기억을 새롭게 한다면, 그 이미지는 전쟁, 빈곤, 병든 자를 방치하는 것, 노인에게 무관심한 것, 그리고 신앙을 잃어버리는 것 등은 단지 잘못된 정도가 아니라, 그것들은 완전히 폐기될 것이며 사라져 버릴 운명이라는 것을 분명하게 해준다. 따라서 전쟁이나 탐욕에 전념하는 것은 그저 비윤리적인 것이 아니다. 그것은 어리석은 땅 투자이다.

성경은 "땅"이라는 상징을 아직 존재하지 않는 세상, 하나님께서 생겨나게 할 세상, 그리고 우리가 가길 소망하는 땅을 상상하게 할 목적으로 사용한다. 그러나 성경은 결코 그 상징을 지나치게 영화(靈化, overspiritualize)시키지 않으며, 종말론적 "땅"과 우리가 월요일 아침이면 일어나서 경작해야 할 이 땅과의 사이에 있는 연결선을 자르도록 허용하지 않는다. 브루그만이 얘기하듯, 이것은 "땅에 대한 간절한 소망은 항상 역사적 힘과 소유에 연관된 역사적 과업"이다.¹⁰ 예를 들어 장례식에서 읽을 수 있는 다음과 같은 강력한 문구를 스가랴 선지자의 말에서 인용해 보자.

---

9 "Funeral," *Evangelical Lutheran Worship*, Leaders Desk Edition (Minneapolis: Fortress Press, 2006), 668, 670.
10 Brueggemann, *The Land*, 2.

여호와가 이같이 말하노라 내가 시온에 돌아와 예루살렘 가운데에 거하리니 예루살렘은 진리의 성읍이라 일컫겠고 만군의 여호와의 산은 성산이라 일컫게 되리라 만군의 여호와가 이같이 말하노라 예루살렘 길거리에 늙은 남자들과 늙은 여자들이 다시 앉을 것이라 다 나이가 많으므로 저마다 손에 지팡이를 잡을 것이요 그 성읍 거리에 소년과 소녀들이 가득하여 거기에서 뛰놀리라 만군의 여호와가 이같이 말하노라 이 일이 그 날에 남은 백성의 눈에는 기이하려니와 내 눈에야 어찌 기이하겠느냐 만군의 여호와의 말이니라(슥 8:3-6).

장례식에서 이 구절(예루살렘의 성읍 거리에서 하나님의 영광스런 통치를 상상하는 구절)을 읽으면서도 바로 우리 주변에 있는 노인들과 아이들의 안전과 복지를 위해 기도하고 노력해야 할 의무에 대한 음성을 그 문구 안에서 듣지 못한다면, 우리는 이것을 가리켜 윤리적인 상상의 실패라고 말할 수 있을 것이다.

대공황이 한창일 때 텍사스의 작은 마을을 배경으로 제작되었던 오래된 영화 "마음의 고향"(Places in the Heart)은 그 깜짝 놀랄만한 마지막 장면으로 잘 알려져 있다. 영화 초반에 어떤 젊은 흑인이 지역의 백인 경찰을 사고로 총으로 쏴 죽였다. 그에 대한 보복으로 백인들 몇이 그 젊은 흑인에게 가혹행위를 한다.

영화의 마지막 장면에서 그 텍사스의 작은 마을 교인들은 주일 오전 예배에 모여 있다. 거기서 성만찬이 진행된다. 떡을 담은 접시가 회중석 사이로 전달되고 예배 참석자들은 옆에 있는 사람에게 그 접시를 건네며 "하나님의 평화"라고 말한다. 카메라가 접시를 따라가면서 사람들 얼굴을 하나씩 비추자 관객들은 그 얼굴들을 알아볼 수 있게 되고 이 예식은 일반적인 성만찬이 아니라는 것을 알게 된다.

모인 회중들 속에는 젊은이와 노인이 있고, 흑인과 백인도 있으며, 잘못한 사람과 그 잘못된 일로 인해 피해를 입은 사람도 있다. 심지어 그곳에는 죽은 사람들도 있다. 젊은 흑인과 함께 그가 쏴 죽인 백인 경관도 있다. 그들은 모두 하나님의 만찬상을 나누며 하나님의 평화도 나누고 있다. 갑자기 우리는 어느 일요일 아침 어느 텍사스 마을의 교회에 있는 것이 아니라 하나님의 왕국에 와 있다는 것을 알게 된다.

이 영화에서 우리가 종종 잊어버리는 사실은 이 영화의 전반부에 등장하는 두 번의 하관 예배이다. 경찰관을 위한 예식과 젊은 흑인을 위한 예식말이다. 이 두 장례식은 인종적으로 완전히 차별되었다. 젊은 흑인의 장례식에는 백인들이 오지 않았고, 백인 경찰관의 장례식에는 흑인들이 없었다. 그런데 이 완전히 구별되어 벌어진 두 장례식은 같은 시간에 진행되었다. 카메라는 먼저 우리를 젊은 흑인의 장례로 데려가서 우리로 하여금 그의 나무 관을 따라 잘 다듬어지지 않은 묘지의 열린 무덤 쪽을 보게 한다. 그 무덤을 향해 나아가며 그들은 오래된 찬송가 하나를 부른다.

> 해보다 더 밝은 저 천국 믿음만 가지고 가겠네.
> (There's a land that is fairer than day; And by faith we can see it afar)
> 믿는 자 위하여 있을 곳 우리 주 예비해 두셨네.
> (For the Father waits over the way; To prepare us a dwelling place there)
> 며칠 후 며칠 후 요단강 건너가 만나리 며칠 후 며칠 후 요단강 건너가 만나리.
> (In the sweet by and by; We shall meet on that beautiful shore)

사람들이 이 노래를 부를 때 또 다른 이들이 이 노래에 참여했고 그들의 목소리는 점점 더 커져가고 점점 더 풍성해진다. 이 일이 일어나고 있을 때 카메라 앵글이 뒤로 쭉 빠졌다가 빠른 속도로 백인 경찰관의 무덤 쪽으로 들어간다. 그 백인 경관의 장례식을 보면서도 우리는 반대 쪽 장례식에서 "며칠 후 며칠 후 요단강 건너가 만나리" 하며 울려 퍼지고 있는 우렁찬 찬송가 소리를 여전히 들을 수 있다.

물론 그토록 오래 분리되어 있던 사람들이 요단강 건너편 아름다운 강변(beautiful shore, 한국어 찬송에는 이 부분에 대한 번역이 빠져 있음 – 역자주)에서 만나려면 해야 할 일들이 너무 많고 가야할 길이 너무 멀다. 하지만 그 장례식 찬송은 우리로 하여금 우리가 진정 어디로 가고 있는지 상기시켜주며, 우리의 발걸음이 어디를 향하고 있는지 분명하게 해주고, 언젠가 우리가 하나님의 은혜로 말미암아 그곳에 도달하게 되리라는 소망을 새롭게 해준다.

(3) 장례식에서 "땅"이라는 상징은 현대인의 삶은 거처할 집이 없어 정처 없이 떠도는 노숙자의 삶과 같다는 점을 말해준다. 그의 저서『땅』에서 브루그만은 "공간"(space)과 "장소"(place)의 차이를 분명히 한다. 누군가 "나는 나의 공간을 원해!"라고 말할 때 그는 혼자 있고 싶다는 뜻으로 그 말을 한 것이다. 즉 자신의 삶에 대해 누군가 다른 사람의 방해를 받지 않고 자율적인 선택을 할 개인적 자유를 갖고 싶다는 의미인 것이다. 공간은 "주말," "휴일," "부업" 등과 같은 이미지로 표현되고, "우리 자신의 선택으로 채워지기를 기다리고 있는 중립적이고 텅 비어 있는 것"으로 그 특징이 설명된다고 브루그만은 말한다.[11]

"공간"은 중요하다. 그러나 그것은 종종 비어있는 공간으로 끝날 수

---

11 Ibid., 4.

있다. 방해받지 않은 개인적 자유로만 특징지어진 삶은 책임도 없고, 서로를 연결해 줄 사랑이나 헌신의 끈도 없으며, 어떤 형태를 갖지도 않는다. 사람들은 너무나 자주 뿌리를 뽑아내고 거기서 떠나 마침내는 아무런 뿌리도 남지 않게 되는 경우가 있다.

다른 한편에는 "장소"라는 개념이 있다. "장소는 역사적 의미를 가진 공간"이다. 브루그만에 따르면, 장소는 다음과 같다.

> 무엇인가 벌어졌던, 그리고 지금은 그것에 대해 사람들이 기억하고 있고, 세대를 뛰어넘어 연속성과 정체성을 부여해주는 공간이다. 장소란 사람들이 서약을 주고받았으며, 약속을 하고, 요구를 주장하던 공간이다. 장소란 공간에 대한 바람직하지 않은 추구에 대해 반대하는 일종의 저항이다.[12]

도시의 삶은 우리에게 사실상 제한 없는 존재의 공간과 무제한의 선택을 약속하며, 강압적인 헌신은 없을 것이라고 약속한다. 하지만, 사실 이 모든 것들은 공허한 약속이라는 것을 많은 사람들이 알게 되었다. 우리들 중 많은 사람들이 우리 자신의 공간을 요구했지만, 사실 우리가 갈구했던 것은 의미 있는 장소였다.[13]

우리가 5장에서 기독교 장례는 (항상 그래야 하는 것은 아니겠지만) 통상적으로 말해 장례식장이나 강당에서보다는 교회에서 치러지는 것이 가장 좋다고 말한 것도 바로 이러한 "공간"과 "장소"의 구분 때문이다. 그

---

[12] Ibid.
[13] Ibid., 3.

곳에서 우리는 서약을 주고받았으며, 약속을 하였었고, 이런저런 요구를 제시하였었다. 교회는 장례를 위한 공간이 아닌, 장례를 위한 장소를 제공한다.

그저 "공간"이 아닌 "장소"에서 열리는 장례에 대한 생각은 공동묘지와 납골당(columbaria) 문제와도 연결된다. 교회의 공동묘지를 유지하는 것은 이제 현대의 많은 교회 회중들에게 실용적인 일이 못 된다. 그래서 이를 대신해서 유골을 안치할 수 있는 납골당을 건립하는 경우가 많고, 또 어떤 교회들에서는 유골 안치를 목적으로 하는 "추모동산"(memorial garden)을 조성하기도 한다.

이것들 중 어느 것도 장례에 있어서 필수적인 것은 아니지만, 만약 그런 것이 있다면 그런 시설물은 회중들의 삶에 의미를 부여할 것이다. 믿음으로 살아가다 죽음을 맞이한 성도들의 이야기의 그 이름들이 기억되는 장소에 대한 세심한 돌봄은 교인들의 삶을 천상의 성도들과의 교제로 연결시키는 구체적인 행동이 된다.

(4) 우리가 장례식에 "땅"이라는 상징을 가져옴으로써 그 상징은 성경 안에 있는 역사와 종말(history and eschatology)의 상호 작용과 똑같은 상호 작용을 한다. 성경에서 "땅"은 우리가 발붙이고 살아가는 땅이자 동시에 우리가 장차 가게 될 땅이다. 우리는 우리가 서 있는 이 땅을 하나님의 좋은 선물이라 여기며, 지금 이곳에서 사랑하는 공동체의 표시를 보기 위해 힘쓴다.

그러나 우리는 하나님의 다스림이란 점진적 발전이기보다 새 하늘과 새 땅의 창조에 대한 약속에 관한 것이라는 것을 안다. 이 말은 결국 지금 이곳에서의 땅도 시급하고 중요하지만, 우리의 궁극적 소망은 이곳에 있지 않음을 의미한다.

> 만일 그리스도 안에서 우리가 바라는 것이 다만 이 세상의 삶뿐이면
> 모든 사람 가운데 우리가 더욱 불쌍한 자이리라(고전 15:19).

그리스도인들은 이 땅에서의 현세적 삶에 대해 역설적 관계를 가진다. 우리는 이 땅에서 우리가 할 수 있는 한 최선을 다하여 병든 자들을 돌보고 아이들을 보호하며 노인들을 존경하고 정의를 수호한다.

> 그러나 우리의 시민권은 하늘에 있는지라(빌 3:20).

히브리서 기자는 아브라함의 삶을 묘사하므로써 이러한 역설을 아름답게 묘사한다. 늙은 아브라함은 믿음으로 하나님께서 부르실 때 어디로 가야할 지도 모른 채 하나님께서 "장래의 유업으로 받을 땅"이라고 약속하신 것만을 믿으며 그의 여정을 시작했다(히 11:8). 아브라함은 결국 약속의 땅에 도달했다. 그런데 이상한 얘기지만 엄밀히 말하자면 그는 단 한 번도 그곳에 정착하지 않았다. 그는 그곳에서 잠시 머무르긴 했지만 그는 유목민으로서 "이방의 땅에 있는 것 같이 … 장막에 거하였다"(히 11:9).

왜 그랬을까?

왜냐하면 그는 가나안 너머에 있는 한 땅을 학수고대했기 때문이다. 그는 "이는 그가 하나님이 계획하시고 지으실 터가 있는 성을 바랐"(히 11:10)기 때문이다. 그 눈으로 지평선 너머 저 먼 곳을 바라본 것은 비단 아브라함만이 아니다. 믿음 안에 거하였던 우리의 모든 선조들은 자신을 가리켜 "땅에서는 외국인과 나그네"라고 여겼으며(히 11:13), 만약 "자기들이 본향 찾는 자임"과 "이제는 더 나은 본향을 사모하니 곧 하늘에 있는 것"을 사모하는 자임을 분명히 인식하지 않으면 자신을 그런 식으로 표현하지 않는다고 히브리서는 진술한다(히 11:14).

몇 년 전, 내가 살고 있는 도시인 애틀랜타(Atlanta)로 들어오는 고속도로를 새로 건설한다는 결정이 내려졌다. 고속도로 건설을 위해 수많은 집들이 철거 대상이 되고 결국에는 전체 마을이 없어지게 될 예정이었다. 그러나 아주 잠깐 동안이지만 몇 가구의 가족들이 여전히 그들의 집에서 기거하고 있었다. 수 세대를 거쳐 살아왔던 그들의 집이다. 그러나 곧 불도저가 와서 무너뜨릴 집이라는 것도 그들은 알았다.

물론 이러한 결정은 동네에 안 좋은 영향을 미쳤는데, 주민들이 자기 집에 대해 어떤 유지보수 공사도 하지 않았기 때문이다. 페인트는 벗겨지고, 건물의 목재는 썩어갔으며, 문들의 경첩은 떨어져나갔고, 지붕은 움푹 들어가게 되었다. 그러나 이상하게도 몇 몇 가정의 경우에는 그들의 집을 계속 돌보는 사람들이 있었다. 그들의 집은 이제 얼마 되지 않아 없어진다는 것을 알면서도, 그리고 그들이 살고 있는 땅은 그들의 영원한 거처가 아니라는 것을 알면서도, 그들이 사는 집을 깔끔하고 아름답게 가꾸고자 하는 그들의 마음은 파괴되지 않았던 것이다.

복음도 이와 같은 원리이다. 우리는 우리의 육신 안에 죽음이라는 것을 간직하고 살아가며, 결국 죽음을 맞이할 것이다. 우리는 이것을 잘 안다. 그러나 우리가 우리 안에 간직하고 살아가는 죽음은 그저 우리의 죽음만이 아니라 예수의 죽음도 간직하고 있다. 따라서 우리가 여기 이곳에서 그리스도인의 삶을 살아갈 때에 "우리가 항상 예수의 죽음을 몸에 짊어짐은 예수의 생명이 또한 우리 몸에 나타나게 하려"함이다 (고후 4:10).

이 땅에서의 장막은 불도저가 밀어버리겠지만, "만일 땅에 있는 우리의 장막 집이 무너지면 하나님께서 지으신 집 곧 손으로 지은 것이 아니요 하늘에 있는 영원한 집이 우리에게 있는 줄"을 우리는 알고 있다 (고후 5:1).

이러한 성경적 역설은 장례 예식에 일정한 긴장감을 가져와서, 우리로 하여금 예를 들어 다음과 같은 감상적이고 회상적인 안네트(Annette)의 장례 예식을 거행하는 것을 막아준다.

안네트(Annette)가 죽었다.

우리는 시편 23편과 잠언 31장("누가 현숙한 여인을 찾아 얻겠느냐")을 읽는다. 안네트는 훌륭한 여인이었으며 좋은 그리스도인이었다는 것을 기린다. 그런 후에 우리는 안네트가 그녀의 남편과 그녀의 부모 곁에 누울 수 있도록 마련된 공동묘지의 가족묘로 향한다. 그곳에 묻힌 그녀는 영원히 이처럼 그곳에 함께 있을 것이다. 그런 다음 우리는 마지막으로 장례 예식을 마치며 이렇게 말한다.

"우리는 언제나 그녀를 기억할 것입니다."

그러나 물론 이것은 말도 안 되는 소리다. 우리가 언제나 그녀를 기억할 수는 없는 노릇이다. 안네트의 장례의 모든 요소들은 어느 시점까지는 유효할 수 있다. 그러나 사실 위에 열거한 요소들은 우리가 살고 있는 지상의 땅이 영원한 처소라는 환상 위에 지어진 것들이다.

100년이면 이 땅에 모든 인류는 완전히 물갈이가 된다. 그리고 그 누구도 안네트를 기억해 주지 않게 될 날은 그리 멀지 않았다. 역사가 많이 흐른 뒤에 그녀의 교회는 사라질 것이다. 건물들은 해체될 것이며, 회중들 역시 흩어질 것이며, 공동묘지는 먼지로 뒤덮일 것이고, 비석들 역시 오랜 시간이 지나면 없어질 것이다.

그러나 안네트가 역사 속으로 사라져 잊혀질지라도, 하나님께서는 그녀를 기억하실 것이며, 그녀는 손으로 짓지 않은 건물에서 예배할 것이다. 그렇다면 장례식은 이 땅에서 안네트가 살아냈던 삶의 인격들, 그녀가 이 땅에서 했던 일들, 그리고 그녀가 여기서 맺었던 관계들을 기리는 것이되겠지만, 그녀의 과거와 우리의 과거에 대한 회상으로 이 장례식이 가득차서는 안 된다. 왜냐하면 우리의 소망은 이 땅에만 있지 않고, 하나님께서 지으신 저 하늘 도성에 있기 때문이다.

3) 거룩한 사람들

캐슬린 노리스(Kathleen Norris)는 그녀의 저서 『수도원 산책』(The Cloister Walk)에서 그녀의 독특한 종교적 탐색에 대해 말한다. 결혼한 개신교 여성인 그녀가 미네소타(Minnesota)에 있는 베네딕트 수도원(Benedictine monastery)에 잠시 동안 거주하기로 결정했다. 수도원에 온 지 며칠 후 어느 날 그녀의 영적 훈련을 책임진 수도사가 그녀에게 이상한 얘기를 했다.

"이제 당신이 이 공동체의 나머지 일원들을 만나야 할 시간이 되었군요."

그런 후 그는 그녀를 공동묘지로 데리고 갔다.

"우리가 각각의 묘를 지날 때 그 수도승은 나에게 죽은 사람에 대한 이야기를 해주었습니다. 수도원에 있은 지 60년이 된 그는 이제 거기 묻힌 거의 모든 사람에 대해 알고 있더군요."[14]

그 수도원에서 알게 되어 친구가 된 또 다른 개신교도는 나중에 노리스에게 이렇게 말했다.

> 수도원에서의 장례식은 언제나 이 세상과 다음 세상 사이의 경계를 흐리게 만든 답니다. 사람들은 현재라고 하는 것이 여기 이 공동체와

---

14 Kathleen Norris, *The Cloister Walk* (New York: Riverhead Books, 1996), 373.

저기 저 성도들의 공동체 사이의 연속된 시간대 속의 한 순간이라고 느낍니다.

그런 장례식에서 "그 나머지 공동체라고 하는 집단은 사실 엄청나게 큰 집단이라는 것"을 노리스는 깨닫게 되었다.[15]

수도원의 장례식에 대하여 노리스의 친구가 말한 것은 모든 그리스도인의 장례식에도 똑같이 적용된다. 한 무리의 예배자들이 장례식에 모인다. 그러나 그들은 눈을 마주치는 것 이상이다. 그들은 시간과 공간을 뛰어넘는 거대한 성도의 교제(the great communion of saints), 즉 "공동체의 나머지 사람들"의 일부일 뿐이다.

여기에 우리에게 주어진 도전 과제가 있다. 어떻게 하면 장례식에 오는 사람들, 그러니까 수도승들도 아니고 그들의 삶을 수도원이 아닌 평범한 세상에서 지내고 있는 사람들이 자기 자신을 볼 때, 그저 죽은 자와 그의 가족들에게 경의를 표하기 위해 온 개인으로가 아니라, 성도의 교제 안에 속한 구성원으로서 마땅히 수행해야 할 성스런 임무를 부여받은 거룩한 사람들(holy people)로 인식하게 할 것인가?

오늘날 우리 문화 내에서 행해지는 장례식의 상황에 대해 말하는 많은 평론가들이 특히 우려하고 있는 부분은 장례식에서 공동체의 협력이라고 하는 오래 된 기반이 대부분 붕괴되어 가고 있다는 점이다. 그들은 예전에는 장례가 나면 많은 사람들이 모여 힘을 더해주는데 지금에 와서는 장례에 참여하는 사람들의 수가 적어졌고, 집단이 아니라 개인적으로 참여한 한 무리의 조문객들에 불과하다는 점을 성토한다. 예를 들어 데

---

15 Ibid., 376.

이비드 몰러(David Moller)는 이렇게 개탄한다.

> 우리가 보고 있듯이, 미국의 장례는 영국의 식민통치를 받던 시기 이래로 많은 변화를 겪었다. 아마도 그런 변화들 가운데 가장 중요한 변화는 단순함에서 사치로의 변화나, 또는 장의사들의 역할의 확장 정도가 아니다. 더 중요한 변화가 있는데 그것은 장례가 가진 중요성(significance)과 관련되어 있다. … 장례는 하나의 완성되고 두드러진 공동체 예식으로서의 가치를 잃어버렸다. 이제 장례는 '남다른 의미를 갖는 누군가의 죽음에 대해 개인적으로 보이는 반응' 정도의 의미를 갖는 개인적 표현의 예식이 되었다.[16]

여기에는 분명 일정 정도의 진실이 있다. 장례식이 공동체의 이벤트가 되어야 하고 개인적인 예식이 되어서는 안 된다는 것은 분명 중요하다. 그리고 오늘날 우리 사회에서 많은 사람들, 특히 젊은 성인층이 그 죽음이 자기에게 개인적인 의미가 있는 경우가 아니라면 장례식에 참여하는 것을 꺼린다는 것을 보여주는 징조들이 있다.

하지만 이 경고에는 약간의 과장도 섞여 있다. 장례식에 참석한 사람들은 그저 개인적 슬픔을 이유로 온 것이 아니라 사랑하는 이를 잃어버린 자들(친구나 이웃들)을 도우려고 왔다.

그러나 장례식에 참석한 사람들의 참여 동기에 대해 논쟁을 벌이는 것은 여러 면에서 본질을 놓치는 일이다. 기독교 장례에 대한 진짜 질문

---

16 David Wendell Moller, *Confronting Death: Values, Institutions, and Human Mortality* (New York: Oxford University Press, 1996), 240.

은 사람들이 그들의 이웃을 돕기 위해 온 것이냐 아니면 자기 자신의 슬픈 감정 때문에 온 것이냐가 아니라(그들은 이 두 가지 이유 모두 때문에 온 것이다), 그들이 거기 왔을 때 어떤 역할을 맡아야 할 것인가에 있다.

오늘날 많은 사람들은 장례식에서 슬픔에 빠진 사람들을 동정하고 위로하기 위한 역할 외에 자기에게 어떤 의미 있는 역할이 주어졌는지를 상상하는 일에 어려움을 느끼고 있다. 앞에서 살펴본 바와 같이, 치료적 측면으로 기울어있는 우리 문화 속에서, 장례식은 차츰 슬픔을 관리하는 행사로 정의되어가고 있다. 그래서 이제 너무 자연스럽게 사람들은 자신의 주요한 역할은 감성적인 위로를 전하는 것이라고 생각하기 시작했다.

상실의 시간을 맞아 위로라고 하는 것이 매우 중요한 것은 사실이지만, 장례식에서 그리스도인 공동체의 역할은 감성적 돌봄 그 이상이어야 한다. 사람들은 당연히 슬픔을 느낀다. 하지만 죽음이라고 하는 것은 의미의 위기(crisis of meaning)이다.

죽음이란 무엇인가?

죽은 사람에게는 어떤 일이 일어난 것인가?

왜 인생은 이다지도 가녀린 것인가?

우리의 소망은 무엇인가?

이러한 질문들에 대한 답은 그룹토의를 통해 얻어지는 것이 아니라, 예배를 통해 얻을 수 있다. 장례식에서 교회는 치유를 제공하기 위해서가 아니라 예배하기 위해 모인다. 삶과 죽음에 관한 복음의 이야기를 하기 위해서 모인다. 그리고 그렇게 하는 것은 모두에게 가장 깊은 위로를 제공한다.

교회 회중들이, 특히 규모가 큰 회중들이 장례식에서 거룩한 공동체의 역할에 대하여 인식하기 위해서는 교육 과정이 필요하다. 처음에는 죽은 사람이 잘 알려지지 않고 친하지 않은 경우일지라도 장례식에 모여 찬양하고 기도하는 것을 숭고한 의무로 여겨야 한다는 개념은 다소 이상하고 어쩌면 비이성적인 부담으로 비쳐질 것이다. 이때 장례란 무엇인지에 대한 교육이 이루어진다면 큰 도움이 될 것이다. 이를 위한 가장 좋은 교사는 좋은 장례식 그 자체이다.

내적 묵상으로서의 장례식이라는 개념 대신 장례는 드라마라는 개념을 이해하고 그 드라마를 잘 상연해내면, 그리고 회중들이 신비의 가장자리에 놓은 성도를 위해 노래를 부른다면 사람들은 점차 그들의 역할을 이해하게 될 것이다.

캐슬린 노리스의 친구가 제안한 것처럼, 장례는 "이 세상과 저 세상 사이의 경계선을 흐리게 만든다." 우리가 "공동체의 나머지 일원들"을 분명하게 봄으로써 우리가 예배를 통해 죽은 자와 연결되고, 또한 우리 앞서 살다 죽었던 그래서 지금은 장차 우리가 여행해 도착할 그 땅에서 하나님을 예배하고 있는 사람들과 연결되는 것, 바로 이것이 장례가 가진 힘의 한 부분이다.

다른 말로 하자면, 장례식에서 우리는 이 예배가 성도 전체의 교제(the whole communion of saints)를 불러일으킨다는 것을 절실히 직감하게 된다. 교회가 성도의 교제에 대한 믿음을 확신할 때, 엘리자베스 존슨이 이렇게 말했다.

> 사망의 파괴적 권세는 한데 묶여 있는 성도들을 떼어놓을 수 없다. 왜냐하면 이 결속은 하나님의 존재 그 자체로부터의 은혜와 사랑과 결속이기 때문이다. 죽어감의 과정 속에서, 사람은 살아계신 하나님의 품으로 들어가는 것이고, 영원토록 신실하신 그의 인자(loving-

kindness)로 말미암아 소성케 된다.[17]

성도의 교제란 교회가 그리스도 안에서 죽은 자들과 하나 되는 것에 대한 확신이다. 교회는 죽은 이들이 신기루 같은 유령이 되어 지상을 배회하거나 비육체적 인격체로서 산 자들 사이를 걸어 다니는 것으로 보지 않는다. 우리는 그리스도 안에서 죽은 자들은 "시간대"(time zone)라는 경계선을 넘어선 것으로, 즉 역사라는 시간대에서 영원이라는 시간대로 이동한 것으로 믿는다.

죽은 자들의 삶은 우리의 삶과는 다르다. 그러나 우리는 여전히 같은 공동체 안에 속해 있다. 그 공동체는 그리스도 안에서 하나님께 속한 공동체요, 그들은 역사의 시간대와 영원의 시간대 모두에 참여하고 있다.

죽음 가운데 일어나는 변화가 있다. 우리는 장례식에서 그리스도 안에서 죽은 자를 묘사하는 방식에 대해 신중해야 한다. 죽은 자가 단순히 옆방으로 옮겨갔다가 어느 시점에 이르러 변하지 않은 모습으로 다시 돌아올 것으로 이야기하는 것은 도움이 되지 않는다. 그들이 가려진 베일 맞은 편에 서 있다거나, 그들의 삶은 우리 자신의 삶보다 더 이상적으로 발전된 삶인 것으로 생각한다거나, 죽은 자가 장미 화단을 가꾸고 천상의 식탁에 둘러 앉아 다른 사람들과 서로 대화를 나눈다는 식으로 묘사하는 것 역시 도움이 되지 않는다.

우리는 그들의 삶이 어떤 모습일지 알지 못한다. 우리가 아는 것이라곤 그들의 삶이란 하나님 안에서 갖게 된 삶이란 것과 우리도 그 삶을 공

---

17 Elizabeth A. Johnson, *Friends of God and Prophets: A Feminist Theological Reading of the Communion of the Saints* (New York: Continuum, 2003), 70.

유한다는 것뿐이다. 우리는 그들의 육체가 어떤 모습일지도 모른다. 우리가 아는 것이라곤 그들도 우리처럼 육체를 가질 것이라는 것, 그러나 그들의 몸은 우리들과는 달리 영광을 입은 육체요 소멸하지 않을 육체라는 사실이다.

우리가 이해하기로는 하나님께서 죽은 자들 가운데서 살리신 사람들은 전에 그들의 모습과 비연속적 측면과 연속적 측면 모두를 가지고 있을 것이며, 하나님은 전혀 새로운 피조물을 만드시는 것이 아니라 "그들"(them)을 일으키는 것이다.

이 말은 곧 우리가 죽은 그들을 알아볼 수 있을 것이라는 점을 시사하며, 그렇지만 우리가 어떤 방식으로 그들을 인식할 수 있을지에 대해서는 알 수 없다. 그들을 육체를 가지고 있기 때문에, 그들은 반드시 "장소"를 차지한다. 그러나 공간과 관련된 "천국"의 언어들을 모두 (물론 오직 이 천상의 언어들만이 우리에게 유일하게 만족스런 언어들이긴 하지만) 우리가 알 수 없는 미지의 영역에 속한다.

우리가 분명히 알 수 있는 것은 죽음은 죽은 자와 우리의 관계를 변화시키기는 하지만 그 관계를 파괴하지는 않는다는 점이다. 우리는 우리 앞서 갔던 성도들과 함께 거대한 예배의 연속선상(a great continuum of worship)에 서 있다. 우리가 기도할 때, 그들도 기도한다. 우리가 하나님을 찬양할 때, 그들 역시 그리 한다.

이 연속선상의 우리 쪽에 있는 기도자들과 예배자들은 역사적, 공동체적, 개인적 깨어짐과 불완전함의 한복판에서 하나님께 호소한다. 그래서 우리의 기도는 신약성경의 끝에서 두 번째 선언이기도 한 "아멘 주 예수여 오시옵소서"(Maranatha! Come, Lord Jesus!)와 같은 찬양에 맞춰 드려지는 기도이다.

그러나 죽임을 당한 성도들은 하나님과 그의 어린 양의 존전에서 밤과 낮이 없이 늘 서 있다. 승리는 그들의 것이 되었다. 그런데 그저 그들의 승리가 아니라 모든 창조를 파괴했던 것들을 압도하신 하나님의 승리이다. 죽은 그들에게 있어서 모든 역사는 위대하신 하나님 안으로 이미 통합되었다.

그리고 그런 그들이 기도하며 부를 노래는 바로 이것이다.

> 세상 나라가 우리 주와 그의 그리스도의 나라가 되어 그가 세세토록 왕 노릇 하시리로다(계 11:15).

지상에서 우리가 드리는 모든 간구의 기도는 천상에서 그들이 드리는 순전한 찬양과 기쁨 속으로 섞여 들어간다.

"마라나타"(Maranatha)가 신약 맨 마지막에서 두 번째의 외침이라고 했다. 그렇다면 거기에는 마지막 외침도 있을 것인데, 그 마지막 외침은 천상의 장소에서 우리의 경배와 찬양이 죽임 당한 성도들의 경배와 찬양과 통합될 것에 대해 언급하고 있다.

> 주 예수의 은혜가 모든 자들에게 있을지어다. 아멘(계 22:21).

4) 거룩한 대본

"좋은" 장례를 위한 네 가지 요소 중 마지막은 바로 복음 이야기(gospel story)이다. 장례는 복음을 선포하기 원한다. 역설적으로 장례식에서 복음에 대한 가장 강한 경쟁자는 죽은 자의 삶 이야기(life story)이다. 밥(Bob)이란 남자의 장례는 종종 "밥 쇼"(Bob Show)로 귀결될 여지가 있다. 잘만 구성하면 죽은 자에 대한 이야기가 복음을 위협할 요소가 되지 않을 수 있다. 장례식에서 죽은 자의 이야기를 하고 그 사람이 잘 기억되도록 하는 것은 환영할 만한 일이다.

그러나 복음은 그 이야기가 거기서 그렇게 끝나는 것이 아니라는 점을 상기시킨다. 장례란 밥에 대한 추억을 갖고 밥의 친구들이 교회에 가는 것에 관한 것이 아니라, 하나님과 함께 하기 위해 여행을 떠나는 밥에 관한 것이다.

하지만 많은 사람들이 복음에 대한 확고한 이해를 하지 못하고 있을 때, 그들이 죽은 자가 어디로 가는지에 대해 상상하는 일은 결코 쉬운 일이 아니다. 그들은 죽은 이가 영적 추억의 땅으로 가는 것 아닐까 하고 상상하는 외에 달리 그의 가는 곳에 대해 상상하기 어려운 것이다.

죽음은 두려운 현실이다. 죽음은 모든 패를 다 갖고 있는 것 같다. 가까운 사람의 죽음은 사람들로 하여금 그들이 알고 있던 숭고한 이야기에 무서우리만치 바싹 가까이 다가가게 만드는 사건이다. 그래서 그들은 용감한 표정을 얼굴에 띠고, 죽은 자의 사진을 전시하며, 죽은 자가 사랑했던 시를 읽고, 따뜻하고 위로가 되는 기억들에 대해 몇 마디 말을 하기도 한다.

그런데 이런 것들에 문제가 있다. 이렇게 감정과 감성으로 충만한 장례식은 죽은 자를 성도의 위치에서 짧으나마 몇 시간 동안 유명인의 위치로 옮겨놓는다는 것이다. 이런 장례를 깊이 들여다보면, 결국 이 장례식은 죽음에 항복의 백기를 들어올리는 것이 된다. 죽은 자의 삶아 온 삶에 대한 이야기만이 우리가 할 수 있는 숭고한 이야기의 전부라면 이런 슬픈 결말을 가져다 준 죽음이 마침내 다시 한 번 승리하는 것이며, 아무리 많은 기억들과 위로도 이 무시무시한 죽음을 되돌릴 수는 없는 것이다.

오직 부활의 이야기만이 이 죽음의 거짓을 들통나게 만든다. 오직 부활의 이야기만이 죽음을 누르고 승리할 수 있다. 우리는 장례식에서 이 거룩한 대본을 계속 반복하여 이야기하고 드라마로 표현해 내야 할 필요가 있다.

2. 좋은 장례의 여덟 가지 목적

거룩한 사람, 거룩한 장소, 거룩한 사람들, 거룩한 대본 등 네 가지 필요 요소들이 갖춰지고 이것들이 장례라고 하는 연극에서 잘 작동되면 우리는 "좋은" 장례를 치를 수 있다. 그리고 좋은 장례는 이런 네 요소들이 함께 작동함으로써 여덟 가지 핵심 목적들을 이뤄낼 수 있다.[18]

1) 복음 선포적(kerygmatic) 목적

다른 것들도 있겠지만 좋은 장례가 하는 것은 케리그마(kerygma), 즉 복음의 이야기를 선포하는 것이다. 비록 죽음이란 놈이 또 하나의 희생자를 데려간 것처럼 보이는 상황 속에서도 죽은 사람은 그리스도 안에서 새로운 생명으로 건짐을 받았고, 이제 하나님 앞에서 다른 성도들과의 교제 속으로 들어간 것이라는 진리를 담대히 선포하는 것이 장례이다.

장례식에서 선포되는 복음은 물론 당연한 얘기겠지만 매주 일요일에 교회에서 선포되는 것과 똑같은 복음이다. 이 복음은 죽음은 예수 그리스도의 죽음과 부활에 의해 파괴되었다는 것을 보증한다. 하지만 장례식

---

[18] 좋은 장례의 여덟 가지 핵심 목적들에 대한 리스트는 폴 훈의 글에 나오는 것을 확장하고 수정한 것이다. Paul Waitman Hoon, "Theology, Death, and the Funeral Liturgy," *Union Seminary Quarterly Review* 31/3 (Spring 1976).

에서의 복음은 매우 개인적인 특질이 있다. 죽음이란 것이 사람들과 관계들을 송두리째 뽑아버리지 못할 것이라 약속하신 부활의 그리스도 바로 그가 이곳 장례식장에 우리와 함께(with us) 그리고 우리를 위해(for us) 서 계신다는 위로의 소식을 듣게 된다.[19]

2) 봉헌적(oblational) 목적

'봉헌'(oblation)이라는 말은 '예물'(offering)과 연관된 단어이다. 모든 예배의 경우와 마찬가지로 장례식에서도 예물을 바친다. 그런데 이 경우에 드리는 예물은 돈이 아니다.

사람들은 장례식에서 하나님께 무엇을 예물로 드리는가?

그들의 슬픔?

물론이다. 그리고 그들의 추억도 예물로 올려드린다. 때때로 사람들은 후회와 죄책감을 가져와 드리기도 한다. 해야 할 말을 하지 못한 것에 대한 후회, 그리고 마땅히 웃어주었어야 할 상황에서 미소를 보내주지 않았던 것에 대한 죄책감 등.

어떤 이들은 하나님을 향해 주먹을 들고 흔들며 쏟아낼 분노를 가져오기도 한다. 그리고 그들이 가져오는 것, 그것은 죽은 자의 시신이다. 그 시신을 실제로 가져오기도 하고 그저 그를 기리는 마음에 담아 가져오기도 한다.

좋은 장례가 지향해야 할 한 가지 목적이 있다면 그것은 사람들로 하여금 죽은 자를 하나님께 드릴 수 있도록 하는 것이다. 그리고 그렇게 함

---

19 Hoon, "Theology, Death, and the Funeral Liturgy," 175.

으로써 이제는 그를 포기하고 하나님께 놓아주는 일이다. 사람들은 훈(Hoon)이 말한 것처럼 많은 것들을 장례식에 가져온다.

> 무엇이 드려질까요?
> 인간이 경험할 수 있는 그 모든 것들입니다. 고통. 상함. 눈물. 죄악. 후회. 회한. 죄책감. 회개. 공포. 분노. 믿음과 한데 뒤섞여 있는 불신. 추억. 감사. 사랑. 기쁨. 소망. 서약. 인간의 삶과 인간의 마음속에 이와 같은 것들이 적혀 있으며, 우리는 이러한 현실들에 그것들의 참 이름을 붙여주는 일에 매우 구체적이어야 합니다.[20]

좋은 장례란 "예물을 모두 모아서" 그 드려진 모든 것들을 위하여 복을 선포하여 주는 장례를 말한다.

3) 교회적(ecclesial) 목적

좋은 장례를 치르는 주체는 온 교회, 즉 성도의 교제(communion of the saints)이다. 좋은 장례는 우리가 사망의 음침한 골짜기를 홀로 지나지는 않을 것이라는 점을 선포하는 장례이다. 장례식에 온 사람들은 슬픔에 잠긴 유가족들을 빙 둘러싸고 앉아 기도와 교훈의 말씀과 찬양과 신앙고백 등을 통해 교회 회중의 목소리가 그들 귀에 들릴 수 있도록 해주어야 한다.

---

[20] Ibid., 177.

4) 치유적(therapeutic) 목적

좋은 장례란 목회 상담이 아니라, 슬픔을 맞아 고통스러워하는 이들을 위로해 주는 것이다.

이런 위로는 기도와 설교와 찬송과 다른 예배 요소들을 통해 직접적으로 슬픔에 대해 언급함으로써 주어질 수 있다. 또 어떤 경우 위로는 간접적으로도 전해지는데, 즉 죽음이라고 하는 비통한 상실을, 죽음을 정복한 부활의 거대한 이야기와 그에 대한 공동체의 찬양이라고 하는 맥락 속에 위치시킴으로써 간접적인 위로가 전해질 수 있다.

5) 성만찬적(Eucharistic) 목적

장례와 관련된 교회의 오랜 관습 가운데 하나는 무덤가에서 예식을 치르며 성만찬을 나누는 것이었다. 주의 만찬을 통해 교회는 하나님께서 창조하신 모든 것들에 대해 감사하면서, 하나님의 모든 가족 구성원들이 천상의 만찬 상에서 모두 모이게 될 날을 기대한다. 설사 성만찬이 장례식에서 베풀어지지 않는다 해도 여전히 장례는 감사의 표현 방식이다.

교회는 많은 생명의 선물을 주신 하나님, 특히 이 장례식의 죽은 자에게 생명을 주신 하나님께 감사를 드린다. 설령 죽은 자가 "어려운" 사람이었고 우리가 그와 충돌했던 경험뿐이라 해도, 우리는 이 사람의 생명에 대한 감사를 올려드린다. 그 사람의 삶은 때로 우리가 이해할 수 없는 모습이긴 하지만 그 역시 하나님의 형상이었다. 우리는 그와의 혹은 그녀와의 관계 가운데서 우리의 믿음이 시험을 받았고 강화되기도 하였다. 우리는 이에 대해 하나님께 감사드리는 것이다.

6) 기념적(commemorative) 목적

그리스도 안에서 형제와 자매가 죽으면, 좋은 장례라면 사람들은 그 죽은 사람을 적극적으로 기억한다. 사도행전은 도르가(Dorcas)라고 하는 욥바의 그리스도인들이 무척 사랑했던 여인에 대한 이야기를 한다. 사람들은 "선행과 구제하는 일이 심히" 많았던 이 여인의 시신을 씻겨서 다락에 뉘어놓는다. 그리고 몇 몇 여인들은 도르가의 시신 곁에 머물러 "울며 도르가가 그들과 함께 있을 때에 지은 속옷과 겉옷을 다 내보"였다(행 9:36, 39).

당연한 얘기지만, 도르가가 지은 옷가지들을 만지는 행위는 그녀의 직조 기술에 경의를 표하는 것이 아니다. 그들은 그런 행위를 통해 도르가를 기념하고 있는 것이다. 장례식에서 교회는 성도를 작별의 장소까지 운구한다. 그리고 좋은 장례는 우리가 운구하고 있는 자의 존재를 우리의 기억 속으로 소환한다.

7) 선교적(missional) 목적

장례는 하나님의 백성들에게 멈추는 장소가 아니라 믿음의 여정길을 가다가 잠시 서는 정류장이다. 우리는 사랑했던 자를 떠남의 장소에 데려가서 작별을 고한다. 그런 후 우리는 다시 일상의 일로 돌아와 하나님의 세상을 섬긴다. 좋은 장례는 기도를 하되, 상실의 슬픔에 잠긴 우리 자신을 위한 기도뿐 아니라, 슬픔과 궁핍에 처한 이 세상을 위해서도 기도한다.

8) 교육적(educational) 목적

장례는 두 가지 방향에서 교육적이다.

첫째, 장례는 교회로 하여금 다시 한 번 오래된 부활의 드라마에 참여하게 하고, 우리는 다시 한 번 그 대본과 우리의 역할에 대해 배운다. 그리스도인으로서 우리는 누구인가를, 소망의 본질을, 죽은 자가 가는 곳을, 그리고 부활의 능력을 우리는 새롭게 발견한다.

둘째, 장례는 하나님의 가족들에게 찾아 온 손님들을 위한 교육의 기회이다. 장례식에 모인 회중들 가운데 많은 사람들이 비기독교인들이며, 적어도 늘 예배의 공동체에 속해 있던 사람들이 아닌 경우가 많다. 이때 장례는 이방인을 환대하는 성경적 관습이 재현될 수 있는 현장이 된다. 이 방문자들은 그들에게 익숙하지 않은 연극이지만 무대로 초대되어 그 연극에 참여하고 한 역할을 맡아 대본을 읽게 된다.

장례를 집전하는 목회자는 "우리가 지금 이런 기도를 하는 이유는…" 등과 같이 단순하고 간단한 설명을 말해줌으로써 이 방문자들이 연극 무대로 참여할 수 있도록 환영할 수 있다.

자, 이제 우리는 이러한 좋은 장례가 실제 현장에서 어떻게 이루어질 수 있는지에 대해 살펴보아야 할 시간이 되었다.

제8장

장례 준비하기: 실제적 문제들

1. 능력, 사랑, 지혜

　장례를 계획하는 일은 아주 오래 되고 깊숙한 전통이 되었으며 종종 반복되어지는 것들과, 전혀 새로우면서도 몹시 개인적이며 독특한 것들을 잘 조화시키는 일이 포함된다.
　당연한 말이지만 오래, 그것도 아주 오래된 것은 죽은 자에 대하여 추모하는 인간적 행위이며, 매장과 관련하여 오랜 세기 동안 발전을 거듭해 온 기독교 예식들이다.
　그리고 새로운 것으로는 이 시간 이 장소에서 일어난 이 죽음, 이 가족의 슬픔, 조금 전 벌어진 죽음이라는 공격 앞에서 의미를 찾으려 애쓰는 이 공동체의 갈망, 복음을 새롭게 진술하기 원하는 이 회중들의 필요 등이다.
　좋은 장례란, 혼인과 관련된 옛 격언이 말하는 대로, "옛 것과 새 것"을 잘 병합하는 것이다. 그리고 톰 드라이버(Tom F. Driver)는 장례 예식을 잘 집행하는 것은 마치 예술과 같다고 말한다. 우리는 확고하게 수립된 형식들이 제공하는 지혜에 귀 기울이면서, 그와 동시에 즉흥적으로 대처하는 것에도 준비되어 있어야 한다.[1]

이것을 좀 달리 말하자면 우리가 한 개인의 죽음이라는 사건 앞에서 장례식을 진행할 때마다 우리가 전에 천 번도 더 해 보았던 것을 행할 준비를 하는 동시에, 우리는 그것을 전에는 한 번도 해 본 적이 없다는 듯이 임하라는 것이다.

전통과 즉흥 사이에서 적절한 균형을 유지하는 것은 쉬운 일이 아니다. 우리는 이쪽 아니면 저쪽으로 치우치기 십상이다. 전통이라는 측면에서 볼 때, 모든 주류 기독교 종파와 교단들에는 오랜 시간에 걸쳐 검증된 고유한 장례 예전이 있다. 그래서 우리가 삶에서 죽음으로 그리고 다시 삶으로 나아가는 여행을 하는 동안 그와 같은 오랜 지도를 따라가는 것이 지혜로운 일이다.

대부분의 경우 그 기도문은 아름답고, 예전이 취하는 구조는 견고하고, 신학도 건전하다. 그렇지만 그저 예전이라고 하는 형식 틀에 죽은 자의 이름을 단순히 끼워 넣는 것은 각자의 삶이 갖는 독특성을 완전히 무시하는 것이며 차갑고 비인격적 느낌을 만들어내고 만다.

또 다른 한편으로는, 오늘날 많은 사람들이 매우 매력적이며 능동적인 "자기 자신"(self)에 대한 느낌을 가지며 독특한 한 명의 인격체가 되는 것을 매우 좋아한다. 반면 자칫 예전적 의미에서는 노숙인(ritually homeless) 신세가 될 수도 있다. 사회적 변동과 교회 생활의 변화들, 예배

---

[1] Tom F. Driver, *The Magic of Ritual: Our Need for Liberating Rites That Transform Our Lives and Our Communities* (San Francisco: HarperSanFrancisco, 1991), 30.

에 대한 혼돈 때문에 장례를 계획하려고 교회로 오는 많은 사람들이 예배의 패턴과 예배의 언어들에 대한 깊은 이해와 기억을 잃어버렸든지 아니면 애초에 전혀 그런 것을 가져본 적이 없는 사람들이 많다.

죽음이 발생하여 인생에 있어서 가장 힘겨운 전환의 순간에 직면하면 사람들은 길을 잃거나 방향 감각을 상실한다. 정상에 이르기까지 잘 닦여진 길, 이미 개척 되어 표지가 잘 놓여 있는 길임에도, 전혀 알지 못하는 등산객처럼, 그들은 자신들 스스로 길을 뚫고 개척해야 하는지, 각자 자신의 직관을 따라야 하는지, 혹은 "정말로 개인적으로 무엇인가를 만들어내야 하는지" 라는 느낌을 갖게 되며, 그래서 그들이 알고 있는 유일한 자원에 어쩔 수 없이 손을 뻗게 된다.

그 유일한 자원이란 막연한 감성과 인상들이다. 그것들은 문화적 전형(stereotypes), 영화, 텔레비전, 다른 예식들을 통해 경험한 이런 저런 경험들, 그리고 향수(nostalgia) 등이다. 장례가 그와 같은 요소들에 의해 계획될 때, (예컨대 예비 신랑 신부가 자체적으로 만들어낸 혼인 서약 등으로 꾸며진 자기들 나름대로의(do-it-yourself) 결혼식을 준비할 때 흔히 볼 수 있는 것처럼), 그 결과는 빈약하고 불만족스럽고 궁극적으로는 장례식 참석자들 자신과 공동체 전체에 손실을 가져오고 만다.

주로 잘못과 잘못이 아닌 것의 경계선은 "인격적인"(personal) 장례인가, 아니면 단지 "개성적인"(personalized) 장례인가이다. 전자는 바람직한 것이지만 후자는 그렇지 않다. 장례식에서 교회는 생명, 특히 지금 이 죽은 사람의 생명을 선물로 주신 하나님께 감사를 드린다. 그리고 비록 많은 시행착오들이 있었지만 교회는 그의 생애 가운데 발견되고 경험된 하나님의 은혜와 자비에 대해 감사한다.

만약 우리가 죽음에 직면하여 복음이 주장하는 것에 주의를 기울인다면, 우리는 장례식을 매우 인격적인 장례식으로 만들지 않을 수 없다.

그러나 "개성적인" 장례는 너무나도 현대 문화에서의 자기됨(selfhood)과 정체성에 관한 갈망에 붙잡혀 있다. "나"라고 하는 것을 구성하는 것은 한 묶음의 라이프 스타일 환경과 소비자 선택이다.

잠시 상상의 나래를 펴보도록 하자.

나는 프리우스(Prius, 토요타 자동차가 생산하는 소형차 모델 – 역자주)를 타고, 레드삭스(Red Sox, 미국 보스톤을 연고로 하는 프로야구팀 – 역자주) 팬이며, 하바드대학교에서 교육을 받았으며, 정치적으로 어느 정당에 휘둘리지 않는 편이다. 그리고 나는 감리교회에 등록한 교인으로서 혈통적으로 이탈리아 계열인 외향적 성격의 환경전문 변호사이다.

또한 나는 대학교에 다니는 세 명의 자녀가 있고, 부인은 외과의사이며, 몰트 스카치 싱글을 홀짝거리는 취미를 갖고 있으며, 존 콜트레인(John Coltrane)의 음악을 좋아하고, 주말에는 버크셔(Berkshires)에 가서 등산하는 것을 좋아하는 사람이다.

그러나 기독교 신앙은 결코 이러한 특질들, 선호들, 사회적 위치들의 합계가 나의 진정한 자아를 정의한다고 생각하도록 잠시도 허용하지 않는다.

나는 진정으로 누구인가?

기독교 신앙에서, 자아에 대한 정의는 직업이나 교육과 같은 외부적 특징들, 그리고 성품이나 가족 기원 등과 같은 내부적 특징들에서 시작하지 않는다. 기독교에서 자아에 대한 정의는 세례로부터 시작된다. 세례에서 자주 인용되는 성경 본문이 있는데 다음과 같다.

> 그러나 너희는 택하신 족속이요 왕 같은 제사장들이요 거룩한 나라요 그의 소유가 된 백성이니 이는 너희를 어두운 데서 불러 내어 그의 기이한 빛에 들어가게 하신 이의 아름다운 덕을 선포하게 하려 하심이라(벧전 2:9).

이 인용된 말씀은 그저 경건에 대한 것만은 아니다. 교회에 있을 때 찬양대 가운을 입고 신비에 싸인 예전적 언어를 말하며 "왕 같은 제사장"의 일원의 역할을 수행하는 것에 대한 이야기가 아니다. 오히려 나의 대부분의 삶은 레드 삭스 모자를 쓰고 이어폰에서 흘러나오는 콜트레인의 노래를 들으며 등산을 즐기는 등의 모습으로 살아간다.

가족이나 직장이나 교육이나 인종 등은 한 사람이 이 세상에서 육체를 입고 살아가는 방식, 즉 인생을 펼쳐나가는 매우 구체적인 방식들이며 이와 같은 것들은 중요한 것들이다. 사실 그와 같은 것들은 영적으로도 중요하다. 세례를 받는다는 것은 우리를 구성하던 모든 것, 즉 노동과 놀이, 개성과 성격, 헌신과 열정, 가족과 인종 등이 이제 하나님의 자녀라는 새로운 정체성을 중심으로 한데 모이고 모양을 갖추게 된 것을 의미한다.

모든 사람은 복잡하다. 마치 많은 굴곡면을 가진 프리즘과도 같다. 인간의 정체성에 대한 가장 깊은 질문은 이것이다.

"하나님의 형상이라는 밝은 빛이 가진 수많은 색채들이 이 사람의 삶을 통해 어떻게 굴절되는가?"

그래서 나의 장례식은 그렇게 모든 것들을 동원하여 채워질 것이다. 교회는, 내가 남편이요 아버지였고 야구를 사랑한 사람이었으며 환경에 대한 관심이 많았을 뿐 아니라 그것을 즐겼으며 재즈 음악을 좋아하던 사람이었으며 때로는 성공적이었고 때로는 그렇지 못했던 감리교 신자였으며 신실한 그리스도의 제자였음을 기도와 설교, 음악과 증언 등을 통해 추모하도록 하는 것이 나의 계획이다.

어쩌면 콜트레인의 음악도 약간 곁들일 수 있겠다. 그러나 만약 내가 내 장례식에서 '제길 이건 어차피 나의 장례식이잖아' 하는 심정으로 '진정한 나'(true me)를 표현하기 위해 내 관 위에 레드 삭스 로고를 새기고,

찬양대가 하버드 교가를 부르게 하며, 장례식 식순지 표지에 그레이로크(Greylock) 산 전경 사진을 넣도록 하고, 식전 전주로 콜트레인의 "위대한 사랑"(A Love Supreme)이 연주되도록 한다면, 기독교 공동체는 내가 정말 '진정한 나'라는 말의 바른 정의와 장례의 의미를 오해하고 있는 것은 아닌가, 그리고 '인격적'인 장례와 '개성적'인 장례의 사이에 놓인 한계를 넘어버린 것은 아닌가 하는 의심을 가지고 이마를 찌푸린다 해도 잘못된 일은 아니다.

우리 시대에 지나치게 개성을 살린 장례식을 치르고 싶은 욕구는 많은 측면에서 문화적 영향이 강하다고 할 수 있다. 사람들은 모든 것을 자신의 개성에 맞는 개인화된 것을 고르도록 매일 상업적 광고들을 통해 요구받으며 살고 있다. 자동차에서 신용카드까지, 그리고 옷에서 향수에 이르기까지 이 모든 개별화된 단편 조각들로부터 "자신만의 고유한 삶의 방식"(my very own way of life)을 맞춰가도록 요구받고 있는 것이다.

이러한 문화적 영향 속에 살아가고 있는 현대인들은 장례식을 맞아서도 그와 비슷한 다양한 선택지들이 주어져야 하며 자신들이 그것들 가운데서 결정을 내릴 수 있다는 생각을 갖게 된다. 서비스 업종이라고 할 수 있는 장례식장 측에서도 장례 역시 일종의 소비자 선택이라는 개념을 자연스럽게 강화하는 역할을 하고 있다.

예컨대 화장할까요? 매장할까요?

금속관으로 하실래요? 나무관으로 하실 겁니까?

관 위에 깃발을 드리울까요? 아니면 꽃 다발을 얹어드릴까요? 등등.

목회자는 가족들이 장례를 계획하는 것을 어떻게 지도해야 할까?

"능력, 사랑, 지혜."

이 말은 가톨릭 예전학자인 로버트 호브다(Robert Hovda)가 디모데후서 1:7에서 가져와 (『개역개정』에는 능력, 사랑, 절제가 언급되어 있음 – 역자주)

예배 인도에 관한 자신의 책 제목으로 사용한 문구로서,[2] 목회자들이 상을 당한 가족들의 장례 계획을 안내할 때 필요한 미덕들이 무엇이어야 하는지 가리키고 있다.

누군가 죽으면 그 가족들은 사람들이 자신들이 사랑했던 사람을 알아주고, 기억해주고, 존중해주길 바란다. 그리고 그것이 실제든 상상이든 죽은 이가 가졌던 (가졌을 것이라고 추정되는) 개인적 소원들이 이루어지길 바란다. 그래서 그들은 종종 장례에 사용되면 좋겠다고 생각하는 인용문, 시, 음악, 연설, 장례식을 위한 동작들 등에 관한 제안을 한다. 이런 것들 중 어떤 경우에는 건강하고 창조적이지만, 또 다른 경우에는 터무니없고, 바르지 않으며, 심지어 해롭기까지 한 것들이 있다.

목회자는 사람들을 잘 지도하기 위해 능력과 사랑이 필요하다. 여러 측면에서 볼 때, 우리의 자율적 선택권을 통해 자기 스스로를 발명해 내는 것에 대한 포스트모던 사회의 갈망은 겉으로는 자유인 것 같지만 사실은 일종의 감금 상태와도 같다. 우리는 어렵게 얻어낸, 서로 함께 공유할 수 있는 지혜가 전혀 없는 것처럼, 우리 자신을 책망할 수 밖에 없다.

그래서 우리는 의미의 위기에 직면할 때 우리는 슬프게도 아무도 심거나 기르지 않은 진실의 꽃을 우리 자신의 영혼의 정원 안에서 찾기를 바라면서 내면의 세계로 침잠해 들어간다.

사도행전 16장에는 빌립보 감옥의 간수가 개종하는 드라마틱한 이야기가 나온다. 그 간수가 관리해야 할 죄수 중에는 바울과 실라가 있었다. 이들은 그들이 마을에서 벌인 선교 활동이 성을 요란하게 한다는 죄목으

---

2 Robert W. Hovda, *Strong, Loving, and Wise: Presiding in Liturgy* (Collegeville, MN: Liturgical Press, 1981).

로 체포되고 매를 맞아 감옥에 던져졌다.

그런데 침을 뱉고 욕하고 위협적인 태도를 보이는 여느 죄수들과는 달리 바울과 실라는 그들이 수감된 방에서 기도하고 찬양하며 가만히 앉아 있었다. 이런 태도가 간수 입장에서는 너무나도 마음을 심란하게 하는 일이긴 했지만 조금 후에 일어난 일과는 비교할 바가 못 되었.

엄청난 지진이 발생했고, 감옥 벽이 흔들렸으며, 수갑이 풀렸고, 문들이 그 경첩 부분으로부터 떨어져 나갔다. 간수는 모든 죄수들이 혼란을 틈타 도망갔을 것이 분명하다고 생각하기도 했고 텅 빈 감옥을 지키고 있는 자신을 발견한 상관들이 자신에게 무슨 짓을 할 것인지에 대해 끔찍하기도 해서 스스로 목숨을 끊기 위해 칼을 들었다. 이 모든 일이 너무나도 빠르게 이어져갔다. 그러나 무너진 감옥의 어둠과 혼란 속에서 갑자기 바울의 커다란 목소리가 들려왔다.

네 몸을 상하지 말라 우리가 다 여기 있노라(행 16:28).

간수는 어찌할 바를 몰랐다. 바울과 실라를 붙들고 있는 하나님이 어떤 하나님이건 간수는 자신도 그 하나님을 원했다. 그는 곧 무릎을 꿇고 떨며 말한다.

내가 어떻게 하여야 구원을 받으리이까(행 16:30).

아직 밤이 깊은데 간수는 바울과 실라의 상처를 정성껏 씻어주었고, 또 바울과 실라는 자신들의 방법대로 그 간수의 상처 또한 씻어주었다. 그와 그의 온 가족이 세례를 받은 것이다. 이 이야기는 그 간수와 그의 가족이 얼마 전까지 그의 죄수들이었던 사람들과 식탁에 앉아 식사의 교제를 나누며 "그와 온 집안이 하나님을 믿으므로 크게 기뻐"(행 16:34)하였다는 것으로 끝난다.

자신의 심오한 개인적 혁명의 순간을 맞아 압도되어 무릎 꿇은 채 떨고 있는 이 간수에게 바울이 이렇게 말한다고 상상해보자.

> 자 이제 당신의 나머지 인생을 시작하기 앞서 우리는 세례라는 예식을 할 것이오. 이 예식은 그리스도인이 되려는 사람은 누구나 치르는 작은 행사인데, 아마 당신은 이것을 당신의 개성에 맞추고 싶어할 거라 확신합니다. 당신은 이 예식을 과거에 하던 대로 똑같이 할 필요는 없답니다. 여기 펜과 종이가 있소. 돌아가서 가족들과 상의해 보도록 하시오. 몇 가지 아이디어도 적어보세요. 어쩌면 간수와 관련된 모티프를 활용할 수도 있겠지요. 그런 다음 우리 다시 얘기해 보도록 할까요?

우리는 장례식에 대해서도 이런 식으로 생각해서는 안된다. 세례와 결혼과 장례. 이것들은 디자이너의 아이디어를 필요로 하는 격조있는 디너파티 같은 것이 아니다.

이것들은 삶과 죽음 사이의 위험한 길을 비춰주는 횃불이며 드라마틱한 변화에 관한 숭고한 예식이다. 자신이 돕는 사람들을 잘 도우려는 좋은 의도에서겠지만 지혜롭지 못한 목회자들이 있다. 그들은 "장례식에서 당신이 하고 싶은 것이 무엇이든 그것이 당신에게 의미 있는 일이라면 뭐든 좋습니다"라는 식의 태도를 취한다.

그러나 결코 목회자들은 그런 태도를 가져서는 안된다. 상실의 시간을 맞고 있는 사람들이 이 끔찍한 슬픔과의 충돌 속에서 자신이 필요하다고 생각하는 것들만이 아니라 복음이 줄 수 있는 최상의 선물과 가장 은혜가 넘치는 비전까지도 받을 수 있도록 도울 책임이 목회자들에게는 있다.

아무리 슬픔을 당한 가족들의 필요가 절박하다해도 장례는 이러한 급박한 필요들보다 더 큰 것을 포괄하는, 가족들에게만 한정되지 않고 더 폭넓은 사람들과 함께하는 행사라고 할 수 있다. 기독교 장례가 가진 힘 가운데 하나는 우리가 이 일을 외롭게 홀로 하지 않는다는 것이다. 장례는 그저 한 가족을 위한 예식이 아니다. 거기에는 손님들이 초대된다. 그리고 온 교회를 포괄하는 예배 의식이다. 더 나아가 온 성도의 교제(communion of saints)가 함께 하는 의식이다.

이 예식은 어떤 이의 죽음을 맞아 부활의 약속을 재현하는 교회의 즐거운 의무이다. 이런 예식에서 목회자의 역할은 복음의 증언이 실종되지 않도록 하며, 이러한 부활의 소망이 개인의 슬픔이나 그저 개성적인 요소들이 버무려진 작은 이야기로 축소되지 않도록 분명하게 하는 것이다.

우리는 "슬퍼하는 자들의 카디쉬"(mourner's Kaddish)라고 부르는 유대인들의 장례 관습과의 비교를 통해 기독교 장례의 관습에 내재된 힘에 관한 지혜를 얻을 수 있다. 유대인이 죽으면, 그 죽은 자의 자녀들은 11개월 동안 매일 회당에 나가서 다른 사람들과 함께 예배를 드릴 때에 카디쉬 기도를 드린다. 그 기도문의 이름은 "거룩"이라는 뜻을 가진 히브리 단어 코데쉬(Qodesh)에서 유래한다.

현대판 카디쉬 기도는 다음과 같다.

> 그의 뜻을 따라 그가 창조하신 이 세상 어디서나 하나님의 위대한 이름이 높임을 받으며 거룩히 여김을 받으소서.
> 하나님의 나라가 당신의 생애 동안, 당신의 날들 동안, 그리고 이스라엘의 모든 백성들의 생애 동안 곧 가까운 장래에 신속히 이루어지

이다. 아멘.

그의 위대한 이름이 영원 영원토록 복되시도다.

거룩하신 이의 이름이 복되시며, 찬양받으시며, 영화로우시며, 높임 받으며, 존중되며, 존귀케 되며, 찬미 받으시리라.

그의 복 되심은 이 세상 가운데 선포된 모든 복과 찬양과 경배와 위로보다 더 뛰어나시도다. 아멘.

하늘로부터 평화와 생명이 우리와 우리 모든 이스라엘 위에 넘치도록 풍성하게 하소서. 아멘.

지극히 높으신 곳에서 평화를 만드시는 이시여, 그가 우리와 우리 모든 이스라엘 위에 평화를 내리어 주소서. 아멘.[3]

애곡의 예식으로서 이런 카디쉬의 기도를 드린다는 것은 우리의 직관과는 배치되는 일인 것처럼 보인다. 슬픔의 시간에 이와 같은 일을 계획하는 사람은 아무도 없을 것이다. 이상하게도 이 애곡의 기도는 슬퍼하는 자의 마음 속 깊은 곳을 부드럽게 달래주는 것처럼 보이는 말은 단 한 마디도 나오지 않는다.

유대인들의 다른 죽음의 예식들은 슬픔에 대하여 직설적인 반면 카디쉬 기도는 그렇지 않다. 여기에는 슬픔에 관한 것은 아예 등장하지도 않는다. 이 기도의 각 종결부들은 내면을 향하지 않고 상실에 대한 언급도 없으며 고통의 부르짖음도 없고 위로를 받기 원한다는 간청도 보이지 않는다. 그저 여기에는 거룩하신 분을 향한 방향성만이 있고, 생명을 주

---

[3] "The Yahrzeit Organization"의 영어 번역을 일부 수정한 것으로서 그 자세한 내용은 다음 웹사이트를 확인하라. http://www.yahrzeit.org/kaddish_eng.html.

시고 그 생명을 보존하시는 하나님을 향한 찬양과 경배만이 있다.

그러나 물론 이런 점이 카디쉬 기도의 강점이다. 카디쉬 기도는 부모를 잃은 사람이 어떤 감정을 느끼며 슬퍼하는가에 대한 표현이 아니다. 이 기도는 신실한 유대인들이라면 어디로 갈 수 있는지에 대한 확인이며, 심지어 사망의 권세들도 이길 수 없는 하나님의 거룩하심에 대한 온전한 찬양이다.

카디쉬의 기도는 상실의 슬픔이 휘몰아쳐 가져다 줄 수 있는 모든 것들과 맞서 싸워야 하는 슬픔을 당한 유대인들에게 혼자라는 고립감에서 벗어나 하나님의 위엄을 향해 눈을 들어 바라볼 수 있게 하는 기회이며, 마침내 로빈슨 제퍼스(Robinson Jeffers)의 시처럼 "나는 바깥세상과 사랑에 빠졌어요"라고 외칠 수 있게 해준다.[4]

「뉴 리퍼블릭」(New Republic)의 편집자인 레온 위셀티어(Leon Wieseltier)는 1996년에 자신의 아버지를 잃었다. 그때 그는 비록 이십 년 이상 유대인의 예전적 풍습을 멀리하던 사람이었지만 카디쉬 기도를 드리기로 결정하였다. 하루에 세 차례 아침과 점심과 저녁 예배를 드리며 이 애곡의 기도를 드렸다. 집 근처의 워싱턴 DC 회당에서 하든지, 혹은 여행 중에는 그가 찾을 수 있는 어느 회당이든 가서 기도를 했다.

이십 년 동안이나 따르지 않다가 왜 지금 이 이상하고 유행에 뒤떨어진 관습에 참여하기로 선택했느냐고 한 친구가 그에게 물었다. 위셀티어는 그가 가진 이유들을 말했다. 의무, 즉 그의 아버지에 대한 의무였다는 것이다.

4　Robinson Jeffers, *The Collected Poetry of Robinson Jeffers*, vol.1, ed. Tim Hunt (Stanford, CA: Stanford University Press, 1991), 178.

"내 아버지에 대한 생각들이 후회로 방해받지 않고 죄책감으로 뒤틀리지 않도록 해 주었습니다."[5]

그리고 좀 이상한 말이지만 그의 종교에 대한 의무라는 것이다. 그러나 한 가지 이유가 더 있다고 그는 말한다.

"외면적인 이유도 있었습니다. 제가 그런 카디쉬의 기도를 시행한 이유는 제 슬픔에 관한 예식들을 제가 즉흥적으로 만들어내지 않아도 되도록 해주기 때문입니다. 그러려면 물어볼 게 엄청나게 많으니까요."[6]

어느 전통적 예식의 시행에 참여하든 항상 있는 일이지만, 거기에는 좋은 순간들도 있고 그렇지 않은 순간들도 있는 법이다. 카디쉬 기도를 암송하는 행위도 위셀티어에게 때로는 충만한 의미를 주기도 하지만, 이따금 맹목적인 암기를 통한 공허한 예식을 하고 있다는 생각이 들기도 했다. 그러나 점차 카디쉬 기도를 매일 하다 보니 점점 힘이 생겨났다. 어느 날의 일이다.

새벽 미명의 시간 매우 이른 아침의 예배 시간에 그가 성구함(phylacteries)을 팔에 감을 때였다. 토라(Torah, 율법서 – 역자주)에 있는 성구를 담고 있는 가죽 상자인 이 성구함은 아침 기도 시간에 때로는 머리에 감기도 하고 팔에 감기도 한다. 이것은 계명의 말씀을 잊지 말고, "그것을 네 손목에 매어 기호를 삼으며 네 미간에 붙여 표로"(신 6:8) 삼으라는 하나님의 명령을 상징한다. 어둑한 여명이 동터올 때 회당에 서 있던 위셀티어는 그의 몸에 단단히 감겨 있는 이 오랜 기도의 상징이 갑자기 남다르게 느껴진다는 것을 자각했다.

---

5 Leon Wieseltier, *Kaddish* (New York: Alfred A. Knopf, 1998), 26.
6 Ibid., 39.

"그 성구들이 나를 묶고 있는 것이 아니었어요. 그것들이 나를 받쳐주고 있었어요. … 그 성구함이 감겨 있는 팔에 강력한 힘이 느껴졌던 겁니다."

그의 아버지의 사망으로부터 일 년이 지났을 때 위셀티어는 아버지의 무덤을 막고 있던 돌을 굴리기 위해서 가족, 친구들, 그리고 랍비와 함께 세찬 3월의 바람이 불고 있는 묘지에 모여 있었다. 시편 몇 편을 읽고, 랍비가 아버지에 대한 몇 마디 말과 추모의 기도를 한 후, 그 랍비는 위셀티어에게 시편 한 편을 더 읽어달라는 부탁을 받았다. 시편을 읽는 대신 위셀티어는 시편을 노래하기로 결심했다.

여호와는 나의 목자시니 내가 부족함이 없으리로다(시 23:1).

그는 이 친숙한 시편을 "안식일 오후에 부르는 식으로 달콤하지만 음산하게" 불렀다. 그는 이 시편의 마지막 부분인 "내 평생에 선하심과 인자하심이 반드시 나를 따르리니 내가 여호와의 집에 영원히 살리로다" 하는 대목까지 모두 불렀다.

위셀티어가 그 동안 카디쉬 기도를 암송하며 지냈던 수많은 슬픔의 날들은 이 순간을 준비시키기 위해 있었다. 그는 다음과 같은 카디쉬 기도를 한 번 더 암송했다.

나는 분노의 잿더미에 서서 찬양의 문장들을 말하였도다.
그 목소리가 나의 목소리였던가?
그것은 더 이상 재앙의 분출이 아니었더이다. 존귀하게 되었노라고 말하였다오. 거룩하게 되었노라고 말하였다오. 나는 내 위를 보았고, 내 밑을 보았으며, 내 주변을 둘러보았다오. 이제 내 눈으로 직접 존

귀함을 목도하였다오.[7]

애곡하는 자들을 위한 카디쉬의 기도의 암송 관습처럼 기독교 장례는 처음에는 볼 수 있고 알 수 있는 것보다 더 큰 지혜를 담고 있다. 장례예식의 언어들, 패턴들, 의미들은 안으로 굽어지려는 지향성을 가진 슬픔의 욕구를 초월한다. 그것들은 우리 산 자들이 죽은 자와 함께 이별의 장소까지 나아갈 때에 복음을 선포하고 찬양의 노래를 드리며 외향적인 그리고 상향적인 여정을 걸어나아갈 수 있도록 해 준다.

그들이 우리를 속박하는 것이 아니다. 오히려 우리를 떠받쳐준다. 목회자들은 자신이 목양하는 사람들이 그늘진 곳에서 고통스러워하면서 그들의 에너지를 소진해 버림으로써 이와 같은 깊은 치유의 물줄기를 놓쳐버리지 않도록 목회자로서 할 수 있는 모든 일을 다 하기 위해 충분히 강해져야 하며 충분히 사랑이 넘쳐야 한다.

그러나 만약 목회자가 "능력"과 "사랑"을 필요로 하는 만큼 그에게는 또한 장례식에서 즉흥적으로 대처해야 할 대목에서는 그렇게 할 수 있는 분별력 있는 "지혜"도 필요하다. 장례식을 포함하여 예배 의식들은 실제 현실 속의 사람들이 하는 일이다.

그래서 거기에는 복잡한 문제들이 포함되어 있다. 예배에는 진리의 말씀과, 경외로 가득 찬 순간, 그리고 거룩함의 경험들이 포함되지만, 그와 동시에 예배 속에는 사람이라고 하는 요소, 즉 뒤섞인 동기들과 혼동스러운 목적들, 정처 없이 흔들리는 마음들, 온전하지 못한 반쪽짜리 마음들, 지금 이 곳에서 펼쳐지고 있는 일들의 진정한 의미에 대해 손톱만

---

[7] Ibid., 585.

큼도 알지 못하는 사람이라고 하는 요소도 있는 것이다. 그리고 여기에는 이따금 사제들도 포함된다.

마음속에 밀려드는 "기쁨과 근심"을 모두 소리쳐보라고 회중들에게 요청해본 사람이라면 누구나, 혹은 어버이 주일 혹은 청지기 주일을 맞아 예배를 집전해 본 사람이라면 누구나, 혹은 하나님의 전에서 국기를 게양해야 할지 말아야 할지 고민해 본 사람이라면 누구나 예배라고 하는 물은 항상 맑고 깨끗하게만 흐르는 것은 아니라는 사실을 잘 알고 있을 것이다.

장례식에서 우리가 묻는 것은 죽은 자 일반이 아니다. 우리는 매우 특정한 바로 이 사람을 묻는 것이다. 그는 복과 화를 모두 겪은 자이고, 그 사람을 다른 사람들과 비슷한 사람이라고 볼 수 있게 해 주는 보편적인 특성뿐 아니라 그 사람만의 고유하고 독특한 요소도 지닌 사람이다.

우리는 이런 장례식을 거행하면서 기도와 찬송으로 하는데, 이것들 역시 신성한 예식서 속의 더럽혀지지 않은 페이지 위에 잘 보존되어 있는 기도와 찬송이 아니라, 이런 저런 것들로 뒤죽박죽이 되어 있는 사람들의 입술과 가슴으로 고백되고 불리어지는 것이다.

만약 목회자들 가운데 기독교 장례 안으로 침입해 들어온 세속적 오염원들에 대해 원칙만을 이야기하면서 투덜거리는 이들이 있다면, 그들은 마치 날씨에 대해 불평하는 사람들과 같다. 기독교 장례가 외부의 오염원들의 침투를 겪지 않았으면 좋겠다고 소망하는 것은 그리스도의 성육신의 의미를 이해하지 못한 것이며, 우리들의 상상 속에서 동경하는 순수한 세상이 아니라 하나님께서 사랑하시는 자들로 가득 찬 진짜 현실의 세상을 사랑하는 것에 실패한 것이다.

제인 도우(Jane Doe)의 장례식은 불가피하게도 제인 도우의 장례식이 될 것이다. 그녀가 어떤 사람이었는가는 그녀를 위한 장례 예식의 리듬과 소리를 결정하는 중요한 요소가 된다. 우리는 그녀의 장례식에서 위대한 기도문들과 성경에서 얻은 거룩한 지혜들을 낭송할 것이다. 그러나 그 모든 것들은 흠이 많았지만 하나님의 복을 받았던 그리고 이제 죽음을 맞이한 한 성도의 삶을 조명하면서 전혀 예기치 못했던 색채와 색조를 발산할 것이다.

이런 이유들로 인해 대부분의 장례식을 계획하는 일에 있어서 어려운 의사결정들이 뒤따른다. 농담처럼 하는 말이긴 하지만, 많은 사람들이 자신의 장례식에서 찬송가 "나 같은 죄인 살리신"(Amazing Grace)과 "마이 웨이"(My Way)가 동시에 울려 퍼지길 바란다는 것이다.

농구팀 코치에게 마이크를 주어 그로 하여금 조사를 낭독하게 할 것인가?

솔리스트에게 끈적끈적하면서도 구슬픈 애가를 부르게 해도 될까?

장례식이 펼쳐지는 동안 죽은 이가 좋아했던 강아지의 동영상을 연속 재생하면 어떨까?

무덤가에서 경의를 표하기 위해 군인들이 총을 쏘는 것을 허용하는 문제는?

이러한 요소들은 좋은 예배를 만들기 위한 표준적인 조리법에 살짝 첨가하는 양념 같은 것들인지 아니면 이 장례 예식을 통해 선포해야 할 복음에 정면으로 대치되는 그래서 결코 허용해서는 안 될 것들인지를 결정하는 일은 민첩성과 건전한 판단력, 공감 능력(empathy)과 지혜를 요구하는 일이다.

많은 교회의 경우 일반적인 문제들에 대처하면서 예식적으로 건전하고 신학적으로도 바람직한 장례가 되도록 돕는 규정들과 규칙들을 가지고 있다. 그러나 이런 지침들이 아무리 도움이 많이 된다 해도 그 어떤 규정집도 모든 경우의 수를 다 예측할 수는 없는 것이다. 그래서 목회자의 바른 판단력과 예배의 순간에 적절히 즉흥적으로 대처할 수 있는 능력을 대체할만한 규정집은 없는 것이다.

예배에 대한 다음과 같은 진리는 목회자들에게 위안이 된다.

"구조적으로나 내용면에서 본질적으로 건전하다고 할 수 있는 예배는 상대적으로 덜 가치 있는 요소들을 흡수하고 극복할 수 있다."

좋은 장례란 마치 뛰어난 대규모의 합창단이 비발디의 "영광"(Gloria)을 노래하는 것과 흡사하다. 우리는 모든 목소리들이 정확한 음정을 내기를 바라지만, 약간 음정이 떨어지는 한 명의 테너가 내는 소리가 합창단 전체의 힘과 그 음악이 만들어내는 웅장함을 이겨낼 수는 없다. 예컨대 우리는 죽은 사람의 삼촌이 "추억의 말을 한다면서" 우스꽝스럽고 부적절한 농담을 늘어놓는 것을 바라지 않는다.

그러나 설령 그런 것들이 끼어들어온다고 해도 복음이 만들어내는 비트와 감각으로 가득 찬 장례식이라면 거기서 울려 퍼지는 부활의 노래는 이런 잘못된 음정 하나를 환대(hospitality)와 이해(understanding)로 가득 찬 더욱 위대한 음악 속으로 흡수할 수 있다.

물론 교회의 상황들은 다양하다. 그러나 대부분의 목회자들은 사망의 소식을 접하자마자 곧장 가족들에게 가는 것이 유익하다는 것을 알고 있다. 이 때 목회자가 하는 일은 장례식 계획을 수립하려고 가는 것이 아니다. 그저 그들에게 목회자가 함께 있어줌을 인식시키기 위해서다. 이런 즉각적인 방문이 있은 이후에, 장례 절차를 논의하기 위한 가족들과의 또 다른 만남을 계획할 수도 있다는 것이다.

이런 방문의 시간들은 목회자들에게는 매우 강력한 목회적 돌봄의 기회이며 돌아가신 분에 대해 더 많이 알 수 있는 기회이고, 또 그 분을 어떤 방식으로 추모해야 하는지에 대해서 더 자세히 알 수 있게 되는 시간들이 된다.

2. 동선, 예식, 문화에 대하여

이제부터 우리 이야기는 기독교 장례를 계획하는 것과 관련한 세부적 사항들에 대한 것으로 전환된다. 즉 장례식에서 표현되는 삶과 죽음의 드라마의 동선(혹은 안무, choreography)을 결정하는 세부 사항들 말이다. 우리는 주요 참고자료로서 두 가지의 최신 장례 예전집을 사용할 것이다.

첫째, 1989년 출판된 『기독교 장례 순서』(The Order of Christian Funeral, "OCF")[8]는 라틴어 원전인 『오르도 엑세퀴아룸』(Ordo Exsequiarum)의 영어번역으로서 현재 미국 가톨릭교회가 공인하여 사용하고 있는 예식서이다. 이 예식서는 제2바티칸 공의회가 이루어낸 개혁들 가운데 예전 부분과 관련된 개혁의 산물이다.

둘째, 가장 최근에 출판되었고 가장 잘 저술된 개신교 예식서들 중 하나인 『복음주의적 루터교 예배』(Evangelical Lutheran Worship, "ELW")[9]이다. 이 책은 2006년 출판되었다. 보다 넓은 초교파적 옵션들을 제공하기 위해 개신교 종파의 다른 자료들도 다음과 같이 포함하고자 한다. 1979년 출판된 『감독교회 공동기도서』(Episcopal Book of Common Prayer),[10] 1993년에 장로교 측에서 발간한 『공동예배서』(Book of Common Worship),[11] 1998년에 『목회적 필요에 관한 종합서』(The Great Book of Needs)의 일부를 번역하여 간행된 자료집인 「평신도를 위한 동방정교 예전」(Eastern Orthodox rite for

---

8　The Order of Christian Funerals (New York: Catholic Book Publishing, 1989).
9　Evangelical Lutheran Worship, Leaders Desk Edition (Minneapolis: Fortress Press, 2006).
10　The Book of Common Prayer (New York: Church Hymnal Corp., 1979).
11　The Book of Common Worship (Louisville, KY: Westminster John Knox Press, 1993).

laypeople) 등이다.[12]

우리가 이처럼 잘 정립된 장례 예전들을 벤치마킹 대상으로 삼을 때 주의할 두 가지 점이 있다.

첫째, 모든 목회자나 회중들이 이와 같은 출판된 예전집을 장례식을 위한 안내서로 보는 것은 아니라는 사실이다. 장례식에서 어떤 기도서도 사용하지 않는, 인쇄되어 나온 기도문으로 기도하지 않는, 지침서에 나오는 방식을 그대로 따르지 않는, 사제복을 입지 않고 어두운 색의 정장을 입는, 오랜 관습보다는 특정한 죽음의 특정한 상황에 대응하여 장례식을 계획하는, 그리고 장례식을 계획하면서도 자신이 지금 어떤 예전적 제의의 순서와 동선을 규정하고 있다고 꿈에도 생각하지 않는 수많은 목회자들이 있다.

그러나 장례식과 관련하여 자유로운 방식을 추구하는 전통과 예식서 대로 하는 방식을 추구하는 전통 사이의 차이점은 생각보다 그다지 커 보이지 않는다. 예전적 전통을 추구하는 방식으로 장례를 집전하는 목회자들이라도 완전히 책에 나온 그대로 하는 사람은 드물고, 이른바 자유로운 방식을 추구하는 장례식에서도 여전히 그들 나름의 반복적이며 예측 가능한 예식적 이벤트들이 패턴화되어 있다(어두운 정장을 입는 것, 그리고 책에 있는 대로가 아닌 마음으로부터 기도하는 것 등도 사실상 예전적 행위임).

비록 자유로운 방식을 추구하는 진영에서의 강조점은 즉흥적인 면에 놓이는 것은 사실이지만, 그럼에도 불구하고 그런 장례식들도 예식서를 따르는 진영과 동일한 비유적 틀 위에 짜인다. 즉 장례란 이 죽은 자가

---

[12] *The Great Book of Needs: Occasional Services* (South Canaan, PA : St. Tikhon's Seminary Press, 1999).

교회의 기도와 찬양에 둘러싸인 채 하나님과 함께 하기 위한 여정을 떠나는 성도(saint)임을 선포하는 신념의 표현이다.

감독교회의 사제가 보다 나은 장례를 집전하기 위해 애드립의 재능과 즉흥적 기술을 개발할 필요가 있다는 점과 같은 맥락에서, 자유로운 방식을 추구하는 진영의 목회자들도 예식서 전통에서 제공하는 지도들을 뒤따름으로써 많은 것을 얻을 수 있을 것이다. 한 전통에서 성수(聖水, holy water)와 리드미컬한 시편 찬가로 해내는 일들을 다른 전통에서는 즉흥적인 기도와 자유분방한 복음송으로 완수하기도 한다.

표준으로 제시된 예배 예식서를 사용하는 것과 관련하여 주의할 두 번째 사항은 이와 같은 광범위한 초교파적 예식서 속에도 포괄되지 않은 지역과 인종별 관습들이 많이 있다는 것을 인식해야 한다는 것이다. 어떤 예식서에서 특정 관습을 언급하고 있지 않다고 해서 그런 관습을 허용하지 않는다거나, 그 종파에서는 그와 같은 지역의 관습들에 대해 열린 마음으로 포용할 가능성이 없다는 것을 의미하는 것은 아니다.

"로미오와 줄리엣"은 다른 문화적 상황과 방언으로 재구성되었지만 기본적으로 동일한 이야기 구조를 가진 뮤지컬 "웨스트사이드 스토리"(West Side Story)를 통해 다시 꾸며졌다. 마찬가지로 『공동기도서』에 담겨 있는 기본적인 패턴들이 애팔래치아 지방과 카리브 해 지역의 토양에서 뿌리를 내릴 수도 있는 것이다. 수완이 좋은 목회자라면 그 기도서에 묘사된 장례 절차들을 기본으로 취하되, 그것을 모든 종류의 관습들을 받아들일 수 있는 호의적 공간 안에 집어넣어 재탄생시킬 것이다. 그 관습들은 어떤 지역에서는 잘 통용되는데 다른 곳에서는 상상도 해보지 못했던 것들일 수 있다.

예를 들면 무덤가에 가서 "마지막 모습"(last look)을 보기 위해 닫혀 있던 관 뚜껑을 잠시 연다든지, 시체를 향해 작별의 말을 하기 위해 잠시 시간을 갖는다든지, 해빙기가 될 때까지 장례일을 며칠 혹은 몇 주씩 늦추다든지, 아니면 장례식장에 지불해야 할 비용이 완납될 때까지 장례일을 미룬다든지 등의 사례들이 여기에 해당할 것이다.

지역적 문화적 관습과 관련하여 결정하는 것이 어렵지 않은 일이라는 뜻은 아니다. 다양한 문화를 존중하여 받아들이고 관대함과 포용이라는 이름으로 모든 생각들과 관습들을 환영하는 태도를 취하는 것이 매력적으로 보이기는 하지만, 장례에 있어서 실제적으로 기독교적인 요소들은 중요하다.

우리 사회가, 그리고 어느 정도는 우리 교회들이 점차 다문화화 되어 가고, 그리고 예배에 다양한 요소들이 유입되어 들어오기에, 점점 기독교 목회자들과 회중들은 진정으로 기독교적 전통의 테두리가 어디까지인지에 대해 평가할 수 있는 관찰 도구들을 잘 사용해야 할 것이다.

93세의 나이로 죽은 니하 헤르 로(Niha Her Lo)를 위해 미네소타 주의 성바울제일언약교회(the First Covenant Church of St. Paul)에서 거행된 장례식이 좋은 예가 된다. 니하 헤르는 이 교회의 흐몽(Hmong) 족속의 리더였다. 흐몽 족속의 뿌리는 중국 남부 산악 지역이다.

그러나 이제 성바울 지역에는 6만 명 이상의 흐몽 족속이 살고 있어서, 전세계적으로 가장 큰 흐몽 족속의 고향이 되었다. 이들 흐몽 족속에게 장례는 매우 중요한 의미를 갖는데, 전통적으로 그들의 장례는 죽은 자를 그들의 조상에게로 보내는 주술적 예식이다. 통상 며칠 동안에 걸쳐 진행되는 이 장례 절차에는 떠나는 자의 영혼을 위해 드리는 동물을 희생하여 제물로 바치는 것과 같은 요소들이 포함된다.

흐몽 족속의 크리스천으로서, 니하 헤르는 그의 장례가 종교적으로는 기독교적이고 문화적으로는 흐몽 족속 고유의 것이 되도록 요청했다. 그래서 그 교회의 목회자들과 그의 가족은 두 전통 모두를 잘 반영할 수 있는 예식을 만들어내기 위해 여러 관습들을 비교하거 걸러내는 조심스럽고도 어려운 작업을 시작하였다.

고대의 관습인 동물의 희생 제사가 허용되어야 할까에 대해 긍정적 결론을 내렸다. 이를 위해 지역 도살장에서 준비된 소 몇 마리에서 나온 고기를 예식에 포함하였다. 그러나 이 고기를 영혼들에게 바치는 예식이 포함되어오 좋을까에 대해서는 부정적 결론을 내렸다. 이 예식에서 고기는 떠나간 영혼들이 아닌 이 곳에 현존하고 있는 사람들을 위해 공급되는 것으로 결정된 것이다.

또 다른 중요한 질문은 전통적인 "축복의 테이블"이 포함되어야 할 것인가였다. 흐몽 족속의 장례 예식의 끝부분에 테이블 하나가 방의 중앙에 놓여지는데 죽은 자와 "해결할 일"이 있는 사람들은 모두 앞으로 나아오도록 하였다. 죽은 자에게 말을 걸면서, 사람들은 불평을 토로하거나 유감을 표명하기도 하고, 돈 문제에 대해서도 이야기 한다. 그러면 주술인이 나와서 죽은 자를 대신하여 그리고 실제로 그의 목소리로 기나긴 이야기를 한다.

분위기가 정리되면 그 주술인은 테이블을 뒤집어놓고 사람들에게 술이 담긴 유리잔을 나눠준다. 사람들은 축복의 표시로, 그리고 이제 죽은 사람과의 사이에 모든 문제가 정리되었으며 그가 다시는 자신들을 곤란하게 만들지 않을 것이라는 확신의 표시로 그 술을 마신다.

그러나 니하 헤르는 그가 죽어가면서 앙갚음이 아닌 용서에 대해 말하기를 원했다. "난 그 누구에게도 원한의 감정이 없습니다"라고 그는 자신의 소리를 듣는 사람들 모두에게 반복적으로 말했다. 아무 것도 "해결할 일"이 없다는 것이다. 그러나 니하 헤르의 가족은 멀리서 이 장례식에 오는 사람들 중 많은 이들이 바로 이 관습을 하기 위해 왔으며, 바로 이 "축복의 테이블"의 예식을 기대하며 하길 원한다는 것을 알고 있었다. 그래서 목회자와 가족들은 이 예식을 장례식에 포함시키되 그 의미를 재정의하여 시행하도록 약간의 수정을 가했다.

그 장례식에서 모두가 축복의 테이블 앞으로 나아와서 자신의 마음 속 이야기를 하게 했다. 그러나 그런 후에 그 테이블은 뒤집어엎지 않고 그냥 반듯한 채로 두었다. 그런 후에 거기 모인 회중들은 예수께서 그가 사랑했던 이들을 테이블 둘레에 모아 놓고 그 테이블이 그들 가운데 거하시는 그리스도의 상징이라는 것을 말하신 것에 대한 이야기를 들었다. 한 참석자가 그 감회를 다음과 같이 고백했다.

> 그 축복의 예식은 모든 사람들이 기대하고 원했던 바대로는 아니었다. 흐몽 민족의 장례식에서 흔히 볼 수 있는 그런 것은 아니었다. 이것은 사랑 받던 흐몽 족속의 한 사람을 위한 기독교적 장례였다. 그리고 우리는 그의 소원과 그가 섬겼던 하나님을 존중하기 위해 우리가 할 수 있는 최선을 다했다.[13]

그러한 다양한 신앙과 다양한 문화들 사이에서 내려지는 결정들은 까다롭고 논쟁의 여지가 있으며, 다른 목회자들은 위에 나온 제일언약교회의 리더자들이 내린 결정과는 꽤 다른 결정들을 내릴 것이다.

그러나 여기서 두 가지 잘못된 선택은 반드시 짚고 넘어가야 한다. 우선, 종교적 관습들은 서로 충돌이 없으며 선택하는 것이 굳이 필요하지 않은 것처럼 행동하는 것은 도움이 되지도 않고 사실도 아니다. 또한, 한

---

[13] Stan Friedman, "Sacrifices at Funerals: The Culture Is Changing," on *the Web site of the Evangelical Covenant Church*, http://www.covchurch.org/sacrifices-at-funerals-culture-ischanging.

전통을 다른 전통과 차단하는 것 역시 가능한 일이 아니다. (세례나 성탄절도 다른 종교들로부터 차용되고 재해석된 상징들로 가득 찬 기독교 관습이다.)

그러나 만약 배우가 자신이 해야 할 역할을 잘 알고 있고 그것을 사랑한다면, 그는 무대 위에서 예측할 수 없는 무엇인가가 행해져야 할 때 즉흥적으로 해낼 수 있다. 예를 들어 상대 배역이 자신의 대사를 잊어버린다든지, 울리기로 약속되어 있던 전화벨 소리가 안 난다든지 할 때 그는 즉흥적으로 그 상황에 대처하는 것이다.

바로 그와 같이, 복음을 잘 알고 있고 그리스도인들이 자신의 사랑하는 자를 묻는데 기준이 되어 사용되는 오랜 본문들을 잘 알고 있다면, 변화하고 있고 예측불가능한 일들로 가득 찬 현대의 문화 속에서 목회자들은 담대한 마음으로 그러한 오랜 본문들과 전통들을 즉흥적으로 변형하여 대응할 수 있어야 한다.

장례의 구조에 대한 세부사항들을 논의하기 앞서 용어에 대해 한 마디 하겠다. 단순명료하기 위해 (이 책에서 내내 그러했듯이) 우리는 주로 "장례식"(funerals)과 "매장"(burials)에 대해 이야기할 것이다. 분명하게도 이러한 용어들은 모든 가능성을 다 다루고 있지는 않다. 하지만 지금부터 하게 될 논의의 대부분은 "추모 예식"(memorial services)에도 적용될 수 있다. 추모식이란 용어는 죽은 자의 시신이 보이지 않는 예식, 즉 화장이나 시신 기증과 같은 일이 있는 경우에 일반적으로 행해지는 예식을 말한다. 예외들과 특수한 상황들이 있는데 이런 것들도 언급되고 논의를 가질 것이다.

또한 이 책에서 초점은 지금껏 우리가 "기독교 장례"라고 불러온 것에 맞춰진다. 이 말은 곧 세례 받은 그리스도인을 위한 장례에 대해서 주로 이야기한다는 것이다. 그러나 많은 기독교 그룹들은 믿음을 갖지 못했거나 교회로부터 멀리 떨어져 지내던 이들을 위한 장례에 대해서도 풍부하고 호의적인 여지를 두고 있다. 이러한 이슈들에 대해서는 별도로 논의할 것이다.

3. 본식의 드라마적 구조

　기독교 장례는 죽음을 둘러싼 행위와 예식들 전체를 포괄한다고 우리는 계속 이야기 해 왔다. 그러나 이 대목에 우리는 논의의 폭을 좁혀서 "본식"(central funeral rite)의 예식 절차에 초점을 맞추려고 한다. 여기서 "본식"이라 함은 일반적으로 사람들이 '나 장례식에 간다'라고 말할 때 염두에 두는 바로 그 예식을 뜻한다. 전체 장례 절차 가운데 공식적인 예배의 순서를 가지고 진행되는 예식을 의미한다. 그리고 대부분의 이 예식은 교회나 채플에서 이루어지기 때문에 여기서도 이러한 세팅을 전제로 하여 이야기할 것이다.

　본식은 다음의 순차적 움직임으로 구성된다. 모이기(gathering), 행진(procession), 기도와 말씀의 예배(service of prayer and word), 성만찬(Holy Communion), 그리고 보냄(sending) 등이다.

1) 모이기

　모든 기독교 공식 예배는 사람들이 모이면 시작한다. 대부분의 회중들은 매주 일요일마다 같은 시간에 모인다. 하지만 이것은 마치 미용사나 치과의사와의 약속처럼 달력에 적힌 약속을 지키는 것과는 다른 문제이다.

　오히려 이것은 기억, 믿음, 그리고 소망의 행위이다. 우리는 하나님께서 과거에 우리를 예배로 부르셨음을 "기억"하며, 지금도 우리를 부르고 계심을 "믿고" 있고, 우리가 모일 때에 하나님께서 성령으로 우리를 만나주실 것에 대한 "소망"을 가지고 있다. 불타오르는 떨기나무에서 모세에게, 성전에서 이사야에게 다메섹으로 가는 길 가에서 바울에게, 그리고 여호와의 날에 요한에게 나타나셨던 하나님은 우리를 다시 한 번 예배 가운데로 부르고 계시며 우리는 그 부름에 따라 그에게로 나아간다. 하나님의 부르심을 받은 자들이 동서남북에서 와서 하나님을 찬양하기 위해 회중으로서 모인다. 장례식도 예외는 아니다. 주일에 드리는 예배와 마찬가지로 우리는 장례식에 모여 예배를 드린다.

하지만 일반적인 예배와 장례식의 예배를 구분하는 것은 예배를 드리고 있는 신실한 성도 가운데에는 방금 죽은 자도 포함되어 있다는 점이다. 비록 죽었지만 이 성도는 여전히 회중 가운데 함께 하고 있으며, 마지막이긴 하지만 육체로서 이 장소에 찾아온 것이다.

이러한 진실의 중요성을 과소평가하기 어렵지만 또한 오늘날 이 문제에 대해 얼마나 오해하고 있고 소홀히 다루고 있는가 하는 점도 간과할 수 없다. 때로 사람들은 "장례식은 산 자들을 위한 것이다"라는 말을 한다. 즉 이 말이 의미하는 바는 장례식의 내용들이 전적으로 애곡하고 있는 자들의 필요를 중심으로 짜여야 하며 죽은 자에게 초점이 맞춰지는 것이 아니라는 것인데, 이것은 문제를 너무 단순하게 보는 입장이다.

우리가 줄곧 이야기해 온 대로, 기독교의 신앙은 죽음이 죽은 자와 믿음의 공동체 사이의 관계를 바꾸는 것은 사실이지만 파괴하지는 않는다고 믿는다. 장례식에서 산 자들은 교만하게도 자신들이 하나님과 협상이라도 벌일 수 있다는 듯 죽은 자를 대신하여(on behalf of) 예배하는 것은 아니라는 점은 분명하다. 그러나 또한 산 자들은 죽은 자의 뜻을 반하여(in spite of) 혹은 죽은 자 없이(in the absence of) 예배하고 있는 것도 아니다. 회중들은 죽은 자와 함께(with) 예배하고 있는 것이다.

죽은 자가 장례식에서 맡은 역할은 결혼식에서 신랑이나 신부의 역할, 또는 세례 예식에서 세례를 받는 사람의 역할과 유사하다고 말해도 크게 진실에서 벗어나는 말은 아니다. 두 경우 모두 교회는 한 그리스도인의 삶에 일어나는 전환점을 표시하기 위해 기도로서 모여 있는 것이다.

예배로서의 결혼식은 믿음의 공동체가 하나님을 경배하는 것에 관한 것이지만 이 예배는 결혼이라는 특정 사안으로 생겨난 것이며 신랑과 신부 없이는 이 예배 행위를 수행할 수 없다. 장례 또한 하나님을 경배하는 것에 관한 것이다. 그러나 그 예배를 생겨나게 한 것은 한 성도의 죽음이며, 우리는 죽은 자의 참석이 없이는 이 예배의 행위에 들어설 수가 없다.

이는 장례식에 죽은 자의 육신이 도착하는 것에 극적인 강조점을 줌으로써 재현된다. 회중이 모이고 장례식 시간이 되면, 시신을 담은 관이 교회 입구에 들어온다. 보통 관은 운구요원들에 의해 운반되며 (아니면 관이 카트 위에 놓인 경우라면 이 운구요원들에 의해 에스코트 되며) 그 뒤를 가족들이 따른다. 이 시점에서 장례를 집전하는 목회자에게 두 가지 좋은 선택지가 있다.

첫째, 목회자는 그곳이 어디이건 가족들의 집으로 가서 가족과 함께 죽은 자를 교회로 데려올 수 있다.

둘째, 목회자가 교회에서 기다리고 있다가 그들이 도착하면 교회 입구에서 인사함으로 맞이하는 것도 가능하다.

『복음주의적 루터교 예배』(*Evangelical Lutheran Worship, ELW*)의 경우, 상주들이 교회에 도착할 때 회중들은 그들을 서서 맞이하며, 이때 목회자는 관과 상주들을 교회 입구에서 맞이할 것을 권한다. 그런 후 교회 입구에서부터 목회자는 세 가지 일을 행한다.

첫째, 목회자는 회중을 향해 돌아서서 그들을 환영한다.

둘째, 목회자는 그들에게 장례란 무엇인지 다음과 같이 말한다.

> 세상의 구원자 되신 예수님의 이름으로 환영합니다.
> 우리는 예배하기 위해,
> 십자가에 달려 죽으셨다가 다시 사신 그리스도를 선포하기 위해,
> 하나님 앞에서 우리의 형제/자매인 ○○○을/를 기억하기 위해,
> 그(녀)의 삶에 대해 하나님께 감사하기 위해,
> 그(녀)를 우리의 자비로운 구원자에게 부탁하기 위해,
> 그리고 슬픔 가운데 있는 우리들 서로를 위로하기 위해
> 모였습니다.[14]

셋째, 목회자는 관을 향해 제스처를 취하며 그 관을 쳐다보고 세례로 말미암아 그리스도에게 속한 자 된 죽은 자의 이름을 부른다.

> 그리스도 안에서 세례를 받은 모든 자들은 그리스도를 입은 것입니다.
> 그(녀)의 세례 가운데 ○○○은/는 그리스도로 옷 입은 것입니다.
> 그리스도께서 오시는 날, 그(녀)는 영광으로 옷 입을 것입니다.[15]

가톨릭 예식서인 『기독교 장례 순서』(*The Order of Christian Funeral*,

---

14 *Evangelical Lutheran Worship*, Pew Edition, 279.
15 Ibid., 280.

"OCF")는 사제들이 교회 입구로 나아가 죽은 자와 동행하고 있는 가족 및 문상객들을 맞아 인사하고, 그 후에 장례가 가진 세례적 특성들을 언급하는 특정 행위들을 수행하라고 권한다. 이 행위에는 관 위에 성수를 뿌리는 것(물의 세례를 상징), 그리고 관 위에 장례용 화환을 올리는 것(세례의 예복을 상징, 주로 흰색) 등이 포함될 수 있다.

동방정교의 전통에서는, 사제는 교회까지 촛불 행렬을 인도하며, 이때 관은 뚜껑을 열어놓은 체 행렬을 따른다. 시편 91편("지존자의 은밀한 곳에 거주하며 전능자의 그늘 아래에 사는 자여, 나는 여호와를 향하여 말하기를 그는 나의 피난처요 나의 요새요 내가 의뢰하는 하나님이라 하리니") 또는 시편119편("행위가 온전하여 여호와의 율법을 따라 행하는 자들은 복이 있음이여 여호와의 증거들을 지키고 전심으로 여호와를 구하는 자는 복이 있도다 참으로 그들은 불의를 행하지 아니하고 주의 도를 행하는도다")을 노래하며 관은 복도를 따라 교회의 정면으로 옮겨진다.

사제가 죽은 자를 교회 입구에서 맞이하여 예배의 자리로 인도할 때 할 수 있는 또 다른 선택지는 다음과 같이 말하는 것이다.

> 우리는 우리의 형제/자매요, 하나님의 우리 안의 양이며, 하나님이 친히 돌보시는 어린 양이고, 하나님께서 친히 구원하신 죄인인 ○○○을/를 맞이하여 인사합니다.

이런 말들은 장례식의 끝 부분에 종종 사용되는 위탁의 기도에서 사용될 유사한 다음과 같은 언어들을 미리 맛보게 하는 장점을 가지고 있다.

> 오 자비로운 구세주시여 당신의 손에 이제 당신의 종 된 ○○○을/를 부탁드리나이다.

간절히 구하오니, 당신의 우리 안의 양이며,

당신께서 친히 돌보시는 어린 양이고,

당신께서 친히 구원하신 죄인을 바라보옵소서.

그를 당신의 자비의 품 안으로,

영원한 평화의 복된 안식 속으로,

그리고 빛 가운데 거하는 영광스러운 성도의 교제 안으로

받아주시옵소서. 아멘.[16]

다소 덜 형식적인 전통을 따르는 종파의 목회자는 아마도 단순히 관과 유가족들을 대동하고 문 앞에 잠시 멈춰 서 있다가 찬송가 전주가 울려 퍼지면 모든 회중들과 함께 그 찬양을 부르면서 예배당 복도를 따라 걸어갈 것이다.

그렇게 간소하게 진행된다 하더라도 여전히 이러한 "모이는" 행위가 갖는 상징의 주된 의미는 (죽은 자를 포함하여) 믿음의 공동체가 이 자리에 있고, 그들이 하나님의 부르심에 반응하여 모였으며, 이제 그 모임 가운데 예배가 시작된다는 점이다.

2) 예배당 앞까지의 행진

어떤 의미에서 볼 때 죽은 자는 장례식에서 예배자들 중 하나이다. 그(녀)가 언제나 그랬었던 것처럼 기도하는 회중들 중 한 명인 것이다. 그러나 또 다른 의미에서 볼 때 그(녀)는 그저 또 다른 한 명의 예배자라고만

---

[16] *The Book of Common Prayer*, 499.

할 수 없다. 이 그리스도인의 죽음이 이날 모인 예배의 배경이요 주된 이유이기 때문이다.

이 성도에게는 육체로서 이 예배당에 와서 드리는 마지막 예배일 것이고, 이 장례식은 일부분 작별의 예식이기도 하다. 하나님은 이곳에서 예배를 받으실 것이고 복음도 항상 그래왔듯 선포되겠지만, 오늘 이 예배와 선포만큼은 이 특정한 사람의 삶과 죽음이라는 빛 아래서 이루어질 것이다.

이 두 가지 측면을 모두 종합하여 고려할 때, 죽은 사람은 양면적인 위치를 감당한다. 즉 회중 가운데 한 명으로서, 또한 이날만큼은 두드러지고 부각되는 인물로서의 위치를 감당하는 것이다.

그래서 ("모이기"에 이은) 장례의 두 번째 움직임은 관의 이동이다. 즉 예배하는 장소의 중앙통로 등을 따라 예배당의 앞으로 옮겨지는 이동이다. 그러나 이때도 관은 여전히 예배에 모인 회중들 속에 함께 위치하게 된다. 이 움직임은 본질적으로 간단하다. 관이 교회 문으로부터 예배당 앞쪽으로 운반되거나 굴려진다.

이런 움직임이 진행되고 있는 동안 어떤 일들이 일어나는가?

이따금 죽은 자를 정해진 위치로 이동시키는 가시적 행위에는 또 다른 가시적인 일들이 동반된다. 어떤 종파의 전통에서는 십자가나 부활절 촛대와 같은 기독교를 상징하는 상징물을 들고가는 사람들이 관 앞에 서서 행진하기도 한다. 이런 일들이 행해진다면 이런 행렬의 통상적인 순서는 〈그림1〉에 보이는 것과 같다.

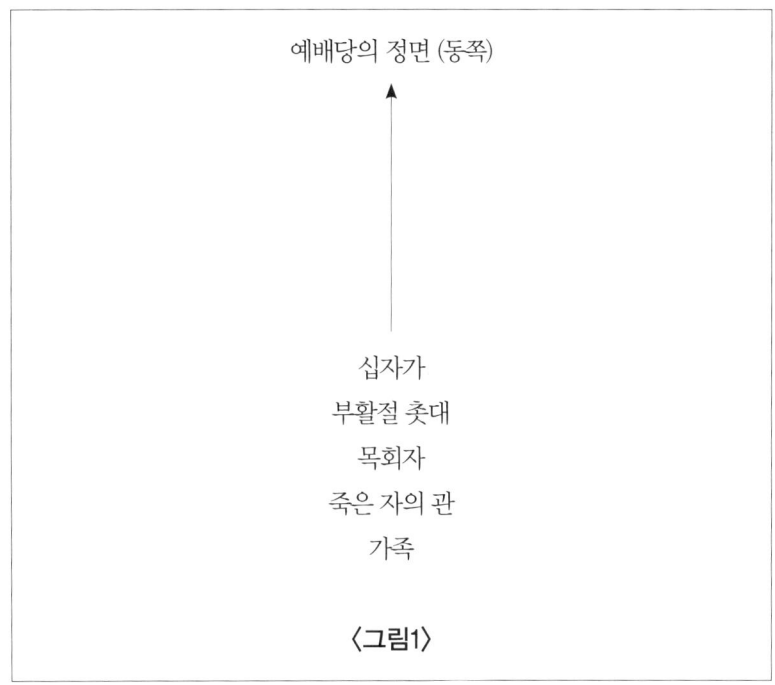

〈그림1〉

가끔 청각적인 요소들도 등장한다. 예를 들어, 관이 이동할 때 목회자들은 부활과 그리스도인의 소망에 대한 말씀을 선포하기도 한다. 다음과 같다.

주께서 이렇게 말씀하십니다.
나는 부활이며 나는 생명이다.
나를 믿는 자는 누구든지
죽음을 당한다 해도 생명을 얻게 될 것이다.
그리고 생명을 가진 자, 믿음 안에서 자기 자신을 나에게 의탁하는 자들은

생명을 얻나니 영원히 죽지 않을 것이다.[17]

어쩌면 회중들은 이쯤에서 시편의 말씀, 흑인 영가, 찬송가 등을 노래하며 자신들의 믿음을 소리로서 고백할 것이다. 예를 들면 "때 저물어서 날이 어두니"(Abide with Me, 새찬송가 481장 – 역자주), "구원 받은 천국의 성도들"(For All the Saints, 새찬송가 244장 – 역자주), "귀하신 주여 내 손을 붙드소서"(Precious Lord, Take My Hand, 마틴 루터 킹 목사가 가장 좋아 했다는 흑인 영가 – 역자주)와 같은 노래들이다.

시신이 예배당 앞으로 이동될 때 회중들이 부르는 이와 같은 찬양은, 시간을 거슬러 올라가 보면, 시신이 무덤으로 운구될 때 시편의 노래를 부르던 옛 유대인들의 전통과 그리스도인들의 관습과도 관련이 있다. 장례 행렬을 위해 11세기에 불리던 찬송 "메디아 비타"(Media Vita, "삶의 한 복판에서")는 다양한 언어로 번역되었으며, 지금까지도 찬송 혹은 기도의 형태로 사용되고 있다. 현대적으로 번역된 버전은 다음과 같다.

> 삶의 한 복판에서 우리는 죽음을 만나네.
> 우리가 누구에게 도움을 구할 수 있을까?
> 오 주님 오직 당신에게서 뿐입니다.
> 당신께서 우리의 죄악에 대해 진노하심이 마땅하나이다.
>
> 거룩하신 하나님. 거룩하고 능력이 많으신 하나님.
> 거룩하고 자비로운 구세주시여.

---

17 Ibid., 491.

우리를 영원한 죽음의 쓰라림 속으로 인도하지 마소서.

주님, 당신은 우리 마음의 비밀을 아시나이다.
우리의 기도에 당신의 귀를 막지 마소서.
오 주님 부디 우리를 구원하소서

거룩하신 하나님, 거룩하고 능력이 많으신 하나님,
거룩하고 자비로운 구세주시여,
우리를 영원한 죽음의 쓰라림 속으로 인도하지 마소서.

오 존귀하시고 영원하신 심판주시여,
우리의 마지막 시간에 죽음의 고통으로 하여금
우리를 당신에게서 멀리하지 못하게 하소서

거룩하신 하나님, 거룩하고 능력이 많으신 하나님,
거룩하고 자비로운 구세주시여.
우리를 영원한 죽음의 쓰라림 속으로 인도하지 마소서.[18]

    교회 문에서 예배당 앞까지의 행진은 죽은 자가 예배를 위해 모인 회중들 속에 그(녀)의 자리를 차지하고 있는 것을 상징하기 때문에, 평신도들의 경우 제단을 향해 발쪽이 먼저 나아가게 하고(즉 평신도라면 매주 예배에서 그러하듯 정면을 바라보는 것이 됨), 사제의 경우라면 머리를 먼저 나아

---

18 Ibid., 492.

가게 하는(즉 그들이 예배를 인도할 때 그러하듯 회중석 쪽을 바라보는 것임) 오랜 전통이 있다.

　머리 쪽을 먼저 나가게 하든 발 쪽을 앞으로 향하게 하든, 관은 〈그림 2〉에 그려진 것처럼 놓이는 것이 가장 좋은 방법인데, 그 이유는 이렇게 하는 것이 죽은 자가 이곳에 예배하러 온 것임을 가장 분명하게 상징하고 있기 때문이다. 보다시피 죽은 자는 가장 눈에 두드러진 자리에 위치함과 동시에 여전히 예배의 회중들 가운데 일부분으로 놓여있다.

〈그림 2〉

　관을 이렇게 놓는 것이 항상 가능하거나 바람직한 것이 아닐 수 있다. 이따금 시신은 뷰잉(viewing, 관에 누인 시신을 조문객이 바라보면서 추모하는 행위 – 역자주)을 위해 예배당에 일찍감치 위치되는 경우가 있다. 그리고 가끔은 교회가 관을 제단과 직각으로 위치시킬 만큼 충분하게 넓은 중앙 복도를 갖추지 못한 경우도 있다. 이런 경우 〈그림 3〉에 보이는 대로 위치시키는 대안이 고려될 수 있다.

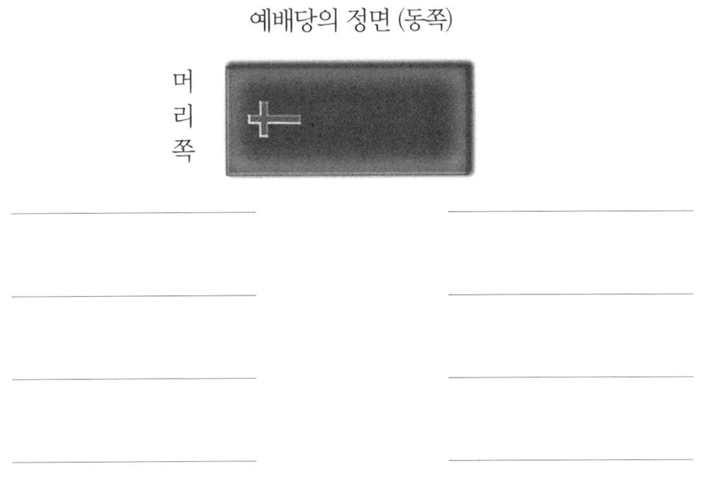

예배당의 정면 (동쪽)

머리쪽

〈그림 3〉

이렇게 관의 위치를 잡는 경우 편리한 점도 있지만, 행진이라는 개념이 없어지고 관이 예배 공동체 속에 죽은 자가 함께 하고 있다는 상징이 되기보다는 바라보는 대상(혹은 존중의 대상)이 되게 하는 단점 또한 있다. 만일 건축적인 제한이나 상황적 문제로 인해 이런 배치가 불가피하다면 예배의 다른 부분 어딘가에서는 죽은 자가 이 예배의 회중 가운데 함께 참여자로서 있으며 세례의 여정 가운데 놓인 자로서 이곳에 함께 하고 있다는 점에 대한 강조가 이루어져야 할 것이다.

이 행진에서 관을 따르는 유가족들 역시 예배당 앞쪽에 자리를 잡겠지만 그러나 여전히 회중의 일부로서 그리해야 한다. 일부 장례식장의 경우 가족들을 회중들과는 구별된 별도의 자리에, 그리고 가끔은 커튼 등을 쳐서 완전히 차단하는 일이 있는데 이는 예배의 공동체성을 심각하게 훼손하는 일이며 정당화될 수 없는 방식이다.

3) 기도와 말씀의 예배

이제 예배를 위해 모두가 자리를 잡았으므로 지금부터는 기도와 말씀으로 예배가 진행된다.

(1) 모음의 기도

첫 번째 요소는 "이 날의 기도"(prayer of the day) 혹은 "모음의 기도"(collect)이다. 이 기도의 목적은 발생된 죽음에 대해 짧게나마 언급하는 것과 더불어 이 시간 회중들의 마음을 담아 기도로 표현하려는 것이다.

어떤 의미에서 이 시작을 알리는 기도는 헌금접시를 돌리는 것과 비슷하다. 즉 이 기도를 통해 참석한 사람들로부터 생각을 모으고, 감정을 모으며, 소망을 모아 이 모든 것을 하나님 앞에 드리는 것과 같다. 따라서 『공동기도서』 등을 사용하는 예전적 전통의 진영에서는 이 기도에 기본적으로 헌금기도에 담기는 다섯 가지 형식(하나님의 이름(**N**ame), 하나님의 속성(**A**ttribute), 간구(**P**etition), 이유(**R**eason), 종결(**C**losing))에 감사(**T**hanksgiving)나 또 다른 간구들을 추가하여 기도한다.

이런 기도들의 대표적 예가 『복음주의적 루터교 예배』(*Evangelical*

Lutheran Worship, ELW)에서 발견된다.[19]

> **N**(하나님의 이름): 오 하나님
>
> **A**(하나님의 속성): 은혜와 영광의 주여
>
> **T**(감사): 오늘 우리는 당신 앞에서 우리의 형제/자매 ○○○을/를 기억하나이다. 그(녀)를 우리에게 보내 주셔서 그가 우리를 알고 이 지상에서 우리의 순례의 동행자가 되어 서로 사랑하게 하심에 감사하나이다.
>
> **P**(간구): 당신의 긍휼하심으로 슬픔에 빠진 우리를 위로하여 주소서. 주 예수 그리스도의 승리로 인해 사망은 삼킨 바 되었음을 우리로 볼 수 있는 믿음을 내려 주옵소서.
>
> **R**(이유): 그리하여 당신이 부르시사 우리로 하늘 본향에서 당신의 모든 성도들과 함께 동거하도록 모으실 때까지 우리가 확신과 소망 가운데 살아가도록 하옵소서.
>
> **C**(종결): 우리의 주와 구세주 되신 예수 그리스도의 이름으로 기도합니다. 아멘.

로마가톨릭교회에서 발견되는 다음의 예도 참고하라.

> **N**: 오 하나님
>
> **A**: 이 죄인들은 당신 안에서 자비를 찾으며 이 성도들은 당신 안에서 기쁨을 찾나이다.

---

[19] *Evangelical Lutheran Worship*, Pew Edition, 281.

P: 우리는 그리스도인의 매장 방식을 따라 우리의 형제/자매인 ○○○
의 시신을 기리면서 그를 위해 당신께 기도하오니

R: 부디 그(녀)가 사망의 속박으로부터 속량되게 하소서.

P2: 그(녀)를 당신의 성도들이 즐거이 교제하는 그곳으로 받아주시
고, 그(녀)를 마지막 날 부활케 하시어

R2: 그(녀)가 영원토록 당신의 존전에서 기뻐하게 하소서.

C: 당신과 당신의 거룩한 영과 더불어 한 하나님이 되셔서 영원토록
사시며 영원토록 다스리실 당신의 아들 우리 주 예수 그리스도의
이름으로 기도합니다. 아멘.[20]

또 다른 사례는 장로교 전통에서 찾은 것이다.

N: 오 하나님

A: 우리에게 탄생을 허락하신 주시여, 당신은 우리가 기도할 때 언제
나 들으실 준비가 되어 계시나이다. 우리가 구하기도 전에 우리의
필요를 아시며, 우리가 구할 때에 우리의 무지함도 아시나이다.

P: 이제 당신의 은혜를 우리에게 보여주소서.

R: 그리하여 우리가 죽음의 신비를 마주할 때 우리로 영원의 빛을 보
게 하옵소서.

P2: 생명과 죽음에 대한 당신의 존귀한 말씀을 다시 한 번 우리에게
말씀하소서. 그리고 이곳에서의 우리 날이 끝날 때, 우리로 하여
금 살기 위해 기꺼이 나아가 죽는 자들이 되게 하소서.

---

20 *The Order of Christian Funerals*, 83.

R2: 그리하여 살든지 죽든지 우리의 생명이 예수 그리스도 안에 거
　　　　하게 하소서.
　　C: 우리의 부활하신 주 되신 예수님의 이름으로 기도합니다. 아멘.[21]

　(2) 고백의 기도

　연합감리교, 장로교, 그리고 캐나다연합교회와 같은 교파에서는 "이 날의 기도" 다음에 고백의 기도를 추가한다. 장례식에서 회중들에게 자신의 죄를 고백하라고 하는 것이 다소 이상해 보일 수 있지만, 고백의 기도는 장례라고 하는 예식에 내재하는 목회적 돌봄과 치유적 목적에도 부합하는 것이다.

　종종 죽음은 사람들 마음에 분노와 죄책감, 후회와 회한의 감정이 휘몰아치게 한다. 고백의 기도를 통해 참석자들은 자신들의 이러한 감정과 경험들을 하나님 앞에 내어 놓을 수 있는 기회를 갖게 된다.

　예를 들어 어떤 여인은 아버지의 장례식을 위해 교회로 들어서면서 매우 상반되는 감정을 느꼈다고 고백했다. 그녀는 아버지를 사랑했지만 그녀가 성년이 되어서까지 아버지가 그녀를 통제하고 다그치는 일을 계속했기 때문에 그녀는 서로의 관계가 손상된 것으로 보았다. 그녀와 아버지는 여러 차례 이런 문제로 인해 충돌을 빚었고 화해의 자리까지 나아가지 못한 채 아버지는 죽음을 맞이했던 것이다.

　하지만 고백의 기도 시간에 목회자가 "오 하나님 우리의 기억들까지도 구속하여 주소서"라고 기도할 때 그녀는 깊은 평화의 물결이 자신을 뒤덮는 것을 느꼈고, 이제껏 자신도 그리고 자신의 아버지도 결코 고칠

21　*The Book of Common Worship*, 916.

수 없었던 아픈 기억들이 이제 자비로우신 하나님의 손에 맡겨졌다는 감사의 마음이 솟아났다고 한다.

장례식에 특화된 캐나다연합교회의 고백의 기도는 다음과 같다.

> 산 자와 죽은 자의 하나님이시여
> 우리는 지금 우리가 지금껏 했던 일들과
> 아직까지도 해내지 못한 일들로 인해 가슴에 무거운 짐을 지고 있나이다.
> 우리는 기억합니다.
> 우리의 깨어져 버린 약속들과
> 놓쳐버린 기회들과
> 당연하게 여겼던 당신의 선물들과
> 사랑하지 못했음과
> 받았던 사랑을 되갚지 못했음을 기억하고 있나이다.
> 우리를 용서하소서. 우리를 위로하시고 고쳐주옵소서.
> 우리의 죄악을 우리에게서 제하시사
> 우리로 하여금 자유와 은혜 가운데 걷게 하옵소서. 아멘.[22]

여기 또 하나의 뛰어난 장례식 기도가 있다. 이것은 연합감리교에서 사용하는 고백의 기도이다.

---

[22] *Celebrate God's Presence: A Book of Services for The United Church of Canada* (Etobicoke, ON: United Church Publishing House, 2000), 451.

거룩하신 하나님, 우리 마음을 당신 앞에 열어 드립니다.
당신 앞에서는 그 어떤 비밀도 숨길 수 없나이다.
이제 우리의 죄로 인한 수치와 근심을 당신께 들고 나아갑니다.
우리의 삶이 당신에게서 비롯된 것이며 당신께로 향해야 함을 잊었었나이다.
또한 우리는 당신의 뜻이 이루어지기를 구하지 않았고 실천하지도 않았었나이다.
우리는 우리의 마음으로도, 우리의 언행으로도,
그리고 우리의 삶으로도 신실하지 못했었나이다.
마땅히 사랑했어야 함에도 우리는 사랑하며 살지 못했나이다.
이제 기도하오니 우리를 도우사 고쳐주옵소서.
우리를 우리의 죄악으로부터 건지사 보다 나은 삶으로 인도하소서.
그리하여 우리로 하여금 세상 끝 날까지 당신의 인자하심을 의지하며
평화 가운데 우리의 날들을 마치게 하소서.
당신과 함께, 그리고 성령과의 연합 속에 거하시며 다스리시는,
또한 영원토록 한 하나님 되시는
우리 주 예수 그리스도의 이름으로 기도합니다. 아멘.[23]

당연한 말이겠지만, 만약 고백의 기도를 드린다면 반드시 그 기도 뒤에는 용서의 선언이 뒤따라야 할 것이다.

23　*The United Methodist Book of Worship* (Nashville: United Methodist Publishing House, 1992), 143.

(3) 성경 봉독

일반적으로 둘 내지는 세 가지의 성경 구절이 봉독된다. 그리고 여기에는 반드시 복음서 본문이 한 구절 들어가는데, 이는 대부분의 종파들이 그렇게 한다. 죽은 자와 그의 유족들이 "가장 좋아하는 성구"를 읽는 것도 적당한 방법이지만, 이러한 성경 봉독의 주된 목적은 죽음과 상실에 직면하여 성경에 나타난 하나님의 약속들을 회중들이 다시 한 번 기억하게 하는 것이다.

(4) 설교

종파에 따라서는 반드시 설교가 포함되어야 한다고 주장하지만, 모든 장례에서 설교가 시행되는 것은 아니다. 장례식에서 설교가 차지하는 위치에 대해서는 9장에서 자세히 논의하게 된다.

(5) 명명하기와 간증[24]

장례식에서 공동체가 죽은 자의 약력을 소개하고 추억을 되살리는 것이 옳은 것인가에 대해서는 논란이 있다. 이것은 다양한 방식으로 시행될 수 있다. 죽은 자의 삶을 묘사하는 추모사를 목회자 또는 다른 사람이 낭독할 수 있다. 죽은 자가 창작했던 것들(음악, 시, 미술 작품 등)이 제시될 수 있다. 죽은 자를 잘 알고 지냈던 사람들(이웃, 친구, 친척 등)이 추억을 되살리는 추모의 메시지를 짧게 전할 수도 있다. 성경 이외에 영감을 주는 문구 등을 낭독하는 것도 여기에 포함될 수 있다.

---

[24] "명명하기"(naming)와 "간증"(witnessing)이라는 용어는 다음의 저작에서 가져온 것이다. *A Service of Death and Resurrection* (Nashville: Abingdon Press, 1979), x, 58–61.

이런 요소가 논란이 되는 이유는 자칫 궤도를 이탈할 가능성이 있기 때문이다. 즉 진실하지 못한 형태의 조사(弔辭, eulogy)로 변질될 가능성이 많고, 죽은 자가 미화되며 그에 따라 죽은 자가 잘못된 기억으로 남겨질 수 있다. 감상적이 되고, 과장될 수 있고, 천박할 수 있으며, 현학적일 수 있고, 지루할 수도 있다. 이렇듯 너무나 많은 위험 요인들이 있기 때문에 많은 목회자들과 회중들은 아예 이런 요소를 금지하기도 하는데, 어쩌면 이것은 지나친 과민반응일지 모른다.

"모음의 기도"와 마찬가지로 이 요소 또한 사람들의 "드림"(offering)의 한 형태로 보는 것이 나을 것이다. 예배가 이 때쯤에 이르면 사람들이 하나님께 드리기 위해 가져왔던 것들(그들의 추억, 그들의 슬픔, 그들이 잃어버린 한 사람의 생명에 대한 그들의 감사의 말씀 등)이 이제 거두어지고 그 위에 복이 내려지는 것이다. 물론 장례식에 나와 발언을 하기로 되어 있는 코치나 사촌이나 동료들에게 그들이 농담이나 저녁식사 후 하는 가벼운 발언 정도가 아니라 실제로 드려질 예물을 준비하는 것이라는 점에 대해 미리 주지시킨다면 도움이 될 것이다.

(6) 신조

만약 신앙고백을 암송해야 한다면 이 때 즈음이 적당한 시점이다. 여기에 위치된다면 신조의 암송은 세 가지 목적을 이룰 수 있다.

첫째, 바로 이 신조의 암송을 통해 예배 공동체의 목소리가 들려지며, 슬퍼하고 있는 자들로 하여금 자신들은 혼자가 아니며 기도로써 둘러싸여 있음을 확인시켜주는 청각적 표식이 된다.

둘째, 설교가 끝나고 예식이 마쳐질 즈음, "말씀이 신앙을 일으킨다."는 것을 상기시키며 교회의 탄생을 제의적으로 재현하는 것이 된다.

셋째, 신조를 암송함으로써 장례와 세례 사이의 연결 고리를 상기할 수 있게 된다. 특히 암송하게 되는 신조가 세례와 가장 깊은 연관을 갖고 있는 '사도신경'이라면 더 그렇다. 『공동기도서』(Book of Common Prayer)는 다음과 같은 말들을 신조의 도입부에서 언급함으로써 신조와 세례와의 연관성에 대하여 구체화시킨다.

"세례식을 통해 주어졌던 영생에 대한 확신 속에서, 이제 우리의 신앙을 이렇게 함께 선포하도록 합시다. 나는 전능하신 아버지 하나님 …."[25]

(7) 중보 기도

비록 서로 다른 종류의 여러 가지 기도들(감사의 기도, 경배의 기도, 탄원의 기도, 중보 기도 등)이 여기에 들어가는 것이 알맞을 수 있지만, 이 대목에서 하나님께 드리는 기도의 중심 주제는 애통하는 자들이 위로를 받도록, 교회는 제자도의 길을 계속해서 걸어갈 수 있도록, 그리고 죽은 자는 하나님의 자비하심 속으로 영접될 수 있도록 기도하는 것이어야 한다.

맨 마지막에 이 기도의 순서가 위치하고 있는 것에서 볼 수 있듯이, 이 중보 기도는 "여행을 위한 기도"이다. 사실, 장례식이 교회 내에서 이루어지고 있는 것을 생각하면, 이 중보 기도는 하나님의 백성들이 죽은 자와 함께 작별의 장소를 행해 떠나는 여행을 잠시 멈추었다가 다시 시작하기 위해 목적지를 향해 발을 움직이는 것을 의미하는 상징적 소리가 된다. 회중들이 여행을 떠나면서 드리는 이 기도는 하나님께서 이 새롭게 도착할 성도를 받을 준비를 해달라고 하늘을 향해 말하는 것으로 시작한다.

이 책의 앞부분에서 언급했었던 고대 콥트교회의 기도문에서처럼,

25　*The Book of Common Prayer*, 496.

"빛의 천사들은 그의 앞으로 걸어가게 하소서. 의의 문은 그의 앞에 열리게 하소서. 천상의 찬양대에 그를 합류시키소서. 기쁨의 낙원으로 그를 데려 오소서."

이렇게 기도하는 것이다.

이처럼 장례식에서 사실상 죽은 자를 위하여(for) 기도하는 중보 기도는 많은 그리스도인들, 특히 개신교에 속한 그리스도인들에게 신경 쓰이는 부분이기는 하다. 종교개혁의 시기에 이러한 장례식에서의 죽은 자를 위한 중보 기도는 연옥의 개념과 연결되었기 때문이다. 특히 산 자들이 죽은 자를 기도로써 도와주어 연옥에서의 시간을 빨리 끝내고 낙원에 이르도록 한다는 개념이 있었던 것이다.

그러한 중보 기도는 잘못된 것이며, 믿음을 통한 구원이 아니라 행위로 구원을 얻을 수 있다고 믿는 헛된 시도라고 개혁자들은 강조했다. 이와 같은 이유로 인해 중보 기도는 장례식에서 추방되었고 사람이 죽었을 때 그를 위하여 기도하는 교회의 목소리는 적어도 개신교도들 사이에서는 잦아들게 되었다.

죽은 자를 위한 어떤 종류의 중보 기도가 심지어 개신교도들 사이에서조차도 현대의 장례식에서 다시 나타나고 있다는 사실은 결코 기억상실증의 증표이거나, 신학적 오류, 중세적 관점으로의 회귀라고만 볼 수는 없다. 오히려 이것은 이러한 중보 기도가 또 다른 특성을 띠고 있고, 가톨릭교회든 개신교회든 관계없이 교회들이 이런 기도에서 16세기의 중보 기도와는 다른 의미들이 담겨 있음을 이해하게 되었다는 증거일 것이다.

간략히 말해서, 오늘날 이러한 중보 기도는 기독교 장례를 통과 예식(또는 통과 의례, a rite of passage)으로 이해하는 관점에서 비롯된다.[26] 즉 장례식이란 것을 하나님의 은혜로 말미암아 실행된 인간의 변화(transformation)의 사건을 기념하는 예식적 행위로 본다는 것이다. 한 때 우리와 함께 이 땅에서 살았던 사람이 죽게 되었고, 이제 하나님의 자비하심을 통해 새로운 삶으로 들림을 받았으며, 성도의 교제(the communion of the saints) 안으로 영입되었다.

정확한 용어를 사용하는 것은 우리에게 불가능한 일이겠지만, 죽은 사람은 "이" 세상에서 "다음" 세상으로 옮아갔다. "이것"이었던 사람이 이제 "저것"이 되었고, "여기" 있었던 사람이 이제는 "저기" 있게 된 것이다. 그리고 통과 예식으로서의 장례는 이러한 변화를 표시하고 그 간격 사이에 다리를 놓는 예식인 것이다.

종교적인 것이 아니더라도 통과의 예식에서 "실제적" 시간과 "예식적" 시간은 서로 다른 실체이다. 예를 들어 내가 가르치는 대학 캠퍼스에서는 매년 졸업식이 거행된다. 곧 졸업생이 될 학생들은 우스꽝스럽게 생긴 졸업 예복을 입고 식장으로 입장하며, 학교 당국자가 '학사모의 술을 한쪽에서 다른 쪽으로 넘기세요.'라고 마법적인 말을 선포할 때, 일분 전만 해도 학생 신분이었던 사람들이 다음 순간에는 학위를 소지한 졸업생의 신분이 된다.

교수진에 속한 우리들 모두는 이것이 실은 마법적 순간이 아니라는 것을 알고 있다. 어쨌거나 법적인 의미에서 볼 때, 이미 며칠 전 교수진들이 회의에 모여서 그들 모두에게 학위를 수여하기로 결정하는 투표를

---

26 Arnold Van Gennep, *The Rites of Passage* (Chicago: University of Chicago Press, 1960). 이 책은 인간의 통과 의례에 대한 인류학적 연구 가운데 가장 초창기 저작에 해당한다.

했을 때 그들은 이미 졸업생이 되어 있었다.

하지만 이 예식을 통해 그들은 이미 그들에게 일어났던 진실, 즉 학생에서 졸업생으로 변화된 것을 예식이라는 형식에 담아 실행해 낸 것이다. 그러나 이러한 의식 그 자체가 그들로 하여금 신분이 변화되어 졸업생이 되도록 유발시킨(cause) 것은 아니지만, 그렇다고 이 예식이 그들에게 어떤 의미도 아니라는 뜻은 아니다. 그들이 자신의 학사모의 술을 옮기고 졸업증서(sheepskin)를 수여받을 때에 무엇인가가 일어난다.

아무도 학생들에게 졸업식에 나와야 한다고 절대적으로 강요하지 않지만, 학생들 가운데 그 예식을 빠지는 사람은 드물다. "우리가 투표했고, 당신은 이제 졸업생입니다"라고 적힌 대량의 이메일을 발송함으로써 이 모든 것을 끝낼 수는 없다. 하나의 상태에서 다른 상태로 움직이는 과정을 예식을 통해 표현하는 것은 인간들에게 있어 중요한 문제다. 바로 이런 방식을 통해 우리는 우리를 둘러싸고 일어난 변화의 실체들에 참여하는 것이다.

기독교 예배에서 "예식적" 시간의 문제는 더욱 복잡하다. 왜냐하면 모든 예배는 종말론적 시간, 즉 하나님의 시간의 실행이기 때문이다. 우리의 예배는 시계의 초침의 흘러감으로 측정되지만 영원 속으로 통합된다.

예를 들어 만약 주일날 우리가 오전 11시 6분에 용서를 구하는 고백의 기도를 한다면, 그리고 우리가 11시 8분에 사죄의 확신을 선언한다면, 이것이 우리가 11시 6분에는 아직 용서받지 못한 상태이지만 2분 지난 후에는 용서받은 자가 되었음을 의미하는가?

당연히 아니다. 하나님의 경륜(the economy of God)에서 볼 때 우리는 용서받았고, 용서받고 있으며, 용서받을 것이다. 그러나 그렇다고 해서 이것이 용서를 구하는 기도가 소용이 없다는 것을 의미한다는 것은 전혀 아니다. 다만 여기서 말하고자 하는 것은 우리가 시간의 흐름 속에서 행진하고 있는 고백과 용서라고 하는 순서는, 영원하심 가운데 계시는 하나님의 시간 속에서 이미 사실이 된 내용을 우리가 참여하고 경험하는 방식이 되어 준다는 것이다.

장례식의 중보기도에 더 가깝게 나아가기 위해 우리는 다음과 같은 시편 기자의 기도를 생각해 볼 필요가 있다.

> 나의 때가 얼마나 짧은지 기억하소서 주께서 모든 사람을 어찌 그리 허무하게(mortal, 죽은 수밖에 없는 존재로) 창조하셨는지요(시 89:47).

혹시 이 기도가 하나님께서는 인간의 때가 짧다는 사실을 잊어버리셨다가 인간의 기도가 있은 후에 혹은 그 기도 때문에 하나님께서 그와 같은 사실을 다시 기억해 내셨다는 것을 암시하고 있는가?

물론 너무 문자적으로 시를 이해한, 말도 안되는 이야기다. 우리는 시간에 예속된 존재들이지만 하나님은 그렇지 않으신다. 우리 인간은 "전에"와 "후에"라는 것에 묶여 있는 존재들이며, "기억하소서!"라고 부르짖는 우리의 기도는 하나님의 영원하신 기억하심 속으로 다시 한 번 병합되어 들어가는 우리의 부르짖음인 것이다.

비유컨대 영원이라는 바다 속으로 뛰어들어 출항을 떠난 시간이라는 틀에 묶인 작은 배라고나 할까?

그러므로 우리가 장례식에서 우리 자신을 위해 그리고 우리가 사랑했으며 지금은 떠나갈 누군가를 위해 기도할 때, 우리는 하나님과 협상을 하고 있는 것이 아니며, 하나님께 아첨하기 위해 우리의 공덕을 쌓는 일도 아닌 것이다. 우리는 우리가 늘 기도 속에 해왔던 것을 하는 것뿐이다. 즉 시간의 한복판에 살면서 우리의 몸과 영혼을 하나님의 영원하신 사랑 안으로 던져드리기 위한 부르짖음 말이다. 우리가 땅에서 기도

할 때 우리는 삼위일체의 생명 속으로 통합되어 들어간다.

『기독교 장례 순서』(The Order of Christian Funeral, "OCF")가 제안하듯, "하나님 우편에 계신 자요 우리를 위하여 간구하시는 자"이신 "그리스도의 음성으로"(in the voice of Christ) 기도할 때 그와 같은 일이 일어난다. 그리스도인 자매가 죽을 때 우리는 그녀가 부활하게 되며, 썩지 않는 존재가 될 것을 믿는다. 그리고 바울이 말하듯 "눈 깜빡할 사이에" 이런 일이 일어난다.

한 순간 메인스트리트(Main Street)에 있는 제일침례교회(the First Baptist)의 찬양대 알토 석에 앉았다가, 다음 순간 빛 보다 더 빨리 여행하여, 그녀는 "밤낮 쉬지 않고 이르기를 거룩하다 거룩하다 거룩하다 주 하나님 곧 전능하신 이여 전에도 계셨고 이제도 계시고 장차 오실 이시라"(계 4:8) 하며 찬양하는 천상의 성도들의 거대한 찬양대 속에서 노래하고 있다는 것이다.

그러나 그것은 아직 우리의 시간 안에 있지 않고 하나님의 시간 안에 있다. 그래서 우리는 장례식에서 이곳에서 저곳으로 이어지는 연결통로를 따라 한 발씩 한 발씩 걸어 나가는 것이다. 우리는 이미 하나님과 함께 하고 있는 우리의 자매의 육신을 사랑스럽게 안고 간다. 영원을 향해 걷지만, 우리는 여전히 시간과 공간을 통과하며 한 발 앞에 또 다음 발을 옮기면서 걷고 있는 것이다. 우리 자매와 우리 자신들이 하나님의 넓은 품에 안겨 환영받을 수 있기를 노래하며 기도하면서 말이다.

지금까지 말한 것을 신학적으로 적절하게 잘 이해했다면, 연옥과 관련된 옛 싸움은 오래 전에 지나갔고, 이제는 교회가 "당신께서 죽은 자들을 생명으로 일으키셨으니, 우리의 자매에게도 영원한 생명을 주소서. … 당신께서 회개하는 강도에게 낙원을 약속하셨으니, 그녀를 천국의 기쁨으로 인도하소서"라는 기도를 하는 것도 바람직한 것이라는 결론에 도달할 수 있을 것이다.

동방정교회의 예식서에 사용된 중보 기도는 기도가 이 두 시간의 영역 사이에 다리를 놓는 것임을 다음과 같이 인정한다.

> 오! 성도들과 함께 하시는 그리스도시여,
> 당신의 종의 영혼에 안식을 주소서.
> 당신이 계신 곳에는 더 이상 아픔도, 슬픔도, 한숨도 없고 영원한 생명뿐이나이다.
> 당신만이 불멸하시며, 당신만이 인간을 지으시고 조성하시나이다.
> 우리 썩을 육신의 인간들이 흙에서 만들어졌사오매,
> 우리는 장차 흙으로 돌아갈 것이오며 …
> 우리는 '알렐루야, 알렐루야, 알렐루야'를 우리의 장송곡으로 부르며 나아갈 것이니이다.[27]

또한 여기 『공동예배서』(*The Book of Common Worship*)를 보면 현대 장례의 중보 기도 사례로 훌륭한 예가 있다.

> 우리의 형제/자매 ○○○을/를 위해,
> "나는 부활이요 생명이니" 말씀하신
> 우리 주 예수 그리스도에게 기도합시다.
> 주님, 당신은 깊은 슬픔 가운데 잠긴 마르다와 마리아를 위로하셨나이다.

---

[27] "The Funeral Service," *Orthodox Church in America*, http://yya.oca.org/TheHub/StudyGuides/ContemporaryIssues/LifeandDeath/LifeDeath%20Sessions/Session2.htm.

이곳에 ㅇㅇㅇ을/를 위해 애곡하기 위해 모인 우리를 당신께로 가까이 이끄소서.
그리고 슬퍼 우는 자들의 눈물을 마르게 하옵소서.
주여 우리의 기도를 들으소서.
당신도 당신의 친구 나사로의 무덤에서 우셨었나이다.
우리를 슬픔에서 위로하소서.
주여 우리의 기도를 들으소서.
당신은 죽은 자들을 생명으로 일으키셨나이다.
우리 형제/자매에게 영원한 생명을 주시옵소서.
주여 우리의 기도를 들으소서.
당신은 회개하는 강도에게 낙원을 허락하셨나이다.
ㅇㅇㅇ을/를 천국의 기쁨으로 인도하소서.
주여 우리의 기도를 들으소서.
우리 형제/자매는 세례로 씻음 받았으며
또한 성령으로 기름부음 받았나이다.
그(녀)에게 당신의 모든 성도들과의 교제를 허락하소서.
주여 우리의 기도를 들으소서.
그(녀)는 이 땅에서 당신의 식탁에서 공급받았었나이다.
그(녀)를 하늘나라에서 당신의 식탁으로 환영하여 주소서.
주여 우리의 기도를 들으소서.
ㅇㅇㅇ의 죽음으로 슬퍼하고 있는 우리를 위로하소서.
우리의 믿음이 우리를 위로하게 하시고
우리의 영원한 생명이 우리의 소망이 되게 하소서. 아멘.[28]

---

[28] *The Book of Common Worship*, 922–23.

4) 성만찬

빠르면 4세기 무렵부터 무덤가에서 나누는 성만찬에 대한 명시적인 언급이 있었다. 오늘날 기도서를 사용의 전통을 유지하는 진영에서는 대부분 장례의 이 지점에 성만찬을 위치시킨다. 어떤 전통에서는 만찬이 필수적으로 준수되어야 하는 것으로 보고, 다른 전통에서는 선택적인 것으로 본다.

주의 만찬이 장례식에서 거행될 때, 이것은 다른 많은 인간 매장 풍습에서와 마찬가지로 죽은 자와의 마지막 작별의 식사라는 성격을 띤다. 그러나 이것은 예수의 죽음을 기억하며, 그리스도의 부활을 표시하며, 모든 성도가 식탁에 모여 함께 천상의 만찬을 나눌 것을 예견하는 파스칼(paschal), 즉 부활의 만찬이다.

오늘날 우리 사회에서 대부분의 장례식은 교회의 구성원이 아닌 사람들을 포함한다. 따라서 장례를 인도하는 목회자는 실제적이고 목회적인 문제로서 주어진 장례의 상황 속에서 성만찬을 준수하는 것이 소망의 표지로 역할을 하는지 아니면 오히려 분리와 나뉨의 역할을 하는지 잘 따져볼 필요가 있다.

만약 성만찬이 거행된다면, 일반적인 방식을 따르되, 죽은 자의 가족과 친구들이 빵과 음료를 가지고 나오도록 하는 것이 바람직하다.[29]

예식서를 따르는 장례 전통에서는, 만약 성만찬이 준수되지 않는다면 이 시점에 주기도문을 대신 포함시키는 것이 좋다고 권고한다. 일반적

29　Dennis L. Bushkofsky and Craig A. Satterlee, *The Christian Life: Baptism and Life Passages, Using Evangelical Christian Worship*, vol. 2 (Minneapolis: Augsburg Fortress, 2008), 174.

으로 성만찬의 일부가 되는 이 주기도문이 이 시점에 잘 어울리는 이유는 두 가지다.

① 주기도문이 성만찬과 갖는 연결성 때문이다.
② 대부분의 사람들에게 이 기도는 익숙하기 때문에 회중들의 목소리가 예배 가운데 들릴 수 있게 하는 또 한 번의 기회가 되기 때문이다.

5) 보냄[30]

이제 장례라고 하는 드라마는 그 절정의 순간에 도달했다. 여기서 절정의 순간이란 신앙공동체가 죽은 자를 무덤으로 운반하여 작별을 고하는, 그리고 그(녀)를 하나님께 의탁하는 순간을 말한다. 이제 신앙공동체는 세상 속에서 살아가며 섬기게 하신 하나님의 축복과 함께 다시 출발하며, 그들의 슬픔은 소망을 통해 잦아든다. 데니스 부쉬코프스키(Dennis Bushkosfsky)와 크레이그 새털리(Craig Satterlee)는 이렇게 말한다.

> 우리가 만약 어떤 예배에서는 예배의 어떤 특성들이 도드라지고, 다른 종류의 예배에서는 또 다른 특성들이 도드라진다는 것을 이해한다면, 우리는 장례예식에서 "보냄"이라는 요소가 도드라진다는 것을 알게 될 것이다. 상징적으로는 회중이 죽은 자를 하나님의 품으시

---

[30] 이 섹션의 제목 "보냄"("Sending")은 다음의 책에서 유래한 것이다. *Evangelical Lutheran Worship*, Pew Edition, 283.

는 손 안으로 "보낸" 것이지만, 예배 가운데 회중들이 지금 이 시점까지 해 왔던 모든 것들은(세례를 베푸신 것에 대한 감사, 복음의 선포와 청취, 주의 살과 피를 나눈 것 등), 회중으로 하여금 그리스도의 소망과 화평 속에 살아가도록 "보내심을 받도록" 준비하는 과정이었다.[31]

장례식에서 "보냄"의 순서는 두 부분으로 구성된다.

① "부탁"(Commendation)이다.
② "매장"(Committal)이다.

(1) 부탁

이 순서에서 인도자는, 예수께서 십자가에서 "아버지 내 영혼을 아버지 손에 부탁하나이다"(눅 23:46)라고 하신 것과 같은 심정으로 죽은 자를 위하여 기도한다. 이 말을 할 때 동반되는 시각적 행위로 인해 그 말은 더욱 강력하게 된다. 목회자는 관 옆으로 오며, 가족과 다른 사람들은 목회자와 함께 관 주변에 둘러선다. 이때 목회자는 기도의 도입부를 말한다.

『복음주의적 루터교 예배』(*Evangelical Lutheran Worship*, "ELW")가 제시하는 기도의 도입부는 간단하다. 즉 목회자가 "이제 우리 함께 _____을/를 우리의 창조주요 구원자 되신 하나님의 자비하심에 부탁드립시다"라고 말하는 것이다.[32]

『기독교 장례 순서』(*The Order of Christian Funeral*, "OCF")는 좀 더 세세

---

31 Bushkofsky and Satterleee, *The Christian Life*, 175.
32 *Evangelical Lutheran Worship*, Pew Edition, 283.

하게 다음과 같은 진술을 하도록 제시한다. 이 진술은 세례의 표식으로서 관 위에 물을 뿌린 후 선언하도록 되어 있다.

> 우리가 이제 각자의 길로 가기 전에, 우리의 형제/자매를 함께 떠나보내도록 합시다. 우리의 작별인사에 그(녀)를 향한 우리의 마음이 표현되게 합시다. 그래서 그 작별의 인사가 우리의 슬픔을 줄여주며, 우리의 소망을 강화시키게 합시다. 언젠가 모든 것을 정복하시는 그리스도의 사랑이 사망을 깨부술 때, 우리는 그(녀)와 다시 기쁨으로 인사하게 될 것입니다.

『공동기도서』(*The Book of Common Prayer*)는 재의 수요일(Ash Wednesday)과 깊은 연관이 있는 성경적 이미지인 먼지(dust)를 활용한 기도 서문을 제안한다.

> 오 그리스도시여, 당신의 종으로 하여금 당신의 하늘의 성도들과 함께 안식을 누리게 하소서.
> 그곳에는 슬픔도 고통도 더 이상 없나이다.
> 또 그곳에는 한숨도 없고, 오직 영원한 생명만이 넘치나이다.

인간을 만드신 창조자시여, 오직 당신만이 불멸하시나이다. 우리는 흙으로 지어져 결국 스러질 수밖에 없사오니 오직 흙으로 돌아갈 것이니이다. 이는 당신께서 저를 조성하실 때 "너는 먼지이니, 먼지로 돌아갈지어다" 말씀하셨기 때문이나이다. 우리는 모두 먼지가 되어 내려갈 것이나, 우리는 무덤에 내려가면서도 '알렐루야, 알렐루야, 알렐루야' 찬양하나이다.

> 오 그리스도시여, 당신의 종으로 하여금 당신의 하늘의 성도들과 함께 안식을 누리게 하소서.
> 그곳에는 슬픔도 고통도 더 이상 없나이다.
> 또 그곳에는 한숨도 없고, 오직 영원한 생명만이 넘치나이다.

그런 후 목회자는, 그리고 아마도 관 주변에 있던 다른 사람들까지도, 관 위에 손을 얹고 다음과 유사한 기도를 한다.

> 오 자비로우신 구세주여. 당신의 종 ○○○을 당신의 손에 의탁 드리옵나이다. 우리 모두는 겸손히 당신께 간구하오니, 당신의 울타리 안의 양으로, 당신이 먹이시는 떼 안의 어린 양으로, 당신이 직접 구원하신 죄인들 가운데 하나로 받아주옵소서. 부디 당신의 자비의 품 안으로, 영원한 평화의 축복된 안식으로, 그리고 빛 가운데 거하는 성도들의 영광스러운 무리 가운데로 받아주옵소서. 아멘.[33]

(2) 매장

이제 신앙공동체 전체가 다시 행진한다. 이번에는 무덤으로의 이동이다. 죽은 자의 시신을 매장지까지 가져가는 것이다. 이때 행진의 순서는 예배당 정면으로 이동하던 방식과 본질적으로 같다. (만약 있다면) 십자가를 모셔 든 사람, 사제, 죽은 자의 관, 가족의 순서이다. 만약 사용된다면 부활절 촛대는 예배의 장소에 그냥 놓아둔다. 이 행진에서 주된 차이점은 회중들이 따르도록 요청받는다는 것이다.

---

33 *The Book of Common Prayer*, 499.

행렬은 무덤을 향해 이동한다. 만약 장지가 교회에서 먼 곳에 있다면, 관이 운구 차량에 실릴 때까지 목회자(와 십자가를 모셔 든 사람)는 차량 옆에 서 있는다. 그리고 장지에서는 관이 차량에서 다시 내려질 때까지 목회자(와 십자가를 모셔 든 사람)는 차량 곁에 다시 서 있는다. 그런 후에 행렬을 인도하여 매장 위치로 이동한다. 모든 것이 정위치에 자리 잡고 나면 목회자는 다음과 같은 성경의 인사로 식을 시작한다.

> 우리 구원자 되신 예수 그리스도로부터 은혜와 평강이 너희 모두에게 있을지어다.

> 두려워 말라. 나는 처음이요 나중이며, 살아계신 하나님이니라.
> 전에 나는 죽었으나, 보라! 나는 영원토록 살리로다.
> 내가 살았으므로 너도 살게 되리라.

한 두 개 정도의 성경 구절이 낭독될 수 있다. 그런 후 관을 향해 다음과 같은 매장의 말씀을 하는데, 가급적 실제로 관이 무덤 안으로 내려질 때 그리 하는 것이 좋다.

> 우리 주 예수 그리스도를 통한 영생으로의 부활에 대한 확실한 소망 가운데, 우리는 우리의 형제 ○○○을/를 전능하신 하나님께 부탁드리며(commendation), 이제 우리는 그의 몸을 땅에(혹은 물속에, 혹은 안식처에) 내어맡기나이다(committal). 흙은 흙으로, 재는 재로, 먼지는 먼지로. 여호와는 네게 복을 주시고 너를 지키시기를 원하며, 여호와는 그의 얼굴을 네게 비추사 은혜 베푸시기를 원하며, 여호와는 그

얼굴을 네게로 향하여 드사 평강 주시기를 원하노라. 아멘.[34]

사람들이 참관하고 있는 동안 관이 무덤 안으로 내려진다면, 손이나 삽을 이용하여 흙을 관 위에 던져 넣을 수도 있다. 그런 후 이런 기도를 드리거나 찬양으로 부를 수도 있다.

> 오 주님 영원한 안식을 그에게 허락하옵소서.
> 영원한 빛으로 그 위에 비추게 하소서.
> 그의 영혼, 그리고 떠나간 모든 영혼들이
> 하나님의 자비하심을 통해
> 평화 가운데 안식하게 하소서. 아멘.[35]

매장을 비롯한 모든 장례의 절차는 다음과 같은 기도와 축도로 종결된다.

> 오 주님이시여, 땅거미가 길어지고 밤이 찾아오며, 바쁜 세상이 조용해지고, 삶의 열기가 식어지며, 우리의 일들이 마쳐질 때까지 종일토록 우리를 도우소서. 그리고 당신의 자비하심 가운데 우리들에게 안전한 거처와 거룩한 안식과 평화를 마침내 허락하소서. 우리 주 예수 그리스도의 이름으로 기도합니다. 아멘.[36]

---

34 Ibid., 501.
35 Ibid., 502.
36 Ibid., 833, altered.

평화 가운데 가십시오.

우리 주 예수를 죽은 자 가운데서 데려 오신

평화의 하나님께서

여러분을 모든 좋은 것으로 온전케 하사

여러분들로 하여금 하나님의 뜻을 행하게 하실 것입니다.

하나님 보시기에 기쁨이 되는 일들을 우리 가운데 행하시는

예수 그리스도의 이름으로 비오니

그에게 영광이 세세무궁토록 함께 있을지어다.

아멘.

3. 다른 문제들

본식(central funeral rites)의 주요 구조와 요소들에 덧붙여 생각해보아야 할 실제적이며 현장에서 계속하여 생기는 문제들이 있다.

1) 음악

앞에서 장례식 단계별 분석에서는 음악에 대한 언급을 하지 않았다. 그 이유는 음악이 장례에서 중요하지 않기 때문이 아니라, 예배 순서상의 한 지점에 손가락을 가리키며 "여기야, 여기에 이 음악이 가야해요" 이런 식으로 말하는 것이 불가능하기 때문이다. 찬양이나 영가나 시편송이 들어가야 할 명백한 자리들이 있다. 예배당 앞으로의 관 이동 시, 그리고 설교 직후 등이 그런 예이다. 그러나 거의 모든 예배 요소에 음악이 사용될 수 있다.

예배는 많은 음악들이 사용되어야 한다. 그리고 대부분은 (전부가 그래야 하는 것은 아니지만) 회중 찬양이어야 한다.

찬송하며 동행하라!

사망이라고 하는 시끄러운 소리 위에 공동체의 목소리로 찬양하는 소리가 들려오는 것은 참 좋은 일이다.

솔리스트나 찬양대가 있더라도 그들로 하여금 회중들을 달래는 듯한 음악을 하지 못하도록 하라.

죽음의 경험은 모든 연주회를 취소시킨다. 우리는 해야 할 거룩한 일이 있다. 형제와 자매를 무덤가로 운반해야 한다.

그러므로 솔리스트나 찬양대가 있다면 그들로 하여금 회중들과 함께 그 길을 따라 걷게 하라.

그들로 하여금 회중들과 함께(with) 그리고 그들을 위하여(on their behalf) 노래하게 하라.

사람들은 종종 조용하게 묵상할 수 있는 찬송가, 예를 들면 "때 저물어서 날이 어두니"(Abide with Me, 새찬송가 481장 – 역자주)나, "하나님 품으로 더 가까이"(Near to the Heart of God)와 같은 곡을 요청할 것이다. 그와 같은 찬양의 정적인 내면으로의 성찰도 좋지만, 장례는 우리의 사랑하던 이를 하나님의 품에 맡기기 위해 떠남의 장소로 나아가는 믿는 자들의 확신에 찬 행진이다.

따라서 최상의 장례 찬송은 여행 음악(traveling music), 즉 순례의 노래(pilgrim songs)이다. "저 장미꽃 위에 이슬"(In the Garden)보다는 "나는 예수께서 나와 함께 걷기 원하네"(I Want Jesus to Walk with Me)를 부르는 편이 낫다.

나는 "믿는 사람들은 주의 군사니"(Onward, Christian Soldiers, 새찬송가 351장 – 역자주)와 같은 풍의 군가를 특별히 좋아하는 것은 아니다. 나는 이런 찬양들을 주일날, 그것도 특별히 현충일이 다가오는 주일날 부르고 싶지 않다. 그러나 이 찬양은 에이즈(AIDS)로 죽어간 한 젊은이의 장례식에서 감동적으로 사용되었다. "부탁"(commendation)의 기도가 끝나고 "매장"(committal)을 위해 묘지로 행진할 때, 십자가를 모셔 든 사람이 십자가를 높이 들고 그 뒤로 관과 공동체가 대형을 갖춰 행진하며 "믿는 사람들은 주의 군사니 앞서 가신 주를 따라갑시다. 우리 대장 예수 기를 들고 서 접전하는 곳에 가신 곳 보라"라고 찬송하였다(영어 가사에는 마지막 부분이 "against foe" 즉 "적군에 맞서"라는 가사가 들어 있는데 한글로 번역되면서 빠졌다 - 역자주).

지금 이 전투에서 우리와 "맞서고 있는 적군"이 누구인지 분명하다. 생명을 주는 모든 것을 잔인하게 파괴하는 자. 에이즈와 암의 창시자. 아이들을 굶주림에 내던지고 고통스럽게 하며 즐거워하는 자. 옛 원수 사망(Death)이다. 그런데 우리는 우리 힘만으로 그와 맞서 싸울 힘이 없다. 우리는 "적군에 맞서" 싸움을 이끌어 주실 그리스도가 필요하다.

많은 교단들이 찬송가의 "장례" 항목에 배치하고 있는 찬송들은 신학적으로 적절치 못한 경우가 많다. 즉 부활의 복음을 다루기보다 오히려 영지주의와 유사한, '우리는 ○○○을/를 항상 기억할 것입니다'식의 신학을 담고 있는 찬송을 선호한다. 1960년대 장례찬송으로 인기가 있었던 "산 자들의 주님"(Lord of the Living)은 가사 중에 "당신은 부활의 기쁨으로 우리의 슬픔을 정복하시기 위해 예수님을 우리에게 주셨습니다" 라든지 "주여, 당신은 슬픔의 무덤에서 우리를 일으킬 수 있습니다"와 같이 노래하면서 약간 수줍은 듯 노래한다.

그러나 그것을 그렇게 모호하게 말해서는 안된다. 부활은 정말로 기쁨을 생산한다. 그리고 하나님은 분명 우리의 마음을 슬픔에서 건져주신다. 그런데 여기서 몇 가지 분명한 축소(downsizing)가 발견된다. 슬픔의 고통을 충분히 고려해 볼 때, 하나님이 **우리의**(our) 슬픔을 정복하시기 위해 예수님을 우리에게 주셨다는 개념은 전혀 틀린 말이 아니지만, 이것은 마치 하나님께서 독감을 정복하기 위해 예수님을 주셨다고 말하는 것과 다름 없다.

물론 이 말 또한 틀린 말은 아니다. 그러나 이런 내용은 찬양으로 쓰이기에는 너무나도 작아 보인다. 물론 우리는 장례식에서 슬픔에 잠겨 있다.

그러나 우리의 눈물 한 가운데 서서, 옛 대적 사망 권세를 향해 주먹을 불끈 쥐어흔들며 "예수 안에서 하나님은 사망의 권세를 정복하셨네!" 이렇게 찬양할 수는 없는 건가?

"기뻐하며 경배하세"(Joyful, Joyful, We Adore Thee. 새찬송가 64장 – 역자 주) 같은 찬송으로 소리칠 수는 없는 것인가?

〈4절〉

새벽별의 노래 따라 힘찬 찬송 부르니

(Mortals, join the happy chorus, Which the morning stars began)

주의 사랑 줄이 되어 한 맘 되게 하시네

(Love divine is reigning o'er us, Joining all in heaven's plan)

노래하며 행진하여 싸움에서 이기고

(Ever singing, march we onward, Victors in the midst of strife)

승전가를 높이 불러 주께 영광 돌리세

(Joyful music leads us sunward, In the triumph song of life)

헨리 판 다이크(Henry van Dyke)

2) 화장과 시신

독자들 가운데 일부는 많은 사람들에게 급격한 속도로 화장 풍습이 시신 처리를 위해 선호되고 있다는 사실에 대해 이 책이 모르고 있는 것 아닌가 하는 의구심을 갖고 있을 것이다. 맞는 지적이다. 나는 지금껏 화장 유골이나 골 단지 등에 대해서는 거의 언급하지 않았고, 오직 시신과 관에 대한 것들만을 이야기해 왔다.

그러나 그렇다고 해서 이것이 내가 화장을 반대한다는 뜻은 아니다. 전혀 그렇지 않다. 아주 예외적인 경우를 빼면 대부분의 기독교인들은 화장이 토지매장의 대안으로써 완벽하게 수용가능하다고 받아들이고 있으며, 나 또한 그런 생각에 동의한다. 화장의 불이 지옥의 불을 상징한다고 하는, 그래서 화장은 하나님께서 사람을 육체로 부활시키는 것을 불가능하게 만든다고 하는 옛 미신은 그야말로 미신이며, 화장에 대해서는 물론이고 육체의 부활에 대한 심각한 오해에 기초한 생각이다.

시신을 태우는 것은 매장에 비해 더 모욕적인 것은 아니다. 어차피 물과 벌레들이 시신을 종국에는 가만 놔두지 않을 것이고, 아무리 방부처리를 하고 관을 고무 재질 등으로 봉인을 한다고 해도 그것이 시신을 영원히 보호해 주지는 못한다. 육체의 부활이란 바울이 고린도 교인들에게 강하게 호통 치며 설명하였듯이 육체의 부활이지 "바로 그" 육체에 다시 활력을 불러일으키는 것이 아니다. 우리 육체는 변형되며, 영화롭게 된다.

> 육의 몸으로 심고 신령한 몸으로 다시 살아나나니(고전 15:44).

2세기에 로마인들은 사람들의 존경을 받던 폴리캅 주교를 화형대에 매달아 불 태웠다. 폴리캅은 사도 요한의 제자였는데, 그가 86년간 섬겼던 주님을 부인하지 않으려 했기 때문이다.

그 처형을 목격한 그리스도인들은 살을 태우는 냄새는 맡지 못했고 대신 금이나 은이 용광로에서 제련되는 것 같은 냄새, 또는 향기로운 유향 냄새를 맡았다고 말했다. 비록 로마인들에 의해 그 육신이 불에 태워져 화장 처리된 것이지만, 나는 폴리캅이 지금 온전한 육체를 입고 하나님의 존전에서 알렐루야 찬양을 부르고 있다고 확신한다.

장례와 관련하여 화장이 갖는 문제가 있다면, 그것은 화장된 유골이 죽은 자의 시신 전체를 대신할 것을 요구받는다는 점이다. 그런데 이것은 최악의 경우 랄프 피네스(Ralph Fiennes)의 모자가 햄릿(Hamlet) 역을 연기하라는 것으로 비유될 수 있다. 우리는 죽은 자를 육체를 가졌던 사람으로 경험하고 알았었다. 즉 그는 자기 입으로 말하고, 자기 손으로 만지고, 자기 팔로 쓰다듬으며, 자기 발로 이런 저런 방식의 걸음걸이로 걸어 다니던 실체가 있는 사람이었던 것이다.

매장(commitment)은 육체를 가지고 하는 것이지 영혼만으로 하는 일이 아니다. 그리고 우리가 알고 사랑했던 것은 육체성을 가진 특정한 사람이었다. 단지에 담긴 유골과 재가 실제 사람의 육신을 대신할 수 있다고 생각하는 것은, 성만찬에서 포도주 대신 포도 주스를 사용하는 것과 관련하여 프레드릭 뷰크너(Frederick Buechner)가 했던 말을 생각나게 한다.

> 발효되지 않은 포도 주스는 생강 소다수와 반반 섞어 따뜻한 날 오후에 마시기에 참 좋은 음료이다. 그러나 그것을 손톱만큼 만한 크기의 멸균 처리된 개인용 잔에 담아서 예수 그리스도의 생명의 피의 상징으로 나누어 주는 것은 끔찍한 일이다.

포도주는 꽤 독한 술이다. 그러니까 포도주는 위험하며 취하게 하는 것이다. 이것을 마시면 용기 없던 자가 용감하게 되고, 수줍어하던 자가 사랑에 도전하게 한다. 특히 이것이 사랑스런 컵에 담겨지면 혀를 부드럽게 하고 얼음 같이 차가운 마음의 벽을 무너뜨린다. 또 이것은 병균도 없애준다. 이처럼 포도주는 그것이 상징하는 바를 볼 때 참으로 놀라운 것이다.[37]

죽은 자가 화장되어야 한다면, 이때의 최상의 선택지는 장례식에 시신이 나올 수 있도록 화장 전에 장례식을 시행하는 것이다. 대부분의 장례식장들은 이런 선택이 가능하며, 비싼 영구적 관을 대신하여 사용할 수 있는 단단한 판지 소재의 임시 관을 제공한다. 사망 발생 후 곧장 장례식이 치러진다면 대부분의 지역에서는 방부처리도 필요하지 않다.

차선책이 있다면 (이것은 정말 차선책일 수밖에 없는데) 죽은 자를 곧장 화장처리 한 후 단지나 기타의 용기에 담긴 유골을, 일반적인 장례식에서 시신을 대하는 것 같이 대할 수 있다. 일부 교회들에서는 관처럼 생긴 작은 상자를 나무나 금속이나 돌 등의 재질로 만들어서 유골함을 거기에 담고 들어서 운구하거나 바퀴 달린 카트에 올려 실제 보통의 관처럼 밀고 장례식으로 입장하기도 한다. 이때 관 위에는 보가 덮이기도 하고 덮이지 않기도 한다.

어떤 경우에는 그럴만한 이유가 있어서 장례식에 시신이 나올 수 없는 경우도 있다. 시신이 사라졌거나, 복원을 할 수 없거나, 의학 발전을

---

[37] Frederick Buechner, *Beyond Words: Daily Readings in the ABCs of Faith* (New York: HarperOne, 2004), 409.

위해 기증되었거나, 아니면 매장지와 너무 먼 곳에서 장례식이 진행되어야 하거나, 그도 아니면 유가족들이 매우 비타협적인 태도로 미리 매장 혹은 화장을 해야겠다고 주장할 때 등이 그런 경우에 해당할 것이다. 적절한 방식으로 치러진다면 이와 같은 장례식도 결코 어느 면에서나 부족한 예식이라고 할 수는 없다. 다만 시신의 중요성을 무시하는 사람들에게 악용되어서는 안될 방식일 것이다.

미국 남부에서 노예 제도가 시행되던 시기에 노예 주인들은 노예 계층의 설교자에게서 성경을 빼앗아 버린 일로 잘 알려져 있다. 그들은 성경의 메시지가 노예들로 하여금 폭동을 일으키게 할 수 있다고 생각하여 이를 두려워했다는 것이다. 노예 설교자들의 일화 가운데 그들이 마치 손에 성경을 들고 있는 것처럼 비록 빈손이지만 손을 포개어 받쳐 든 채 열린 무덤 곁에 서서 자신이 외우고 있던 성경 구절을 암송하면서 장례식을 집전하였다는 감동적인 이야기들이 있다.

이와 마찬가지로 부득이 시신이 장례식에 나올 수 없다면 마치 그곳에 시신이 있다는 듯 비록 빈손이나마 손과 팔을 벌리고 있어야 할 것이다. 이러한 장례식을 집전하는 인도자는 마치 죽은 자가 육체로서 이곳에 함께 하고 있다는 생각이 들도록 하기 위해 기도에서건 설교에서건 자신이 할 수 있는 모든 것을 해야 한다. 이 죽은 자는 이곳에서는 죽은 자이지만, 그는 감사의 마음과 하나님께서 자신을 죽은 자 가운데서 다시 일으키실 것이라는 소망을 갖고 하나님 품으로 되돌아간 자라고 할 수 있기 때문이다.

화장과 관련하여 언급해야 할 또 다른 이슈가 있다. 그것은 바로 '화장한 유골을 가지고 무엇을 해야 하는가'이다. 가장 생각해 볼 수 있는 일반적인 가능성은 화장한 유골을 묻거나, 납골당에 안치하거나, 땅 위에 흩어 뿌리는 것인데, 이 외에도 사람들은 전혀 새롭고 다양한 방식들을 만들어내고 있다. 화장 유골을 나누어 유가족과 친척들에게 나누어 주는 것, 또는 램프나 가구나 보석 등에 그 유골을 담는 것 등을 예로 들 수 있다.

『기독교 장례 순서』(*The Order of Christian Funeral*, "OCF")는 이와 관련하여 분명한 입장을 취하고 있다. 유일하게 수용 가능한 방식은 화장 유골을 묻든지 아니면 납골당에 안치하는 것으로 본다. "화장 유골을 바다나 공중이나 땅에 뿌리는 것, 혹은 죽은 자의 친구나 친척의 가정에 보관하는 방식은 교회가 권장하는 정중한 처리 방식이 아니다."[38]

이런 입장은 화장된 유골도 죽은 이의 육신을 의미한다는 상징성을 존중하고자 하는 충정에서 나오는 것이다. 예식서가 '그렇다'라고 명시적으로 말하고 있지는 않지만, 대안적 방식들에 내재된 의미에 대해 우려를 가지고 있다. 죽은 자의 유골을 담은 화병을 지상에 둔다는 것은 어쩌면 일시적인 것일 수는 있지만 죽은 자를 보내지 않으려 심리적으로 저항하는 것일 수 있다.

화장하고 남은 유골을 흩어 뿌리는 것에 대해서도 우리가 충분히 깊이 그 의미를 들여다본다면, 우리는 사람들이 그것을 어디에 뿌리고자 하는가 하는 대목에서 그들의 내세관을 엿볼 수 있다는 것을 발견하게 될 것이다. 교황의 유골을 "그가 사냥하는 것을 즐겼던 숲 속에" 뿌리는 것은 영생에 대한 개념을 지나치게 단순화 시킨 것이라 할 수 있다.

하지만 개인적으로 나는 이런 논의들을 너무 확대해석하고 싶지는 않다. 그리고 나는 우리가 이러한 선택들과 관련하여 사람들이 지혜롭

---

[38] *Order of Christian Funerals, Appendix 2: Cremation* (New York: Catholic Book Publishing, 1997), 6.

고도 실용적인 방식으로 깊이 생각해 볼 수 있도록 도울 수 있다고 생각한다. 나는 화장 유골을 가지고 무엇을 해야 하는 것이 바람직한지 보려면 자신이 하려는 방식이 만약 실제의 시신이었으면 취했을 선택들과 어떤 병행적 연관 관계가 있는가를 생각해보면 좋을 것이라는 어느 공동묘지 관리자의 조언을 좋아한다.[39]

만약 교황의 실제 시신이라면 우리는 그 시신을 평소 그가 좋아했던 숲 속 어느 곳엔가 매장하고 왔겠는가?

만약 교황의 실제 시신이라면 그의 시신을 조각조각 내어 그의 아이들에게 보내 그들로 하여금 그 조각을 램프나 보석에 담아두게 했겠는가?

아마 그렇지 않았을 것이다. 하지만 어떤 가톨릭 신자들은 화장 유골을 이렇게 나누는 방식에 대해 변호하는데, 그 이유는 교회가 예전부터 바로 그와 같은 방식으로 성자들의 유해들을 여러 장소에 나누어 보관했기 때문이라는 것이다. 따라서 우리는 이 문제에 대한 후속 논의에 대해 지속적인 관심을 유지해야 할 것이다.

3) 관을 열어 두어야 하나, 닫아 두어야 하나

상당히 많은 현대 장례 예식서들은 관을 열어두는 것에 대해 분명한 반대 입장을 표한다. 뷰잉(viewing, 관에 뉘인 고인의 시신을 지켜보며 조문하는 풍습 – 역자주) 혹은 철야 조문을 위해서 열어두는 것은 허용하지만 장례식

---

[39] Richard Peterson이 1998년 8월 21일에 북미화장협회(Cremation Association of North America)에서 실시한 "향후 천년 동안의 화장 추모예식(Cremation Memorialization for the Next 1,000 Years)"이라는 제목의 연설로서 다음 책에 수록되어 있음. H. Richard Rutherford, *Honoring the Dead: Catholics and Cremation Today* (Collegeville, MN: Liturgical Press, 2001), 22.

에서는 반드시 닫혀 있어야 한다는 것이다.

나는 이렇게 해야 한다는 것과 관련된 마땅한 신학적 이유를 모르겠다. 관의 문이 닫힌 쪽을 선호하는 것은 복음에 민감하여서라기보다 계급 의식이나 결벽주의 때문은 아닌가 생각해 본다. 좋은 반대 증거가 최근 거행된 교황 요한 바오로 2세(Pope John Paul II)의 장례일 것이다. 그가 죽어가는 동안, 그는 파킨슨병으로 인해 망가진 자신의 신체를 감추려 하지 않았다. 그리고 그가 죽었을 때 그의 육신은 관 속에 감추어져서가 아니라 침대 위에 누워 몸이 노출된 채로 무덤까지 운구되었다.

아마도 열려있어야 할지 닫아야 할지에 대한 문제에 대해 최상의 접근법은 '아디아포라'(adiaphora)의 자세이다. 즉 "둘 중 어느 쪽도 상관없다"라는 것이다. 좀 더 자세히 말하자면 그 둘 중 어느 쪽도 도덕적으로 금지되었거나 도덕적으로 명령이 내려진 것은 아니라는 것이다. 어떤 집단은 관을 열어두어야 한다고 말할 것이다.

반면 어떤 다른 그룹은 시신이 노출되어 보일 때 거북해 하거나 산만하다고 여길 수 있다고 볼 것이다. 따라서 '아디아포라' 즉 어느 쪽이든 상관없다. 당신이 원한다면 관을 열어두고, 혹시 반대 쪽을 선호하면 관을 닫아도 된다. 관을 열어 두든 닫아 두든 죽은 사람의 시신이 그곳에 있다는 사실을 감출 방법은 없다. 바로 그것이 중요한 점이다.

4) 마지막까지 가기

장례식이 일종의 공동체 연극이라고 한다면 여기서 중요한 목적은 사람들을 하품하게 하지 않도록 하는 것, 둘째 막밖에 안됐는데 무대를 떠나지 않게 하는 것, 마지막까지 가지 않고 중도에 퍼포먼스를 멈추지 않게 하는 것이다. 교회의 장례 예배를 자기 제한적 예식이라고 보는 것이 일반적이다. 장례 예배만 끝나면 장례식 자체가 끝난 것이고 시신의 처리 등 나머지는 가족들이 비밀리에 하는 것으로 본다. 그러나 장례에서 우리는 작별의 장소까지 성도의 시신을 데리고 가야한다.

실제적인 측면에서 볼 때 사람들은 장례의 여러 지점에서 빠져 나간다. 하지만 우리는 사랑하던 이를 땅속으로 그리고 마침내 하나님께로 드리기 전까지는 아직 끝난 게 아니라는 점을 분명히 하기 위해 노력해야 한다. 요컨대, 우리는 사랑하던 이를 신비의 끝자락에 데리고 가는 것이며, 사람들에게 마지막까지 함께 하도록 격려해야 한다. 만약 시신을 매장하는 경우라면, 사람들은 묘지까지 가서 시신이 땅 속으로 들어갈 때까지 그곳에 머물러야 한다. 만약 시신을 화장하는 경우라면 화장터에 가서 그 불타는 장면을 지켜보아야 할 것이다.

죽은 자가 가는 길의 마지막까지 함께 하는 것에 대한 저항은 종종 화장터나 묘지 관리 책임자들에게서 발견된다. 시신이 불타는 것을 지켜보기 위해 화덕 주변에 있고자 하는 사람들을 이해하지 못해서 그런 일이 있다. 그리고 가족들이 묘지에 모여 무덤 위로 흙이 떨어져 관을 덮는 장면을 보려고 하면 싫어하는가 하면 사람들이 무덤 근처까지 가려는 것이 묘지 인부들의 노동 시간에 비효율성을 초래한다고 꺼리는 경우가 있다.

그런 공동묘지들의 경우 장례의 행렬이 무덤가가 아닌 예배실 비슷하게 꾸며진 장소에서 끝나길 원하며, 예배를 마친 사람들은 지체 없이 자리를 떠나줌으로써 자신들이 해야 할 일이 방해받지 않기를 원하는 것이다. 그와 같은 소위 예배실처럼 꾸며 놓은 장소는 편의의 전당(Chapels of Convenience) 혹은 **중단된** 장례의 전당(Cathedrals of Funeralia Interrputus) 쯤으로 불려야 할 것이다.

묘지 소유자나 화장터 관리인에게 지금 가는 길을 막고 있으니 비켜 달라고 말하라. 물론 정중하게 말이다.

당신은 이 성도와 함께 그의 세례 때로부터 함께 걸어왔다. 당신이 해 줄 수 있는 가장 적은 일은 그와 함께 묘지가 있는 곳까지 끝까지 함께 해주는 것이다. 하나님의 자녀 된 이 사람과 함께 마지막까지 말이다. 아마 그들이 거절할 수도 있다. 그러나 더 많은 목회자들이 이 일, 즉 죽은 자와 함께 마지막 길을 끝까지 가야함에 대해 계속 요청한다면 변화는 반드시 일어날 것이다.

5) 무덤가 예식

많은 장례식의 경우 아예 무덤가에서만 열리기도 한다. 그런 경우 모이는 사람들의 수가 적고 예식은 생략된 채 진행되는 경우가 많다. 목회자들은 심지어 이런 무덤가에서 장례식일지라도 작별의 장소까지 죽은 자의 시신을 들고 교회가 행진한다고 하는 상징을 유지하기 위해 창조적으로 고민해야 한다. 두 가지 일을 할 수 있다.

첫째, 비록 단축된 형태라 할지라도 앞에서 말했던 기본적인 움직임들을 무덤가 예식에서 담아내야 한다.

둘째, 사람들로 하여금 무덤가로 바로 가기보다는 운구차 옆에서 집결하도록 부탁하는 것이다.

이런 방식의 예배는 그 시작의 선언을 그곳에서 (즉 운구차 옆에서) 할 수 있다. 그런 후 사람들은 무덤가에 이를 때까지 관 뒤를 따라 행진을 한다. 그리고 그렇게 행진하면서 그들에게 익숙한 찬양을 부르면 될 것이다.

6) 장의사

목회자와 장의사 사이의 관계는 아이러니한 측면이 있다. 문학 작품 등에 보면, 이들은 가치와 목적에 있어서 충돌하는 적대관계 혹은 경쟁 관계로 종종 비쳐진다. 어려운 시기를 맞은 가족들을 섬기기 위해 함께 일하다 보면 생기기도 하는 마찰들을 축소해 보이려는 생각은 없다. 하지만 이 둘 사이는 실제로는 생각보다 훨씬 좋다. 이따금 목회자들이 이렇게 말하는 경우가 있다.

"당신도 알 거예요. 장의사들은 매 같아요. 늘 돈을 낚아채려 하죠. 하지만 킬패트릭 장의사(Kilpatrick's)에 근무하는 랄프(Ralph) 아시죠?

그 사람은 좀 달라요. 그는 참 좋은 사람입니다."

진짜 골치 아픈 일은 장례에 대해 계획하는 단계에서 생긴다. 식구 중에 누군가 죽었을 때, 장례식장 서비스를 이용하는 그리스도인 가정은 장례식장 관계자와 함께 약간의 계획을 세우고, 또한 목회자와도 계획의 일부를 의논한다.

그런데 이 둘 사이의 업무가 어디서 구분되는 것인지 아무도 정확히 알지 못한다. 가족들은 장례식장에 올 때 장례식이 좀 더 의미 있게 하기 위해 어떤 식으로든 "보다 더 개인적인" 방식으로 장례식을 계획하고자 하는 생각을 가지고 온다.

그러면 이제 장의사는 상당히 곤란한 상황에 봉착하게 되는 것이다. 관 옆 부분에 "고우 카우보이스!"("Go Cowboys!" 미국 텍사스 주 댈러스 시를 연고로 한 미식축구팀 댈러스 카우보이스를 응원하는 구호 – 역자주)라고 글씨를 새기거나, 슬픈 얼굴을 하고 있는 어릿광대가 나와 순서지를 나눠주게 하자는 가족들의 요청에 장의사가 동의하지는 않을 것이며, 이런 요구를 정중하게 다른 방향으로 유도할 것이다.

하지만 고객들의 요구를 고집스럽게 거부한다면 얼마 가지 못해 장례식장들은 영업을 계속하지 못할 것이다. 결국 어쨌거나 장의사 입장에서 보자면, 그 장례식은 그 해당 가족들의 장례식이다.

만약 케이트(Kate)라는 목사가 장의사를 향해 "순서지를 나눠주는 어릿광대라고요? 안 돼요. 제 교회에서는 절대 그런 일을 허용할 수 없습니다"라고 말한다면, 케이트 목사는 장례에 대한 그녀 나름의 방식이 있고, 가족들은 그들 나름의 방식이 있어서, 장의사는 그 사이에 어정쩡하게 끼어있게 된다. 그 사이에 낀 장의사는 소송 당하지 않으면서도 품위를 유지한 채 자신이 해야 할 전문적인 일들을 할 수 있기만을 바라게 된다.

사실 생각이 있는 장의사라면 목회자들만큼이나 장례에 담긴 공공의 문화적 가치의 상실에 대해 우려하고 있다. 사업을 해야 하는 사람으로서 염려하는 부분도 있지만 그들 역시 사회의 일원이고 때로는 그들 역시 신앙을 가진 사람들이어서 그들 나름의 우려가 있다. 심오한 것을 버려가면서까지 사소한 것을 선택하는 사람들을 매주 보면서, 장의사들 역시 '이 사회가 갈수록 올바른 감각을 잃어가는구나' 라고 느낀다.

교회와 목회자들이 기독교 장례의 특성들, 그러니까 공공의 공동체적 연극으로서의 특성, 그 연극을 받치고 있는 복음이라는 대본, 그 배역들에 담긴 신성한 본질 등을 회복하고자 한다면, 이러한 비전은 반드시 지역 장의사들과 함께 공유되어야 한다.

대부분의 훌륭한 장의사들은 그들이 함께 협력하여 일해야 할 목회자들과의 컨퍼런스를 환영할 것이다. 그런 만남은 관계를 발전시켜줄 것이고, 서로의 관심사들에 대한 솔직한 대화를 가능하게 할 것이며, 거기서 목회자들은 이렇게 말할 것이다.

제가 성도들과 함께 이런 일들을 해나갈 때, 저는 오래 지속되었고 강력한 힘을 가지고 있는 기독교 예전에 그들이 참여할 수 있도록 돕고자 노력합니다. 제가 이해하기로는 이러이러한 방식들이 맞는 것 같습니다.

중요한 것은 이것이다. 이것은 케이트 목사의 개인적 성향에 좌우되는 그런 장례식이 아니다. 이것은 교회의 예배이다. 신앙의 공동체가 장례라고 하는 신성한 제의를 본뜻에 맞게 잘 수행하도록 돕는 것은 모두를 위해 유익한 일이다.

시간이 흐르면서 장의사들은 어쨌든 스스로를 가리켜 "장례 **지도사들**"(funeral directors, 미국의 장의사들이 자신들을 이렇게 호칭함. 본서에서는 직역의 억지스러움을 막기 위해 우리나라에서 흔히 사용하는 용어인 '장의사'를 대신하여 사용하고 있음 – 역자주)로 부르는데 이르렀다.

하지만 이것은 잘못된 호칭이다. 누군가 교회 한 블록 떨어진 곳에 흰색 기둥의 멋진 건물을 짓고 "세례 지도자, 설리번과 그의 아들들"(Sullivan and Sons, Baptism Directors)이라는 간판을 내건다면 사람들은 어리둥절해 하면서도 경계심을 갖게 될 것이다. 기독교 장례에 관한 한, 이것은 교회의 유산 가운데 일부분이며, 교회가 이천 년 이상 지속해 온 예식이다.

이와 관련해 발전시켜야 할 부분이 여전히 많다. 하지만 우리는 우리들이 간직하고 있는 우리들의 복음과 우리들의 전통과 우리들의 예배에 무관심해서는 안된다. 이런 것들은 우리가 또 다음 세대에게 물려주어야 할 보물들이다.

그런 일이 일어날 것이라 낙관하지는 않지만, 나는 "장례 지도사들"이라는 명칭을 대신하여 다시 옛 호칭인 "청부인들"(undertakers, 시신을 수습하는 등 일반인들이 하기 힘든 험한 일을 대신 해주는 사람들이라는 뉘앙스를 가진 옛 호칭 – 역자주)로 돌아가야 한다고 생각한다. 아마 대부분의 장의사들은 이런 나의 제안을 달가워하지는 않을 것이다. 왜냐하면 그들의 직업이 왠지 그 중요도에 있어서 강등당하는 느낌이 들 수 있기 때문이다.

하지만 나는 그들이 하는 일의 의미를 축소하려는 것이 아니라 오히려 그것을 더 존귀한 것으로 보기 때문에 이런 말을 한다. 이 장례라고 하는 드라마를 수행하기 위해 꼭 처리되어야 할, 그것도 빨리 처리되어야 할 일들이 있다. 장례식장의 직원들은 오늘날 우리가 더 이상 할 수 없는, 혹은 하려고 하지 않는 일들을 대신 부탁받아서 수행하는(undertake) 자들이다. 이런 종류의 '청부'는 고귀한 책임이며 그것을 성실하게 수행하는 것은 성스러운 일이다.

요즘엔 아예 장례식장을 통하지 않고, 우리 조상들이 예전에 그러했듯이 자기 가족들끼리 직접 매장(혹은 화장)을 시행하는 사례들이 있다. 나는 이런 움직임들이 흥미로우며 칭송받아 마땅한 일이라고 생각한다. 또한 한 편에서는 방부처리하지 않은 시신을 땅 속에 직접 매장하거나 아니면 자연적으로 부패할 수 있는 관에 넣어 매장하는 이른바 "자연친화적"(green) 장례법들도 좋다고 생각한다.

이 두 종류의 운동들이 더 활발해지면 좋겠다. 하지만 복잡하고 빠르게 진행되는 도시 사회에서 우리는 우리 스스로 양초를 생산하지 않고, 우리들 말에 발굽을 채우지 않으며, 심지어 더 이상 우리들 스스로 닭을 튀기지도 않는다. 그런 사회 속에 살고 있는 우리들 대부분은 현실적으로 볼 때 누군가 다른 사람이 죽은 이의 시신을 대신 수습해 주고, 그 시신을 묘지나 화장터로 운구해 주는 일을 도와주기를 원한다. 현대인들은 이러한 중요한 의무들을 대신 수행해 주며(undertake) 신앙 공동체의 예배를 더 훌륭하게 만들어주는 데 도움이 되는 방식으로 이 일들을 수행해

줄 전문적 지식과 장비를 갖춘 사람들을 필요로 한다.

각 지역에서 이런 모든 일들을 누가 해 줄 수 있는지 잘 알아야 한다. 내가 알고 있는 한 교회 회중들은 한 가지 규칙을 갖고 있다. 즉 장의사 측에서 관을 교회 정문까지 가지고 온다. 그러나 거기서부터는 교회가 임무를 맡는다. 이런 규칙이야말로 내 마음을 기쁘게 하는 것들이다. 이 회중들은 자신들이 수행해야 할 신성한 의무를 다시 주장하여 되찾은 것이며 그들 자신의 예식을 수행하기를 원하고 있는 자들이다.

하지만 그 마을의 장의사 역시 틀리지 않은 주장을 한다. 그 교회의 회중들은 대부분 나이가 드신 분들이며, 그들이 좁은 예배당 중앙통로를 따라 관을 교회 예배당 앞쪽까지 운반하면서 회중석 장의자에 쿵 부딪히지 않으려 노력하는 것을 지켜보는 것은 걱정을 자아내게 하는 대목이라는 것이다. 아마도 누군가 다른 사람들이 이 일을 돕도록 허용되어야 할 것이다. 예식을 바꾸라는 것이 아니라, 그것이 잘 실행되도록 하기 위해 그 교회의 회중들을 도와 그들의 일을 대신 감당해 줄(undertake) 사람들이 필요하다는 것이다.

7) 리더십과 공동체의 참여

2세기 전 시골에서 벌어지는 장례식의 장점 중 하나는 모든 마을 사람들이 각자 할 일들이 있었다는 것이다. 무덤을 파는 일도 있고, 관을 만드는 일도 있고, 음식도 준비해야 하고, 시신을 씻기고 옷을 입히는 일도 필요하다. 우리는 교회의 장례 전통이 이러한 실제적 필요들에서 비롯된 것이라는 점을 다시 한 번 확인할 수 있다.

이런 일들은 누군가 해야 하는 일들이며, 그런 일을 하는 것은 인간이라면 응당 해야 하는 일이다. 또 그런 일을 할 때 복음을 드러낼 수 있는 방식으로 하는 것이 그리스도인들로서 해야 할 일이다.

오늘날에는 이런 일들이 다른 사람들 손에 의해 이루어진다. 아직 그래도 사람들에게 남겨진 일이 있다면 그것은 심리적 위로인데, 이는 매우 힘든 일이다. 교회들은 장례라는 제의 속에 예전처럼 우리 손을 직접 집어넣어야 한다는 것을 인식하기 시작했다.

예를 들어, 어떤 교회 회중들은 장례 절차 전반에 참여하는 자원봉사 일을 순번을 정해 교대로 감당한다. 전화를 돌리고, 순서지를 제작하며, 음식을 장만하는 모든 과정을 관장한다. 더 많은 공동체 일원들이 모여 기독교 장례라는 드라마를 수행하는 데 도움을 주어야 한다는 생각은 이제 많은 사람들이 공감하고 있다. 다만 이것은 지역 상황에 따라 조금씩 다를 것이다. 그러나 그런 목적을 갖는다는 것만은 높이 살만하다.

드라마로서의 장례 예식에는 다양한 부분들이 있으며 목회자 혼자 진행하는 일인극이 아니라는 것을 이해하는 것이 필요하다. 사람들에게 성경 봉독을 하도록 하고, 기도라든가 각자에게 맞는 부분들을 수행하도록 일을 맡기는 것은 장례가 가진 극적인 특성을 더 풍부하고 분명하게 만들어준다.

8) 군대나 다른 사회 단체에서의 장례 예식

종종 어떤 유가족들은 고인의 장례에 군대 예식이나 다른 사회 단체의 의식, 예를 들면 "엘크스회"(Elks Fraternity)의 전통적 방식을 포함하기 원하는 경우가 있다. 이런 예식들을 기독교 장례 예식 한 가운데 끼워 넣는 것은 한 무대에 동시에 두 개의 연극을 상연하는 것과 같다.

가장 좋은 해법은 이 두 가지 예식 전통을 완전히 분리하여 시행하는 것인데, 이것은 현실적으로 가능하지 않다. 그렇다면 현실적인 나의 대안은 먼저 비기독교적 예식들을 진행한 후, 기독교 예식을 온전히 진행하자는 것이다.

하지만 이런 단체들의 장례 예식들 가운데 일부는 무덤가에서 행해지는 것들이 있는데, 이것이 문제다. 만약 무덤가에 도착하자마자 이런 군대나 사회 단체의 예식을 거행하면, 기독교 장례로서의 자연스럽고 논리적인 흐름이 끊어진다. 반면에 그런 단체들의 예식을 장례 마지막으로 배치하면 이 장례식의 최종적 선언이 죽은 이를 하나님께로 의탁하는 기독교적 방식이 아니라 세속적 예식으로 넘어간다. 그래서 이런 선택의 순간에 선다면 나는 무덤에 도착하자마자 세속적 예식을 먼저 거행하도록 하고, 그런 후에 이 장례의 최종적 선언은 복음이 될 수 있도록 한다.

그러나 목회자들은 이런 상황에 처했을 때 각자의 방식을 선택할 수 있을 것이다. 오직 그런 선택을 할 때 우리에게 있어야 할 것은 두렵고 떨림일 것이다.

9) 사전 계획

장례의 사전 계획은 통상 두 가지 방법으로 이루어진다.

첫째, 장례 업무 대행을 미리 지역 사회의 장례식장과 계약을 맺어 추후에 고정된 가격(locked-in price)에 시행할 수 있도록 사전에 계획을 세우는 방식이 있다. 솔직히 이런 상품들은 지나치게 비싼 돈을 내야 하는 보험 상품과 같은 것이다. 그래서 사람들은 이런 상품을 계약할 때 주의를 기울여 살펴볼 필요가 있다.

또 다른 형태의 사전 계획은 자신의 장례식이 어떤 방식으로 진행되기를 원하는지 미리 결정해 두는 것이다.

어떤 찬송가를 부르며, 어떤 성경 본문을 낭독할 것인가?

매장을 할 것인가 화장을 선택할 것인가? 등.

종종 이런 것들은 자녀들에게 편지의 형태로 주어지거나 심지어는 유언장에 남기는 매우 공식적인 형태들도 있다. 어떤 교회에서는 인생 마지막을 계획하는 프로그램의 일환으로 사람들에게 자신의 구체적인 희망사항들을 서식에 적게 만들기도 한다.

그러나 모든 사전 계획들은 엉겅퀴를 다루듯 매우 조심스럽게 접근해야 한다. 이 책에서 우리는 사전 계획상품들의 문제점들에 대해 논의했었다. 또한 우리는 각자의 장례가 어떤 식으로 거행되기를 원하는지 매우 구체적인 것들을 명확히 기록으로 남기고자 하는 염원에 대해서도 문제제기를 했었다.

우리는 왜 이런 일들을 하고자 하는가?

첫째, 우리는 우리 가족들이 이런 결정들을 내리는 것을 원하지 않기 때문이다. 그래서 우리는 아직 무덤가에 이르기 전에 우리가 주도권을 갖고 미리 이런 결정들을 내려놓는 것이다. 물론 후손이 없는 경우에는 예외이겠지만.

둘째, 이것은 더 일반적인 이유인데, 우리는 우리 가족들에게 짐이 되고 싶지 않다.

하지만 진실은 무엇인가?

서로의 짐을 우리가 나누어지는 것이 우리를 더욱 인간답게 하며 그리스도의 정신에 더 맞는 것이다. 물론 우리가 우리들 어머니의 장례식을 위해 제일 좋은 찬양곡은 무엇일까 등의 문제들로 고민하는 것이 부담스러운 일이다.

그러나 그것은 좋은 부담이며, 그녀를 우리 팔로 안아 하나님의 품에 옮겨드리는 것과 같은 매우 좋은 부담이다. 한때 우리를 안아주시던 분을 이제는 우리가 안아드리는 것은 의무이자 기쁨이다. 부담이 없는 정도의 사전 계획 상품은 도움이 될 수 있다. 하지만 우리는 힘들 때 서로의 짐을 나누어 짊으로써 그리스도의 법을 완성하고 우리의 영혼을 살찌우는 노동이 우리의 사랑하는 이들에게서 박탈되는 것을 원하지 않는다.

제9장

삶과 죽음에 관한 진리 말하기: 장례식에서의 설교

1. 설교인가? 조사(弔辭)인가?

장례식에서의 설교라는 주제와 관련해서 많은 혼란이 있었다.
장례식에서 설교는 필요한 것인가?
바람직한가?
만약 그렇다면 어떤 모양새여야 하고 그 설교는 무슨 일을 해내야 하는가?
그 기본적 내용과 목적은 무엇이어야 하는가?
이런 질문들은 대답하기 곤란하고 어렵다. 그리고 그 질문에 대한 "정답"이 무엇인가에 대하여는 교회의 역사와 깊은 관련이 있다. 역사와 유행의 변화 속에서 한 때는 이리 흘렀다가 또 다른 때는 저쪽으로 흘러가는 모습을 보이는 장례 설교의 단적인 예를 보려면 역사상 최고로 꼽히는 기독교 장례 설교자인 자크 베닌 부쑤에(Jacques Bénigne Bossuet, 1627－1704)를 생각해보면 된다.

부쑤에의 잘 다듬어진 장례 설교는 프랑스 학교에서는 지금도 훌륭한 수사학적 작품으로서 추앙받고 연구되어진다. 좋은 집안에서 태어났고 훌륭한 교육을 받았으며 풍부하고 감성적인 목소리에 드라마틱한 강단 매너까지 갖춘 부쑤에는 프랑스 가톨릭교회에서 사제로서 급부상하였으며 마침내는 "태양 왕"이라 불리는 루이 14세의 궁중 목회자로 발탁되기까지 했다.

부쑤에는 확실히 궁중 목회자로서 갖추어야 할 모든 것을 갖췄다. 세련됨, 우아함, 멋짐, 아부의 능력 등. 그러나 그가 정말 잘할 수 있었던 것은 장례 설교였다. 베르사이유 궁전에서 그의 능력은 빛을 발하여, 부쑤에는 고약한 냄새를 풍기며 살던 수많은 왕족들의 죽음 위로 그의 아름다운 문장들에서 뿜어져 나오는 멋진 향수를 뿌림으로써 그들의 장례식에서 그야말로 장미 향기가 나는 듯 만들어주었다.

특별히 극단적인 사례가 있다면, 그것은 곤자가의 앤 공주(Princess Anne of Gonzaga)를 위한 장례식이었다. 그녀는 다른 사람을 뒤에서 찌르는 전술과 증오로 가득했던 성품, 노골적인 죄악상 등으로 늘 파리 사람들의 입방아에 오르내리던 협잡꾼이었다. 그녀의 장례식에서 뭔가 좋은 것을 말한다는 것은, 조금 부드럽게 말하자면, 힘들었다. 문제를 더 어렵게 만든 것은, 그녀가 죽기 직전 어리석게도 그녀가 저질렀던 모든 악행들의 세부적인 점들까지 모두 고백하는 자서전을 대리 작가를 통해 쓰게 하였고 출판하기까지 했다.

아무리 대단한 부쑤에라고 해도 이런 사람의 장례식에서 무엇을 말할 수 있었겠는가?

하지만 그는 이런 상황 속에서도 일어나, 처음에는 그녀의 삶의 끝자락에 일어난 이른바 사도 바울의 다메섹 도상의 회심 사건과 같은 회개에 대해 묘사했다. 그런데 이상하게도 그런 일이 있었는지에 대해서 주변 사람들은 전혀 알고 있지 않았다. 부쑤에는 이렇게 말했다.

> 그 일은 마치 예수 그리스도께서 사도 바울의 눈가에서 그동안 그의 눈을 덮고 있던 비늘을 떨어내어 주신 것과도 같은 기적적인 일이었다. 누구인들 그런 갑작스런 변화를 경험하고 '이곳에 하나님의 손길이 함께 하고 계시다'라고 외치지 않았겠는가!

그의 혀를 몇 번 굴림으로써 그 공주를 신에게 버림받은 존재에서 의로운 자로 만들어 놓은 부쑤에는, 이제 대중들이 듣고 싶어 하던 이야기, 그러니까 공주가 남긴 고백적 자서전에 나오는 방대하고 흥을 돋우는 이야기들을 언급했다.

그러나 이제 이런 이야기들은 그저 이처럼 드라마틱한 변화를 가능하게 한 은혜의 능력을 설명해주는 증거 자료로 느껴질 뿐이었다. 그런 다음 그는 훗날 수많은 장례식 설교자들이 흉내냈던 복음주의적 색채를 덧칠하며 다음과 같이 설교를 마쳤다.

> 나는 하나님으로부터 멀어졌던 모든 영혼들이 오늘 여기 나와 계시리라 믿습니다. 이 거룩한 장소에 모여 있는 여러분들, 오 죄인 된 그대들이여. 하나님께서는 오래 참으심으로 당신들의 회개를 기다리고 계십니다. 부디 그대들의 마음을 굳게 하지 마시기를 바랍니다.[1]

---

1 The account of Bossuet's funeral oration for Anne of Gonzaga is largely taken from Edwin C. Dargan, *A History of Preaching*, vol. 2 (Grand Rapids: Baker Book House, 1970 [original ed, 1906]), 91–98.

기록에 따르면, 부쒸에의 설교를 듣던 회중들은 그 내용의 진위는 약간 의심했지만, 그의 설교에 크게 감동받았다고 한다. 악독한 공주가 갑자기 뜨거운 복음 전도자가 된 것은 지나친 일이었다. 그래서 이에 대한 회의를 품은 볼테르(Voltaire)는 공주가 죽기 직전 예수께 회심하였다는 부쒸에의 언급에 대해 이렇게 비아냥거리듯 일갈을 했다.

> 부쒸에는 이것을 사실인 듯 말했다. 그는 정말 그렇게 믿었음에 틀림없다. 그의 믿음이 일으킨 모든 조롱과 야유에도 불구하고, 우리는 그의 이런 믿음에 동참하도록 하자.[2]

하지만 중요한 점은 부쒸에가 장례식 설교의 기본적 목적으로 생각했던 것에 있어서는 그 혼자만 그렇게 여긴 것은 아니라는 점이다. 그는 그저 죽은 자를 위한 수사학적으로 잘 다듬어지고 아첨하는 듯한 조사(eulogy, 죽은 자에 대해 좋은 말을 하는 행위를 뜻하며 단어에 담긴 어원적 뜻은 '좋은 말'이라는 뜻임 - 역자주)를 잘 할 줄 알았던, 그리고 그렇게 함으로써 비록 약간 양심에는 거리낌이 있을지라도 설교를 듣고 있는 산 자들로 하여금 보다 높은 그리스도인의 순종적 삶을 살도록 격려하는 목적을 가지고 장례 설교를 행하였던 많은 사제 집단들 가운데 대표적인 사람일 뿐이다.

이러한 현상들에 대한 반작용이 일어나는 것은 불가피한 일이었다. 종교개혁에 참여한 그리스도인들은 차츰 이러한 미사여구 가득한 장례식 조사에 대해 개혁이 필요하다고 생각했다. 아마도 가장 초기의, 그리

---

2 M. De Voltaire, *A Philosophical Dictionary*, vol. 1 (London: W. Dugdale, 1843), 117.

고 가장 극단적인 반작용은 웨스트민스터교회의 칼빈주의자들로부터 나왔던 것 같다. 너무나도 많은 예식과 호화로운 조사들을 경험해 왔던 웨스트민스터 교인들은 이제 죽은 자에 대해서 적게 말하면 말할수록 차라리 더 낫다는 결론을 내렸다.

그들은『하나님에 대한 공적 예배 지침서』(*Directory for the Publick Worship of God*, 1644)에서 "장례란 결코 죽은 자를 위한 것이 아니며, 산 자들에게는 여러 면에서 가슴 아픈 일이기 때문에" 번드르르한 조사는 완전히 멀리 해야 한다고 말하고 있다. 만일 목회자가 마침 함께 하고 있고, 설교가 필요하다고 판단되면, 사람들은 매장 후에 묘지를 떠나서 설교를 위해 별도의 회집 장소에 모일 수 있을 것이다.

하지만 설교자는 설교를 가급적 간단히 하되, 죽은 자에 대한 찬양은 삼가야 할 것이다. 대신 설교가 항상 해야 할 일 가운데 하나인 "듣는 자들로 하여금 그들의 의무를 기억하게 하는 일"은 해야 한다.

매우 단호한 어조이다. 오늘날 기독교 주류 교단에서 장례와 장례 설교에 대해 이런 엄정한 태도를 보이는 곳은 없는 반면, 조사에 대한 반감은 여전히 남아 있다. 예를 들어 현재 로마 가톨릭교회의 장례 미사에 관한 예식서들에서는 명확한 어조로 조사를 금하고 있다.

> 장례 예식에서 혹은 철야 조문에서 복음서 낭송이 있은 후에 그 본문에 의거한 짧은 설교는 있을 수 있다. 그러나 그 어디에도 조사를 넣어서는 안된다.[3]

---

3 *The Order of Christian Funerals* (New York: Catholic Book Publishing, 1989), 8, emphasis added.

개신교 진영에서 루터교회의 『예전에 관한 매뉴얼』(Manual on the Liturgy)에 나오는 명령이 전형적이다.

> 설교는 죽은 자의 삶에 대한 소개를 포함할 수는 있지만, 그러나 그 목적은 칭송이 아니라 그리스도 안에서 소망과 위로의 선언이다.[4]

우리는 이런 예식서들이 추구하고자 하는 바는 '죽은 자의 삶이 아니라 복음을 설교하라'는 것을 안다. 종종 칼 바르트(Karl Barth)가 말한 것으로 알려져 있는 '설교자는 한 손에는 성경을 다른 한 손에는 신문을 들고 있어야 한다'라는 이미지를 떠올리며, 감독교회 주교인 찰스 호패커(Charles Hoffacker)는 이렇게 말한다.

> 조사는 장례 설교가 아니다. ⋯ 설교가 조사가 될 때는 언제냐면, 설교자가 한 손에는 부고장을 들고 있는데 다른 한 손에는 성경이 들려 있지 않을 때 일어나는 일이다.[5]

조사(eulogy)를 전혀 허용하지 않는다는 것이 너무 엄격한 일처럼 보인다. 하지만, 그것은 신학적 원리에서만이 아니라 수많은 좋지 않았던 경험에서도 나왔다. 웨스트민스터교회 회중들의 알레르기 반응처럼 조사에게 주어진 스톱 사인은 어느 정도는 실제 오남용 사례들에 대한 반

---

[4] Philip H. Pfatteicher and Carlos R. Messerlu, *Manual on the Liturgy: Lutheran Book of Worship* (Minneapolis: Augsburg Publishing Co., 1979), 360.

[5] Charles Hoffacker, *A Matter of Life and Death: Preaching at Funerals* (Cambridge, MA: Cowley Publications, 2002), 13.

응이기도 하다. 교회는 자신들이 장례를 제어하는 운전대에서 손을 떼버린 순간 장례는 본 궤도를 벗어나 감성과 지나친 개인화의 방향으로 나가버렸다는 것을 시간이 흐르면서 알게 되었다. 그리고 설교는 그 가운데서도 가장 잘못된 부분일 것이다. 예수 그리스도의 복음은 알(Al)의 복음에 의해 대체되었다.

가톨릭 사제인 존 알린 멜로(John Allyn Melloh)는 조사를 반대하기 위해 저술한 자신의 도발적 에세이 『설교인가 조사인가? 장례 설교의 딜레마』(Homily of Eulogy? The Dilemma of Funeral Preaching)에서, 회중 예배의 보다 더 큰 목적을 납치해버리고 그 자리에 개인주의적 문제들로 대체해 버리는 경향성은 단지 장례 설교에서만의 문제가 아니며 그것은 모든 특별 예배(occasional services)에서의 설교에서의 문제라고 주장한다.

예를 들어 결혼 설교의 경우도 설교학적 통제의 테두리를 벗어나 개인화의 경향을 띠는 경우가 많다. 즉 설교가 전체 회중을 향한 말씀이기보다는 신랑과 신부를 향한 특별 지침으로 변질되는 경우가 많은 것이다.[6]

조사(eulogy)의 남용은 비단 사제 계층에서만 나오는 것이 아니다. 현대 장례에서 누구에게나 말할 기회를 부여하는 오픈 마이크 순서는 감성적인 일가친척들이 죽은 자에 대한 이야기나 농담들을 늘어놓아 장례의 격이 급속히 떨어지는 경우가 있다. 세속적인 추모 예식을 찬성하던 옹호론자들마저도 우려의 소리를 쏟아내고 있을 정도다.

박물관 개막식이나 야간 사교 파티 등과 같은 격조 높은 공공 이벤트

---

6 John Allyn Melloh, "Homily or Eulogy? The Dilemma of Funeral Preaching," *Worship*, 67/6 (Nov. 1993): 505 – 6.

를 전문적으로 기획하는 뉴욕의 한 행사 기획자는 최근 자신의 포트폴리오에 "장례식 기획"이라는 항목을 추가했다. 그는 장례식에서 겪는 가장 큰 골칫거리는 시든 꽃이나 게으른 식당 봉사자가 아니라 죽은 자의 친구들이 하는 곤란하리만치 긴 조사라고 말한다. 그래서 그는 한 가지 규정을 제시한다고 한다. '삼분 후에는 입 닥칠 것.' 그는 말한다.

> 저는 정말 싫은 것이 하나 있습니다. 당신이 그를 얼마나 좋아하는지 상관없어요. 그가 오 분 넘게 질질 끌며 무슨 말을 하는 것을 듣고 나면 당신도 짜증이 나실 거예요. 얼마나 강렬하게 말하는 가가 중요한 것이지, 감상적인 것은 강렬하지 않습니다.[7]

사려 깊은 태도로 조사(eulogy)를 하는 친구를 찾는 것은 참 어려운 일이다. 그렇지만 예전적으로 반대할 만한 것이 종종 목회적으로는 필요할 때가 있다. 대부분의 장례들에서 적어도 얼마 정도는 조사(eulogy, 문자적으로 이 말은 '좋은 말'이라는 뜻임)라는 말의 정의에 합당한 죽은 자에 대한 회상들이 있다. 그래서 아예 이것을 배제하는 것은 차갑고 메말라 보일 것이다.

결국 전혀 조사(eulogy)가 아니면서 "죽은 자의 삶에 대한 인정"을 담아낼 수 있는 설교란 존재할 수 있겠는가?

죽은 자에 대한 긍정적인 칭찬만 아니면 그 사람에 대해 말해도 된다는 말은 아니다. 장례식에 나온 설교자가 성경을 들지 않고 부고장만 들

---

[7] John Leland, "It's My Funeral and I'll Serve Ice Cream If I Want To," *New York Times*, July 20, 2006, available online at http://www.nytimes.com/2006/07/20/fashion/20funeral.html.

어 올리는 것에 대해 주의해야 하겠지만, 그러나 "부고장은 들어 올리지 않고 성경만 들어 올리는 것" 역시 똑같이 만족스럽지 못한 일이라고 호패커는 말한다.[8] 현대 장례에서 죽은 자의 삶에 대한 언급이 완전히 배제되는 것 역시 정말 이상할 것이다. 그러니 장례 설교의 형태와 복적에 대해 목회자들이 명확한 이해를 갖고 있지 못한 것도 그다지 이상한 일은 아니다.

이미지와 이야기를 어떻게 사용하며 심리적으로 잘 따라갈 수 있는 전개의 설교 구조는 어떤 것인가 등 장례식 설교에 대하여 도움을 주는 수많은 지침서들이 나와 있다. 그러나 우리가 장례 설교의 기술적인 측면들을 말하기 앞서 먼저 가장 기본적인 질문을 던져보아야 한다.

하나님의 이름으로 우리는 장례 설교에서 어쨌거나 무엇을 하고자 하는가?

정확히 우리의 장례 설교의 목적은 무엇인가?

우리가 하는 말들은 어떤 목표점을 향해 달려가야 하는가?

우리가 무엇을 그리고 어떻게 말할 것인가를 알기 전에, 우리는 도대체 왜 저 단상에 올라서 무엇인가를 말하려 노력하는가에 대한 질문을 맞닥뜨려 보아야 한다.

수년간 많은 장례식을 집전해 본 목회자들 대부분은 장례식 설교가 다양해서 실제적으로 범주를 나누기 어렵다는 것을 인식할 것이다. 장례식에서 우리는 때때로 가족들에게서 들은 좋은 이야기를 말하기도 하고, 가끔은 성경에 나오는 이미지를 언급하기도 한다. 그리고 가끔은 하나님의 약속에 대해 가능한 명확하고 간략하게 진술하기도 하며, 때로는 우

---

8 Hoffacker, *A Matter of Life and Death*, 14.

리는 모두가 생각하고 느끼고 있는 것의 정체를 말하기 위해 적당한 말을 찾기도 한다. 또 가끔은 그저 그 곳에 서서 슬퍼하는 자들과 분노하는 자들과 당황스러워 하는 자들과 차라리 다행이라고 여기는 자들과 감사히 여기는 자들을 향해 해주어야 할 무엇인가를 적절히 말하기도 한다.

그러나 좀 더 폭넓은 시야를 얻기 위해 한 발 물러서 보면, 이런 다양하고 뒤섞인 장르와 주제들을 가지고 우리는 결국 무엇을 하려고 하는 것일까?

우리가 기본으로 돌아가서 무엇이 기독교 설교이고 무엇이 기독교 장례인가를 기억한다면 모든 것이 명확해지기 시작한다. 우리가 세상에서 우리들의 삶 가운데 일어나는 일들을 성경 말씀에 가져가서 기도하는 심정으로 잘 귀 기울인다면 하나님께서 반드시 무엇인가를 말씀해 주신다는 확신 위에 기독교 설교는 기초하고 있다. 사람들로부터 벗어나 그리고 그들을 위하여 성경으로 들어갔다가 이제 그가 들은 바를 용감하고 진실하게 사람들에게 말하기 위해 증언자가 되어 돌아올 때 설교는 발생한다.

기독교 장례란 우리가 이제껏 강조했듯이, 부활을 향한 순례의 길을 나아가고 있는 죽은 자와 함께 교회가 노래하고 기도하면서 그 길을 함께 상징적으로 걸어가 줌으로써 복음을 재현해내는 일종의 드라마와 같은 것이다.

이 두 가지 사실을 잘 조합하면 우리는 기독교 장례 설교가 무엇인지 보다 더 충만하게 묘사할 수 있다.

첫째, 기독교 장례 설교는 다른 기독교 설교들과 마찬가지로 성경적(biblical)이면서 동시에 상황적(contextual)이다. 장례식 설교자들은 생명과 소망의 말씀을 듣기 위해 성경으로 들어가지만 빈손으로 들어가지는 않는다. 그들은 그들 손에 이(this) 죽음, 이 사람들, 이 상실, 이 필요라고 하는 장례의 상황들을 가지고서 말씀 속으로 들어간다.

둘째, 장례 설교는 이를 테면 "길 위에서"(on the road) 선포된다. 장례란 본질적으로 행진이기 때문에 장례 설교는 비유적으로 말하자면 교회가 무덤을 향해 나아가는 길에 하는 설교이다. 장례 설교는 부활의 기쁜 소망 속에서 이(this) 형제와 자매의 시신을 안고 이 상실의 슬픔으로 인한 슬픔 가운데 이 길을 따라 걷는 이 사람들에 대해 복음이 해 줄 수 있는 말을 선포하는 행위이다.

이것은 곧 장례 설교는 모두 성경적이어야 하며 항상 복음적이어야 하지만 항상 같은 내용으로 하는 것은 아니라는 것을 의미한다. 설교라는 것이 늘 그렇듯이 고대의 문서와 특정한 상황의 상호작용은 설교를 그 상황에 적절한 다양한 방식으로 빚어낸다. 아마도 실제적인 방식으로 이 주제에 대해 이야기하기 위해서 우리는 7장에서 논의하였던 좋은 장례의 8가지 목적에 장례 설교가 어떻게 참여할 것인가를 살피는 것이 유익할 것이다.

2. 좋은 장례 설교의 여덟 가지 목적들

1) 복음 선포적(kerygmatic) 목적: 사망의 음침한 골짜기에도 당신은 계십니다

장례 설교의 모든 목적들 가운데 복음 선포적 목적은 아마도 유일하게 진정으로 필수적인 요소일 것이다. 장례식에서 부활의 기쁜 복음의 소식을 외치는 일의 필수불가결성은 모든 장례에는 항상 두 종류의 설교자가 이미 그곳에 와 있다는 것을 우리가 인식할 때 가장 강조될 수 있을

것이다. 즉 설교하기를 무척 좋아하며 어떤 장례식도 놓치는 법이 없는 사망(대문자 D로 시작하는 Death). 사망의 설교는 강력하고 항상 똑같다.

> 너희는 망했다. 너희 모두는 망했다. 나는 항상 이긴다. 나는 모든 사랑의 관계들을 파괴해 버린다. 나는 모든 공동체를 흔들어 깨드린다. 나는 모든 소망을 던져버린다. 나는 또 다른 희생자를 만들어냈다. 저 시체를 보라. 저 열린 무덤을 보라. 이것이 증거니라. 나는 언제나 승리한다!

위로와 목회적 돌봄이라는 잔잔한 주제를 위해서만 시간을 온통 소비하는 장례 설교는 기회도 잃고 요점도 놓친다. 사망(Death)이란 설교자는 순례자 무리를 뒤따르며 즐거운 듯이 생명을 잃은 시신을 가리키며 부활의 노래를 잠재우려 노력한다. 때문에 그런 사망을 대면하며 주먹을 불끈 쥔 채 이렇게 외친다.

"사망이여, 우리는 너의 모든 거짓말을 거절한다. 사망이여, 너의 쏘는 것이 어디냐? 하나님께 감사하리로다. 그는 그리스도 예수 안에서 우리에게 승리를 주셨도다."

이렇게 세례의 서약과 부활절 승리의 외침을 다시 한 번 선포할 수 있는 것은 장례식 설교자의 특권이 아닐 수 없다.

장례 설교에서 복음 선포적 요소의 사례를 보려면 루터교 주교인 스티븐 폴 부먼(Stephen Paul Bouman)의 설교를 고려해 볼 수 있다. 이 설교는 그가 신학자 월터 부먼(Walter Bouman)의 장례식에서 한 설교이다. 이 설교에서 그는 자신이 월터가 신학교 수업을 하는 것을 도와주었던 날에 대해 이야기하는데, 그 날이 바로 자신이 월터가 살아 있는 모습을 마지막으로 보았던 날이다.

그는 나에게 그와 함께 그의 수업에서 가르쳐달라고 요청했습니다. 그의 학생들은 거실에서 파자마에 가운을 걸치고 슬리퍼를 신고 있는 그를 빙 둘러싸고 있었습니다. 내가 가야했을 때 그는 나에게 그를 축복해달라고 요청했습니다. 그는 그의 학생들에게 주교는 그 마음속으로부터 목회자여야 한다는 사실을 보여주고 싶었던 것입니다. 나는 그의 머리에 내 손을 올리고 축복의 기도를 했습니다. 그는 연약했고, 그의 세례적 여정을 끝마칠 준비가 되었습니다. 그것이 바로 내가 이 세상에서 그를 본 마지막 순간이었습니다. 그리고 이제 그 이야기의 끝이 다시 한 번 재현될 식탁으로 나아오십시오. 살아있는 손으로 미래를 붙들고 있는 분에게 세례를 통해 안전하게 인도함 받았던 우리가 사랑했던 모든 이들과 함께, 월터는 지금 이곳에 있습니다. 그리스도께서 죽으셨고 또한 다시 살아 나셨으며, 그는 다시 오실 것입니다. 이제 우리가 늘 마음으로 눈물 흘리며 부르는 노래, "주여 이제 마침내 당신의 천사들로 오게 하소서" 이 찬송을 부르겠습니다. 이 식탁에 이미 그들이 있습니다.[9]

2) 봉헌적(oblational) 목적: 예물을 가지고 하나님의 궁전으로 들어오라

장례에 참석하여 묘지나 화장터까지 운전해 오는 이들은 관이나 유골함 등의 짐(burden)을 들고 걷고 있는 무리들을 보게 된다. 하지만 성경의 렌즈를 통해 이것을 볼 때, 성도의 시신은 그저 짊어져야 할 짐만이 아니라 드려야 할 예물이기도 하다. 교회의 회중들은 성도의 시신을 안

---

[9] http://tlsohio.org/Worship-Music/Sermons/MassoftheResurrection.pdf.

고 가면서 사실상 다음과 같이 간청의 기도를 소리치고 있는 것이다.

> 하나님 준비하소서. 여기 엘리자베스가 오나이다. 여기 로베르토가 오나이다. 당신이 구하신 죄인이요 당신께서 친히 기르시는 양떼의 어린 양입니다. 그를 그리고 그녀를 우리에게 주셨던 분은 당신입니다. 이제 그 생명의 선물에 대한 감사의 마음으로 우리는 이제 그를 당신에게 되돌려 드리려 하나이다.

장례 설교는 이러한 장례에 있어서 봉헌적 측면에 빛을 더할 수 있다. 그리고 그렇게 할 때, 그 설교는 마치 예물을 드린 후 드리는 기도와도 같은 것이 된다.

"우리는 당신에게 원래부터 당신의 것이었던 것을 드리나이다."

물론 이 경우에는 드려지는 것이 아니라 물질이 아니라 우리가 그동안 사랑했던 형제나 자매라는 것만 다를 뿐이다.

예전에 나는 시골 교회에서 열린 장례식에 참석한 적이 있다. 사망한 사람은 몇 년 전 고향을 떠나 대도시로 가서 그곳에서 고향 사람들의 도덕적 기대를 저버린 삶을 살았던 남성이었다. 설교자가 무슨 말을 할 것인지 모두가 궁금해 했다. 그 날 설교자는 어떤 도덕적 판정도 내리지 않았다. 그가 한 일은 예물을 봉헌하는 것이었다. 그 설교에서 그는 상징적으로 강단에서 내려와 회중석 속으로 들어가 이렇게 말했다.

> 하나님께서 우리에게 ○○○을/를 주셨습니다. 그리고 우리는 그렇게 하기 힘들 때에도 그를 사랑했습니다. 이제 우리는 그를 사랑하셨던 또 다른 분이신 우리 하나님, 우리가 믿고 의지할 수 있는 그 분께 이 사람을 돌려 드립니다.

장례 설교의 봉헌적 특성은 설교자로 하여금 그 죽음의 시간 동안 드려진 희생과 예물을 신성한 것으로 명명할 수 있도록 해준다. 호스피스 간호원인 캐롤린 번스(Carolyn Burns)는 죽어가는 사람과 그의 가족들에 대한 경험이 많다.

"나는 그의 아내에게 매일 화장을 해 주는 남자 분을 알고 있어요."

그녀가 이렇게 말했다.

그 아내의 병이 초기 단계였을 때, 번스는, 그 여성이 그녀의 외모에 대해 매우 근심했으며 화장을 하지 않고는 침대를 벗어나지 않으려 했다는 점을 기록했다. 그리고 그녀의 질병이 악화되자 그녀는 도움이 필요했고 비록 서투르긴 하지만 그녀의 남편이 그녀를 도와주었다. 그녀가 거의 죽게 되었을 때, "그는 매일 아침 아내의 머리를 빗기고 눈썹 화장과 파우더와 립스틱과 기타 잡다한 모든 것을 다 해주었어요. 그것은 진정으로 사랑에서 비롯된 행동이었지요. 하지만 그분에게는 미안한 말이지만 그가 한 화장은 봐줄 수 없는 정도의 수준이었답니다. … 그런데 그 남편 분은 '뭐 그래도 그녀에게 이건 중요한 일이니까요.' 이렇게 말했어요."[10]

복음적 관점에서 볼 때, 이와 같은 한 사람에게서 다른 한 사람에게로 전달되는 사랑의 행위들은 하나님의 궁전에서 드려지는 거룩한 예물이기도 하다.

---

10 Carolyn Burns, in Patricia Anderson, *All of Us: The Meaning of Death* (New York: Dell, 1998), 233-34.

3) 교회적(ecclesial) 목적: 이는 여호와를 찾는 족속이로다

사망(Death)이 하는 사악한 거짓말들 가운데 하나는 결국 우리는 혼자라는 것이다. 즉 죽은 자는 버려지는 것이며 슬픔을 당한 사람들은 위로해 줄 사람이 없이 홀로 외롭다는 거짓말을 한다.

어느 날 아침 린 캐인(Lynn Caine)이라는 이름의 여성이 그 누구도 받고 싶지 않은 전화 한 통을 받았다. 두 주 동안 코마 상태에서 깨어나고 있지 못한 그녀의 남편이 입원해 있는 병원에서 전화가 왔는데, 그 의사는 간단히 이렇게 말하였다.

"캐인 여사님. 당신 남편이 오늘 아침 사망하셨습니다."

그 끔찍한 순간에 대해 그녀는 이렇게 적고 있다.

"웃겼다. 하지만 이 '웃겼다'라는 세 글자 외에는 다른 어떤 말도 생각나지 않았다. 나는 내가 무슨 말을 했는지, 내가 무슨 행동을 했는지, 혹은 내가 누구에게 전화했는지 전혀 생각나지 않는다. 전혀."

몇 년 후 그 때 일어났던 일들에 대한 기억을 되살리려 노력하다가 그녀는 그녀의 아들 존(Jon)에게 그녀가 울었었냐고 물었다.

그는 "아니요. 엄만 용감하게 행동했어요"[11]라고 말했다

그녀는 곧 슬픔의 끔찍한 고립을 느꼈다.

그녀는 이렇게 말한다.

"미망인이 된다는 것, 그건 마치 아무도 당신의 말을 알아듣지 못하는 나라에 가서 사는 것과 같답니다."[12]

---

11 Lynn Caine, *A Compassionate, Practical Guide to Being a Widow* (New York: Penguin, 1988), 17–18.
12 Lynn Caine, *Widow* (New York: Morrow, 1974), 148.

하지만 기독교 장례란, 죽음은 결코 우리를 결속시키는 연결고리를 끊을 수 없으며 죽음이 가져다 준 고립감과 버려진 느낌은 깊이 들여다보면 환영(illusion)일 뿐이라는 복음적 주장의 가시적 재현이다. 그리스도인 공동체란 슬퍼하는 자들 주변에 모여 그들을 위해 기도하고 그들과 함께 노래 부르는 사람들이라는 진리 뿐 아니라, 죽은 자는 지금 성도의 위대한 교제 가운데로 드려지고 있는 중이라고 하는 진리를 소리 높여 선포하는 것이 바로 장례식 설교다.

천국에 대한 성경적 증언은 뭔가 추상적이고 정적인 실체에 대한 것이 아니라 오히려 다음과 같은 것이라고 엘리자베스 존슨(Elizabeth A. Johnson)은 우리를 일깨워준다.

> '최종적 완성'(final fulfillment)이라는 성경적 이미지는 공동체적이고(corporate), 우주적이며, 기쁨으로 가득 찬 것이다. 성경적이고 경험적인 의미에서 볼 때, 깊은 상호적 관계 속에서 상대방의 측량할 수 없는 신비와 친밀한 관계를 가지면서 서로를 알아가는 것이 하나님의 비전이다. 자유롭게 사랑하고, 아름다움을 좋아하며, 진리를 추구하고, 공동체 속에서 상호작용을 하는 것 등과 같은 인간의 경험과 비슷한 것이 그 '최종적 완성' 가운데 있는데, 그것은 바로 반대편에 있는 것을 포용하고 그것에게 생명을 불어넣어 주는 특징이 있다. 근본적으로 볼 때, 천국은 하나님의 생명을 나누는 사랑의 공동체에 대한 상징이다.[13]

---

13 Elizabeth A. Johnson, *Friends of God and Prophets: A Feminist Theological Reading of the Communion of the Saints* (New York: Continuum, 1998), 190.

다음은 성경학자인 패트릭 밀러(Patrick D. Miller)가 장례식에서 실시한 설교의 일부인데, 성도의 교제(the communion of the saints)에 대한 의미를 밝히 알게 해주는 설교이다.

천국은 … 매우 관계적인 상징입니다. 또한 천국은 해가 갈수록 저에게 더욱 그 의미가 크게 다가오는 미래에 대한 그리스도인의 소망이요 확신의 일부입니다. 이것이 바로 교회가 말하는 '성도의 교제'입니다. 이것은 바로 신앙공동체의 일부로 살았던 사람들 모두의 교제를 말하는 것입니다. 또한 그것은 그 너머에 그 관계를 지속하게 하는 것이 무엇이든지 우리의 삶은 함께 살아왔던 것임을 말하는 것이기도 합니다. 나에게 가장 도움이 되며 계속해서 마음에 떠오르는 이미지는 히브리서 12장 앞부분에 있는 "이러므로 우리에게 구름 같이 둘러싼 허다한 증인들이 있으니…"라고 하는 부분입니다. 나는 "교회의 한 기초"(The Church's One Foundation)라는 찬송을 부르면서 특히 "지상에서 교회는 삼위일체 하나님과 연합되고, 안식을 얻은 자들과의 신비롭고 달콤한 교제를 나눈다"라는 부분에 이를 때면 언제나 '구름 같이 둘러싼 허다한 증인들'을 내 마음속으로 바라본다.
나는 조지(George)가, 우리의 아버지와 어머니들이, 우리의 할아버지와 할머니들이, 그리고 우리를 앞서 가셨던 모든 분들이 지금 이 순간 우리를 둘러싸고 있으며 그들의 생애 너머에 있는 것들에 대해 우리에게 증언하고 있다는 것을 진심으로 믿는다. 우리가 알고 있는 그 사랑의 관계는 잃어버릴 수 없는 것이다. 우리가 우리의 죽음 이후에 어떻게 그 관계들을 경험하게 될지 우리는 알지 못한다. 그러나 그것은 우리가 하나님과 보내게 될 미래 속에 속한 것이다. 내가 알기로 고린도전서 13장의 절정 부분은 마지막 절이다. 하지만 나에게 있어서 절정은 바울이 사랑에 대해 묘사하는 끝 부분에 있다. 즉 "사랑은 … 항상 있을 것인데"라고 하는 결론부의 세 마디("Love never ends.")인 것이다.[14]

4) 치유적(therapeutic) 목적: 나의 환난 날에 내가 주를 찾았으며

장례 설교란 "애통하는 자는 복이 있나니 그들이 위로를 받을 것임이요"(마 5:4)라고 하신 예수님의 약속을 표현하는 것일 수 있다. 복음에 의해 제공된 치유는 슬픔을 심리학적으로 다루는 것을 포함하기는 하지만 그것보다 더 큰 것이다. "치유"(theraphy)라고 하는 것이 정신과 의사의 푹신한 소파 위에 누워서 실시하는 그 무엇인가를 의미하기 훨씬 전부터, 이 말은 깊고 충만한 의미에서의 치유를 의미하는 헬라어 "떼라페이아"(therapeia)라고 하는 성경적 용어였다. 예를 들어 누가(Luke)는 이 단어를 예수님의 사역을 묘사하는 데 사용한다.

> 무리가 알고 따라왔거늘 예수께서 그들을 영접하사 하나님 나라의 일을 이야기하시며 병 고칠(*therapeia*) 자들은 고치시더라(눅 9:11).

치유를 제공하려는 목적을 가진 설교는 이해와 동정심으로 가득할 것이다. 그리고 예수님의 치료가 그러했듯이 하나님에 대한 복음의 소식으로 가득할 것이다. 왜냐하면 하나님만이 우리를 치료하실 수 있기 때

---

14 Patrick D. Miller, "Heaven: A Homily," *Presbyterian Outlook*, Oct. 10, 2005, www.pres-outlook.com/opinion/editorials/491.html.

문이다. 하지만 장례 설교의 치료적 측면과 관련하여, 설교자는 복음의 진리가 애통해 하는 자들의 귀에는 공허한 약속처럼 들릴 수 있다는 점을 잊지 말아야 한다. 설교자들은 소망과 기쁨이라는 것이 애통하는 자들에게는 결여되어 있을 수 있는 특질이며 설교자 자신을 포함한 그 밖의 사람들은 소유하고 있는 특질이라는 식의 인상을 암시적으로라도 줄 수 있는 방식으로 복음의 승리를 설교해서는 안 된다.[15]

윌리엄 슬러앤 코핀(William Sloane Coffin)은 그의 아들 알렉스(Alex)가 죽고 불과 며칠 후에 했던 설교에서 슬픔에 잠긴 자들에게는 지지(support)와 동정심이 필요한 것이지 공허하게 들릴 수 있는 성경적 "진리들"만이 필요한 것은 아니라는 점에 대해 다음과 같이 유창하게 말했다.

> 제가 엄청난 위문편지를 받았다고 말씀드렸었죠?
> 그것들 중에 최고의 편지와 최악의 편지는 모두 동료 목회자들에게 온 것입니다. 그 동료들 가운데 일부는 그들이 인간의 상황보다는 그들이 갖고 있는 성경을 더 잘 알고 있다는 것을 증명했습니다. 나도 모든 "바른" 성경 구절들을 알고 있습니다. 예를 들면 "애통하는 자는 복이 있나니"와 같은 구절들 말입니다. 그러나 나의 신앙은 카드로 만든 집이 아닙니다. 물론 이런 구절들이 진리라는 것은 나도 압니다. 그러나 중요한 점은 이것이죠. 슬픔의 실체(reality of grief)는 하나님의 부재(absence of God)라는 것입니다.
> "나의 하나님, 나의 하나님, 어찌하여 나를 버리셨나이까?"

---

15 See William F. May, "The Sacral Power of Death in Contemporary Experience," in Stephen E. Lammers and Allen Verhey, *On Moral Medicine: Theological Perspectives in Medical Ethics* (Grand Rapids: Eerdmans, 1987), 181.

슬픔의 실체는 고통스런 고독이요, 당신의 심장이 조각나는 것 같고 당신 마음이 텅 비어버리는 것 같은 기분입니다.

"세상은 우리에게서 기쁨을 빼앗아가 버리는 것을 자신이 줄 수 있는 최고의 기쁨으로 여깁니다"(바이런 경[Lord Byron], 영국 낭만파 시인 - 역자주).

바로 이런 이유 때문에 그와 같은 비극 뒤에 사람들이 여러분을 구하러 와야 하는 겁니다. 누군가의 말을 인용하거나 혹은 뭔가 말하려는 사람들이 아니라 그저 당신의 손을 붙잡아 주기를 원하는 사람들. 그리고 그저 (아름다움과 삶의 기본이라 할 수 있는) 음식과 꽃을 여러분에게 가져다주려는 사람들. 그리고 그저 편지의 서명 부분에 단순히 "마음이 무너져 내리는 듯한 심정을 가진 당신의 자매로부터"라고 적고자 하는 사람들. 바로 이런 사람들이 비극적인 일을 당한 당신을 구하러 와야 하는 것입니다. 다른 말로 하자면, 나는 극심한 슬픔 가운데서 내 동료 목회자들 중 일부는, 많지는 않았고, 더구나 여러분들 중에는 없으니 참 하나님께 감사할 일이지만, 동료들 중 일부는 자기 보호를 위해, 그리고 그들이 차마 직면할 수 없었던 냉혹한 상황을 어떻게든 아무렇지도 않게 보이려는 생각에 성경에 나오는 위로의 말들을 썼던 것입니다. 그러나 하나님 자신도 그러하시듯, 성경은 어느 누군가를 보호하기 위해서가 아니라, 모든 사람들을 끝없이 지지(support)하여 주기 위해서 우리에게 주어진 것입니다.[16]

---

16 William Sloane Coffin, "Alex's Death," in *The Collected Sermons of William Sloane Coffin: The Riverside Years*, vol. 2 (Louisville, KY: Westminster John Knox Press, 2008), 4.

코핀이 하고 있는 경고는 설교자들이 복음의 약속에 대해 침묵을 지키라는 의미가 아니다. 오히려 그가 하고자 하는 말의 뜻은 승리와 기쁨의 약속들이 슬픔의 고통 중에 있는 사람들을 향해 주어질 때, 그 약속들은 현재의 상황에 대한 의무로서가 아니라, 그들이 그 약속들을 스스로 부여잡을 수 있을 때까지 그 약속들은 어디 가는 것이 아니라 잘 보존되어 있을 것이라는 어조의 말로 주어져야 한다는 것이다.

5) 성만찬적(Eucharistic) 목적: 오! 주님께 감사드리나이다

모든 인간의 삶은 길건 짧건 복잡하건 단순하건 슬프건 기쁘건 하나님의 형상과 은혜의 빛 아래에서 읽힐 수 있는 하나의 글과 같다. 누군가는 이 말을 하며 목메는 사람도 있겠지만 "오 하나님 이 생명을 주신 것에 감사하나이다"하는 고백은 우리가 무덤을 향해 나아가며 부르는 찬양의 후렴구들 가운데 하나일 것이다.

존 킬링거(John Killinger)는 심각한 장애를 갖고 태어난 아이를 기르기 위해 엄청난 희생을 치렀던 부부에 대한 이야기를 설교에서 했다. 심지어 이 아이가 밤중에 숨 쉬는 것을 멈추는 건 아니지 듣기 위해 부모들은 아이를 자신들의 방에서 재웠다. 이 소년이 죽었을 때 그의 부모들은 아이의 침대 맡에 서서 울면서 하나님께 영광의 찬송을 올렸다.

"이 아이가 우리에게 어떻게 사랑해야 하는지를 가르쳐 주었습니다"라고 아이의 엄마는 이야기했다는 것이다.[17]

우리가 죽은 자를 하나님께 되돌려드릴 때, 우리는 인정함과 감사함

---

17 John Killinger, *Experimental Preaching* (Nashville: Abingdon Press, 1973).

으로써 해야 한다. 즉 우리는 그의 삶으로 인해 진리를 배웠고, 성장을 경험했으며, 은사(선물)를 받았고, 축복을 느꼈다는 것에 대한 인정과 감사로써 말이다. 장례 설교는 우리의 감사를 표하는 목소리가 되어 줄 수 있다.

6) 선교적(missional) 목적: 주께서 나로 하나님 앞, 생명의 빛에 다니게 하시려고

장례 설교가 선교적 목적을 달성하는 것은 믿음의 행렬은 무덤가에서 끝나지 않는다는 진리를 빛 가운데 선포할 때이다. 심지어 슬픔으로 우리의 눈이 땅을 향해 내려갈 때에도, 선교적 설교는 우리로 하여금 다음과 같은 진리를 되새기게 한다. 즉 세례는 지금 우리가 당한 이 슬픔이 우리 자신의 삶에 대해 규명하는 것보다 훨씬 더 영속적인 정의를 내려 주며, 우리의 눈을 하나님 나라의 상급과 우리에게 분부하신 이 세상에서의 하나님의 일들에 대한 우리의 소명에 고정하도록 요청한다는 진리 말이다.

선교라고 하는 주제는 비록 그것이 장례 설교의 치유적 목적과 충돌되는 것처럼 보일 수 있겠으나 오히려 사실은 이 주제는 매우 치유적일 수 있다. 이 선교적 설교를 통해 우리는 오늘로서 의미 있는 삶이 끝나는 것이 아니며, 내일 우리는 이 세상을 위해 섬겨야 하며 우리의 손의 수고로운 노동이 이를 위해 필요할 것이라는 보게 된다.

7) 기념적(commemorative) 목적: 주여, 주는 대대에 우리의 거처가 되셨나이다

뉴욕시 성요한대성당(the Cathedral of St. John the Divine)에서 몇 년 전 들었던 설교에서, 시인 웬델 베리(Wendell Berry)는 켄터키 주의 담배 수확에 대해 묘사하였다.

담뱃잎을 수확할 때가 되면 수확은 재빨리 이뤄져야 하는데, 들판에서 잎사귀를 빨리 거두어서 창고에 들이기 위해 마을에는 긴급함의 기운, 심지어는 비상사태의 분위기가 감돈다는 것이다.

젊은이건 늙은이건 할 것 없이 마을의 모든 사람은 소환되어 노동을 하는데, 밭가에서 아이들은 놀고 있는 동안 마을의 모든 사람들은 밭을 종횡무진 누비며 열심히 일을 한다. 그들은 그곳에서 일하면서 수많은 이야기를 한다. 그런데 그 이야기 가운데 많은 부분은 지난번까지는 함께 일했었는데, 올해는 죽고 이 자리에 없는 자들에 대한 이야기라는 것이다. 내가 기억하기론 베리가 이쯤에서 매우 극적인 침묵을 유지하다가, 이윽고 말했다.

"오늘날 우리가 영위하고 있는 대부분의 직업들이 갖는 문제점은 무엇이냐면, 우리가 컴퓨터와 전화 앞에서 업무를 하는 동안 우리는 아이들과 죽은 자들로부터 멀리 떨어져서 일하게 된다는 것이다."

장례 예전은, 그리고 장례 설교는 우리를 죽은 자들로부터 떼어놓는 것을 거부한다. 우리가 죽은 자와 함께 묘지를 향해 걸을 때, 우리는 그 사람의 이야기들을 기억하고 말한다. 우리가 그런 이야기들을 말하는 것은 그리스도인들은 죽음이 이 성도와의 교제의 관계를 변화시킬 뿐 파괴하지는 못한다고 믿기 때문이다.

우리가 죽은 자의 이야기를 이야기하는 것은 기쁜 기억이든 슬픈 기

억이든 그의 삶이라는 프리즘을 통해 굴절되어 나오는 하나님의 은혜와 사랑을 볼 수 있기 때문이다. 우리가 적어도 상징적으로 그 육신을 운반하면서 그 죽은 이들의 이야기를 하는 것은 그리스도인의 신앙은 그저 관념(idea)이나 감상(sentiment)에 대한 것이 아니기 때문이다. 우리의 신앙은 길, 즉 삶이라고 하는 육체화된 형태의 길(way)이기 때문에, 우리가 우리의 육체를 가지고 하는 일들은 중요하다. 죽은 자가 그의 또는 그녀의 육체로서 살아냈던 삶은 중요하다. 우리가 죽은 이를 기억하는 것은 부활이란 비육체적 영혼을 되살리시겠다는 약속이 아니라, 하나님께서 아셨고, 사랑하셨고, 구원하셨던 진짜 사람, 온전한 사람을 되살리시겠다는 약속이기 때문이다.[18]

캔자스 주의 작은 마을 텍사코(Texaco) 역에서 사십 년간 일하셨던 그의 할아버지가 돌아가셨을 때, 존 파네스틸(John Fanestil)은 열여덟 살이었다. 장례식에서 설교자가 했던 할아버지에 대한 이야기를 파네스틸은 오늘날까지도 기억한다.

파네스틸의 할아버지는 어느 주일에 교회를 떠나면서 목사님 차의 번호판이 헐거워졌다는 것을 알아차렸고 그 사실을 목사님에게 이야기했다. 목사님은 웃으면서 오래 전부터 그것을 고치려 했는데 거기에 딱 맞는 나사를 찾지 못해 하지 못했노라 말했다.

그런데 바로 그날 오후 목사님이 저녁 식사를 먹고 있는데 시끄러운 소리가 밖에서 들리더라는 것이다. 창문으로 내다보니 파네스틸의 할아버지가 드라이버를 손에 들고 무릎을 꿇고 길에 세워둔 목사님 차의 번호판 틀을 고정시키고 있었다.

---

18 John P. Meier, "Catholic Funerals in Light of Scripture," *Worship* 48 (April 1974): 212.

그의 할아버지가 했던 그 봉사의 행위에 대한 이미지는 그의 성격을 잘 묘사해 준 것이며, 그리스도인의 섬김의 본질에 대한 그 무엇인가를 잘 드러내 보여주었고, 파네스틸은 몇 년이 지난 후에도 그 기억을 계속 되뇌인다는 것이다. 파네스틸은 이렇게 적고 있다.

> 저는 그 이미지를 가슴에 간직했고, 내가 소중하게 생각하는 다른 이미지들과 함께 오래 동안 되새기고 있습니다. 눈을 감으면 저는 길가에서 무릎을 꿇고 나사를 조이고 있는 할아버지의 모습이 떠오릅니다. 나는 또한 내 아내가 젊은 엄마였던 시절 넘어진 아이를 일으키려고 허리를 구부리던 모습이 떠오릅니다. 나는 또한 예수께서 허리를 굽히시며 제자들의 발을 씻기시던 모습이 떠오릅니다. 나는 또한 이제 막 혼인 서약을 마친 두 사람의 손을 꼭 붙잡으시던 강대상 위의 목사님 얼굴이 보입니다.[19]

내가 믿기로는, 현대 예식서들이 "설교는 죽은 자의 삶에 대한 인정을 포함하되, 그 목적은 조사(eulogy)를 위한 것이 아니라, 그리스도 안에 얻게 된 소망과 위로에 대한 선포라는 목적에서 그리 해야 한다"라는 권고를 할 때 말하고자 하는 바는 바로 파네스틸이 소개하는 그런 이미지들에 대한 이야기를 염두에 두고 한 것이라고 나는 믿는다.

우리가 무덤가를 향해 걸을 때, 그리고 부활을 향해 걸을 때, 우리는 우리와 함께 그 길을 따라 걷고 있는 죽은 자를 기억하며 걷고 있는 것이다.

---

19 John Fanestil, "Graveside Hope: A Passion for Funeral Ministry," *Christian Century*, March 6, 2007, 27.

8) 교육적(educational) 목적: 우리에게 우리 날 계수함을 가르치사 지혜로운 마음을 얻게 하소서

교육이라고 하는 것은 장례 설교의 목적에서 가장 덜 두드러지는 목적이긴 하지만, 그럼에도 불구하고 그 목적은 간과되어서는 안된다. 때때로 장례 설교는 전도라고 하는 목적을 달성하기 위해 조야하고 조작적인 성격을 띠는 경우가 있다. ("제임스는 이제 죽었습니다. 금요일 밤 그는 졸업생 무도회에 있었지만, 그 다음날 아침 그는 차량 충돌 사고로 세상을 떠나고 말았습니다. 우리는 우리의 시간이 언제 닥칠지 모릅니다. 그러니 젊은이들이여 너무 늦기 전에…")

그러나 복음은 결코 사람들의 감정을 조작하거나 상처를 받아 연약한 자들을 이용하지 않는다. 오히려 복음은 사람들을 예배의 자리로 초대한다. 가끔 기독교 장례는 그리스도인이 아닌 사람들에게는 이상하게 보이고 심지어 그곳에 모인 사람들을 둘로 나누게 만드는 행동과 언어와 상징을 사용한다. 기독교 장례에 참여한 사람들 가운데 일부는 그들이 전혀 인식하거나 이해하지 못하는 연극 무대에 올라 있는 자신을 발견하는 경우가 있다.

설교자는 마치 쏜톤 윌더(Thornton Wilder)의 연극 "우리 동네"(Our Town)의 무대 감독처럼 잠시 연극에서 물러서서 사람들이 연극에 더 깊이 들어올 수 있도록 히기 위해 지금 무슨 일이 벌어지고 있는지 설명해 주는 역할을 해야 한다.

나는 앞에서 신학자 월터 부먼의 장례식에서 행해진 설교로부터 몇 마디를 인용했었다. 그가 살 날이 얼마 남지 않은 것을 알게 되었을 때, 그는 그가 봉직하던 오하이오의 트리니티루터교신학교(Trinity Lutheran Seminary)의 채플 예배를 위해 한 번 더 설교해 달라는 초대를 받았다. 그는 그 설교에서 그의 암에 대해 솔직히 말했고 자신은 이제 자신의 "남은 날을 세고 있다"라고 말했다.

그 설교는 이와 같이 끝났다.

> 나는 그리스도와 함께 죽고 그리스도와 함께 다시 살아날 나의 마지막 세례를 준비하고 있습니다. 1929년 7월 28일 시작되어 지금에 이르고 있는 나의 모든 세례들, 그리스도와 함께 죽고 그리스도와 함께 살아났던 그 모든 세례들은 제가 이 마지막 시간을 위해 준비되도록 해주었습니다. 나는 요한 세바스찬 바하(J. S. Bach)가 그의 위대한 작품인 "요한 수난곡"(*Passion according to St. John*)에서 결론적으로 말하고 있는 그 찬양의 기도를 종종 살펴봅니다. … 나는 이제 여러분께서 나와 함께 그 곡의 마지막 부분을 함께 기도로서 찬양하기 원합니다.
>
> 주여, 이제 드디어 당신의 천사들을 보내 주소서
> 저를 아브라함의 품에 안겨 본향에 이르게 하소서
> 그리하여 제가 죽더라도 두려움 없게 하소서[20]

---

[20] 월터 R. 부먼이 2005년 5월 18일에 트리니티루터교신학교(Trinity Lutheran Seminary)와 오하이오 주 컬럼버스 시의 벡슬리 홀(Bexley Hall)에서 실시한 설교. http://www.crossings.org/thursday/2005/thur060205.shtml.

부록

힘든 장례들

거의 모든 장례에는 목회적으로나 예전적으로 독특한 난점들이 있지만, 그럼에도 어떤 장례들은 특히 다른 것들에 비해 더 힘든 경우가 있다. 이런 특별한 어려움을 만들어내는 상황은 참으로 다양하다. 어쩌면 죽은 자가 자살한 경우도 있고, 가족으로부터 멀리 떠났던 자가 죽은 장례도 있으며, 살해 당한 이의 장례, 그리고 명백한 신앙이 없거나 교회로부터 단절된 삶을 살았던 이의 죽음도 있다.

그런가 하면 사산되어 태어난 아이를 위한 장례도 있고, 특별히 고통스러워 하다가 죽은 아이의 장례도 있을 수 있다. 어쩌면 자동차 사고로 일가족이 죽은 경우도 있고, 아이들을 고아로 남겨둔 채 두 부모만 죽는 경우의 장례도 있다. 이런 경우들에 있어서 장례만으로는 감당이 안 될 것처럼 보이는, 그래서 남다른 목회적 돌봄과 신학적 무게가 요구되는 것으로 보이는 장례들이 있는 것이다.

앞에서 언급한 것과 같은 그런 특별한 상황에서는 애통하는 자들의 특별한 필요에 대해 장례식에서 다루고 언급하는 것이 목회자들에게는 필요한 일이지만, 그럴 때에라도 목회자들은 이미 기독교 장례 자체에 내재하고 있는 능력과 의미를 기억하고 재확인하는 것이 중요하다.

죽음으로 촉발된 심대한 목회적 위기 상황을 직면했을 때에라도 우리가 간절히 바라는 의미와 위로의 오랜 근원이자 우리의 모든 힘든 때에 우리가 계속하여 필요로 하는 기초석들이 되어 주는 것은 무엇이냐면, 장례라고 하는 드라마를 재현하는 것, 시편과 찬양을 노래하는 것, 기도하는 것, 성경을 읽는 것, 그리고 복음을 선포하는 것이다.

8장에서 상세하게 논의했던 모든 준비 과정과 문제점들은 이런 아주 특별하게 어려운 장례의 경우에도 잘 적용이 된다. 다른 여느 장례의 경우와 마찬가지로, 성경 봉독과 기도는 상황에 잘 맞게 준비될 필요가 있다. 그러나 믿음을 갖지 못한 채 죽은 자들, 자살을 한 자들, 그리고 엄마의 뱃속에서 죽었거나 출생 중에 죽은 아이들을 포함하여 어린 아이들을 위한 장례는 분명히 우리의 특별한 주의를 요구하는 특별한 장례들이라고 할 수 있다.

1. 믿음을 갖지 못한 채 죽은 자들을 위한 장례

이 책이 줄곧 강조해 왔던 중심 내용은 기독교 장례를 세례의 한 표현이라고 보자는 것이었다. 즉 세례 받은 그리스도인의 죽음을 맞아 신앙 공동체가 수행하는 드라마틱한 이벤트로서 보자는 것이다. 그러나 우리가 속한 사회에서 교회들은 교회나 기독교 신앙에 거의 혹은 전혀 관계하지 않던 사람을 위해 장례나 추모 예식을 거행해 달라는 요청을 종종 받는다.

장의사들은 종종 유가족들로부터 장례 예식을 집전해 줄 "목사나 사제를 찾아 달라"는 요청을 받는다. 어떤 지역에서는 목회자들이 자기 교회 교인들의 장례식보다 믿음 없이 살아가던 자들의 장례식을 집례해 달라는 요구를 더 많이 받는 경우도 있다.

과거에는 어떤 종파들의 경우, 믿음생활을 열심히 하지 않았던 사람에게는 교회묘지에 매장되거나 교회 주관의 장례를 허용하지 않는 등 교회 안에 속한 자들과 그렇지 않은 자들에 대한 구분을 명확히 했었다. 그리고 그런 구분은 성례라고 하는 근거(죽은 자가 세례를 받았는가의 여부) 혹은 도덕적 근거(죽은 자가 무신론자였거나 마을의 불한당이었었는가의 여부)에 의해 만들어졌다.

오늘날 대부분의 그리스도인들은 내부자와 외부자들 사이의 경계선을 명확히 긋는 것을 원하지 않는다. 세례는 받았지만 기독교 신앙공동체에 열심히 참여하지 않고 있는 사람들이 우리 문화권 안에는 많이 존재한다(미국적 상황을 이야기하고 있는 것임 – 역자주).

반대로 아직 세례를 받지 않았거나, 공식적으로 교회에 등록하지 않았지만 교회 생활에 적극적으로 참여하는 사람들도 있다. 또한 심지어 가장 경건해 보이는 그리스도인들 중에도 여전히 의심하는 자들이 있으며 도덕적으로 바르지 못한 사람을 사는 자들도 있다. 우리 모두는 죄인들이다. 그리고 "내가 믿나이다"와 "나의 믿음 없음을 도와주소서" 사이는 불투명하고, 여기에 해당되어 살아가는 사람들도 매우 많다.

신앙의 바깥 편에 살아가던 사람들에게 어떤 종류의 장례 예식이 베풀어질 수 있는가의 문제는, 내가 생각하기로는 과거의 경우와 같은 성례적 그리고 도덕적 기준에 의해 선명하게 구분되던 것에서 벗어나 이제는 예배에서의 진실성의 문제로 넘어가고 있는 것 같다.

예를 들어, 지속적으로 그리고 공개적으로 기독교 신앙을 거부하던 조나단(Jonathan)이라는 성인 자녀를 둔 가족을 생각해보자.

조나단은 비교적 젊은 나이에 죽었고, 그 가족들은 그의 장례가 교회에서 이루어지기를 바라고 있다. 조나단이란 이름을 일반적인 장례 예전의 방식에 집어넣어서 "오 자비로우신 구세주여, 당신의 손에 우리는 당신의 종 조나단을 부탁드리나이다. 간절히 바라오니 당신의 기르시던 양이며 당신의 양떼 가운데 있는 어린 양을 받아주옵소서."[1] 이렇게 기도하는 것은 부도덕한 일이라기보다는 명백하게 진실하지 않은 일이 된다. 조나단이 죽은 뒤에 그의 삶 가운데 자유의지를 가지고 되지 않기로 선택한 누군가가 되어 있다면 그것은 정의롭지도 않은 일일 뿐 아니라, 예배에 사용되는 언어의 진정성도 침해하는 것이 된다.

또 다른 한 편으로, 조나단에 대해, 그리고 우리와 그의 관계에 대해 정직하게 말할 수 있도록 특별히 맞춤 구성된 장례 예식을 생각해 볼 수 있다. 예를 들어『공동기도서』에 나오는 다음과 같은 장례식 기도를 살펴보자.

> 오 은혜와 영광의 하나님. 우리는 오늘 당신 앞에서 우리의 형제 (조나단)을 생각하나이다. 당신께서 이 순례자의 땅에서 동반자로 살아가면서 서로 알고 사랑하도록 그를 우리에게, 그리고 그의 가족과 친구들에게 주신 것을 감사하나이다.[2]

조나단 스스로는 (적어도 공식적인 기도의 형태로는) 하나님께 감사를 드리지 않기로 선택했을지 모르나, 그렇다고 그 사실이 우리의 감사의 기

---

[1] *The Book of Common Prayer* (New York: Church Hymnal Corp., 1979), 499, language altered.
[2] Ibid., 493.

도의 진정성을 훼손하지는 않는다.

신앙에 대해 모호한 혹은 심지어 적대적인 관계를 가졌던 사람에 대해 기독교 장례의 언어는 얼마나 정직하게 말할 수 있는가의 문제는 목회자의 분별력의 문제이며, 많은 부분 그가 속한 신학적 전통에 따라 달라진다.

내 자신의 신학적 이해에 따르면 모든 인간은 어떤 식으로든 살아계신 하나님 앞에 설 것이며, 그들은 그곳에서 예수 그리스도 안에서 내가 경험한 그의 판단과 그의 은혜와 그의 자비와 그의 변화시키시는 사랑을 직면하게 될 것이다. 짧게 말하자면 미쁘신 하나님인 것이다.

이런 견해 때문에 나는 교회와 단절되었거나 멀리 떨어진 채 살았던 자의 죽음에서 복음 중심의 장례 언어를 폭넓게 사용할 수 있도록 격려를 받는다. 그러나 다른 목회자들의 경우 어떤 언어가 쓰일 수 있고 어떤 말은 쓰여서는 안될지에 대한 자신만의 다른 결정을 내리게 될 것이다.

믿음 없던 자를 위한 장례 예전을 위해 미리 제작된 예식집들이 많이 있지만, 그러나 대부분의 교단에서는 그 예식을 진행하게 된 목회자에게 많은 결정권을 남겨둔다. 미국 장로교단과 컴벌랜드(Cumberland)장로교단의 『공동예배서』가 전형적인 예이다.

> 죽은 자가 신앙인이라고 생각되지 않거나, 혹은 교회와 전혀 관계를 맺지 않았었다면, 교회 건물이 아닌 다른 장소에서 장례식을 갖는 것이 합당하며, 적절하다고 생각되는 대로 그 예식의 일부를 생략하거나 변형시키는 것이 좋다.[3]

---

[3] *The Book of Common Worship* (Louisville, KY: Westminster John Knox Press, 1993), 911.

나는 믿음이 없던 자의 장례라고 해서 항상 교회 건물이 아닌 곳에서 해야만 한다고 생각하지는 않지만, 그를 위한 장례식을 위해 특별히 수정을 가하는 것이 지혜롭다는 생각은 한다. 교회와 먼 관계를 유지하던 사람을 위해 채용할 수 있는 장례 예식을 목회자가 만들어 내는 것은 신학적으로나 목회적으로 매우 명백한 일이라 할 수 있다.

그런 장례의 순서는 다음과 같은 세 개의 포괄적인 범주로 나뉠 수 있다.

① 삶과 죽음에 대한 교회와 성경의 주장 확인
② 장례식에 참여한 사람들의 기도, 반응, 진술, 고백
③ 죽은 자에 대한 말

이 세 범주의 언어는 모두 진실해야 한다. 그러나 이 세 범주의 진술들이 모두 똑같은 수준의 믿음의 고백이 되어야 한다는 뜻은 아니다. 예를 들어 ②번 범주나 ③번 범주에서 신실한 언어가 정직하게 구사될 수 없는 경우라도 ①번 범주에 나오는 교회의 믿음에 대해서만은 명확히 말하는 것은 적절한 일이다.

2. 자살한 자들을 위한 장례

(이곳에 서술된 저자의 논지는 미국의 주류 교단의 신학적 상황을 반영한 것으로서 한국 기독교 신자들의 신학적 입장이나 정서와 많이 다를 수 있음 – 역자주). 자살은 미국인들의 사망 원인 가운데 11번째에 해당하는 요인이며, 자살로 인한 죽음의 경우 많은 부분 남성들 가운데 일어난다. (여성보다 4배에

이른다). 그리고 65세 이상의 성인보다 십대 아이들 사이에서 더 많이 자살 사건이 일어난다.[4] 사람이 자신의 목숨을 끊었을 때, 이것은 분명 목회적 돌봄의 상황을 초래한다. 그러나 몇 가지 요인으로 말미암아 이런 경우의 장례식은 특별히 고려해야 할 사항들이 있다.

첫째, 과거 한 때 수많은 기독교 종파에서 자살이라고 하는 행위를 매우 중대한 죄로 정죄하여 기독교 장례나 매장을 허용하지 않던 적이 있었다. 이제는 더 많은 목회적 동정심을 가지고 한 사람을 자살로 인도할 수 있는 원인들과 감정적 스트레스들에 대해 인식하면서 거의 대부분의 기독교 단체에서 이 부분에 대한 입장에 변화를 가져왔다.

그러나 자살을 둘러싼 상처와 수치는 여전하며, 자살한 사람의 장례식에 오는 사람들 중 일부는 죽은 자가 하나님과 교회에게 정죄를 받을 것이라는 가정을 지니고 있다. 따라서 목회자는 유가족과 장례 참석자들에게 하나님의 사랑이나 교회의 돌봄과 동정심이 자살이라고 하는 행위 때문에 축소되는 것은 아니라는 점을 분명히 확인시켜 주는 것이 유익하다.

둘째, 자살은 종종 남겨진 자들에게 죄책감, 분노, 비난 등을 일으킬 수 있으며, 어떻게 하면 이 일을 방지할 수 있었을까 다시 한 번 추측하게 만들므로, 이러한 장례식의 경우 하나님의 용서와 치유라는 맥락에서 그들이 갖고 있는 그런 느낌과 생각들을 표출할 기회로 삼는 것이 중요하다.

그와 같은 표출은 고백의 기도나 탄식의 기도를 통해, 또는 설교자가

---

4 질병통제예방센터(Center for Disease and Prevention), "자살에 관한 사실 관계 이해하기 (2008년)" http://www.cdc.gov/ncipc/pub-res/suicide_factsheet2008.pdf.

그렇게 하는 것이 적절하다고 여긴다면 지혜롭게 선택된 말을 사용하여 설교를 통해 이루어질 수 있는데, 설교자는 그 설교를 통해 자살에 대해 일어나는 우리들의 다양한 반응들이 충분히 있을 수 있는 일이며, 그 반응들을 자비하신 하나님께 표현할 수 있다는 점을 말하는 것도 좋을 것이다.

목회자가 잘 판단하여 할 일이긴 한데, 자살한 사람의 장례식에서 직계 가족들에게 (장례의 봉헌적 목적에서) 자신들의 경험에 대해 말하게 하거나, 혹은 죽은 이에게 보내는 편지를 낭독하게 하는 등의 순서를 갖는 것도 도움이 될 수 있다.[5]

셋째, 자살은 종종 그것과 동반되는 사회적 상흔(social stigma) 때문에 이른 바 "공인받지 못한 손실"(disenfranchised losses)[6]로 불리는 종류의 사망들 가운데 한 예이다. 즉 많은 사람들의 사회적 비난을 일으키는 손실이라는 것이다. 지역에 따라 이 범주에 해당하는 죽음은 특정 라이프 스타일(예: 범죄, 마약사용 등)로 인해 죽은 사람들의 죽음, 혹은 특정 질병(예: 알콜중독, 에이즈 등)으로 인해 죽은 사람들의 죽음이다.

공동체의 적극적이고 가시적이며 북적거리는 소리를 낼 만큼의 참여 등 모든 장례식에서 중요한 것들이 이와 같은 경우의 장례에서는 더욱 시급히 필요하다. 회중들의 기도와 찬송의 소리만으로도 (유가족 등 참석자들에게) 필요한 따뜻한 지지와 격려와 치유의 표식이 된다.

5　See Roslyn A. Karaban, *Complicated Losses, Difficult Deaths: A Practical Guide for Ministering to Grievers* (San Jose, CA: Resource Publications, 2000), 41.

6　Ibid., 33-54.

3. 아이들을 위한 장례

신생아 사망률이 상대적으로 희귀해진 오늘날의 상황에서 볼 때, 아마도 아이의 죽음만큼 가슴 아픈 상실은 없을 것이다. 20세기 중반까지만 해도 집안에서 아이 한 둘 쯤 잃는 것은 보기 드문 일이 아니었다. 사실이 그렇다고 해서 어린 아이를 잃는 일이 슬프지 않다는 것은 아니지만, 그런 일을 겪는 사람들이 많았다는 의미이다. 오늘날 자녀를 잃는 부모는 유독 자신들만 그와 같은 세상이 무너지는 듯한 한 방을 얻어맞은 것 아닌가 하는 느낌을 가질 수밖에 없다.

한 아이가 죽었을 때 복음을 증거하는 최선의 방법은 "어린이를 위한 장례"를 고안하여 내는 것이 아니라 이 아이의 죽음을 둘러싼 감정과 염려들을 (성인 장례와 마찬가지의) 온전한 모습으로 드리는 기독교 장례 예식 안으로 모으는 것이다.

아이의 장례식에서 지나치게 감성에 빠질 수 있는데, "하나님께서 어린 천사를 원하셨습니다"하는 식의 눈물 나게 하는 언어들을 쓰지 않는 것이 지혜로우며, 그와 동시에 그 장례식을 "달콤하게"(sweet) 만들려는 모든 유혹도 뿌리쳐야 한다. 모든 기독교 장례에서 선포하는 견고하고 확신에 찬 언어가 심지어 어린 아이의 죽음이라는 상황에서조차도 최선의 그리고 가장 구속적(the best and most redemptive) 형태의 목회 방식이 된다. 우리가 다른 사람들이 죽었을 때 노래하며 그를 안고 가듯이, 기독교 공동체는 이 아이 역시 안고 노래하며 하나님께로 나아가야 한다.

물론 한 아이가 죽게 되면 엄청나게 강한 감성과 필요가 터져 나오는데, 그러한 문제들을 가장 잘 인정하는 방법은 그 마음을 기도 속에 담아 고백하는 것이다.

예를 들어 『공동기도서』가 제안하는 어린이 장례를 위한 다음의 기도를 살펴보라.

> 하나님이시여, 당신의 아들 예수께서 아이들을 품에 안으시고 그들을 축복하셨었나이다. 이제 우리에게 은혜를 내리시사 ○○○을/를 당신의 끝없는 보호와 사랑에 맡기게 하시며, 우리 모두를 당신의 하늘 왕국으로 데려가소서. 당신과 함께, 그리고 성령과 함께 한 하나님이 되사 이제와 영원토록 살아계시고 다스리시는 우리 주 예수 그리스도의 이름으로 기도합니다. 아멘.

사제는 다음과 같은 기도를 덧붙일 수 있다.

> 지극히 자비로우신 하나님, 당신의 지혜는 우리의 이해를 뛰어넘으시나이다. 슬픔 가운데 있는 ○○○와/과 ○○○를 은혜로 어루만져 주소서. 당신의 사랑으로 그들을 둘러 주사, 그들로 하여금 이 상실로 인하여 쓰러지지 않게 하시며, 당신의 선하심을 신뢰하게 하시고, 다가올 날들을 이겨 낼 힘을 주소서. 우리 주 예수 그리스도의 이름으로 기도합니다. 아멘.[7]

이와 같은 기도는 죽은 아이를 예수님의 이야기, 특별히 어린이들을 사랑하시고 축복하셨던 예수님의 이야기와 연결시켜 주며, 하나님의 지속적인 사랑을 확신시키며, 이 어린 성도 역시 성도의 교제를 향해 여행

---

7 *The Book of Common Prayer*, 494.

하고 있음을 분명히 해주고, 모여 있는 신앙공동체의 지지를 목소리로 들려준다는 장점이 있다.

『공동예배서』에 보면 어린이를 매장할 때 드리는 기도의 예로 다음과 같은 것이 있다.

> 사랑의 하나님! 이 아이는 비록 죽었지만 당신께서 그(녀)를 환영하여 주셨고, 당신의 자비하심 가운데 우리가 당신의 약속하신 왕국의 기쁨 가운데 모두 다시 모일 때까지 그(녀)를 사랑해 주실 것을 믿는 믿음을 우리에게 허락하소서. 우리 주 예수 그리스도의 이름으로 기도합니다. 아멘.

다소 솔직한 "이 아이는 비록 죽었지만"과 같은 표현에서 보이듯, 이 기도는 아이의 죽음으로 말미암은 믿음과 신뢰에 대한 도전을 솔직히 인지하고 있다. 그리고 지나치게 구체적이지 않으면서도 "당신의 약속하신 왕국의 기쁨 가운데 모두 다시 모이게 될 것"이라는 표현을 통해 분리와 상실로 인한 근심에 대해 다뤄 주고 있다.

아이의 죽음에 관한 또 다른 문제 하나를 논의할 필요가 있다. 즉 출산 중 사망과 뱃속 태아의 죽음이다. 산 채로 태어나지 못한 아이들을 위해 어떤 종류의 장례 절차가 적절할 것인가에 대한 문제가 목회자들 사이에 자주 이슈화 된다. 미국은 현재 여성들이 가임 기간 동안 평균 3번의 임신을 하는데 그 중에 삼분의 일은 정상적인 출산으로 연결되지 못한다. (그 원인으로는 낙태, 유산, 사산 등이 있다.)[8]

---

8 S. J. Ventura et al., *Trends in Pregnancies and Pregnancy Rates by Outcome: Estimates for the*

예전에는 사산되어 나온 아이나 뱃속에서 죽은 태아를 위한 장례는 제공되지 않은 것이 일반적이었지만(사실 어떤 병원에서는 죽은 아이들이 태어나면 곧장 불에 태움), 이러한 관습은 빠르게 변화하고 있다. 죽어 태어난 아이도 부모에게는 아이이며, 신학적으로 볼 때 하나님의 자녀이다. 대부분의 경우에 아이가 사산되어 나오면 장례를 갖는 것이 적당하다고 말할 수 있다.

상황은 다양하므로 목회자들은 (항상 그렇듯) 그 상황에 대한 결정을 스스로 해주어야 한다. 그러나 일반적으로 말하자면, 유산의 경우에는 장례 절차를 갖지 않는다.[9] 유산의 경우, 제대로 격식을 갖춘 장례 예식보다는 상실감의 치유와 소망을 위한 기도의 예식이 더 적절한 대처 방안이라고 말할 수 있다.

United States, 1976–96, Document 21/56 (Washington, DC: National Center for Health Statistics, 2000), 2. The actual figures (for 1996) are an average of 3.2 pregnancies per woman, with 2.0 live births, 0.7 abortions, and .5 miscarriages or stillbirths.

[9] 통상적으로 임신 20주를 유산과 사산의 경계점으로 본다. 그러나 이것에 대해서 딱히 정해진 바가 있는 것은 아니다.

색인

ㄱ

감독교회 공동기도서 305
개인주의적 영생관 113
개인화 135
개인화된 심리극 165
갱신 예식 218
거룩한 사람 254
거룩한 사람들 272, 273
거룩한 장소 254
경건한 죄인 49
고백의 기도 327
공간 266, 268
공동기도서 40, 180, 196, 343, 400, 406
공동예배서 180, 305, 338, 401, 407
교황 요한 23세 9
교황 요한 바오로 2세 357
교회의 상투적 문구 53
국립이디쉬도서관 71

그늘진 세상 140
그리스도의 성육신 77
기독교 장례 183, 311
기독교 장례 순서 315, 337, 342

ㄴ

날들의 날 126
날들 중의 날 123
납골당 268
낸시 터너 95
노만 페린 90

ㄷ

대실망 167
대중 예식 17
데니스 부쉬코프스키 341
데카르트 61
도움의 자원들 228

동기도서　40
동방정교의 전통　316
두 번째 매장　146
드류 길핀 포스트　166
떠난 자　160
떼라페이아　387

ㄹ

라인홀트 니버　98
락탄티우스　161
랜돈 길키　90
로렌스 호프만　221
로마누스 모스　138
로버트 드니로　253
로버트 호브다　292
로빈 마란츠 헤니그　234
로완 윌리엄스　102
루시 라르콤　168
루이스 토마스　241
리사 다께우찌 컬런　30
리처드 내쉬　257
리처드 니버　44
리처드 루터포드　26
리처드 리서　52

ㅁ

마가렛 마일스　75
마그 더피　63

마라나타　279
마르타 누스바움　181
마지막까지 가기　357
마지막 날　122
마틴 루터　217
마틴 쉰　253
만인구원설　130
만짐의 축복　242
말론 브란도　253
매리 루 와이즈맨　229
매장　19, 23, 24, 38, 52, 72, 76, 77, 80, 86, 154, 163, 311, 342, 344, 349, 352
맨 나중 원수　94
모니카　159
모음의 기도　324
목적지 없는 순례　186
무덤가 예식　359
미로슬라프 볼프　130
미셸 크로머　28
믿음을 갖지 못한 채 죽은 자들을 위한 장례　398

ㅂ

바이론 맥캐인　142
밧세바 월래스　245
베네딕트 수도원　272
변모된 예수　103
변형　135

변화의 경험 122
보냄 342
보존적 기능 91
복음의 예전적 드라마 175
복음의 이야기 175
복음 이야기 49
복음주의적 루터교 예배 305, 324, 342
본식 312
봉헌 282
부탁 342
부활 103
불멸의 신들 94
불멸의 영혼 65
불안함 110
뷰잉 322, 356
비신체적 118
비아티쿰 156
비틀즈 169
빌리 그래함 256

ㅅ

사도헌장 149
사망 100, 101, 109, 384
사이의 시간 224
사회적 상흔 404
삶의 경축 28, 176
생명에 대한 경축 136
생명의 조각들과 편린들 106

생명의 호흡 64
샤넌 크레이고-스넬 174
성공회 공동 기도서 194
성도의 교제 51, 283, 334
성례전적 앎 79
성인 장례 405
성장의 최종 단계 95
세례 17, 48
세마홋 145
셔윈 뉴랜드 69
소생 103
솔로몬의 송시와 시편 157
수잔 화이트 169
쉐브라 카디샤 72
쉬바 143
쉴로쉼 144
스텔라 애들러 253
스토이 225
스티븐 폴 부먼 380
시간대 277
시신 참관 201
신령한 추억 164
신앙적 신념 51
신플라톤주의 75
신학적 추상 54
심리적 후퇴 81
심야 문상 예배 158
씨에나의 캐더린 127

ㅇ

아더 맥길 99
아르스 모리엔디 231
아빌라의 테레사 255
아시시의 프란시스 255
아이들을 위한 장례 405
안스카 추펑코 41
알렉산드리아의 디오니시우스 149
애곡의 삼일 143
애니 딜라드 55
어려운 장례 398
어린이 장례 406
에밀 더크하임 62
에버하르트 융겔 102
엘리자베스 잔젠 134
엘리자베스 존슨 385
엘리자베스 퀴블러-로스 228
역사와 종말 268
연극 55
연옥 119, 122
영광을 받으신 육체 103
예물 282
예배 같은 드라마 21, 173
예배 갱신 26
예배적 드라마 180
예식 장식가 25
예전에 관한 매뉴얼 374
예전적 연극 171, 174
오늘 126

오스 레섹툼 154
오스카 쿨만 86
오실레기움 145, 146
온 위셀티어 298
완전히 떠나지 않은 사람들 120
외적 찬양 144
요제프 라칭거 121
요한 크리소스톰 106
월터 부먼 380
월터 브루그만 260
위르겐 몰트만 106
윌리엄 매이 239
윌리엄 스트링펠로우 97
윌리엄 슬러앤 코핀 388
윌리엄 하르만 220
유대인들의 장례 관습 296
유사 영지주의적 165
유한함 110
육체성 63
육체의 거룩성 68
육체적 죽음 99
육체화 66
음부 107
의미의 위기 275
의탁 196
일반적인 역사적 시간 122

ㅈ

자살한 자들을 위한 장례 402

자연적 죽음 92
자연친화적 363
자크 베닌 부쑤에 369
장례 계획 293
장례 기도 172
장례 드라마 222
장례 설교 377, 378, 379, 380, 382, 387, 391
장례식 5, 8, 12, 13, 15, 18, 25, 29, 30, 36, 46, 47, 48, 50, 63, 78, 81, 82, 83, 84, 85, 89, 91, 94, 135, 160, 163, 171, 175, 311
장례식 예전 113
장례 신학 110
장례 예전 26, 91, 170, 288, 306, 392, 400, 401
장례 준비 287
장례 지도사 165, 362
장례풍습 89
장소 266, 267, 268, 278
장의사 360
재의 수요일 343
재창조 116
전담처 162
절충주의 42
정복된 죽음 109
제2바티칸 공의회 305
제시 벤츄라 256
제시카 미트포드 58, 85, 184
제의를 통한 치유 212, 213, 214

제의적 피조물 212
제의 준수 36
제임스 마틴 256
제임스 바르 115
조사 369, 372, 374, 375, 376
존 바일리 115
존 알린 멜로 375
존엄을 유지한 채 죽어가기 68
존 왈톤 235
존 카르모디 242
존 킬링거 390
존 파네스틸 244, 249
종말 122
종말론적 시간 122
좋은 예식서 28
좋은 장례 250, 283, 287
좋은 장례 설교 379
주의 날 123
죽는 순간 일어나는 부활 122
죽은 이를 위한 기도 247
죽은 자를 깨우기 158
죽은 자의 도시 154
죽은 자의 매장 196
죽음 107
죽음 관련 예식 23
죽음에 관한 미국적 방식 59
죽음을 위한 예행 연습 226
죽음의 때의 사역 246
죽음의 세 번째 형태 109
죽음의 축제 40

중간의 상태　119
중간 지역　119
중재 역할　221
쥬디 콜린스　135
즉흥　135

ㅊ

찰스 호패커　374
참석자들　201
창조의 풍성함　110
청부　87
청부인　165, 166
초 세상적(supra-worldly) 집합소　121
총괄적 부활　117
최종 리허설　233
추모동산　268
추모식　15, 30, 135
추모 예식　164, 196, 311
추모예식　165, 187
축소주의자　186

ㅋ

카디쉬　144
카론　153
캐더린 매드슨　71
캐슬린 노리스　272
케리그마　281
콥트교회　332

크레이고-스넬　183
크레이그 새털리　341

ㅌ

타피스트리　217
타하라　72
탄원 기도　246
터툴리안　159
토가　153
토마스 린치　33
토마스 셰퍼드　216
톰 드라이버　218, 287
톰 라이트　65, 116
튜닉　153

ㅍ

파루시아　124
패트릭 밀러　386
폴라드　65
폴 훈　81
플라톤적 이원론　78

ㅎ

하관 예식　83
하나님에 대한 공적 예배 지침서　373
하나님의 위대한 평화　123
하나님의 의지　129

하늘의 판결소　106
현대판 카디쉬 기도　296
화장　85, 136, 138, 139, 154, 160,
　　　171, 351, 354
휴식이 있는 행복　118
흐몽 족속　308
히포 공의회　156
힘든 장례들　397

기독교 장례: 찬송하며 동행하라

The Christian Funeral : Accompany Them with Singing

2017년 4월 30일 초판 발행

지은이	토마스 G. 롱
옮긴이	황 빈

편　　집	변길용, 곽진수
디자인	신봉규, 박슬기
펴낸곳	사)기독교문서선교회
등　　록	제16-25호(1980. 1. 18)
주　　소	서울시 서초구 방배로 68
전　　화	02) 586-8761~3(본사)　031) 942-8761(영업부)
팩　　스	02) 523-0131(본사)　031) 942-8763(영업부)
홈페이지	www.clcbook.com
이메일	clckor@gmail.com
온라인	기업은행 073-000308-04-020, 국민은행 043-01-0379-646
	예금주: 사)기독교문서선교회

ISBN　978-89-341-1653-0 (93230)

* 낙장·파본은 교환해 드립니다.

이 도서의 국립중앙도서관 출판시 도서목록(CIP)은 서지정보유통지원시스템 홈페이지(http://seoji.nl.go.kr)와 국가자료공동목록시스템(http://www.nl.go.kr/kolisnet)에서 이용하실 수 있습니다.
(CIP제어번호: CIP2017008263)